中国民俗学通论

第一卷
民俗文化论

仲富兰 著

复旦大学出版社

目 录

绪　论　建构中国民俗学的理论支点 … 1
　一、写在前面的话 … 1
　二、中国民俗学建构的艰难历程 … 3
　三、从"文学"到"文化"的跨越 … 13
　四、民俗文化研究的兴起与发展 … 16
　五、融合与交叉：走向新的综合 … 19

第一章　民俗的本质与对象 … 26
　第一节　民俗与民俗的本原 … 26
　　一、何谓"民俗"？ … 26
　　二、主体文化选择的结果 … 28
　　三、选择导致民俗的多样性 … 31
　　四、透视社会生活的广角镜 … 33
　第二节　对民俗特质的表述 … 34
　　一、"民俗"语源与中国人的译述 … 34
　　二、众说歧出的"民俗"定义 … 36
　　三、民俗的基本问题 … 39
　　四、文化属性及其定义表述 … 41
　第三节　学科存在的两个理论前提 … 44
　　一、研究对象的社会科学特性 … 44

二、物态与非物态的中介联系　　46
　　三、民俗学研究的品格　　48
  第四节　多维视野中的民俗研究　　49
　　一、趋吉避害的民俗基因　　49
　　二、与时俱进的民俗心态　　50
　　三、推陈出新的民俗变迁　　51
　　四、物我交融的民俗生活　　52

第二章　民俗学研究与整体民俗观　　54
  第一节　民俗层级与文化视角　　54
　　一、"民俗文化学"的提出　　54
　　二、民俗学本体的三个层级　　58
　　三、民俗学本体的"研究视角"　　62
  第二节　关于整体的民俗观　　64
　　一、人类生活的文化结晶　　64
　　二、"现实的人"与社会的统一　　67
　　三、民俗分析的四大要素　　69
　　四、诸要素的衍化与整合　　73
  第三节　历久弥新的学科特色　　74
　　一、边缘·横断·综合的现在之"学"　　74
　　二、个性·世俗·互渗的发展流向　　76
　　三、单向·双向·多向的交叉层面　　78

第三章　民俗的结构与功能　　82
  第一节　点面结合的民俗结构　　82
　　一、民俗——富有个性的文化事象　　82
　　二、从"个体"到"模式"　　84
　　三、民俗模式成因的外在结构　　86

四、"场"理论与民俗的组合系统　　88
第二节　隐显互动的复合形态　　91
　　一、内核与外壳的互显互动　　91
　　二、意象与言象的意义交集　　93
　　三、心知与禁忌的外化呈现　　96
　　四、思维与表征的领悟暗示　　98
第三节　民俗的功能分析　　100
　　一、表象与功能的状态转换　　100
　　二、趋利避害的人心调节　　103
　　三、维系稳定的世道规范　　106

第四章　中国民俗的性质与特征　　110
第一节　民俗"土壤"和生态分析　　110
　　一、"山川凝浩气，物华启人文"　　110
　　二、"耕读传家久，诗书济世长"　　113
　　三、"天下为家，家国一体"　　114
　　四、"家家阿弥陀，户户观世音"　　116
第二节　中国民俗的性质分析　　118
　　一、符号迁移的滞缓效应　　118
　　二、物化象征的传情达意　　121
　　三、复合隐喻的约定俗成　　122
　　四、人情冷暖的角色心理　　125
第三节　中国民俗的传承特征　　127
　　一、纵横交错的社会普同　　127
　　二、约定俗成的模式整合　　129
　　三、乡缘风土的人际协调　　132
　　四、扬弃流变的今古贯通　　134

第五章　知识共同体与民俗分类　　137

第一节　民俗文化类型评估　　137
一、推己及物的原始混融　　137
二、人类进化的双向回流　　140
三、庙堂江湖的交互渗透　　142
四、民俗非遗的异同辨析　　144

第二节　民俗学的分类探索　　150
一、问题为中心与整体性思维　　150
二、域外学者对分类的探索　　151
三、神州前贤对分类的尝试　　155

第三节　知识共同体与民俗学分类　　158
一、非遗五部类与民俗学分类　　158
二、肇建民俗知识共同体　　160
三、民俗学分类之我见　　163

第六章　超越冲突与复苏融合　　166

第一节　超越主体心理的"复苏"　　166
一、人的主体性与超越性　　166
二、民俗意识的"超越"　　168
三、超越还是变味？　　170
四、民俗与心理躁动　　173

第二节　民俗冲突与多元共生　　176
一、个体行为与群体的调适　　176
二、华夷同风与一体多元　　177
三、"胡化"与"汉风"的相得益彰　　180

第三节　民俗交流与民俗变异　　183
一、隔离机制与交流形式　　183
二、积累蔓延与民俗回归　　186

三、生活观念与层次推进　　　187
　　　四、观念萌动与向往未来　　　190

第七章　民俗的物态与非物态　　　193
第一节　物态象征的丰富世界　　　193
　　　一、物质劳动与礼俗空间　　　193
　　　二、农耕器具的民俗意义　　　195
　　　三、节气文化与民众生计　　　198
　　　四、物态与非物态的相辅相成　　　200
第二节　物态背后的丰富内涵　　　201
　　　一、物质生产的伴随物　　　201
　　　二、消费习俗的程式化展现　　　204
　　　三、看不见的手和无声的调节　　　206
第三节　凝聚在物态上的"非物态"崇拜　　　208
　　　一、复活再生的"法宝"　　　208
　　　二、崇拜：双重的无意识　　　211
　　　三、精神偶像：天、神、人　　　214
　　　四、现代迷信的根源　　　216

第八章　民俗中的个体与群体　　　220
第一节　个体在民俗中的位置　　　220
　　　一、彷徨中的个体生命认知　　　220
　　　二、"合群的爱国的自大"　　　222
　　　三、个体与群体浇铸的特殊性　　　224
第二节　和谐共存与和而不同　　　226
　　　一、"狠斗私心一闪念"与"君子之交淡如水"　　　226
　　　二、"和而不同"的独立人格观　　　228
　　　三、馈赠礼俗在交往中的流变　　　230

四、人际交往的颠覆效应 　　　　　　　　232
第三节　乡缘地理与交感网络　　　　　　235
一、"五缘"与民俗传承　　　　　　　　235
二、"认老乡"的文化意义　　　　　　　238
三、姓名文化与谱牒之学　　　　　　　241
四、家族·家教·家风·家义　　　　　244

第九章　民俗行为与核心价值　　　　　　247
第一节　民俗行为与人格塑造　　　　　　247
一、外圆内方的处世信条　　　　　　　247
二、整体统合与个性内敛　　　　　　　249
三、和谐对称的造物象征　　　　　　　251
四、道法自然的色彩喜好　　　　　　　253
五、崇尚和顺的辟邪图腾　　　　　　　255
第二节　民俗行为的心理基础　　　　　　257
一、群体感染与群体暗示　　　　　　　257
二、从众效应与时尚流行　　　　　　　258
三、东施效颦与盲目模仿　　　　　　　260
四、美学理想的自然流露　　　　　　　262
第三节　中国民俗与核心价值评说　　　　264
一、经典价值观对民俗的影响　　　　　264
二、中国民俗的核心价值内涵　　　　　266
三、易经术数中的价值学说　　　　　　269
四、中和方圆的价值解析　　　　　　　272

绪 论
建构中国民俗学的理论支点

一、写在前面的话

当前中国社会处于巨大的转型中,作为五四以后传入中国的新知识体系之一的民俗学,它在中国也传播了将近一百年,但是,直到今天,对这门学科的看法还是见仁见智,莫衷一是。笔者在上个世纪80年代最早提出研究"民俗文化"的学术概念,并身体力行耗费了十年左右的光阴撰写了《中国民俗文化学导论》①,详细地阐述了自己的学术观点。此后,伴随着改革开放的深入,笔者认为,民俗学不是凝固与静止的,它的本质是流动与传播的,于是作者出版了另一本著作《民俗传播学》②。对于"民俗"在中国的不断发展与流变,说明作为"文化"的民俗学,既具有文化演绎的一般规律,也有着它自身的特殊规律;民俗通过文化符号的传播,则是面对着信息社会的高度发展以及网络普及的巨大现实。民俗又是一种需要保护,同时也可资利用的资源,正在为社会发展提供巨大的能量和动力,笔者也为此提出了许多新的研究课题与新的学术建构。

笔者认为,民俗是各民族物质生活与精神生活的客观写照,它既是物质的、可度量的,又是精神的、不可度量的,这种精神与物质、可度量与不可度量的特性,决定了民俗是一种文化介质。它既承载着物质性,又表现为非物

---

① 见仲富兰著:《中国民俗文化学导论》,浙江人民出版社1998年版,上海辞书出版社2007年再版。

② 见仲富兰著:《民俗传播学》,上海文化出版社2007年版。

质性，其中的一部分内容可以称作"非物质文化遗产"。民俗凝聚着世世代代中国人的价值观，也是历代先民创造并遗留的珍贵文化财富，它是由各种符号聚集而成的特殊而巨大的载体与文本。"在知识经济时代，经济发展过程中主导性资源出现了划时代的变化，即人力资源和知识成为主导资源和驱动力。当人的创造力成为主体资源，资源的内涵和外延就得到了更深刻更广泛的拓展。"① 民俗所包含的口传作品、民族语言、民间表演艺术、风俗礼仪节庆、美术音乐及乐器和传统手工艺技能等等无不凝聚着我们祖先文化创造的方方面面。这些文化记忆由于年代久远、世事沧桑，以及其自身生存维艰的缘故，与其最初的形态已经相去甚远，我们今天所见的民俗现象，在很大程度上已经趋于符号化了。换句话说，民俗作为人类文化"活的记忆"，所呈现出的就是各种文化符号的活态集聚和展示。它也是一种宝贵的文化资源，对于资源的传承、保护与利用来说，无论传承、抢救还是利用，其间都离不开对民俗内容和意义的建构和传播。

民俗学是一门以民俗文化为研究对象的社会科学。民俗，亦即民众日常的风俗习惯，或者说是民众日常生活方式，它是人类社会最重要的社会文化现象。民俗与人类的历史一样古老。从时间上看，民俗是人类社会发生、发展过程中的产物；从空间上看，不论是往日处于蒙昧、落后的少数民族部落，还是今日经济文化相对高度发达的繁华都市，民俗都是它们重要的伴生物。它是人类文化与文明的重要组成部分。

民俗文化包含了民众物质生活、精神生活乃至社会关系的诸多事象，以及由此产生和表现出的多种文化内涵和文化价值。民俗文化的主体是人，而人的本质又是全部社会关系的总和。人类要生存繁衍，进行各种生产和社会实践活动，在风俗习惯上衍生出多种文化现象，在它的表层表现为民俗的物化、行为化，呈现出丰富多彩的显形事象；它的深层则是人以及人组成的群体长期积淀而成的心理习惯、思维定势和观念模式，又隐藏着深刻的隐性特质。民俗学就是探索民俗文化产生、发展和演变规律的最一般的科学，无论对于民俗的显性形态或者隐性特质，乃至描摹各种具体的民俗事象，都需要民俗学具有认识论和方法论的意义。

笔者从青年时代起就钻研中国民俗学，如今已经步入花甲之年。三十多年过去了，中国民俗学取得了很大的成绩，但对于学科建设还有很长的路要走。建设和发展中国民俗学学科的任务尚未完成，笔者还是要继续与诸

---

① 厉无畏：《历史文化资源的开发利用》，《文汇报》2010 年 6 月 26 日讲演版。

位民俗学人及同道一起继续努力。面对建设中国民俗学科的繁重任务,当然应该从多方面着手,诸如引进新的方法,制定研究规划,设立教学科研机构,促进专门人才培养,等等。但是,首要的问题,应当是解决这门学科的理论基础。用一句通俗的话来说,我们好比是在建造一座高楼大厦,营造的基础如同"打地基",有多深的地基就有多高的楼。这是民俗学学科立足的根本。如果民俗学的基础问题不解决,上述的种种努力都将黯然失色,缺乏得以存在的前提和根据。

近年来,中国民俗学活动虽然呈现了十分热闹的情形。但是,对其学理的探讨,对其研究对象的历史,它的任务和范围,它的性质,在现代科学体系中的地位,以及这门学科特有的理论概念和方法等方面的研究,似嫌不足。当下浮躁和急功近利的世风,使许多人不能潜心研究,比较喜欢注重表面的热闹,这不仅表现在这门学科缺乏系统地、深入地阐释民俗文化学理的理论专著,就是对民俗学科有严密表述的论著也不多见。这种状况与我们这个泱泱大国的民俗文化学术事业是极不相称的。

正因为如此,拙作"民俗文化论"、"民俗传播论"和"民俗资源论"这三卷本的通论,就是力图给传统的民俗学研究注入一些新的思考,建构新的理论支点。这是一门前程广阔、大有可为的研究之路,也是一条充满荆棘、需要付出艰辛劳动的艰难之路,让我们从最基础的工作做起,只顾耕耘,莫问收获,"只顾攀登莫问高",为民俗学科在新时代的发展,作出我们民俗学人的奉献。

二、中国民俗学建构的艰难历程

中国是一个具有悠久历史和丰富文化传统的伟大国家。中华民族在历史发展进程中形成的独特的生活方式和风俗习惯,民俗作为中国文化的重要组成部分,不仅体现了中国文化的博大精深,而且还直接或间接地影响着周边乃至远东国家,以及流播于南亚、东南亚各国及太平洋诸岛国。源远流长的中国民俗,是中国人民对世界文化宝库的宝贵贡献。

中国拥有民俗文化的丰富资源。在古代社会,它是作为"礼"文化的对应和补充而长期存在的。古代典籍对民俗有过许多定义和解释。"俗者,习也,上所化曰风,下所习曰俗。"①礼,是古代社会规定社会行为的法则、规范、

---

① 《集韵》、《韵会》、《正韵》,转引自《康熙字典》俗字条,成都古籍书店,1980年6月版。

仪式的总称；俗，则是老百姓的习俗和风气，古书上说"败常乱俗"，司马迁在《史记》里说，"孝公用商鞅之法，移风易俗"①。班固在《汉书》中则进一步指出："凡民函五常之性，而其刚柔缓急，音声不同，系水土之风气，故谓之风；好恶取舍，动静亡常，随君上之情欲，故谓之俗。"②古人对礼与俗、风与俗都作了精当的注解。民俗，是一个极其深广的词汇，不仅仅是因为它给我们博大且深邃的感觉，更因为它有博大且深邃的系统内容。

对于民俗的特点，我国历代学人都作过论述。如"入竟（境）而问禁，入国而问俗，入门而问讳"③。"故《春秋》者。礼义之大宗也。夫礼禁未然之前，法施已然之后；法之所为用者易见，而礼之所为禁者难知。"④"百里不同风，千里不同俗，户异政，人殊服。"⑤可见在古代社会，民俗就深深地打上了中国地域文化的印记，表现出明显的政治伦理倾向。

晚近以来，对于民俗的起源，阐述得比较全面、并注意综合分析者，当数晚清爱国学人，同时又是思想家和外交家的黄遵宪⑥。他曾经这样写道："天下万国之人，之心，之理，即已无不同，而稽其节文乃南辕北辙，乖隔歧异，不可合并，至于如此，盖各因其所以习以为之故也。礼也者，非从天降，非从地出，因人情而为之者也。人情者何，习惯是也。川岳分区，风气间阻，此因其所习，彼亦因其所习，日增月益，各行其道，习惯之久，至于一成不可易，而礼与俗，皆出于其中。……风俗之端，始于至微，搏之而无物，察之而无形，听之而无声，然而一二人倡之，千百人和之，人与人相继，人与人相续，又踵而行之；及其至成，虽其极陋甚弊者，举国之人，习以为然。上智所不能察，大力所不能挽，严刑峻法所不能变。夫事有是有非，有美有恶，旁观者或一览而知之。而彼国称之为礼，沿之为俗，乃至举国之人，辗转沉锢于其中，而莫

---

① 《史记·李斯列传》，中华书局1982年版，第2542页。
② 《汉书·地理志》，中华书局1962年版，第1640页。
③ 《礼记·曲礼上》，世界书局1936年版，第14页。
④ 《史记·太史公自序》，中华书局1982年版，第3298页。
⑤ 《汉书·王吉传》，中华书局1962年版，第3063页。
⑥ 黄遵宪，1848年4月27日生于广东嘉应州（今梅州市梅县东区下市角），四岁读书，十岁学诗。1876年中举人。1877年随何如璋东渡出使日本，在任期间，积极就琉球问题同日本交涉。后又前往美国、英国、新加坡等地任外交官。驻外期间，他留心观察所在国的事物，认为中国要革新自强，必须效法日本维新变法。撰写《日本国志》，全书共四十卷，五十余万字，详细论述日本变革的经过及其得失，借以提出中国改革的主张。光绪二十四年（1898年）八月，被任命为出使日本大臣。戊戌变法失败后，被清政府列为"从严惩办"的维新乱党，但由于外国驻华公使等干预，清政府允许黄遵宪辞职还乡。1905年3月28日，病逝于故乡，终年五十八岁。

能少越,则习之囿人也大矣。"①黄遵宪认为民俗是一种历史的因袭。它的形成,主要是不同地域的人民的生活习惯逐步发展而约定俗成的,这种约定俗成的生活习惯一旦形成,并经传播,民俗也就形成了。

东汉学者应劭在《风俗通义》序言中说:"为政之要,辨风正俗最其上也。"②这句话可以看作是理解中国民俗的一把钥匙。中国历代统治者大抵都有重视风俗的传统,他们的"采风问俗",为的是"治国化民",整肃民风,统一纲纪,以实现其"治国平天下"的目的。所以,中国民俗有着强烈的伦理学特点,我们在民俗文化研究中不应忽略。总之,古代的民俗与古代的礼制,是统治阶级手中的两把戒尺,正如黄遵宪所说:"是故,先王之治国化民,亦慎其所习而已矣。""古先哲知其然也。故于习之善者导之,其可者因之,有弊者严禁以防之,败坏者设法以救之,秉国钧者其念之哉。"③民俗与政治,看似殊异,其实关系密切,尤其是在中国这样一个文化古老的国家。对这个特点,本书在后面还将继续分析。

应当看到,也正因为中国是一个有着悠久民俗传统的文明古国,历朝历代涉及民俗的文字材料和典籍资料浩如烟海,口传的民俗文本材料更是恒河沙数,从事民俗资料收集者也不乏其人。《礼记》中有"命大师陈诗,以观民风"④的记载,《汉书》中也说:"古有采诗之官,王者所以观风俗,知得失,自考正也。"⑤"孟春之月,群居者将散,行人振木铎徇于路,以采诗,献之大师,比其音律,以闻于天子。"⑥《诗经》被认为是我国第一部诗歌总集,其中有相当大的一部分来自民歌。在经史子集各个门类的图书中都蕴藏着丰富的民俗资料和信息。可是,中国在几千年的历史长河中,却从未产生过民俗学。即使像黄遵宪这样杰出的学者,对于民俗研究也不过是停留在"搜集文献,叙述风土"和终生"咨询故老,采风问俗"⑦的水平上,他对于民俗的内容、特点,研究民俗的目的、态度、方法,贡献了较为系统的见解,但由于历史与社会条件的限制,黄遵宪在学术界喷发出的思想火花,没有也不可能把学人

---

① 黄遵宪:《日本国志·礼俗志》,转引自《中国文化研究集刊》第二辑,复旦大学出版社1985年版,第193页。
② 应劭:《风俗通义·序》,天津人民出版社1980年版,第2页。
③ 黄遵宪:《日本国志·礼俗志》,转引自《中国文化研究集刊》第二辑,复旦大学出版社1985年版,第197页。
④ 《礼记·王制》,吕友仁、吕咏梅译注《礼记全译》,贵州人民出版社1997年版,第257页。
⑤ 《汉书·艺文志》,中华书局1962年版,第1708页。
⑥ 《汉书·食货志》,中华书局1962年版,第1123页。
⑦ 杨宏海:《黄遵宪与民俗学》,载《中国文化研究集刊》第二辑,复旦大学出版社1985年版,第196页。

引导到科学的民俗学中去。

科学的民俗学在中国的出现,是"五四"新文化运动直接催产的结果。中国著名民俗学家钟敬文教授在纪念中山大学民俗学会创立六十周年的讲演中这样说道:"中国民俗学是'五四'时期新文化运动的伴随物。在那轰动世界的爱国运动发生的前一年(这时新文化浪潮已经在学界涌现),北京大学文科几位具有新思想的教授,在坚定的民主主义者蔡元培校长的支持下,成立了歌谣征集处,开始向全国征集近世歌谣。"①

不论学术界对中国民俗学运动的分期问题怎样地各抒己见,但把1918年北京大学发起的歌谣征集活动作为中国民俗学运动的发端,却是各方一致的意见,一批思想开明的知识分子,把学术研究的视野拓展到俗文学领域,他们注重发掘和阐明"村歌俚谣在文艺上的位置"。1922年北大创办了《歌谣周刊》;1923年又成立了"风俗调查会"。凡此种种说明中国民俗学研究的序幕,是紧紧伴随"五四"新文化运动的兴起而揭开的。这一切体现了近代中国知识界追求民主和科学的意识觉醒,一批关心民俗问题的学者和作家都把自己了解、研究、表现的对象转向了广阔的民间。

1927—1930年,广州中山大学的民俗学活动,在中国民俗学史上也是值得大书一笔的时期。由于国内政治形势的变化,广东成为当时中国革命的策源地。北方军阀的统治促使一批学者南来,导致1927年11月在中山大学成立了第一个以"民俗学"命名的中山大学民俗学会。广州成为民俗研究的新的中心。中山大学民俗学会出版的《民俗周刊》本着发扬平民文化的宗旨,鄙视封建主义旧文化。该刊的"发刊词"写道:

> 我们秉着时代的使命高声喊几句口号:我们要站在民众的立场上来认识民众,我们要探检各种民众的生活,民众的欲求,来认识整个的社会!
>
> 我们自己就是民众,应该各各体验自己的生活!
>
> 我们要把几千年埋没着的民众艺术、民众信仰、民众习惯一层一层地发掘出来!
>
> 我们要打破以圣贤为中心的历史,建设全民众的历史!

《民俗周刊》从1928年3月21日创刊到1933年6月13日止,出版123期。1936年9月15日复刊,改为16开本,不定期出版,1943年12月停刊。《民俗周刊》代表着一个时代,代表着30年代民俗学运动生机最为旺盛的

---

① 钟敬文:《六十年的回顾》,载《话说民间文化》,人民日报出版社1990年版,第125—126页。

时代。

此后,由蔡元培先生主持的中央研究院的部分学者,分别到各地开展民俗学活动,除广东之外,福州、杭州、漳州、安徽、上海、天津、香港等地,都开展了民俗学活动,形成比前期更大的影响。1927—1937年,民俗学运动不仅扩大,而且有风起云涌之势。可惜由于日本军国主义发动侵略战争,中国人民面临国破家亡的惨祸,许多民俗学会和民俗刊物逐渐被迫停顿。但许多民俗学家深入内地,继续从事搜集资料、深入研究的田野作业。

这里不能不说一下"俗文学"与"民间文学",现在给人的印象好像是两个概念,一个时期称"俗文学",一个时期又称"民间文学",在我看来,民间文学与俗文学两者之间其实是你中有我,我中有你,究其本源上说,民间文学与俗文学,都是文学的分支学科。对这一点我从已故华东师大中文系罗永麟老先生所著《中国仙话研究》一书中得到的启示。罗永麟在这本书中对于民间神话(当然包括仙话)对于中国文学的影响,做了深入的探讨和阐发。①

民间文学与俗文学,是与中国民间文化学者百年独特的历史遭遇所分不开的。如果从时间上来区分,1949年之前,大体称为"俗文学",而在新中国建立之后,称为"民间文学",并且相沿至今。中国人文科学的新的学科,一个相当大的多数是"五四"新文化运动后诞生的,而且还有相当多的学科是借鉴了西方的学科体系,激荡的百年史,催生了许多古代中国人闻所未闻的学科,这是另外一个话题,暂且不表,就说中国的俗文学历史,远在唐宋传奇、宋元评话、明清小说中,都可以找到它的影子。但近百年来,特别是五四新文化运动以来,中国俗文学的学术发展史出现了诸多的流派和学派,学术界出现不同的声音和观点。为什么从辛亥革命算起的前五十年,在上海,在北平,在广州,出现了那么繁荣的俗文学研究队伍,正如刘锡诚先生所言:"大略说来,前五十年,除了以顾颉刚、江绍原、钟敬文等为代表的、断断续续延续了几十年之久的'民俗学派'而外,至少还出现过以乡土研究为特点的歌谣研究会;以沈雁冰、鲁迅、周作人为代表的'文学人类学派';以顾颉刚、杨宽、童书业为代表的'古史辨'派神话学;以凌纯声、芮逸夫、吴泽霖等为代表的'社会—民族学派';以郑振铎、赵景深为代表的'俗文学派';以何其芳、周文、吕骥、柯仲平为代表的'延安学派'等流派。"②这种学术态势,反映了百花齐放百家争鸣的自由讨论之格局,应该说是中国学人值得怀念的一个

---

① 罗永麟:《中国仙话研究》,上海文艺出版社1993年5月版。
② 刘锡诚:《蛮荒之旅的四点感言》,转引自"历史千年网" http://www.lsqn.cn/wenhua/ms/msyj/200909/150281_2.html.

时期。

但新中国建立之后,照抄照搬前苏联的一套模式,"俗文学"不提了,剩下的就是"延安学派"占主导地位的民间文学模式,那个时候,所有的高校则是在中文系里开设"民间文学"课程,而其他的学术流派,例如30年代兴盛一时以顾颉刚、江绍原、钟敬文等为代表的民俗学派和40年代郑振铎等兴盛一时的俗文学派,在新中国成立后历经多次政治运动而受到批判,从而一点一点归于消解或沉寂。直到1958年的"新民歌运动",那是一场在新中国特殊的意识形态背景下出现的声势浩大的民歌采集活动,有学者这样评论道:"从其开始之初,即没有按照文学特有的规律和轨迹向前发展。作为文学话语,它已经失去了文学所应具备的审美属性,但是作为政治话语,它却使得自身借助于文学话语的形象表达方式实现了意识形态的宣传策略。"① 民歌所蕴含的丰富的民间意识形态,在以文学话语面貌出现的强大的政治话语面前被主流化。此外,民众的广泛参与也使"新民歌运动"以政治话语的身份参与到政治节日化的日常社会生活中来,从而显现着一个时代的生活特色和精神特色。政治话语借助于文学话语的力量巩固了当时的意识形态,但文学话语却陷入了尴尬的境地,久而久之,文学话语失去了独特的、永恒的魅力,政治话语也失去了在日常社会生活中所应有的积极力量。直到1966年"文革"爆发,中国学人历经十年浩劫,俗文学更是被扫入"历史的垃圾堆"里去了。这种状况一直延续到1979年。

如果要区分俗文学与民间文学有什么差别的话,大家都知道,文学在历史上形成过两大传统:即文人创作的传统和民间创作的传统。文人创作,是具有高度文化素养的创作,使文学史的发展不断出现灿烂的景观,构成一个国家或民族文化艺术的高峰,标志着一个国家或民族文学艺术发展的水平。民间创作虽然难登大雅之堂,但却与民间的生活和生产密切结合,与民间风俗习惯密切结合,在人民生活中起着多方面的作用。此外,我国六朝以后,直至唐宋元明又出现并发展了一个通俗文学的传统。它们以志怪、传奇、变文、宝卷、通俗演义、世俗小说等为主体,介于高雅的诗文与民间文学之间,不断发展完善。但就其创作者及其创作、流传的方式特征以及文艺思想来看,它基本上仍是属于文人创作范畴。

所以当今谓之"俗文学"的学科内涵,很难就判定它与民间文学的等同,因为民间文学是文学的最早源头。而俗文学则具有"文人创作"和"民间创

---

① 赫牧寰:《作为政治话语的1958年"新民歌运动"》,载《齐齐哈尔大学学报(哲学社会科学版)》2007年03期。

作"兼而有之的特性。在民国时代,"俗文学"除了指历史上的民间文学以外,还包括现实创作的通俗化、大众化,具有较高的商业价值,以满足一般读者消遣娱乐为主要目的的文学作品。所以又被称为大众文学、通俗文学,它是与经典文学与雅文学相对的一片"模糊区域",之所以出现这些情况,主要是社会发展注入了新的元素与需求,那是另外的话题了。

有一句老话叫"其始也简,其毕也钜",中国独特的历史遭遇,使中国的民俗学研究从俗文学起步,开始了中国民俗学的学科建构,但不能用民间文学或者所谓"文艺民俗学"来代替民俗学,两者是有着很大区别的,简言之,俗文学或者民间文学隶属于文学,而民俗学则是一门社会科学。上世纪80年代,著名民俗学家钟敬文教授在为一位日本学者的著作所作序言时写道:"班尼女士的那种范围比较狭隘的观点,在我们过去学界中占着相当位置。一提到民俗学的对象,大家就只想到传统、故事、歌谣、婚丧仪礼、年节风俗及宗教迷信等。其实,这种看待民俗学的范围以及它所包括的项目的见解是比较陈旧的……今日世界关于民俗学的范围和内容项目的看法差不多已发展到包括整个社会生活的各个方面了。"①

新中国成立后,由于众所周知的原因,民俗学作为一门社会科学,沉寂了三十年,所幸1978年中国共产党十一届三中全会召开,清算了长期以来的"左"倾错误,为我们国家经济、文化、科学、艺术事业的全面振兴带来了新的生机,特别是国家实行改革开放,我国的社会生活发生了巨大变化。在新的历史发展时期,民情风俗中出现了许多前所未有的新事象、新问题,对民俗生活中的许多社会因素和心理因素,也需要给予合理的说明并加以阐释,传统的文化、意识和观念受到了挑战。社会生活的巨大变革,也迫切地提出了移风易俗的任务。1979年以北京七位老教授的倡议为发端,又开始了中国民俗学运动的新的历史发展时期。广州著名民俗学家萧亭先生在审视80年代和90年代中国民俗学的发展走向时指出:"我们要认识和研究发生在南粤大地上的早期文化,不能不首先认识和研究这种从本质上说来是与人类社会共始终的最基本的文化现象——民俗。民俗是在人类社会生活中,伴随历史发展过程而产生和变化的、足以沟通过去和现在、反映人群物质生活与精神生活相互作用之状态的文化。"②这句话说得多好呀!

综上所述,中同民俗学学科建构的当初,首先面临的是这样的思想文化

---

① 钟敬文:《民俗学入门·序》,载《话说民间文化》,人民日报出版社,1990年版,第6页。
② 萧亭:《从岭南民俗文化的历史背景说到广东民性民风的特征》,广州《岭南文史》2000年第1期。

背景:中国长期以来是一个封建主义专制的国家,鸦片战争以来的一段历史时期,又一直处于闭关锁国的状态,近代民族危机的刺激,首先唤起了一批先进的中国人的理论热情,促使他们向西方寻求真理。当时许多先行者们提出了"民族的自觉",主张对中华民族自身作深刻的反省。不少有识之士都十分重视改造国民性、刷新国民精神与道德对于振兴中华的意义。尽管旧民主主义革命悲壮地失败了,但全民族的觉醒毕竟提上了议事日程。"五四"运动前后,由于广大人民民族意识的觉醒和社会政治、文化变革的需要,在科学与民主潮流的节拍声中,中国民俗学应运而生。然而,在这样的社会文化背景下产生的中国民俗学,不能不产生"先天不足,后天失调"的缺陷。主要表现在:

第一,理论准备不足。中国早期的民俗学拓荒者们,一旦接触到西方涌入的民俗学,其理论准备不足的缺陷马上显露出来。其中自然有传统中国知识分子的治学方法和思维方式上的原因,客观上当时也没有一个相对稳定地进行理论思辨的环境。因为当时面对着迫在眉睫的亡国灭种的惨祸,使中国民俗学的先驱者们不可能像西方民俗学家们那样从容不迫地进行长期的理论准备工作。他们单个人的素质很可能是出类拔萃的,但在新思潮面前,不容他们细加思索,历史就催促着他们踏上征程了。从此,中国民俗学研究经历着坎坷曲折的道路,尽管条件简陋,资料匮乏,早期的拓荒者们还是筚路蓝缕,开拓前进,在民俗学园地里辛勤耕耘,并进行了一定规模的资料搜集和研究整理工作,出现了像中山大学《民俗周刊》那样优秀的刊物,也涌现了一大批优秀的学者,像黄石、闻一多关于神话、传说等方面的优秀论文,顾颉刚《孟姜女故事研究》、江绍原《发须爪》等研究成果更属上乘之作。但是,这个时期绝少见到民俗学理论的研究著作。

第二,发端于文学而又未能跨出文学的视野。我国早期的民俗学运动,是以成立歌谣研究会和《歌谣周刊》为起点的。这就是说,作为我国民俗学的发动阶段,"在其发展过程中,自亦难免于文学之渲染,究然距吾辈所期望之民俗调查及研究尚远。盖此运动之倡导者多为文学家、史学家,缺乏民俗学、人类学、民族学、社会学之理论基础,眼光较为狭隘。其结果,事实多而理论少,琐屑之材料多而能作比较研究者少。即其所得之大部分之民间文艺资料,在文学上或不失为无价值。然自民俗学、人类学、民族学、社会学观点看来,叙述技术亦嫌不足,缺乏科学价值可言"[①]。应当说这种检讨并不过

[①] 《民俗复刊号——兼评我国民俗学运动》,载中山大学《民俗复刊号》第一卷第二期,上海书店影印本,第294页。

分。早期文坛大抵是从文学的角度来谈论民俗学,这当然是必要的。中山大学的《民俗周刊》就是直接由《民间文艺》脱胎而来的。由此而带来的后果是:俗文学的研究代替了民俗学的研究,新中国成立后,更是以民间文学代替了民俗学研究,并且长期形成习惯。可以说,这是中国民俗学始终害着"软骨病"、难以在学术界形成它应有地位的重要原因之一。

第三,新中国成立以后,中国民俗学在相当长的一段时间内受到冷落,同时又受到前苏联民俗学体系的影响,长期徘徊不前。我们知道,前苏联是把"民俗学"的内涵侧重于民俗精神传统的研究、以口头传说为主(即相当于我国今天称之为民间文学或文艺民俗学的学问),但把属于人类行为的风俗习惯等传统项目全部划归民族学范畴,所以,前苏联几乎没有独立的民俗学研究,它只是在民族学研究的范围内附带这门学问。1985年6月,钟敬文教授在接受中华书局《文史知识》杂志编辑就"治学之道"访谈时答问的一席话可资佐证:"我国民俗学的研究范围有一个变化的过程。解放前主要是受英国的影响,范围比较狭窄,只要一提到民俗学的对象,大家就只想到传说、故事歌谣、婚丧仪礼、年节风俗及宗教迷信等。其实,这种看法是比较陈旧的。解放后,我们主要是受苏联的影响,用民间文学的研究代替了民俗学的研究。因为苏联是没有独立的民俗学研究的,它只是在民族学的研究范围里,附带研究这门学问。而作为民俗学分支之一的民间文学却得到了特殊的重视。"①前苏联学术界的状况,对新中国开国以后的各种事业和学术研究都有很大的影响,对中国民俗学的建构影响颇大。我国曾经投入大量的人力和物力对民间文学和民间歌谣进行搜集和调查,其中当然也不乏精品力作。但从总体而言,民俗学却始终未能取得其应有的学术地位。在"左"的思想路线影响下,有人甚至认为,"民俗学是资产阶级的东西",将这门学问长期打入冷宫。真可谓"屋漏更逢连天雨"。本来就先天不足的学科,再加上"后天失调",其命运可想而知了。难怪直到1984年,著名学者、北京大学东语系金克木教授仍发出这样的感叹:"国内现在的民俗研究仅仅是民间文学研究。"②中国民俗学被民间文学研究所代替,它所导致的民俗学研究现状就是缺乏从各种民俗事象规律性中总结出来的理论,而任何民间文学的理论,事实上都不足以解释复杂纷纭、光怪陆离的民俗事象。没有正确的理论,就不会有正确的运动。在实际的调查研究中,一向存在着过于注重口承文学而

---

① 钟敬文《民俗学的研究对象、范围、方法及其他——答〈文史知识〉编辑部问》,载中华书局出版《文史知识》1985年第6期。
② 金克木:《什么叫民俗学?》,载中华书局出版《文史知识》1984年第12期。

忽视民间社会生活中多种事象的以偏概全的倾向，对一句歌谣或一则民间传说的兴趣，往往超过对那些更为重要的人文心态的探寻。被禁锢在民间文艺领域里的中国民俗学，像一个被扭曲的畸形儿，它缺少对各种民俗事象有机复合的哲学解析，更缺少通过田野调查的事实资料的佐证，因而也缺乏有深度和力度的论述和证明。这都是今天中国民俗学者需要加以反省和审慎考察的。

第四，从世界范围民俗学知识产生的背景来考察，中国传统的民俗学，无论在研究主体和客体诸层面，都显得捉襟见肘，力不从心。不论在学术思想、文化观念和研究方法上，都亟需作新的开拓。我们知道，从14世纪末到16世纪初，由于社会生产力的提高，生产经验的积累以及以人文主义为中心的文艺复兴运动的兴起，使得人类与自然之间的交换活动已从实际交换的水平推进到能量交换的水平。这种态势，客观上使人类的思维和认识摆脱了直观模糊的特征，日益趋向精确化，使得人们在描述客观图景时，越来越习惯于把自然界分解成若干部分，把自然界的各种过程与事物分成若干门类。同时为了精确地把握现象世界的现象细节，人们也不得不把它逐个地加以研究。近代民俗学正是在这样的认识背景下产生的。中国民俗研究，至今还未能找到一种精确度量的方法，它还处于以搜集材料、对民俗事象作分门别类的描述，即所谓定性阶段。由于生产力水平以及人类对于自然力的利用水平，这一切当然是难以超越的。但我们也应该看到，由于民俗学研究对象存在于人类全部社会之中，旧有的思维方式与认识工具便有了相当大的局限性，仅仅是搜集材料，对既存事物分门别类加以考察的方法不够了，还需要引进新的思维方式和认识工具。思维方式的变革推动文化的繁荣和发展。在新的时代，要使源远流长、博大精深的中国民俗文化焕发生机和活力就有必要继承和超越传统文化，学习和借鉴外来文化，这都需要学人转换思维方式，端正对中国民俗文化的态度。当今世界科学的进步与高新技术的发展，已经为我们提供了这样的可能：从事物整体联系和发生、发展过程来系统地考察世界，考察复杂纷纭的民俗事象，我们可以也应该把民俗学研究中简单确定的现象还原分析推进到复杂、整体的有机综合。

改革开放三十多年来，伴随着中国社会的巨大转型，中国民俗学研究终于从沉寂趋向活跃，展现了学科振兴的喜人前景。它是一个良好的预兆，预示着我国的民俗学运动正处于新的重要的历史发展的转折关头。

三、从"文学"到"文化"的跨越

民俗学,顾名思义,它应当作为一门社会科学的文化学科。但是由于我国近百年来独特的历史遭遇和学术发展的现实,民俗学一直与民间文学搅和在一起。就是直到今天,一提起民俗学,许多人仍然把它作为民间文学的附属物。为什么会产生这样的认同?这和民俗学在我国的历史渊源及其衍生出的根深蒂固的观念有关。我们不能割断历史,一切有志于民俗学的学子应当面对现实,我们对民间文学界前辈们的辛勤劳动充满敬意,他们毕竟在这块园地里辛勤耕耘了很长时间了。

研究任何一门学科,都必须了解它产生和发展的过程,它的历史渊源,只有这样,才能知道其理论观点的来龙去脉,了解它的研究对象、性质、作用以及发展前途。在"中国民俗学建构的艰难历程"中,笔者已经对近代民俗学的发生历程以及中国民俗学的总体背景,作了一个约略的鸟瞰和解读,但我们更关心这三十多年民俗学取得的进步,它的一个显著特点就是民俗学研究从"文学"向"文化"的跨越,可以说,就相差这一个字,人们等待了上百年。

虽然民俗与人类社会历史一样古老,但民俗学却是一门相对比较年轻的学科。中外民俗学发生和发展的历史证明,民俗学是近代社会和思想的产物,它的发生、形成和发展,同一个民族的文化传统、心理素质、思维方式、价值趋向有着千丝万缕的联系。我们应当将它置于历史发展和演变的背景之下进行考察。

英国一批从事古老知识与古物研究的学者,曾于1572年创立协会,并出版了一批著作,其中具有代表性的是勃朗德的名著《民间古老风习的观察》。民俗学国际用语为Folklore,发端于19世纪50年代的英国。1846年,英国稽古学者威廉·汤姆斯以安布罗斯·默登的笔名,向《雅典娜神庙》杂志写了一封信,信中建议用一个"挺不错的撒克逊语合成词——民俗"来取代像"民间古语"、"通俗文学"这样一些术语,并倡议研究这门学问。

汤姆斯第一次对民俗概念、性质、内容作了界定,如礼仪、风俗习惯、仪典、迷信、歌谣、寓言等,为世人所瞩目。英语中的"Folklore"早期含义是指民众的知识和学问,其后的内容显然与汤姆斯做出的界定有关。不过,在早期,英国、法国和德国,西方人对于"民俗学"一词也从来没有统一过。例如,在盎格鲁撒克逊族系的英国,叫做"Folklore"(民俗学);在拉丁语系的法、比、意、西、葡诸国叫做"Tradition Populaire"(民间传统);在日耳曼族的德、奥等国叫做"Volkskunde"（民间学）；在斯堪的纳维亚半岛的挪威、瑞典、丹麦，又分别叫做"Folkemme"、"Folkminc"、"Folkemind"等等。后来由于各国学者交流协商，特别是"国际民俗学会"的成立，"Folklore"逐渐成为国际学术界有关这门学问的用语。

  当然，由于各国的国情不同，对民俗学的需要程度和研究状况，也表现出不平衡的情况。例如在德国，民俗学会虽然成立较晚，但德国学者对这门学科赋予了更为广阔和更为丰富的内涵，"Volkskunde"中的"Volk"指民族全体。德国民俗学的创立者里尔于1858年在《科学的民俗学》中，提倡民俗学是研究、交流德意志民族的学问。由于德国历史上一直处于分裂状态，要实行资本主义，就必须使国家统一，而要统一，又首先必须寻找出本民族统一的民族精神。于是，研究赋予这个国家特定内容的民俗学，也就成了顺理成章的任务。由此可见，一门学问的兴盛，总是和那个国家现实的需求紧密联系的。

  早期民俗学与其他学科的发生一样，经历了一个发生、形成和发展的过程。开始是对所谓原始蒙昧人进行研究，主要涉及风俗习惯、宗教信仰、崇拜仪典等，后来是对本民族（文明民族）的民俗进行研究，有的侧重于俗文学的发掘、研究和利用，有的侧重于环境地理与生态的研究。在这个过程中，各国出现的一些新的社会思潮，如新人文主义、浪漫主义、实证主义等，都对民俗学产生了深入而广泛的影响。由于民俗学以提供丰富而生动的人类文化资料著称，所以也引来了多种学科各以自己的科学目标为立足点的各种学派。例如，中国民族、民俗学家杨成志教授列举的"民俗三大学派"——人文学派、人类学派、精神分析学派。人文学派其实是民俗学渊源于俗文学的鼻祖，它主要从文学和历史的角度开拓民俗学的研究领域；人类学派则是用社会科学的理论来检验民俗学的材料，其基本理论构成了今日人类学学科的基石；精神分析学派的主旨不是文学性的，也不是如同人类学派那样强调功能与特征，它强调的重点是心理因素支配下的行为模式，著名的弗洛伊德是这个学说的奠基人。不同学派的相互攻难，各具分歧的观点、旨趣和准则，在民俗学的发生和发展史上，相互交叉、渗透、融会，后代学人可以感受到当时呈现出的那种学术研究十分恢宏的局面。

  值得注意的是，各国学者对于民俗学的研究，几乎都是从俗文学研究起步的，但他们并没有在俗文学花园里驻足不前，而是在研究观念和方法上层层出新，由简单到复杂，从低级到高级，由初期的总结到更广阔背景上的综合。早期人文学派的民俗研究，其实就是俗文学（后来称之为"民间文学"）的研究，其理论背景是企图找出一个流动传播的学说，在各民族风俗中比较异同，追溯源流。相继而出现的人类学派，又通过历史背景、地理环境的分析,着重探寻人类整体行为及其与各种民俗得以形成和发展的客观原因。此后,民俗学引进心理学的研究方法,更加重视从人的主观方面去解析各种心理状态下民俗所产生的社会心理内容。当然,新的研究方法一个接着一个地兴起,并不意味着旧方法的寿终正寝,相反,诸种学说蜂起,形成学派林立的局面,对于民俗学的发展、繁荣和学科自身理论建设是有利的。融合与跨界,交叉与交融,可以说是20世纪各门社会科学发展的一个基本趋势。

近三十年来,中国民俗学研究又有了长足的发展和进步。不论民俗学在当代如何发展,从俗文学到文化研究是一个基本的走势。当今时代由于调查采集手段和信息技术的日新月异,民俗资料的积累迅速增加,分析水平也显著提高,它标志着人类思想在前进,也意味着宏观研究民俗现象和建设民俗学的时代已经到来。在更广阔的社会文化背景之下,对民俗学进行更大程度的综合和将其社会科学化的任务已经提上了研究者的日程。

曾经担任美国民俗学协会主席的阿兰·邓迪斯教授①,生前在展望民俗学的研究前景时曾这样说道:"民俗资料以及研究这些资料的方法极为丰富多样。而它对民俗学教学来说,又有着相当的妨碍。一方面,民俗必然与文学系相通,另一方面,它在其他方面又与社会学系有关系,这给我们审视教学中各个层次的细节带来了困难。把民俗学作为一门文学课程来学习的学生,倾向于将它看作文学研究的一种辅助训练;而把民俗学作为人类学课程来学习的学生,则以为民俗学是文化人类学的一个分支。然而,民俗学实际上是一门独立的学科。如同语言学一样,尽管它在这所大学里开设在文学系里,在那所大学中开设在人类学系里,但它却构成了一个特定的研究领域。要想掌握它,必须付出像其他任何人文学科和社会科学一样的努力。"②阿兰·邓迪斯先生对世界民俗学作了极为精辟的论述,尽管今日各国的学者对民俗学仍然有种种的界定和歧说,或偏重于文学,或借重于社会学或人类学,但这门学科实际上是"一门独立的学科"。民俗学在世界范围内,产生了不同内涵和外延,因而孕育了不同的学术观点和流派。这种状况反映了民俗学光辉灿烂的远大前景。倘若在这个学科里始终是一个声音、一种观点,那将是十分可怕的。

---

① 阿兰·邓迪斯(Alan Dundes,1934—2005)美国加州大学民俗学和人类学教授,美国现代民俗学和民间文学研究的代表人物之一,在国际民俗学和民间文学研究界有广泛影响。邓迪斯于1980年担任美国民俗学协会主席兼国际民间叙事研究协会北美方面的副主席,研究领域涉及民间文学理论和方法、象征研究、民俗的精神分析研究、城市民俗、谚语、笑话、北美印第安人的民间故事和童话等。
② 阿兰·邓迪斯编:《世界民俗学·前言》,上海文艺出版社1990年版,第1页。

四、民俗文化研究的兴起与发展

当历史的车轮进入 20 世纪 80 年代之后,改革开放的大潮不仅波及民族生活地表的各层,而且也猛烈地冲击着中国传统文化的深层结构,从而蕴育着一次新的构造运动。虽然,它不像呼啸而过的飓风,但人们都真切地感受到了社会生活、时代精神和人们的观念,正在潜移默化地发生着变化。这一切也把中国民俗学推动了无法回避的十字路口。

传统的民俗学向何处去?它迫使每一个关心中国传统文化的学子,对正在萌生中的新的生活文化现象认真加以思考:是把目光继续停留在对于古物、古人,把民俗看作或主要看作是"古老文化的遗留物"呢,还是聚焦沸腾的社会生活?是满足于对现有资料的记录整理,排比分类,还是直接面对社会现实,开展对民俗研究的深入探讨,寻求超越的突破点?是把民俗研究的对象看作是边陲之地"未开化人群"或"田夫野老",还是把与广大民众作为民俗研究的主体?是把民俗学继续禁锢在"民间文艺"中的一个分支学科,还是将它作为一门面对人民生活领域的,与众多学科交叉而又独树一帜的边缘学科?

在古老的罗马神话中,门神雅努斯的头前后各有一副面孔,可以同时看着两个不同的方向。一面明察过去以汲取历史教训;一面展望未来予人美好的憧憬,唯独无暇顾及最有意义的现在。结果,雅努斯未能庇护一度繁荣强盛的罗马帝国,留下的只是断壁残垣,萋萋野草。过去的是逝去的历史,明日则是今天的继续。一门学问要兴旺发达,如果无视千百万人生活的现实,即使它有辉煌的过去,抑或还有灿烂的明天,但这种学问对于当今的社会和个人何益?民俗学之根必须在现代社会的肥田沃土之中,才会有它蓬勃旺盛的生机和不可限量的前程。

1986 年,我在上海《文化报》上发表了《开拓民俗文化研究的新领域》一文,提出了重构中国民俗学,拓展"民俗文化"内涵的主张①,此后,我为此做出了不懈的理论阐述。如今三十年的时间过去了,笔者感到欣慰的是,"民俗文化",已经在海内外激起了隆隆回声,它已经为学界和社会各界普遍接受和关注。这是十分令人欣喜的。我认为,民俗文化学的兴起与发展,不是 80 年代偶然的事件,而是时代的进步和学科振兴对民俗学者提出的现实而

---

① 仲富兰:《开拓民俗文化研究的新领域》,载 1986 年 7 月 4 日上海《文汇报》"论苑版",1986 年 12 月《新华文摘》转摘此文。

又迫切的课题。时代的需要,比十所大学更能把一门学科推向前进。新的时代和社会现实向民俗学提出新的要求。19世纪西方学者采用的观念和方法固然不可全盘照搬,就是20世纪以来中国民俗学的研究重点和研究方法,也必须随着时代的变化而有所更新、有所前进。

综观三十年来的民俗学研究,民俗"文化论"的兴起与发展,各地学者纷纷走出书斋,深入社会实际,进行田野调查。过去长时期囿于民间文艺樊笼的局面已经被打破。研究民俗文化、服务社会发展,越来越成为诸多学者们的共识。通过各地民俗学者的田野调查,走访当地乡贤长老,民俗学文献的范围得到了拓宽。纳入民俗学研究的各种资讯材料得到挖掘,诸如碑刻、日记、书信、契约、族谱、账本、民谣儿歌、戏曲唱本、民间传说、签诗、宗教榜文、日用杂书等已成为民俗学者必须面对的历史文献;雕塑、画像、庙宇、祠堂、纪念碑、坟墓、日常生活与生产用具等物质实体也慢慢成为民俗学研究的重要内容。除此之外,各地的戏曲表演、宗教仪式以及各种日常礼仪、年节庆典等也被纳入到民俗调查的范围。借助于这些文献资讯材料,民俗学者深入到民众的日常生活;从传统的、简单化的民间文艺中走出来,以各地民众的地方风俗、民间宗教、村落文化乃至心态等都纳入田野调查的范畴,而且不仅关注民俗事象,更加重视民俗文化事象和自然环境、生态环境的关系及其表现,探讨民俗与其他学科的关系,从而揭示民俗文化开展、演变的规律。这一切标志着对于民俗学的研究在逐步深入,水平在提高。这当然是民俗学研究的重大进步。

关于民俗文化的各类丛书、专著大量出版发行,各地编辑出版的学术期刊报章纷纷发行,为民俗文化研究信息的传递和扩散,为团结各地学人、交流学术观点、传播学术信息起了纽带的作用。令人更为欣喜的是:各门具体学科的专家学者,也从各自的专业出发,切入民俗文化研究,提出了许多有价值的见解,从而在整体上推动着民俗学的进步和发展。各地民俗学者与方志学者的联系、交流与协作,得到了进一步的加强,就是一个有力的例证。

1997年,民俗学在传入中国八十年之后,终于在高等院校中堂而皇之地有了自己的一席之地,民俗学取得了独立学科地位。钟敬文先生在1998年所写的《民俗学概论·前言》中说:"去年,教育部(原国家教委)在调整高校学科时,把民俗学列入了国家二级学科,隶属于社会学学科之下,这是在中国民俗学80年经历中的第一件大事!它以政府颁令的重要形式,把这种社会人文学科从'妾身未分明'的身份,骤然变成了身份明确的学科了。它既符合学科本身的发展需求,也满足了学界人士的殷切盼望。"①国家既然承认了二级学科,许多高校就可以开设课程,可以培养民俗学专业的硕士生、博士生,这门学问就会后继有人,把民俗作为文化学科来研究的观念进一步深入人心。在经济发达地区的中学历史教材中,已经正式把民俗文化列入中学生的历史教科书,这在中国民俗学运动中是破天荒的一个事件。

民俗学的应用在过去的几年内取得了突破性的进展。民俗在其所传承的俗民社会中满足着社会整体的共同需要,也满足着个人的心理需求,这种将人们生活融为一个整体的有效作用,多年来一个显著的特点是这门学问有较多的机会与社会活动、商业经济相结合。围绕一年的岁时节会风俗,各地举办的灯节、花会、茶酒活动、服饰艺术展示,以及各种系统的艺术节、文化展览、载歌载舞、异彩纷呈,显示了民俗文化的无穷魅力,也为各族人民的社会生活增添了新的色彩。把民俗学紧紧贴近生活、靠近人民,是这门学问富有生命力的象征。

2003 年 10 月 17 日联合国教科文组织通过了《保护非物质文化遗产公约》②,2004 年 8 月我国——第六个签约国以快速反应加入了该公约,2005 年 3 月 31 日我国国务院颁布了《关于加强我国非物质文化遗产保护工作的意见》,同时还制定了相应的保护办法,从此,"非物质文化遗产"这一外来词语和概念正式进入中国官方语言,并迅速被学术界所启用,甚至成为目前中国文化语境中最为流行的时尚新词。在此背景下,民俗学的学科功能日显突出。民俗学者田兆元先生说道:"近年的非物质文化遗产保护活动对民俗文化的发展和民俗学学科建设产生了很大的影响。首先,民俗事象中的一部分成为保护对象,作为文化遗产,民俗的文化传统的重要性被强化,民俗文化的价值被提升,民俗精神的弘扬成为继承文化传统的神圣事业,民俗文化的保护成为保护人类文化遗产的神圣事业,这些都是前所未有的变局,是新世纪文化观的重要转变。过去我们也提尊重民众文化,学习民间文化,但那是一种居高临下的姿态,嘴上说向工农兵学习,但又常常说要和传统文化决裂,要打倒封建迷信,民俗活动多半是被批判的对象,向民间学习成为一句空话。如今,民俗事象得到如此重视是百年来第一次。保护非物质文化遗产使文化观念发生很大变化,民俗被尊重,民俗学也因此获得前所未有的

---

① 钟敬文主编:《民俗学概论》(第 2 版),高等教育出版社 2010 年版,第 3 页。
② 参见联合国教科文组织 2003 年 10 月 17 日通过的《保护非物质文化遗产公约》。

大发展。"①

民俗文化研究的兴起和发展，也促进了全球华人，尤其是海峡两岸民俗学者的交流。两岸学者携手合作的项目在日益增多。民俗文化像一块强有力的磁石，吸引着五洲四海的学者和侨胞。展示着民俗文化学研究走向世界的灿烂前景。现在，要把中国民俗学向纵深推进，不能满足于表面上的热闹和表象层次的阐释，我认为最为根本的任务是在更高和更深的层次上作进一步的理论概括，做好民俗学的"基本建设"。

五、融合与交叉：走向新的综合

当今世界正急剧地发生变化。且不说本世纪以来，就是在第二次世界大战结束后的七八十年来，现代自然科学的技术革命取得了长足的发展。科技革命充当了社会变革的先导，它不仅对政治、经济、文化乃至人的生活方式，而且对于社会风俗，亦即我们所说的民俗文化产生着深刻的影响。放眼全球，可以说是资本主义经济发展所带来的繁荣局面与它所潜在的社会危机同时并存；科学进步对人类造福与灾难性的后果一齐出现；各种社会思潮竞相问世，形成了此消彼长的交替出现的复杂纷繁的格局；对于人类自身问题，在传统与现实、物质与精神之间，出现了巨大反差；对于价值观念、社会心理、思维方式等涉及人的本质的探求，已经愈来愈成为规范这动荡的世界和全部人生的最高准则。所有这些因素，都对当代民俗学科发生着深刻的影响，当然，作为独特的文化形态——民俗学，又反过来深刻反映着当代社会。正是在这个总体背景下，"每一历史时代主要的经济生产方式与交换方式以及必然由此产生的社会结构，是该时代政治的精神的历史所赖以确定的基础"②。促进民俗学科的进步，必须发挥多学科综合优势，实现基础与应用结合，科技与人文交融。民俗学应该以一种资源整合与交叉研究的态势走向新的综合，将是一个基本的趋势。

我以为以下几点尤可注意：

第一，民俗学研究的整体化和综合性趋势。当代社会科学的发展，已日益趋向一种完整的和系统的综合研究，即整体化过程已愈来愈成为它的主

---

① 田兆元：《论非物质文化遗产保护背景下的民俗文化与民俗学学科的命运》，载《河南社会科学》2009年03期。
② 《共产党宣言》1888年英文版序言，《马克思恩格斯选集》第2卷，人民出版社1995年版，第32页。

要趋势。晚近以来,这种整体化的综合性以空前的规模与速度指向一切传统科学的领域。四十年前,美国未来学家阿尔温·托夫勒用他自制的术语对西方科技发展的整体趋势做出了这样的描绘,他说:"第二次浪潮文化强调孤立地研究事物,而第三次浪潮文化则注重研究事物的结构,关系和整体。"①我们如果研究一下民俗学的历史发展过程,就不难发现,19世纪的民俗学从研究古老风情学问中脱颖而出,日益分化,到了20世纪,特别在当代,则表现为一种"回归"到其他科学,与社会科学的诸多学科交融、汇合,显示出一种整体化和综合化的趋势。这种趋势将冲破传统民俗学自我封闭的体系,更多地与社会科学乃至自然科学的诸多学科融合、渗透和交叉,在这个过程中,不断有新的分支学科和边缘学科产生,这种新产生的分支学科和边缘学科产生,恰恰是丰富和完善了民俗文化中重大课题的集合研究。这个趋势,既给民俗学的进一步发展带来蓬勃生机,又成为推动它前进的巨大动力。另一方面,从研究的主体和客体来看,民俗学在其发展过程中所形成的逻辑系统必须体现那一时代的全部知识体系,外来民俗和文化的冲击或者说输入,常常促使传统文化的知识结构发生变化,或按基本的知识格局作总体的转换,或对框架作若干必要的调整和创制。当知识量之大,知识类型密度之高,使旧有的构架无法容纳同化时,新的格局才会因此取而代之。

第二,民俗学的学科科学化走势。民俗学的学科科学化,并不意味着它必须向某一学科靠拢,而是与其他人文科学、社会科学的汇合与交融,将民俗视为文化,不仅把它看作一种文化意识在世代流传,而且是多样化的、更为具体、物化了的"生活相"在不断扩布传承,我以为,民俗学要发展,必须伸出两手,一手要伸向自然科学,引进与借鉴自然科学的方法;一手要伸向社会科学,从中汲取社会科学的学科分析模式和优点。这样做,就研究方法而言,也给推进中国民俗学的深化和发展带来了新的难度。

长期以来形成的仅仅靠搜集材料,对既有事物分别孤立地加以考察的方法,亦即沿袭至今仍在使用的以近代经验科学为核心的研究方法,显然是不够的,还需要一种新的思维方法和研究方法,当今科学的发展与技术的步已经为我们提供了这样的可能,通过事物整体联系和发生发展过程来系统地考察民俗,我们可以也应该把简单确定的研究方法,还原为分析并推进到复杂整体的有机综合。在20世纪上半叶,民俗学向社会科学所寻求的主要是新的认识能力。到了20世纪50年代以后,这种借鉴则从寻求社会科学的

---

① [美]阿尔温·托夫勒《第三次浪潮》,三联书店1983年版,第371页。

一般概念转变为方法论问题,除了更加广泛运用社会科学思维的范畴外,较多地注意到运用计量方法,尤其是当代知识容量不断增大,前后几代学人搜集民俗事象所积累的材料,如系统分类、保存和利用,并且进行新的综合研究,都提出了复杂的难题。计量分析也是民俗学走向新的综合的重要方法之一,适度地运用这个方法,可以使民俗学从封闭的体系中进一步走出痛苦徘徊的"沼泽地"。

第三,民俗文化学研究的国际化。它是当代社会科学发展的必然结果。本世纪以来,世界形势的急骤变化,有力地促进了民俗学家时空视野的拓宽,于是对于民俗文化研究的观念和方法论上的更新与探索,已经成为世界各国民俗学家的一种共同努力与追求。英国著名历史学家杰弗里·巴勒克拉夫(Grelffrey Barrclough)在上个世纪80年代就曾一再呼吁:"跳出欧洲去,将视线投射到所有的地区和所有的时代。"他还认为:"世界上每个地区的各个民族和各个文明却处在平等的地位上,都有权利要求对自己进行同等的思考和考察,不允许将任何民族或任何文明的经历只当作边缘的无意义的东西加以排斥。"[①]"只要历史学家忽视了从更加广阔的视野来看待世界历史,他们便会有回到知识孤立主义中去的危险,必然会阻碍他们更加深刻地认识西方世界和非西方世界的历史发展过程。"[②]杰弗里·巴勒克拉夫教授主要是针对历史学而言,我看对民俗学的研究也是完全适用的。西方人不能回到"知识孤立中去"。我们也不能自我封闭,与世隔绝。当代比较民俗文化理论的兴起,可以看作是对民俗学研究国际化的一种努力。我们的学者再也不能把自己封闭在一国一省一县的环境里,应当关注民俗学变革的全球性趋势,不断了解国际学术界的新动向和新信息,与国际学者进行全方位的学术交流。顺应世界之潮流,民俗学科才有蓬勃旺盛的生命力。

民俗学作为人类社会的一种特殊的文化形态,特别需要综合的眼光来进行宏观的观照。综合是一门艺术,也是一种创造。如果说创新是发展民俗学学术思想的突破口,那么兼收并蓄,善于综合各家之长,则是打开突破口向纵深发展的正确途径。我以为,民俗学要走向新的综合,透视、剖析事物整体效应的内在联系,从而突破"思维惯习"的束缚,不断诱发新见解、新观点的提出。

今天,民俗学科走向新的融合,其时机已经成熟,这是因为:

第一,扩大开放的引擎,更使中国社会步入空前激烈的变革之中。这就

---

① 杰弗里·巴勒克拉夫《当代史学主要趋势》,上海译文出版社1987年版,第158页。
② 同上书,第163页。

引出了中国民俗文化的深层问题,传统与现实、变革与保守、现代化与民族惯性、中国文化与西文化的剧烈交流碰撞。由于传统文化的巨大惯性,民俗文化中的传统积淀在社会生活中仍然具有极大的影响,对中国迈向现代化产生了巨大的制约作用。良好民风民俗的激扬,陋风劣俗的蒉除,实在是不可避免的一场冲突。从某种意义上可以说,现代化,归根结底是民俗文化的现代化。中国的现代化只有最终落脚在一种新的民俗文化形态上,才算有了真正的根基和巩固的基础,否则,其他方面的现代化或者将难以达到,或者将得而复失。正是在这个意义上,可以说,民俗学研究对于贴近社会生活,于国计,于民生,都是不可或缺的。

第二,民众对于千百年来所积淀的文化性格需要做出自我反省。为什么上世纪80年代中国文化界"文化寻根"的文艺作品纷至沓来?什么是"根"?根就是民俗文化。中华民族千百年来形成的民族性格和民族精神,与此同时,中华民族固有的落后的文化积淀,还遗留在现代中国人的思想深处,严重阻碍着民族思想的发展和现代化建设。对传统的行为模式和价值取向进行反省,暴露民俗中的陋俗和劣质,弘扬其精神和优点,揭示陋俗对于人性的背离与人的灵魂的腐蚀,指出其精粹对于人格力量的高扬,并寻找它们产生的契机,以便重铸民族性格,重建中国国民性新的素质。借助文学艺术形象的力量,是文艺家的责任;借助实证的材料、理论思维和逻辑的力量,是民俗学家的责任。民族自我反省,把民俗学从默默无闻中推向了历史的前台。

第三,吸收社会科学各个学科的研究成果,从不同的角度推进民俗学的发展。民俗学是一门交叉边缘学科,它的兴起和发展,是民俗学作为一门科学本身发展的内在规律和社会需要共同作用的结果。世界是一个统一的整体,又是一个多层次、多序列、结构复杂的大系统。过去民俗被狭隘地分解成民间故事、民间歌谣、民间文艺等部门,那不是事物的本质,不是民俗学的本质,而是由于人的认识能力的局限性。实际上民俗文化是涉及社会科学诸多学科的一个连续性的链条。现在,由于科学技术的进步,人类认识能力的提高,为从事物的整体和联系上去把握世界提供了可能。20世纪80年代以来,社会人类学、文化人类学、文化社会学、民族学等学科都将民俗文化作为重要的概念和课题,其研究成果都从不同角度推进了民俗学的发展。此外,功能主义、结构主义及"旧三论"、"新三论"等综合科学也都为民俗学提出了新的视角和概念工具。而民俗学与其他科学交叉的边缘学科也越来越多,民俗学走向文化学科的研究范围及研究课题也扩大到了社会生活的各个方面。比如研究一个村落的民居问题,就涉及当时社会的历史、经济、交通、人口、生态环境、地理环境等问题,而解决这些问题不是哪一个学科能单独完成的,需要多学科的学者通力合作,需要运用交叉科学的手段和方法,来进行更大范围的科学的融合。

走向新的融合与交叉,既是学科本身提出的要求,也是时代提出的课题。这是没有疑问的。但是,要解决这个问题,还必须具备以下思想前提,亦即"一切着眼于建设"。

首先,反思我们的文化结论,对于千年的民俗文化史,当然要进行批判,要打破许多陈旧的"范式",这方面的任务,我们至今还没有完成。即使在这个批判的过程中,做出一些激愤之辞,说一些偏激乃至"过头话",我看是在所难免。但是,这种对于传统民俗的批判,不能是"八亿人民都是批判家"的那种不讲道理的批判。不是把中国民俗看成是只有保守,只有落后,只是现代化的阻碍,只是批判的对象。我们民族再也不能把自己的思维水平停留在"斗争哲学"的水平上。而应当"一切着眼于建设",因为科学首先是一种创造性的建设,是对于"新"事物的发现,科学的价值首先在于提供了新的东西,在于它的创造性、建设性的发现,而不在于它们怎样破除、批判了旧的东西。

任何民族的民俗文化都是在历史进程中形成和发展起来的,都随着历史的改变而代代相沿,都有其特定的内涵和占主导地位的基本精神,由历史沿袭而来的风俗、习惯、道理、伦理、生活方式,包含精神与物质文化的有机复合体,它是一种"活态传承"。中国传统民俗的一个基本特点是:小农经济为主的经济基础,君主与官僚制度结合的政治体制,宗法血缘关系统率的社会结构,构成了中国传统民俗的文化根基,而各式各样的民俗事象不过是这个基础上观念形态上的表现,是反映这一社会存在的意识形态。因此,随着农业文明向工业文明乃至信息文明时代的转型,封建制度转变近代政治制度,传统的民俗文化作为旧的意识形态自然失去了存在的价值。民俗文化是植根于自己民俗土壤中稳态的东西,能超越时代而长久延续,处于不停地新陈代谢之中,一些民俗消失了,一些民俗产生了,现代民俗不仅处于流变和催生新民俗的状态之中,它在动态过程中不断吸取新内容而形成的,看不到流变,把民俗文化统统打上封建愚昧的等号,来一个"全盘否定",这不是科学的实事求是的态度。

所以,我提出"一切着眼于建设"的命题对于民俗学的综合研究,是一个极其重要的思想前提。在民俗文化研究中,也同所有文化研究一样,高扬批判的旗帜,痛骂五千年的不是,痛快则痛快了,但是这种态度恰恰又和传统性的文化批判一样,继续落入恶性循环的"怪圈"。文化史上,我们似乎从不缺少激烈的批判家。从庄周的"窃钩者诛,窃国者为诸侯"到李贽的"六经《语》、《孟》,乃造学之口实,假人之渊薮",历朝历代,都不乏批判家,一直到"文化大革命"的"扫四旧"破得坚决、彻底、明确、激烈。但相比较而言,批判家们不论出于怎样的动机,破是破了,最后却无所依据,结果是破了传统,改头换面又以新的形式回归到老传统,这是几千年文化史一直缺乏新质要素,从而导致缓慢蠕动甚至停滞不前的重要原因。

当然,一切着眼于建设,就民俗学研究的思想方法而言,我们也不能人为地拔高民俗文化因素在整个历史进程中的作用,陷入"文化决定论"。在对中国传统文化,特别是民俗文化进行反思时,过分地拔高文化因素在历史进程中的作用,结果把现实存在的一些弊病统统归之于传统文化和民俗,把体制的沉疴、现实的弊端、人为的过错统统归咎于传统民俗文化。民俗在历史进程中,是有它的巨大的惯性力的,作为历史对现实的影响,文化因素、习俗因素的影响固然很大,但不是最后的决定因素,更不是唯一的因素,生产方式的因素,经济的因素,才是决定性的因素。

越是在中西文化剧烈的交汇与碰撞中,越需要对于中国文化立场的坚守。为此,我特别钦佩老一辈民俗学者对于中国文化的守护精神,在西方与东方、现代与传统激烈的对撞与冲击中,他们能够坚守中国的文化立场,阐发传统文化、民间文化的意义和价值,并在学科层面加以建构和发展。继承和发扬传统民俗文化优良成分,将其精髓和时代需求结合起来。保持中国民俗文化的特色,又能焕发出新的生机和生命力。正如有学者指出的,"当下,我们要面对和致力解决的仍是百余年现代化进程中包藏演进的文化问题,而且它不像东学西学孰优孰异、传统现代断层与融入那样纯粹,而是裹挟在社会发展的进程中,与经济发展、生活变迁等一系列社会问题形态交织在一起,因此更需学术研究有中国立场和本土视野,需要深层次的文化的切入点,并致力从文化视角寻求解决之道"①。

有必要指出的是,现在有一种倾向,对当今社会生活中的重大问题抱着一种冷漠的态度,而专注于考古意义上的民俗学研究,在某些论者眼中,民俗文化不但是静止的、孤立的、亘古不变的,而且似乎是越古、越远、越奇、越俗、越野,就越称得上具有文化与审美价值。大潮卷扬之间,打着民俗旗号说神话弄鬼话的书也抛出来几许,究竟是学术研究还是鬼话连篇,不甚了了。让人读了之后,在那儿获得的不是心灵的颤动和创造生活的激情,而是

---

① 潘鲁生:《民俗学的中国立场与文化使命——纪念钟敬文先生诞辰110周年》,《光明日报》2013年12月13日,第13版。

一种难以言说的失落感和遥远的迷茫感。还有一些作品,本来展示民俗文化意识中那些野蛮、愚昧、神秘乃至丑恶的东西。在介绍封闭状态中的淳朴民风,却竭力描绘,渲染落后、愚昧、麻木,导致对民族传统的误解和民族虚无主义,这也是一种十分有害的倾向。

第一章
民俗的本质与对象

第一节 民俗与民俗的本原

一、何谓"民俗"？

"民俗"这个被我们一再引用的词汇，究竟包含着什么意思？人们面对社会生活中复杂纷繁的民俗事象，对它既熟悉亲切，又诧异莫名。是啊，究竟什么是民俗？

在阐述抽象概念之前，我想先举个例子，在江南水乡古镇朱家角有个放生桥，桥体石缝中长着几棵古老的石榴树，据当地老人告诉我，为什么有石榴树，名头好啊，放生桥是石头桥，"石榴"倒着念就是"留石"，对保护放生桥吉利着呢！说得好，这就是对"民俗"概念的最好解读。你看，放生桥与石榴，都是有形的物质存在，但当两者组合在一起的时候，石榴意味着"留石"，桥载石榴，石榴留石，又护着桥，它们一种物质的存在，同时又寄托着人们精神上趋吉避害的信念。我们所能见到的不过是一座放生桥和几棵石榴树而已，而对于当地民众来说，除了外在形象和过桥的便利之外，更有一种深远的意味和丰富的内涵，它们在人的精神世界中由普通的石桥和石榴树，一跃而成为一种有意味的形式。这种"有意味的形式"是由两部分构成的，一个是"物"（放生桥和石榴树）；另一个是"意"（吉利与祝福），"意"要通过"物"来显现，"物"是"意"的载体。"物"具有实在、切近、显露的优点；"意"则具有虚旷、深远、幽隐的长处。艺术家尽可以从这种"物意交融"的状态中去触发灵感,我们则从"物意交融"之中感受到民俗的存在和人间的温暖。民俗是"物"与"意"的结合,也是物质与精神的中介。

一百多年来,世界各国的民俗学家都在探寻民俗的本原。例如,人类学派的民俗学家们大多相信民俗是一些祖先在某个特定的时代一劳永逸地创造出来的。按照这个逻辑,在后世,民俗事象不是日益发展,而是日渐销损,以至终于成了不可多得的"遗留物"。请读者诸君不要忽略了这个结论对后世,特别是对于中国民俗学的深远影响。上世纪20年代,由我国学者翻译介绍的英国学者班尼女士在1914年出版的《民俗学概论》,这本书所提出的民俗是"流行于文化较低的民族或保留于文明民族中的无学问阶级里的东西"的观点,就其实质而言,就是建筑在这个理论观点上的。对于处于空白时期的中国民俗学,班尼女士的观点对中国早期民俗学家开拓学科建设起了重要的参考作用,无论对民俗本质的认识,还是对于资料的收集、整理和分类,都不无借鉴和启示。当然,某种程度上也起到了"先入为主"的作用。直到今天,某些人一提起民俗,马上联想到这是落后民族或是乡下人的"专利品",或者一提起民俗,马上想到民间文学或民间文艺,把对民俗的认识,较多地停滞在浅表层次的描述上。

其实,民俗的起源并不神秘,它是人类社会进程中必然产生的伴生物,也是人类社会生活永恒的伴侣。民俗随人类社会产生,也随人类社会发展而不断地发生变异。具象的民俗可能强化、淡化、损益、变迁乃至消亡,但作为总体的民俗则始终与人类共存亡。正如美国学者威廉·格拉汉·萨姆纳在他的著作《民俗》中所写下的:"民俗时时都在产生。在驿站马车的时代有适应那种旅行的方式。现在的市区公共汽车产生了适应城市运输的民俗。"①萨姆纳不仅认为民俗是人类的"伴生物",而且对于民俗的起源,他认为民俗不是一次性同时出现的,而是日积月累的堆积。我以为萨姆纳的意见值得重视。

从发生学的角度看民俗起源,与其说人类社会诞生了民俗,还不如说人类社会建构了民俗。民俗建构的起点是人从他们的动物祖先那里继承下来的一些身心素质、本能和技艺。推动民俗起源最基本的动力是生活的需求,人类要生存,不仅要抵抗自然灾害的侵害,而且还要抵抗野兽的侵害,就需要联合起来抵御共同的敌人,这就是社会的形成,由生活到社会这一系列的社会需求和利益原则,推动着一定的生活方式,包括习惯和习俗的形成。在

---

① 威廉·格拉汉·萨姆纳:《民俗》,雅典出版社1906年版,第22页。

漫长的岁月中,根据经验、体验优化选择的活动反复出现,唯一的心理力量是区别愉快或者痛苦的体验,而这种选择,就导致了对于社会习惯和习俗的筛选,合时宜的方式将有人起而仿效,而不合时宜的则成为前车之鉴,不断地重复演示最终将最适合人类生存的活动方式演化成为民俗。由于生活不仅是个人的事,而且是团体的事,每个人都受惠于先人和同辈的经验,人类社会的每一种群体都具有在群体内传递经验的机制,因此,人们自觉或不自觉地趋向于被认为"合宜"的活动和活动方式,最后大家都采取达到同一目标的同一方式。因此,活动方式转化成为风俗,成了集体现象,世代相沿,传承不已,人类的活动日益展开,民俗也随之越来越丰富。

当然,人类社会建构了民俗,并不是说民俗起源就是人类自觉的活动,恰恰相反,人类正是在生产实践活动的过程中,不期而遇地造成了民俗。民俗的起源和发展,正如刚刚诞生的婴儿不能选择父母和社会一样,是不自觉的,也是人类先天无法控制的。不断在实践中进行优化,最终发现了最能满足人类需求和利欲的最佳方式,我们只要看看许多民俗禁忌事象的产生渊源,大抵都有其中特定的缘由。民俗总是通过一件又一件的偶发事件形成的。例如在世界上一个叫"莫勒姆波"的地方,一个殖民的葡萄牙人死在那儿之后,那地方很快发生了瘟疫,以后莫勒姆波的土著人无论如何不让白种人死在当地,终于使之成为一种禁忌民俗,就是一个典型的例子。

民俗起源问题是一个相当复杂的问题,正如人类学家贾兰坡先生所说的,人类自身演化尚有许多未被认识的课题。那么同样民俗起源与演化也有许多课题等待民俗学家去研究,只是为了叙述问题的简洁,在此进行抽象和概括罢了。

二、主体文化选择的结果

民俗是人的习俗和人的文化过程的展现。传统的民俗采风可以把千姿百态的民俗事象,诸如各民族的岁时节令、婚丧礼仪的程式,甚至可以对民间祭灶的细节、女子出嫁坐花轿时的步态都描写得详尽而又完备,却忽视了对人的文化特征的研究。简单的表述,常常顾此失彼,不能反映出民俗固有的本质;现象的罗列,并不能从深层结构中把握民俗。

民俗是在人类童年时代就开始的一种建构,岁月的流逝,一步一步地加固着这种建构,使民俗成为浮在海面上的一座座冰山。从现象上看,它露在水面之上,如同漂浮着的各种浮冰,其实在"浮冰"下面却蕴含着深层的积淀物。人类首先要适应自然环境,尔后才能发展,所谓"适者生存"就是这个道理。要生存，就要解决最基本的衣食住行问题。如《礼记·礼运》所说："昔者先王，未有宫室，冬则居营窟，夏则居橧巢；未有火化，食草木之实，鸟兽之肉，饮其血，茹其毛；未有麻丝，衣其羽皮。"在茹毛饮血的洪荒时代，适应自然是第一位的任务。生产力水平的极其低下，物质资料的高度匮乏，使人类的祖先多居依山傍水之处。随着生产力的逐步发展，人类对自然环境的适应"度"也在逐步提高。如果说最初的物质民俗是为谋求生存而对于自然环境——险山恶水的适应，那么，最初的信仰民俗则是为谋求生存，而在精神上对于穷山恶水的适应，也就是说，人类最初的信仰民俗是与人类谋求生存的物质活动——生产紧密相连的。美国加利福尼亚州的一些印第安人爱吃沙漠中的食物，他们对每一棵无根的植物充满爱恋之情，因为，他们的先民是以食用"沙漠里的新鲜空气和植物"为生的。可以肯定，印第安人关于沙漠植物的种种传说、崇拜和信仰，与他们最初的生活方式有一致之处。再如我国各民族在农林牧渔以及民间手工业的各个行业中存在着大量信仰和禁忌习俗，如果追本溯源细加分析的话，都可以在最初的生产中找到它们的发端和滥觞。

任何关于先民在物质生产上的发明、发现和创新都是民俗产生的第一步。它使民俗获得了本体和寄托。最初的人类发明显然是零碎的、无系统的，而且大部分是出自于偶然，经验还未上升到理性，即使形成一些普遍概念，其过程也是残缺不全的，但它却靠着人类智力的进步，通过记忆，深深地铭刻于人脑之中。语言的发展，又使思想对思想的影响成为可能，思维的语言，把个体的经验变为概念，传递给他人。从而概念就把经验初步地组织起来。当人类的某项经验或发明通过语言在一定范围内传播开来的时候，新的成就就变成了人的"常识"，并逐渐积淀为人的"习惯"。

人类经验初步地被概念组织起来，而成为人们的一种共同认识，它不再仅仅是个体的智慧，而是作为集体的财富为社会成员所共享。但是，常识对于个体的思维及其行为的规范力量还十分薄弱，不懂或者自觉不自觉地违反常识的人又不在少数，却也未必对社会构成明显危害，因而社会似乎也没有任何强制力量来监督对常识的遵守情况，某种常识经多次重复而成为较固定的经验格式并博得了行为主体——人的自觉认同、常识的约定俗成，它就成为民众的生活准则或者习惯。当然，一种常识要形成习惯，往往需要相当长的时间，而且也并非每一种常识都能成为民众的习惯。当这种民众的习惯进一步沉淀和固定化、程式化，成为一种潜意识的时候，民俗也就诞生了。

人类学家的研究成果告诉我们，人类的演化过程并不是直线上升的，而是原始和进步性质同时存在,科学的术语称之为"重叠现象"。人类在演化过程中不可能齐头并进,即使石器也是穿插发展的,曾经有人类学家和考古学家试图用各地点发现的尖状器的制作技术来作为划分石器进步的标志,但始终未能成功,因为所谓"尖状器"类型的石器,在中国,特别是在华北,无论是时间或空间分布都很广泛。距今一百万年前后的东谷坨遗址的尖状器的工艺和比它晚几十万年的北京人制作的尖状器并没有多大区别。

原始人的"重叠现象",不仅说明人类的演化与发展呈现出非均衡的状态,而且说明人类为了生存和发展的需要,人为地创造、享用和传承的各种经验、知识、习惯和工艺也是非均衡地出现的,同时也是各种层次、先进与落后不断交织在一起的演化过程。但是无论怎样重叠,无论怎样演化,这个过程的总和就是文化,它具有系统性与整体性,民俗作为一种文化现象,必然受到整个文化体系的制约和影响,并遵循着文化发生、发展和演变的一般规律。民俗是一个由多种要素,按照一定的方式或结构组成的有机整体,并且在一定的时间和空间中不断运动、发展、变化。

揭示民俗产生的轨迹,还不是民俗的全部,因为人类不仅有满足生存的需要,还会有多种需求。企求发展的愿望,可以看作是人类特有的文化心态,它不仅是人类自身不断发展,不断进步的重要因素,而且也成为社会发展的内在驱动力,由此伴随而来的种种民俗事象,就构成了民俗传承和变异丰富多彩的循环积累。

生活的进程、环境的压力以及人类主体的丰富想象力,为社会存在提供了许多难以置信的可能范式。美国人类学家鲁思·本尼迪克特这样写道:"诸如所有制的格局;和财产占有相关联的社会等级制;各种物质产品和精巧的技术;性生活以及父母期、后父母期的各个方面;形成社会结构的行会或宗教派别;经济交换;以及上帝和超自然的法令等。其中的每一项范式以及其他更多的范式都是通过文化和礼仪的详细规定才得到贯彻执行的,这种规定完全控制了文化能量,只留下微不足道的剩余能量可以创造文化的其他特质。"[1]这就是说,民俗的产生是由人类的物质生活决定,并反过来制约着人类的物质生活,民俗遵循着文化演化发展的最一般规律,在交错、重叠的过程中,第一个鲜明特点是主体的文化选择。世界各民族中,都是或先或后地在其民俗文化以及其他文化制度方面作出了这样的文化选择。

选择当然不是一蹴而就的简单过程,每个民族,都能顽强地显露出选择

---

[1] 鲁思·本尼迪克特:《文化模式》,浙江人民出版社1987年版,第22页。

的力量。但是,一经选择的后果,又常常以一种无形的威严调节和制约着人们的生活方式和生产方式。它不仅占有舆论,而且有时能起到许多法律、法规所起不到的作用,保证着社会的秩序和稳定,保证着社会各种机制的调节和运行,这就是民俗从社会生活中得以产生的大致轨迹。

三、选择导致民俗的多样性

选择导致了世界上各个民族民俗文化的多样性和丰富性,这就是为什么我们看待少数民族的各种风俗时常常惊叹不已,将外国民族的民俗看作是"奇风异俗",并常常感到不可思议的真正原因。例如,有的民族视货币为怪物,根本感受不到它的价值;而在另一些民族的习俗里,货币却成为每一个行为领域里最基本的价值尺度。再如,在一个社会里,工艺技术遭到轻视,技术和技能被认为是微不足道的"雕虫小技";而在另一个社会里,技术方面的成就能十分巧妙地迎合人们的生存状况。因此,我们可以从人类生存的各个方面,即从经济的、物质的、民间传说和宗教信仰等方面来揭示不同的经验领域和信仰精神领域的内在联系,从而把握民俗文化的本质。

所谓文化选择,是指人类为满足物质和精神生活的需要而创造文化并维系文化的内在动力。人类在社会群体生活中生存和繁衍,要维系群体生活,需要种种物质条件,而要维系和选择这些物质条件,需要种种习惯和制度来进行调节;而要维系这些习惯和制度又需要种种文化手段,要实施这些文化手段,还需要选择更多的其他的文化条件,这一系列类似循环链的文化条件和手段,哪一种更为适宜?哪一种特质更符合这个民族自身的发展和繁衍?其中选择就是相当关键的因素。

我们不妨以婚姻民俗为例,人类在性本能的驱使下,必须追求异性满足性欲,繁衍后代。但是,如果听任群体中每个人毫无限制地争夺异性,那将会形成什么局面呢?肯定会招致群体生活的混乱乃至种族的灭亡。为了既满足个体繁衍的需要,又不扰乱群体生活,必须形成一套特定的行为规则,限制人们只能向谁求爱,怎样求爱,以及如何结合和养育后代。这样,历史上存在过的多种婚姻形式,母权制、父权制、一夫多妻制、一妻多夫制、多夫多妻制、一夫一妻制等等,都是不同历史和社会条件下,人类主体文化选择的结果,一个群体从动物式的乱交,进化到采用某一种特定的婚姻形式和习俗,这就是文化,这就是文化在民俗中的特定表现。然而,要保持这种民俗文化,还必须使这种婚姻形式和风俗代代相沿,成为一种可能的范式或者惯例,也是文化选择的结果。

世界上各个民族对文化的选择,其着眼点和归宿点,都离不开生存和发展这两大基本的轴心,其内在的文化功能围绕这两个轴心不停地转动,即不停地演化。中国各民族在融合、纷争和演化的过程中,为繁衍生存,一个基本的因素就是各个民族都必须从事物质生产活动,生产活动并不是单纯孤立的活动,它必须具备另外的文化条件,例如靠天吃饭,遵守农时岁序,我们的祖先在长期的农业生产中,怀着强烈的求知欲和恢弘气魄,不知疲倦地探索着季节变化和气候变化的规律,许多节日本身就反映了季节和气候的变化。由于人们对土地丰收寄予很大愿望,于是产生出许多祈祷丰收的仪式,并逐步演变成风俗,以后在这众多的节日中,以不同的庆祝方式和纪念仪式来调剂生活,增加乐趣。像"行春之仪"、"祭土牛"等,无不具有农业社会的特殊风采,反映出古代农业社会的劳动人民渴望丰收,追求幸福生活的情趣。

春节这项民俗,最早起源于古代的"蜡祭"。古代"蜡"与"腊"相通,故也称"腊祭"。夏历十二月称腊月。就像古埃及人根据尼罗河水的潮涨潮落来判断时间、确定农作物栽培季节一样,我们的祖先早在以采集和渔猎为生的旧石器时代,就对寒来暑往的变化、月亮的阴晴圆缺、生物生长和成熟的节律,逐渐有了一定的认识。到了新石器时代,中国步入了原始农业社会,人们为了掌握耕作的季节,在长期的生产实践中,根据星象循环的规律,发现了春夏秋冬四季交替的周期,这对于农作物的种植、管理和收获起了重要的作用,同时也结束了人们盲目度日的状况,开始有计划地安排自己的生活了。但是"年"的名称出现却比较晚,据《尔雅》记载,上古三代,尧舜时称年曰"载",夏代称年为"岁",商代改"岁"为"祀",周代才称之为"年"。"年"的时间概念最初就是根据农作物生长周期循环而逐步认识的。在《说文解字》中,最早对年的解释是"谷熟也!"①《榖梁传》记载:"五谷皆熟为有年也。"不难理解,"有年"指的是农业有收成,西周初年出现了一年一度欢庆丰收的活动。当然,周代这种年终庆祝丰收和祭神祀祖的活动,还不能称作严格意义上的节日,它并未固定在某一天进行,但是,它已经有了基本规律,大约一年一度,在新旧两年交替的时候进行,这些庆祝活动正是年节——春节风俗的雏形。

到了汉代,汉初由于"休养生息"政策的推行,社会经济日趋繁荣,人们

---

① 韩养民、郭兴文:《中国古代节日风俗》,陕西人民出版社1987年版,第40页。

的生活情趣日益丰富,于是形成年节风俗活动的历史条件成熟了。春节风俗在历史演变的长河中,由上古时代的"腊祭",繁衍出拜年、守岁、请春酒、贴春联、招财神、放鞭炮等多项习俗,它的功能也在民俗文化演进的过程中有了由生存到发展的嬗变。

综上所述,民俗不是个别人的随心所欲,而是全民族在其生存和发展的过程中,进行选择的结果。它是在社会生活中产生又对社会生活进行制约的一种力量,归根结底,民俗是社会存在的反映,民俗的多样性,反映了社会生活的丰富性,它任何时候都只能是意识到了的存在,而人们的存在就是他们的实际生活过程。

四、透视社会生活的广角镜

民俗本质上是文化,但它又是一种特殊的文化形态。它是从人类社会生活中产生,又回馈到社会生活中,与现实生活紧密相连,以至于水乳交融,成为社会生活组成部分中的重要"基因"。它是人类意识在心理上的沉淀积累,而这种沉淀积累形成一定的定式,又是如此强烈地渗透在现代人的意识深处,在现代中国人的生活里,反射或者折射出古老的中华民族的优秀品质和陋俗劣质。它既是历史传统的因袭,又有现实的基础。前辈给我们留下的遗俗仍在被因袭下来,流传、演变、消亡、复合,在新的历史发展时期,在更加广阔的社会背景之下,又不断地萌发和演绎出新的民俗。如果执此一端,光看到民俗的传承和因袭,看不到它的萌发和新生,都是片面的。然而,无论是传承因袭还是萌发新生,它都离不开各个时代的社会为它提供的客观基础。从这个意义上可以说,民俗是透视人类社会的广角镜。

透过这个广角镜,可以看到人类为了维系生存的两大基本生产——物质生产和人的生产的主观意愿和心理反射沉淀出的文化意识;也可以看到奔腾不息的历史长河里,不断地滋生出高于生活而又日益离异生活的意识文化。

其次,民俗文化的形成与民族的社会发展、生产水平、经济特点和经济条件呈同步状态。在不同的社会发展阶段,会有这一时期特殊的风俗习惯,或过去的风俗习惯的痕迹。有一些民族和地区展现的风俗习惯,则是和这个民族的历史遭遇、社会生产所密切关联。历史上每个民族都遭受过自然灾害,都遭受天灾人祸的深重苦难。这些都必然在民俗文化上打下深深的烙印。如我们的许多岁时节令中,民族的重大喜庆、纪念日,有不少反映出对英雄人物和杰出人物的缅怀、追念与崇敬,对美好生活的向往。

自然,我们也不能忽略宗教、迷信、俗信对民俗文化的影响。这种影响在巫术信仰、动物崇拜、祖先和图腾崇拜等方面尤为明显。对人们的文化心理、行为举止乃至方言俚语等都有强烈的表现,从而在人们的心灵中形成一股强固的势力,一时很难打破。一个新生儿来到世上,他的一生将采取哪些方式度过,民俗文化为他准备好了蓝图。正如中国近代史上杰出的爱国主义诗人、外交家、思想家黄遵宪所说:"习惯既久。至于一成而不可易,而礼与俗皆出于其中。"民俗的形成,主要是由不同地域的人民的生活习惯逐步发展而约定俗成的。这种约定俗成的文化心态和生活习惯一旦形成,就产生较为稳固的心理定势,于是也就是所谓"民俗"的出现。

传统的力量是可怕的,岁月的流逝更助长了民俗的威严。但是,我们知道,民俗又并非静止的"死水一潭"。它是源源不断、生生不息的"一泓清泉",在社会发展的过程中,民俗文化也在受到时间、空间和其他一些社会条件的制约。"五帝不袭礼,三王不沿乐,此因时而异者也。""百里不同风,千里不同俗,此因地而异者也。"既然不同的时代、地域的民俗要发生变化和存在差异,那在不同时代和地域的民俗表现形式,也就有所不同。所谓移风易俗的任务,正是立足在这个理论基础上的。

第二节 对民俗特质的表述

一、"民俗"语源与中国人的译述

虽然"民俗"作为专门的学术名词,为我国学术界所反复使用,是近代民俗学兴起以后的事情,但它用作民间的风俗习惯这一概念则在我国古代社会出现甚早。我们不妨首先从语义的角度对这一词汇作一番探源。

《礼记·缁衣》中有"故君民者,章好以示民俗,慎恶以御民之淫,则民不惑矣"的说法。其中的"民俗"一词,意指民间习俗;同书《王制》篇有"岁二月东巡守,……命大师陈诗,以观民风"。这里的"民风"指的是民间风尚。《汉书·董仲舒传》载:"变民风,化民俗";《管子·正世》也有"料事务察民俗"的说法,可见"民俗"一词在中国古代使用和流传的范围是相当广泛的。《荀子·儒效》说:"习俗移志,安久移质。"杨倞注曰:"习以为俗,则移其志;安之既久,则移本质。"可见把"习"与"俗"相连,是"习惯风俗"的略语。《说文解字》将"俗"解释为"习也"。"习而行之谓之俗"是说长期的习惯将会形成一定的性格。《汉书·贾谊传》记载贾谊上书陈政事说:"择其所乐,必先有习,乃得为之。孔子曰:'少成若天性,习贯(惯)如自然。'",我们所说的"习惯成自然"当本源于此。

古人的解释实际上已概括出民俗的基本含义,即民俗主要是由民众所创造,而又人人传习,用以自我教化的风俗习惯,在这里,"民"与"俗"是紧密相联的。可见,从语源意义上看,"民俗"的概念在我国早已确立,并使用得相当广泛了。当然,我国古代还不可能有近代科学的"民俗"概念,因而我国古代的"民俗"与近代以来民俗学研究中使用的"民俗"一词,实为内涵上有所联系,本质上又有差别的两个概念。

"民俗"一词作为近代独立的人文社会科学的专有名词,首先出现于英国。Folklore 这一新颖而确切的名词被创造出来以后,立即在英国学术界得到普遍的承认和运用,后来,又逐渐得到国际学术界的承认。日本民俗学界接受了 Folk-lore 这一外来词后,将它译作"民俗",也渐渐为中国学者所接受,例如我国学者周作人留学日本归来后,在 1913 年的绍兴县教育会月刊上发表了《儿歌之研究》一文,文中直接使用了"民俗"一词,显然受到了日本学术界的影响。

中国学者在接受"Folklore"一词的当初,有过多种译述:

第一种意见主张译为"风俗学"。持这种观点的主要是北京大学风俗调查会的一些学者,其中主张最力且发表导论意见的当推陈锡襄先生,他著有《风俗学试探》,时为 1929 年。

第二种意见主张译为"歌谣学",主要是北京大学歌谣研究会的一批先贤。由于他们主要研究歌谣,并不能概括民俗的全部,这种意见并未占上风。

第三种意见主张称为"民间文艺"或"民间文学"。以中山大学民俗学会的一些学者为代表,由于他们多系从事民间文学的研究者或教学工作者,提出这样的概括意见,当也是出自专业建设的考虑。1933 年,钟敬文先生发表《民间文学的建设》及《中国十余年来民间文学运动》,系统地阐述了这方面的意见。

第四种意见译为"谣俗学"。此意见出自江绍原先生。江绍原 1932 年在翻译 A·R·瑞特的《英国民俗》时,将这个书名改译为《现代英吉利谣俗及谣俗学》。

第五种意见主张称之为"民学",首倡者仍是江绍原先生,他在译完《现代英吉利谣俗及谣俗学》一书后,感到"谣俗学不妥",不能概括"Folklore"的全部内涵,复以德文的 Volkskunde 为"民学"①。

第六种意见主张译为"民俗"。1936 年,杨成志先生在《现代民俗学——历史与名词》一书中,反对译为"民学",而主张称为"民俗"。他写道:"我觉得'俗'字在中国文献上或成语上分析起来含义最广,不但可做形容词与名词的通用,且与英文的 Folklore(人民的见识或学问)的字原意适理合。"②

在 Folklore 传入中国之初,学术界的上述许多意见,当然并不是全部译述,但从中可以窥见探讨学术之自由空气,实在是一件很好的事。"谣俗学"失之过窄,诚如江绍原先生所言。称为"民学",又不免失之宽泛。称为"民俗"与中国古老民俗的语源内涵的本义较为贴切。此后,"民俗"作为一个固定的学术名词,逐渐为中国学术界所接受。

二、众说歧出的"民俗"定义

"民俗"一词的特质到底是什么呢?看看这方面的文献资料,可以说是众说纷纭,莫衷一是。由于"民俗"与"民俗学"是两个概念,前者是一种文化现象,后者则是围绕这一文化现象作为研究对象的学科,所以研究民俗学离不开厘定民俗的特质与定义,而厘定"民俗"又常常使人纠缠于"民俗学",两者的含混不清,导致了概念上的混乱。首先应当廓清这方面的紊乱,正如我们不应把"物理"的特性与"物理学"的学科研究对象混为一谈一样。

在英人汤姆斯氏之前,也就是这门学科获得现代名称之前的古希腊、古罗马文化,早就对民俗事象有所涉及,赫罗德特斯、李维及普利尼的著作就涉及了古希腊和罗马民众的信仰和习俗。即使在英国,16—17 世纪的书籍中最初与其他事物联系着的关于家庭、公众传统仪式的生动描写,屡见不鲜。诸如菲利浦·斯塔布斯《陋习的解剖》(1583 年)、罗伯特·伯顿《令人伤感的分析》(1621 年)、麦森 1698 年于法国初版的《旅英回忆与观察》;约翰·奥布雷在他的著作《杂录》、《异教及犹太教的遗存》里,记录了他所处时代大量的迷信与民间习俗;亨利·布朗的《古代遗俗,或普通民众的遗俗》

---

① 江绍原编译:《现代英吉利谣俗及谣俗学》,中华书局 1932 年版,第 15—20 页。江绍原"民学"定义说:"民学者,研究文化虽已升至较高的平面然尚未普及于一切分子之社会,其中'民'阶级(及其所形成的更小群)之生活状况、法则,及其物质的经济的基础、观念形态、情感表现……及此等事实之来源、迁变和影响者也。"

② 《杨成志民俗学译述与研究》,高等教育出版社 1989 年版,第 110 页。

(1725年)一书是试图全面概述英国农民传统和季节性仪式习俗的最早著述之一;约翰·布兰德进一步扩充发挥,完成了众所周知的名著《民众遗俗的观察》(1771年)。其他论及农村信仰、习惯的早期论著还有威廉·勃雷斯的《历史和不朽的康瓦耳郡习俗之观察》(1754年)、皮特·罗伯特的《威尔士民众习俗》(1851年)及威廉·霍恩的《每日书》(1826—1831年)、《年鉴》(1832年)等等。汤姆斯氏也是站在许多前辈学者的肩膀上,提出了这一具有历史意义的命题,但这一命题的本来意义是什么?

自汤姆斯氏之后,仍有许多学者对此争论不休。为什么"Folklore"成为语焉不详的"死结"?其最主要的原因恐怕是将"民俗"与"民俗学"混为一谈。Folklore这个复合词也是意味深长的,它既包含着"知识"(lore),又包含着"民众"(Folk),本身兼具多种含义,要给它下一个简单明了的定义,实在不是一件容易的事。一百多年来,国际学术界对"民俗"一词下了上百种定义。概括起来看,人们对于"民俗"内涵的理解大体可分五类:

其一,"遗留物说"。代表人物是英国民俗学家、民族学家、文化人类学鼻祖的爱德华·B·泰勒。泰勒在他的名著《原始文化》一书中,第一次使用"遗留物"这个词,用来指那些"被习惯势力带进不同于他们早先的社会环境"的见解观念和习俗,因而这种"遗留物"是"从古老文化条件下产生的一种需要的证明和例子"。泰勒的"遗留物"学说对民俗学研究领域的影响极为持久。劳伦斯·歌姆、安德鲁·兰格、夏洛特·班尼,以及其他一批著名民俗学家都深受其影响。弗雷泽在他的著作《金枝》里集纳了全世界无数类似仪式和信仰的例证,从而显示出原始植物草木崇拜残余在现代农民中的存在。

其二,"古传统说"。《大英百科全书》"民俗"条目说:"民俗,是普通民众始终保存的、未受当代知识和宗教影响的、以片断的、变动的或较为稳固的形式继续存在至今的传统、信仰、迷信、生活方式、习惯及仪式的总称。"这个观点认为"民俗"代表某些范围内的文化传统,它在文明社会内受教育较少的人群中一直残留。

其三,"口头流传说"。美国俄亥俄州立大学教授弗朗西斯·李·厄特利认为:"在很大程度上,以口头传承作为定义的原则。"厄特利教授用定量分析的方法对"民俗"一词的二十一条著名定义,作了仔细分析后,"肯定了民俗是口头性(语言的、非书面的)、传统(传承)、初级文化和文明社会的城乡亚文化"。持此种学说的学者还认为"民俗"特指限于俗民文学范围内的民间文艺及相关的习俗信仰,甚至认为它仅指口头流传的大众文学。持这种观点的代表人物还有美国民俗学界鼎鼎大名的民俗学家威廉·R·巴斯科姆(虽然他充分意识到把口头传承作为民俗的标准,有着许多困难,他自己也说:"一切民俗都是口头流传下来的,但一切口头流传下来的并不都是民俗。")。巴斯科姆在给"民俗"定义时说:"在无文字的社会里(人类学家传统上对这类社会有很大兴趣),一切结构制度、传统、习俗、信仰、态度和手工艺都是以言辞教导和示范作用口传下来。当人类学家同意将民俗定义为口头传承时,他们没有注意到,正是口头传承这个特点,才把民俗与文化的其他事项区别开来。"巴斯科姆倾向于把民俗限于他后来称作口头文艺的范围内,这包括散文叙事作品(神话、民间故事、传奇)、谜语及寓言,但不包括民间舞蹈、民间医药及民间信仰(迷信)等。许多民俗学家认为这个定义过于狭窄。

其四,"各种传统说"。代表人物是具有国际声誉的美国民俗学家阿切尔·泰勒,他对民俗"下了一个卓越而简明的定义"(阿兰·邓迪斯语),"民俗不仅以口语,而且以行为和习惯在传统中世代相承。它包括民歌、民间故事、谜语、谚语及其他以语言来保存的东西;也包括像栅栏、绳结、十字形面包、复活节、彩蛋之类的传统工具或有形物质;或者是像特洛伊城那样的装饰,像卐字形那样的传统象征物;还可以包括将盐撒在人们肩头,或在木头上敲击之类的传统仪式,或者是像老年人对眼皮跳之类事物的传统迷信。上述所有这些,都统称之为民俗"。阿切尔·泰勒的学说概括了上世纪五六十年代国际民俗学的趋势。说它"卓越"则可,称其"简明"则未必,它概括了民俗所包含的内容,代表了相当多的学者的观点。这种观点认为民俗是指与较高阶层的文化相对照下的俗民的全部文化传统,包括原始民族及文明民族的指不出确实可信的发明人或造作人沿袭下来的各种传统。

其五,"活化石说"。如美国民俗学家玛丽亚·利兹在其所编撰的《芬克和瓦格纳尔斯民俗、神话及传奇标准字典》中称民俗是文化早期阶段的残存;是"仍然混合在文盲和庄稼人生活中的古代宗教仪典的模糊的残留遗迹",或"拒绝死亡的活化石"。"活化石"论并不是新的发明,而是直接从由斯宾塞、泰勒、摩尔根等人所发展的"遗留说"及文化进化理论直接推导而来的。

上述五种最具代表性的定义,孰优孰劣,难以评判。因为论者看问题的角度不同,对"民俗"所下定义也有狭义与广义的区别。一般来说,早期的西方学者多倾向于对"民俗"作狭义的解释,他们对民俗内容的划定着重于精神传统方面,特别是民间的口头文学。如神话、传说、故事、谜语、歌谣、谚语、戏剧等。在这"诸子百家"的学说中,对中国学人影响最大的,并且具有代表性的是英国学者班尼女士的观点,1914 年,她在《民俗学概论》一书中对民俗下了如下定义："民俗学是一个概括的名词。其内容,包括传统的信仰(Beliefs)、习惯(Customs)、故事(Stories)、歌谣(Songs)、俚语(Sayings)等流行于文化较低的民族或保留于文明民族中的无学问阶级里的东西。析言之,例如关于宇宙、生物、无生物、人性、人造物、灵界、巫术、符咒(Spells)、厌胜(Charms)、命运(Luck)、预兆(Omens)、疾病、死亡等事的原始信仰;又如关于婚姻、继承、童年、成年祝祭、战争、渔猎、畜牧等事的习惯与仪式,以及神话(Myths)、传说(Legends)、民谭(Folk-tales)、故事歌(Ballads)、歌谣、谚语(Proverbs)、谜语(Riddles)、儿歌(Nursery Rhymes)等。简言之,'民俗'包括民众的心理方面的事物,与工艺上的技术无关。"(着重号由本书著者所加)①

老实说,作为文化人类学派继承者的班尼女士,对于民俗学并没有提出新的实质性的建构和内容。她眼中的"民俗",其实是偏重于狭义的民俗概念,即所谓"包括民众的心理方面的事物"。宁愿把"民俗"一词限于资料的收集和整理,而并不打算把它建设成一门具有严格定义的科学。由于班尼的著作较早地被介绍到中国来,无论对于民俗本质的理解,还是资料采集、整理和分类,都不无借鉴与启示,同时也起到了"先入为主"的作用。尽管欧美和日本后起的民俗学家,对民俗本质都曾提出过精辟独到的见解,但他们的观点远不及班尼的影响在中国学术界的深广。我国早期的民俗学者对民俗概念也相对比较褊狭,与这种影响是分不开的。

随着人类文明的进步和民俗学的发展,人们越来越深刻认识到,民俗是社会生活中的一种普遍的文化现象,它不仅蕴藏在人们的精神生活中,也表现在人们的物质生活传统中;它既涉及文明民族的民间生活与文化,也涉及后进民族甚至野蛮民族的大众生活与文化。鉴于上述认识,近几十年来,国际学术界逐渐趋向于对民俗作广义的理解,大多数学者认为"民俗"这一概念应包括整个民间生活与文化。

三、民俗的基本问题

民俗产生于人类征服自然、发展自我的过程中,并始终受到一定的社会和自然条件的制约。决定和影响民俗形成、传承和变异的因素是多方面的,其中有经济、政治、宗教、地域、语言等诸多复杂的因素,这是大家都熟知的。

---

① 方纪生:《民俗学概论》1934年版,北京师范大学史学研究所资料室1980年重印,第2页。

那么，人们为什么会对"民俗"究竟为何物而众说歧出呢？我看在给民俗下定义之前，首先得解决民俗的基本问题。民俗的基本问题有两个：一是民俗与人类的关系，二是民俗与文化的关系。

先说民俗与人类的关系，这个看上去早已不成问题的问题，其实在理论上是相当混乱的。民俗是人类与生俱来的永恒的"伴生物"呢？还是人类某个历史发展阶段上的"遗留物"？往昔的民俗学家把民俗看成为人类处于蒙昧、野蛮或童稚期的现象，当人类步入工业文明之后，民俗只是"遗留物"、"活化石"了。

众所周知，人类起源于古猿，原始人类与古猿的根本区别，在于创造和使用工具、形成语言等文化现象的产生。躯体的直立、手足的形成与分工、大脑的发达、社会的组合等人类特征的具备，无不由于民俗因素所致。没有制造和使用工具的劳动，古猿躯体的直立以及手足分工的实现便不可能。"手不仅是劳动的器官，它还是劳动的产物。"①又使人和人之间"已经到了彼此间有些什么非说不可的地步了"②。于是产生了语言。劳动和语言的活动，也就是原始民俗的滥觞，使大脑高度发达并形成了人脑所特有的语言中枢，而使用工具的复杂活动以及语言活动等作用，使人类产生了比动物群落更为复杂的社会组织。因此我们说，人类的产生，既是生物进化的结果，也是民俗塑造的结晶，这个结论，与恩格斯提出的"劳动创造了人本身"的科学结论显然是并行不悖的。

人类由低级向高级发展的历史，人类从近乎动物的水平发展到今天伟大阵营，如果只从生理上观察，是不足以说明问题的，只有同时从民俗的发展上分析，才能看到人类发展的气息。从刀耕火种到电子时代，从茹毛饮血到高楼大厦，从出没山林到邀游太空，从采集渔猎到生命复制，人类的任何进步和发展都无不与民俗有关，体现了人类物质和精神民俗的质的飞跃和变化，这一切都证明，民俗是人类永恒的伴生物。

第二个问题，民俗与文化的关系。即承认不承认民俗是一种文化，而且是处于社会主体的人民大众所创造和享有的基础文化。民俗是文化整体的重要组成部分，这个论点并不是我的发明。且不说国学大师钱穆关于"风俗为文化奠深基，苟非能形成为风俗，则文化理想仅如空中楼阁，终将烟消云散"③的论点说明一个国家的民俗文化是基础性的环节。中国当代民俗学泰

---

① 恩格斯：《自然辩证法》，《马克思恩格斯选集》第3卷，人民出版社1972年版，第509页。
② 同上书，第511页。
③ 钱穆：《中国文化史导论》，转引自《历史研究》1988年第2期。

斗钟敬文教授在上世纪 80 年代也曾这样说过:"文化是人类活动及其所得到的物质与精神成果的综合体。它具有多种层次,中国传统文化有三个干流。首先是上层社会文化,从阶级上说,即封建地主阶级所创造和享有的文化;其次,是中层社会文化,城市人民的文化,主要是商业市民所有的文化;最后,是低层社会的文化。即广大农民所创造和继承的文化。"①

无论是钱穆的"二分法",还是钟敬文的"三分法",他们都承认民俗是中国文化的主要组成部分,它是处于中下层地位的人民大众所创造的文化,是各民族文化的基础和主体之一。

作为具体的个人,他处于一种什么文化之下,是他所不能选择的;而作为整体的民俗,一直处于发展、演变和更新之中。民俗如同一种超稳定的力量调节着文化的流向,"强制"人们服从某种习惯,可见,民俗无声地调节着人们的价值观念、思维和生活方式。当然,我们坚持民俗的文化特性,并不是说研究文化的一般性质就可以替代民俗研究了。民俗是一种特殊的文化现象,对于它的特殊之点,我们将在以后的章节里再仔细地分析。

四、文化属性及其定义表述

民俗在本质上是一种带有鲜明特点的、沟通传统与现实、物质生活和精神生活的文化现象。可以用"民俗文化"(Folk-Culture)来概括,作为人类社会生生不息的永恒伴生物,大量事实证明,民俗是人类的一种基础文化,它是上层文化,精英文化,或者说是雅文化得以滋养和创造的前提。

"村茶未必逊醇酒"②。"雅"正是出"俗"演变而来的。今天陈列在博物馆的青铜器、玉器和瓷器,可以算是我们民族文化的精华。然而,在它们诞生的当初,不正是民众日常使用的普通器具吗?《诗经》被视为文学和史学的珍品,然而其中许多篇目在当初还不是凡夫俗子、山民村妇们口头流传的民歌吗?没有楚地民歌和神话传说,就没有伟大诗人屈原不朽的诗作《九歌》、《离骚》等作品的问世,同样我们也可以说,没有汉魏六朝乐府民歌,也就没有文学史上著名的建安文学和以后唐朝诗歌的黄金时代。《三国演义》、《水浒传》、《西游记》等文学名著,大体也经历过民间口头传说、说书艺人和戏曲家的综合提炼,最后经过小说家再创作的三个过程。

---

① 钟敬文:《话说民间文化》,人民日报出版社 1990 年版,第 3 页。
② 著名园林学家、古建筑专家陈从周先生生前给笔者《当代人与民俗》所做序文的一句诗,参见仲富兰《当代人与民俗》,上海文化出版社 1987 年版,第 1 页。

我们说民俗文化是与人类永恒伴生的现象,当然并不是说它是一堆杂乱无章的无机拼凑物,也不是裸露在生活表象层的现象。可以说,民俗长期以来在不断地消化吸收人类各种文化因素的过程中,自身也处在不停地演化和变异之中,它不断地被选择、过滤、筛选和沉淀,从而凝聚在民众的心理结构和集体无意识之中,它是基础文化,又是深层文化,是创造雅文化(或者说精英文化)的基础和前提。

从外在方面看,民俗文化是指一个民族的共同成员在日常活动中所采取的某种习惯性行为方式;从内在方面看,这种习惯性行为方式是由某种既有心理结构所规定、所驱动的;从形态上看,民俗须臾离不开物质而独立存在,而且又时时依赖物质,同时又反过来改变物质;但从精神上看,民俗又是人们在日常行为中所表现出来的一种风尚和精神气质。如果试图对民俗下一个定义的话,我对它的表述是:

> 民俗文化是沟通民众物质生活和精神生活,反映民间社区的和集体的人群意愿,并主要通过人及各种媒介进行传播着的世代相沿和传承扩布的生生不息的文化现象。

我们坚持民俗的文化属性,同时又坚持民俗是一种特殊的文化,它与一般意义上的文化区别在哪里呢?兹根据笔者的定义所概括的要点提出如下观点:

第一,民俗的特质首先在"民"字上,即民间的、民众的、大众的文化,这个含义有两层意思:从性质上看,它与官方的、社会上层的所谓"精英文化"相对应,民俗是处于社会中下层广大平民百姓的文化;从形成上看,它不是个人的文化,而是集合的、群体的人群意愿和生活习惯。一个是平民大众,一个是集合群体,此可以视为民俗文化两个最具鲜明特色的特点。

2013年11月26日,中共中央总书记、国家主席、中央军委主席习近平在山东菏泽召开座谈会时,给市、县委书记们念了上述一句对联:"吃百姓之饭,穿百姓之衣,莫道百姓可欺,自己也是百姓;得一官不荣,失一官不辱,勿说一官无用,地方全靠一官。"这副对联现挂于河南内乡县衙博物馆三省堂前,是康熙十九年由时任内乡知县高以永所题。①习总书记念对联告诫官员:莫道百姓可欺,自己也是百姓。这句话同时也浅显易懂地说明了民俗的特质与属性。

民俗文化的集体、群体性质,就更加明显了,它是民间的创造和传承,绝

---

① 见2013年11月28日上海《东方早报》第1版。

大多数风俗的"始作俑者",都是佚名的或者集体的。民间的衣食住行,婚丧嫁娶的诸多事象,在生活中广泛应用和传承,谁能说出这是哪个个人发明的呢?年年岁岁,岁岁年年,一代又一代人,大家都这么做,因为这是大家创造的。在一些描述事物起源的书上,例如宋代高承的《事物纪原》,把历史上的许多文明的滥觞,归结于黄帝发明,姑且不说这些记载是否可靠,即使的确许多民俗最先为某个个人创造或倡导,它们也必须为民众接受。黄帝也罢,炎帝也罢,没有劳动人民的代代相传,都不可能保存这种技艺而成为民俗,所以我们称它是"集体的人群意愿"。

第二,民俗的相沿性,我注意到有学者称为"复现性"。即生生不息,相沿不绝,在岁时节令的风俗中表现得非常明显,表现出充分的时间节律和严格的程序仪式。我国古代的岁时节令,就有鲜明的时间节律,春节辞旧迎新,元宵观灯娱乐,清明踏青祭祖,端午驱除五毒,中秋团圆赏月,岁末祭灶守岁……直到今天,这种节律还是明显地出现在我们的社会生活中。在婚丧嫁娶一类的民俗活动中,这种相沿性表现在严格的程序仪式上,例如婚礼,一般都有定日子、迎亲、庆贺、回娘家省亲。丧俗一般也有停尸、报丧、吊唁、出丧、祭奠等程序。即使在文明水准较高的都市,移风易俗,婚丧从简,但在已经变异了的习俗里,仍然有程序化的影子。

民俗传承与传播的相沿不绝。在民间文学作品中,表现为模式化的倾向相当明显。且不说各地民歌都有相对固定的音乐调式,民间故事总是由有限的"情节单位"和"类型"置换组合出来的,民间故事的语言也有模式性,离不开"从前","有一个地方",等等。民俗现象的相沿性、周期性律动、程式化仪式、模式化倾向等都是民俗区别于其他文化现象的重要标志。

第三,民俗的社区和地域性。有人提出不同民族的民俗有着巨大差异,是否还可提出"民族性"。其实,不同民族就主体而言,也是生活在不同社区和地域的,社区和地域已经包容了民族性。民俗是生活在特定社区和地域人群的"共同意愿",指的就是这个意思。例如中国南方和北方在民俗文化上就有着迥然不同的特点,即使在同一大区内,各地民俗也都有极显著的差别。同在北方,草原牧民住帐篷,黄土高原农民住窑洞。无论是饮食、居住、服饰、交通、节日、人生礼仪,还是信仰、语言、口头文学,都存在差别,所以不少学者在研究民俗文化时,提出了"民俗文化圈"的理论。

第四,民俗文化还具有联系传统与现实的性质,也就是说它既是一门传统的学问,又是一门现在的学问,故称之为"现在之学"。作为中华传统文化的重要组成部分,它依然活在当下,更多表现为精神性、智慧性、技艺性的活态传承形态,与我们当代人的精神、情感、思维方式相联系,传统的生活方式消逝了,民俗的特质,正通过各种形态在现实生活中传承延续,活在当下。

民俗,作为一种与人息息相关的生活方式,最宝贵的也在于活态。其传播与传承,以传承人为核心,以持续传承为重点,把千年文化与现代理念有机融合,产生既有传统内涵、又融入现代元素的事象。弘扬民俗不仅是为了诉说祖宗的恩德,更要在继承优秀传统的基础上,进行文化创新和技艺创造。

第三节 学科存在的两个理论前提

一、研究对象的社会科学特性

民俗学的研究对象是什么?以往的民俗学著作,一般"概论"式的书在论述对象时,对于这个根本性的问题,很少论述,即使有论述,也是王顾左右而言他,以至于很难引起广泛的认同。由于民俗学范围相当广泛,以至于有人怀疑它究竟能不能成为一门学科。虽然各自都触及了民俗现象,又都无法说明全部现象,都没有能为民俗学研究对象是什么提供令人信服的答案。

我们已经指出民俗的本质,是一种特殊的文化,而处于生生不息、流转变迁中的民俗文化是根据什么来判断它的研究对象呢?我以为必须用系统的观点,从那无比丰富、复杂的内容中,找出足以反映民俗特点的最基本、最不可缺少的东西。经过比较下面的几项,并把它们集合在一起,可作为民俗文化学研究对象之学理根据。

第一,人的主体性超越和时间上的连续性。人类文化的演进过程,不仅需要创造性,同时需要认同性。只有创造和认同的互补,才能形成人类民俗的完备结构——民俗的演进和流转。离开了一代又一代人的主体性超越,离开了时间上的时间上的连续性,也就没有了民俗的首要特征。

第二,全面集中地体现民众文化创造的内涵。社会生活,包括人类自然环境、生活环境、文化环境,以及居住、饮食、服饰、物质产品、精神素质、艺术创造、技艺技术等,没有全面、集中地对于民众文化创造内涵的总体把握,把民俗的某一方面,某种现象孤立起来,就无法对民俗进行科学的研究。

第三,沟通传统与现实、物质与精神的联系与统一。它是一种相沿成习的文化意识的综合表现。一方面它构成了社会存在的基础,如果没有大量重复性日常活动带来的物化效果,人们就失去了总结、提炼相应精神概念的前提;另一方面日常思维方式又有很强的保守性和日常生活惰性,在一定条件下阻碍人们对于民俗的认知。

民俗学必须有自己特定的研究对象,我既反对将民俗学研究对象圈层在民间文学或者文艺民俗学的狭窄范围内,也反对将民俗学的研究范围无限扩大,而这种研究对象要能够成立,有一个基本的前提,那就是必须反映民俗学学科研究对象的特性和包含一般科学研究对象的共同条件。北京大学高丙中教授认为"作为日常生活文化的民俗是它的研究对象,所以它应该属于一般的文化科学、人文学科;又因为研究民俗应该把民俗置于日常生活中来理解,日常生活的人或社群作为社会存在或社会主体,必然要纳入它的研究对象之中,所以它也必须是社会科学中的一员。Folklore 既要研究作为文化的 Lore,也要研究作为社会实体的 Folk。这是就研究对象来说的。再就研究方法来说,人文学科的'同情的理解'是有用的求知方法,社会科学的参与观察和统计分析也是可用的求知方法。这种跨领域的情况不是民俗学所独有的,在若干个学科都可以见到,例如人类学是人文学科还是社会科学,就一直处于争论之中。"①上个世纪 80 年代,我就呼吁民俗学的社会科学化,可惜未能激起隆隆回声。民俗学的社会科学化,可以全面、集中地体现民间文化的创造、传承和现实生活中扩布流行的最一般的学问,可以进一步研究和反映民众物质生活、社会关系、精神生活以及社会心态系统的最一般的联系。

现实的情况是,欧洲、美国包括日本的民俗学都是一门独立的学科,与历史学、文学、哲学等并驾齐驱。但是,中国的民俗学,却是社会学一级学科之下的二级学科,虽然在学科上还没有独立的一级学科的地位,但这种态势对于民俗学者而言,并不具有约束力,在实际的学科研究和日常生活的运用价值上,民俗学不是一个"二级学科"能够完全支撑的,"二级学科"的条条框框并不能捂住民俗学的发展,相反,诸多民俗学者和大学的教学人员"不得不以灵活的方式,打破现有学科设置的框架,在多个学科里引入它的学术资源对它加以发展。由此可见,民俗学的实际从业者、研究范围和资源注入路径都远远超过了作为二级学科的民俗学,我们的学科设置根本就不能满足社会和学界对民俗学的期待。那么,重新论证民俗学的学科定位就是十分必要的了"②。

实际上,民俗学是一门很难研究的学科,它需要广博的知识面,需要许

---

① 高丙中:《温州大学学报(社会科学版)》2011 年第 6 期,"反思民俗学高等教育 14 年"专栏,第 7—10 页。

② 同上。

多其他学科的支撑,因为民俗不是单一的孤立的存在,它有经济的、社会的和人们意识领域里的诸种表现,综合地表现出人类丰富的精神情感和折射出不同人群的心理状态。认识民俗学,要具备多方面的知识,既要研究物质生活方式,也要研究社会生活的"众生相",要研究人们的精神生活,最终还要认识那个特定时代社会风情和面貌的总体特征,以及人们之间的互相关系和联系。民俗学是个大系统,在这个大系统中,存在着若干的小系统,它是反映这个系统与那个系统之间客观规律性的最一般的学问,我们只有从总体上抓住民俗的文化本质,集中表现人作为主体在民间文化创造中的各种形式,各个方面的关系、联系、矛盾和运动,才能抓住民俗学的本质。

二、物态与非物态的中介联系

民俗学研究对象是一种系统联系,联系有直接因素,有间接作用。在我看来,民俗学的研究对象,说到底是社会主体与客体之间的中介联系,中介就是媒介的意思,兼有两种或两种以上的特质,表现为双重的或多重的特征,很难用"一刀切"的方式来孤立地看待。问题的关键在于把握民俗的中介性质,从人的社会存在角度看,民俗总是社会选择的结果,从而积淀并折射着历史发展和时代变迁。同样,社会历史对民俗的选择,是通过一定的物质形式的不同文化逐步实现的。民俗事象以内涵的文化意识和外表的生活方式,在人类历史长河中流传和变迁。美国民俗学家同时也是社会学家 R·默登曾提出"外显功能"与"潜在功能"概念,所谓"中介",必然是具有沟通左右,联系上下的作用,成为经济基础与文化意识中的重要组成部分,民俗的"外显功能"在于将移风易俗、改造世界、干预生活作为主观的诉求。"潜在功能"可以说是对人类心态和社会精神生活的概括,成为一种重要的文化积淀。民俗可以为人们躲避灾祸而寻求解脱,也可以成为人们消灾避难的功利手段。所以民俗学的重要任务,就是力求从民俗与社会、民俗与时代精神这些特定视角出发,研究民俗学的社会功能与实现机制,以揭示民俗学怎样保持合理的张力,从而找到自己的恰当位置。

从广义上说,民俗是与人类伴生的特殊文化现象。人类生存不仅是实践性的,而且是解释性的,因为它能够创造一个意义世界。对此,对象也就转化为意义。任何对象都作为特定的意义而存在,物质和精神都蕴含着某种意义而存在。没有了意义,也就没有了对象。从这个角度看,民俗学不仅是认知活动,也是意向活动,它的研究对象不仅包括知识体系,也包括价值体系。为此,就特别需要调查研究,田野作业既是获取研究材料的手段,也是重要的体验过程,有学者说得好:"田野作业通过具有强烈'现场感'的搜集材料方式捕捉和生成理论灵感,搜集材料的重点在于过程而不在结果,通过深度访谈和参与式观察等搜集材料的过程,密切和调查对象接触和互动,从而感悟和体验当地的文化。调查者将自己浸润在一个社区之内,直面人物和事件,访谈交流,察言观色,体味弦外之音,领会人情世故,最终获得厚重的生活质感并理解当地社会的运作模式。田野作业最大的特色和学术贡献是在亲自搜集材料的过程中感悟、体验、理解社会并产生理论灵感,而不在于艰辛地跋山涉水、寻人访户获得了多少一手的、详尽的经验材料。用心的田野是充满问号和感叹号的,而非密密麻麻的逗号和句号。田野与理论绝不是分裂的,相反,田野反而能在调查过程中大量输出理论,而且常常能输出新的理论。田野的优势在于生成理论,而非施爱东所说的验证理论,验证理论为问卷等定量的调查方法所擅长,生成理论则为田野等定性的调查方法所擅长。"①我以为,"对象—意义"范畴以及新的本体论和解释学哲学框架的提出,应该可以为民俗学研究对象提供新的哲学基点,开辟新的认知途径。哲学上的模糊使我们受苦,传统的实体—认识论框架,使民俗研究陷入困境。直到进入 21 世纪,还有人认为,民俗不过是说说民间故事,唱唱老奶奶的歌谣,以及对于一些民间落后事象的记录。民俗不是某种实体(既非物质,亦非精神),也不是实体的属性(既非真,亦非善),但它的对象既是物质,也是精神;它的意义,就是要揭示人世间的真、善、美。从这个基点出发,考察民俗学的对象和意义,可以从本体论和解释学两个方面来审视。

民俗学的中介特质,意味着民俗是一种特殊的文化现象,特殊的生存方式。人类有三种生存方式。首先是原始生存方式,它以人类自身的生产为基础,物质生产和精神生产都没有发展起来,它形成了以血缘关系为基本内容的社会关系。这是动物式的生存方式,人性尚未觉醒,人还未真正成为主体;世界也没有成为人的对象,因为原始人还没有以人的方式来对待它,他们屈服于自然的淫威之下。进入文明社会以后,产生了第二种生存方式——现实生存方式。现实生存方式以物质生产为基础。精神生产依附于物质生产,它形成了以经济关系为基本内容的社会关系。这是人的不充分自由的生存方式。在现实生存方式中,造就了片面发展的主体——现实个

---

① 耿羽:《民俗学的对象、功能和方法——评〈倡立一门新学科——中国现代民俗学的鼓吹、经营与中落〉》,《民族文学研究》2012 年第 3 期。

性,也造就了片面对象——现实世界,现实世界是现实主体的对象,打上了未充分发展的人的本质力量的印记。一切自然物和社会事物(包括物质产品和精神产品),都是现实对象。在现实生存方式的基础上,人类凭借自己的精神创造力创造了一个超越的生存方式,在这种生存方式中,人不依附于物质生产,因而属于超现实的自由领域,包括人的审美与哲学活动。民俗学的研究主体,莫不离开这个人类总体的生存方式。

三、民俗学研究的品格

原始的解释方式造成了巫术与原始意识和巫术化的原始意义世界。现实的解释方式造成了现实意义和现实的意义世界。感性水平的日常经验创造了感性意识和知性意义(科学和意识形态)。在现实解释方式的基础上,人类还拥有超越的解释方式,它包括审美和哲学,民间审美、民众智慧和日常经验的累积及其传承,在许多情况下,是以人的直觉领悟了生存的意义。从这个意义出发,民俗学的研究对象具有以下品格:

第一,具有实证性和非实证性结合的品格。民俗文化的物化形态是可以实证的,实实在在的存在于现实领域,而民俗文化的精神形态,诸如民间禁忌、民间信仰、民间审美,它又是非实证的,它只是民间文化体验的对象。看不见、摸不着,是主体习惯的延伸。

第二,具有实用性和非实用性结合的品格。民俗所依附的物质和精神,具有现实功利性,现实价值具有某种实用性,如物质能满足人的物质生存需要,精神(如信仰)满足人的精神的现实需要,调节社会关系。而另一方面民俗又不具有实用性,它不涉及利害,只是一种精神愉悦,作为一种特殊文化现象,它又常常超越现实生活。

第三,具有可度量性和非度量性结合的品格。具体的民俗事象,不但可以具体地感知,而且可以分门别类地抽象出一般规范来加以把握,特别是一些程式化、周期性的与岁时节令有关的习俗,具有相当的规范性;但从另一个角度看,民俗文化又不存在一般规范,它是充分个性化的对象。从形式上看,民俗文化事象千姿百态,毫无共同之处;从内容上看,民俗涉及人类社会生活的各个方面,具体入微,绝无类同之处,只是我们在深入了解它时才将各种具体的对象,统一称之为"民俗文化"。

第四节 多维视野中的民俗研究

一、趋吉避害的民俗基因

基因是生物体遗传的基本单位,存在于细胞的染色体上,作直线排列。人们在文化研究中常常借用"文化基因"这个词,乃出自将进化论作为近代文化研究发端的文化人类学,由于人对"文化"的认识,是在区别生物遗传性和人工习得性的过程中逐渐发展的。一大批文化人类学者为文化的本质,文化的发生,文化的结构和功能,文化的规律,文化期的划分等问题作出了贡献。摩尔根、韦斯特马克等学者对婚姻和家庭史的研究,以解决文化的基础和发生的问题。马林诺夫斯基、拉德克利夫·布朗、波亚士、克鲁伯等学者,则以实地文化资料为基础,试图对文化内在结构提出解释。涂尔干、莫斯、列维·布留尔等法国学者则提出一系列更具体的文化命题。当代一些文化人类学家承袭这一传统,也不断提出各自的文化理论出来。如本尼迪克特提出的来自尼采的"阿波罗"型和"狄奥尼索斯"型文化分类。玛·米德则提出"前喻文化"、"互喻文化"、"后喻文化"的类型学概念。怀特则以"象征符号"为中心建立他的文化理论。迄今为止在西方世界比较得到公认的文化定义也是由文化人类学家克鲁伯和克鲁柯亨提出的:"文化包括各种外显的或内隐的行为模式,它们借符号之使用而被学到或被传授,而且构成人类群体的出色成就,包括体现于人工制品中的成就;文化的基本核心包括传统观念,尤其是价值观念;文化体系虽可被认为是人类活动之产物,但也可被视为限制人类作进一步活动之因素。"①

这就是说,近代文化研究一开始就存在着心理学视野和生物学视野,从而构成寻求文化的自然基础的两个方向。由于人类文化是动物进化的结果,近代文化研究从一开始就具有实证主义倾向。因此,寻求文化的自然基础,始终是文化学研究的主题。就民俗事象的实质而言,基因表现为民俗生存状态中的重要的"背景遗传"。例如我国古代的一些智者哲人早就注意到中国南北以其不同的地理环境、自然生态环境和农耕内容,形成了相对独立的区域单位以及不同质的民俗现象。"南方,谓荆扬之南,其地多阳。阳气

---

① 转引自顾晓鸣:《多维视野中的"文化"概念》,载《社会科学战线》1987年第4期。

疏散,人情宽缓和柔";"北方沙漠之地,其地多阴,阴气坚急,故人性刚猛,恒好斗争"①。宋代庄绰说:"大抵人性类其土风。西北多山,故其人重厚朴鲁;荆扬多水,故其人亦明慧文巧,而患在轻浅。"②晚清学者况周颐也提出"南人得江山之秀,北人以冰霜为清"的见解。如此种种,都从不同的自然生态环境和地理环境出发,说明这种文化基因,不但影响作用于人的体质、形貌;也影响和作用于人的气质、情绪乃至性格和审美取向。稻作文化和麦黍文化两种基因是在两种不同背景环境中生成和发展起来的两种文化,两者的差异,从某种程度上可以说,是自然界的结构留在民族精神上的"印记"。

翻开中国社会的历史,广大民众面对天灾人祸、饥寒交迫的生活现实,对物质财富的渴求是与对人的自身生产的渴求并存的。低下落后的生产力,几近原始初民的生产方式,使物质的收获远远满足不了生活的需求,增加劳动力的生产也成为生存的需要,而人口的增殖又使物质的供求矛盾更加尖锐。在这绝非良性的循环之中,民间祈年、祈福、祈子等具有明显功利目的和价值取向的民俗文化活动代代相传,不断地被延续下来。生存意识、避害趋利,是民间文化的价值基础,也是民俗文化的基因。在那些处于风雨飘摇地位的一家一户的小生产者心目中,生存离不开神灵的庇佑,因而各种拜神、求神、媚神、娱神、赛神的仪式活动,有广泛的社会基础。出于祈福、祈平安,保护自己和家人免受伤害的民俗心理基因,长期以来农民虔诚地信奉着各种灵物,恪守着代代传承的民俗禁忌,在信奉和恪守的背后蕴含着农民的社会功利价值观念,这个观念与文化基因的关系是不言而喻的。而这个文化基因得以代代"遗传",正是民众对于自身生存的深刻关注。

二、与时俱进的民俗心态

"心态"这一词汇虽然才是近世使用频繁,但是,先贤和哲人早就注意到它的内涵和价值了。人所以能够辨善恶、识美丑、知事理,是出于这样一种主体心态,孟子称为"良知",陆九渊、王阳明称之为"本心"。在西方,古代的哲学家们多次阐明了心态的存在和作用。自从柏拉图、亚里士多德分别以"回忆说"、"白板说"在一定程度上论述了主体心态以后,众多的思想家都论及了这一问题,其中尤以培根、康德、海德格尔、库恩和皮亚杰的思想系统成熟。培根的"四假相说"是对主体心态的一个否定性探索;康德的"直观形

---

① 孔颖达:《礼记·中庸》正义,吕友仁整理:《礼记正义》,上海古籍出版社2008年版,第1995页。
② 庄绰:《鸡肋编》,中华书局1983年版,第11页。

式"和"范畴",是对社会心态的肯定性揭示;海德格尔的"理解的前结构",是从释义学的角度对社会心态的阐明;库恩的"范式"理论,则是对社会心态研究的突出成就;皮亚杰的发生认识论,从某种程度上可以说是主体心态论。马克思主义经典作家在创立和发展历史唯物主义时,对社会心态也有原则论述,不仅马克思、恩格斯都指出过,那些发展着自己的物质生产和物质交往的人们,在改变自己的同时,也改变着自己的思维和思维的产物。列宁曾经指出"人类意向"的概念,还分析了农民的守旧心态和求新心态。毛泽东把人的心态称为主观世界,提出在改造客观世界的同时,改造主观世界的任务。

民俗学所要研究的"心态",与哲学家们研究的"心态"有联系,也有区别。这种联系表现在,作为社会认识和社会实践中主体的心智状态,相对于社会存在的经济基础,它是主观与客观的关系;相对于社会意识,是主体的主观条件与主体的精神环境的关系;相对于主体自身来说,是社会本体从事认识和实践的内在条件。文化心态既是社会心态的一部分,又具有民俗文化的诸多特点。这些特点是它区别于一般的哲学上的"心态"。

说到底,文化心态是社会意识在人民群众思维中的凝结,是社会客观规律的主观逻辑化,是社会实践的产物,是民族心理素质作用的结果,是社会文化的沉淀。当前,我国正处于一场空前的全面而深刻的社会转型与变革之中,改革已经步入深水区,新旧裂变的时代,民众的心态发生剧烈的变化,正是民俗学者不应忽视的研究课题。

三、推陈出新的民俗变迁

民俗的变迁,表现出习俗与时尚的位移,当今尤为激烈地进行着。习俗与时尚,从一般意义上说,都是指风俗、习尚,但从时态上说,两者取向正相反,习俗,作为风俗习惯,它是约定俗成,久习为惯的文化心理和行为方式,它是以经验的积累和传统的坚持为前提,因此,在一定意义上说,习俗常常是面对过去的传承。时尚,作为民俗文化的特殊表现形式,它是以对传统的扬弃和对旧俗的否定为前提的。它敏感地反映着现在,深层地孕育着未来。因而,其基本时态是面对现实,取向未来的。"位移"只是一个较形象的说法,习俗与时尚的相互联系与背离,其实在总体上反映着文化变迁的推陈出新的过程。人们在自己的文化心理上,是重习俗还是赶时尚,反映了人们在社会生活方面所持的不同取向,而由尊重习俗趋向关注和追逐时尚,这种文化心理的位移,实际上显示了社会变革引起的观念和行为的更新。

在自给自足、手工体力劳动为主的传统男耕女织生活里,直接知识积累和经验传承是文化发展的主要途径;子承父业、血缘继替的经济秩序,民情风尚和民俗的道德力量是维系社会,评判是非,凝聚人心的重要力量。这样一种经济、社会结构,决定着乡民的文化心理倾向必然是尊重习俗,重视传统,他们对往事和历史印象深刻,感受丰富,对现实生活中偶尔出现的新事物兴趣淡漠,缺少足够的敏感性,对未来则视野狭窄,目光短浅,这表征着以往传统重负下的农民比较取向于留恋过去、背对未来的心态。

在当今社会发生激烈变革的情况下,乡民的古老心态受到极大的撼动,生活中数不清的陈规陋习受到冲击和批判,一些旧规矩动摇了,摈弃了,另一些则被改造,被扬弃……这些新鲜事是历史上任何时候的社会所没有遇到过的,人们的思维和行为,都必须改弦更张,才能适应生活的需求,经常是伴随自己的心理嬗变、习俗改观、民俗重构而完成的,而这一切也正是文化变迁和民俗推陈出新的过程与结果。商品可以把人带到天涯海角,市场经济的竞争机制,最重视个性、特色、新潮和时机,当人们的消费水平超过温饱线之后,对各种商品的设计、款式、花样的更高要求,便会逐步地越出对它们的廉价、耐用的注重,使得各类商品的生产,往往花样翻新、新潮迭起。生产的变化、市场的起落、消费的改观,以数不清的时尚变换着,让人目不暇接。加上广播、电视、报刊,特别是互联网新媒体的推波助澜,各种广告每天都把社会创造的新信息、新思想、新知识,向广大民众传递,"外面的世界很精彩",乡下人看到了城里的世界,本地人看到了外面的天地,落后地区的人看到了进步的趋势,因而也在今天看到了自己的明天、后天。借助于这一切,人们感受和承接着时代的各种刺激,踏着生活变迁的节奏,不断地向昨天告别,以各种方式显示自己作为"现代人"、"文明人"的风格。社会变革的步伐加速了民俗变迁的频率,无论是对旧习俗的扬弃,还是对新时尚的追求,这个过程,同时也在创造出新的民俗。

四、物我交融的民俗生活

人类作为一种社会历史存在物,其活动可以划分为物质性的和精神性的两个方面。对人而言,没有单纯的物质活动,也没有单纯的精神活动;人们的物质活动总是自觉的、有目的的活动,而人们的精神活动也总是借助了一定的过程才能实现,人们只能在相对的意义上把人类生活划分为物质生活过程和精神生活过程两个方面。由于人类生活的这种整体性,我们对于精神生活的规定便只能从精神生活在人类生活总体中的地位或作用,从与物质生活的对比中去进行。

民俗文化研究的主体是人,而个体的人构成社会的方式就是人们之间的交往,事实上,所谓社会也就是人们之间的交往关系。在某种意义上可以说,精神生活对于人与人之间的交往的依赖性,要远远高于物质生活对于交往的依赖性。人类精神生活在本质上说,它是通过语言符号的象征作用而打开了一个可能的世界,并在其中选择一个理想世界作为现实生活所趋向的目标,使现实世界意义化的过程。这个过程所展现的民风世相、人间真情、宗教信仰、道德准则、民间艺术生活等等,是不能游离于民俗研究视野之外的。

求真、求善、求美,构成了当代人类精神生活的三大样式。求真的特点是概念、范畴式的把握事物的本质或规律,把事物从直接的现实世界提升到可能世界,这就是理论活动。中国的一般民众说不出多少系统化、条理化的概念,甚至爱把理论说成是脱离实际的"空谈",但生活中的许多哲理,一般都是由民众首先创造的。许多饱含真知灼见的真理,常常出自田夫野老之口。

民俗要研究人类的精神生活,但是要深入的开掘,又必须持有一种理性的态度。这又给我们带来了难题。人类精神生活除了真、善、美基本样式之外,还包括人类自身价值、目的、理想、信仰、使命、责任、道义、关系、前途等方面的文化和主张,它杂糅着真善美的各个方面,包括伦理道德、各种信仰、艺术创造、文艺欣赏以及其他有关社会主张、人生态度等方面的文化。这种文化旨在促进人类自身的建设和发展,在推动社会进步的过程中促进精神文明建设,借以使人具有更高的人生理想与信念,具有更文明的生活态度与情调,具有更丰富的生命感受与内涵:因而在精神生活上获得一种更完美的自我肯定与享受。

但是,由于在我国的文化传统中,由于它的农业自然经济形式、血缘经济关系等基础因素还大量地在农村保留着,因而在封建的政治、经济制度被推翻以后,它的地位和作用并没有退出人们的精神生活和社会生活;把某些精神的价值不恰当地放在高于一切的地位,轻视实践的效果与物质的功利;用道德评价取代认识评价进而否定经济效益的评价;以情理的关系与尺度影响甚至替代法理的关系与尺度等等。重"义"轻利,存"理"去欲这类由传统民俗文化造成的心理定势,还在顽强地显示其作用。

第二章
民俗学研究与整体民俗观

第一节 民俗层级与文化视角

一、"民俗文化学"的提出

20世纪80年代,在改革开放的大背景下,在中国思想文化界掀起了一股前所未有的"文化"热潮,这场"文化热"持续了将近十年左右,现在来看,那场"文化热",其实就是一场伟大的思想解放运动,那个年代"反思"成为最受欢迎的名词之一,解析各种社会风俗文化知识,阐释这些文化知识的历史渊源以及对当代社会的意义,这场"文化热"客观上进一步激发了广大民众对于复兴传统文化的渴求,加速了文化复兴的进程。在社会大潮的裹挟下,刚刚恢复不久的中国民俗学开始了艰难的再出发。

那个时候的民俗学者大抵长期从事民间文学专业教学或研究,面对社会大潮的起伏不定,但研究方法和工具又是那样的传统而单调,可以说对西方人文学家的理论与方法的反应还是处于相当"迟钝"的阶段。20世纪60年代末,美国学者加芬克尔(Harold Garfinkel,1917-2011)将民俗学界定为"普通人在生活中为了解决各种日常问题而运用的方法,即常人方法"①。由此引出了民俗研究的新的方法,谓之"常人方法学",这种学术研究的方法在与现象学、符号互动论、日常语言哲学及经典社会学等的对话中应运而生,

---

① 杨善华:《当代西方社会学理论》,北京大学出版社1999年版,第45页。

志在对社会学传统结构功能主义的研究发起挑战。①在常人方法学看来,传统结构功能主义的研究是一种"结构规范至上主义理论",它把社会成员沦落为"丧失了判断力的人"(judgmental dope),并在规则和秩序面前显得无能为力,完全忽视了日常生活社会行动复杂的组织过程和行动者的主观能动性。常人方法论认为,这种缺乏判断力而只能遵守规范的人类模式所构成的社会秩序结构纯粹是一种假设,研究者必须直视一个事实,即那些普通社会成员可以毫无障碍的处理日常琐事,并把它习以为常,他们正在亲自构成和维持日常社会生活的秩序。②由此,一个秩序井然,结构严密同时功能齐备的社会结构消失了,人的主动性、创造性成为鲜明的主题,既有的秩序,或者说整个世界在被行动者每时每刻地创造出来,而所谓的"生活世界就是不断被我们的行动所修正并不断修正我们行动的世界"③。这种研究方法论,也确实给了重新起步的民俗学、人类学研究以新的启迪。

社会的变革,令许多民俗学者常常对已经逝去的民俗事象扼腕叹息,感觉无奈,而那些置身于民俗变迁"现场"的俗民群体却对变迁显得十分坦然。这是什么原因呢?原因在于广大民众,亦即日常生活中的"普通人",始终还对于民俗与社会的变迁的规则与结构的"破坏"、"中断"等具有群体内部的自我解释力和说明力难以做出理性判断。实际上,这种新的意义与建构一直在进行,80年代,中国农村作为改革开放,特别是经济改革的突破口,经济的快速发展引发了社会习俗的相应变化。首先是在流通与消费习俗方面的变化,即在服饰、饮食、居住和出行四个方面反映出的物质层面的变化深刻改观,接着是民间礼仪习俗和民众信仰的变化,反映出在意识观念层面的变化。

正是在这样的社会变革的背景下,该发生的迟早会发生,吸收与借鉴发达国家社会学者研究社会的新的视角与方法,以更多地重视民俗学的"文化"意义,以此来解释在社会变革大潮中民俗的自我调适与变迁发生的过程,是迟早要发生的事情。

这里,我想说一说80年代初我学习民俗学并提出建构"民俗文化学"的心路历程。20世纪80年代,具体说,是在1986年7月,我首先提出建构"民

---

① Garfinkel, H. (1974), "On the Origins of the Term Ethnomethodology", in Ethnomethodology, ed. Turner, R. Harmondsworth: Penguin.
② 宋林飞:《西方社会学理论》,南京大学出版社1997年版,第316页。
③ 渠敬东:《缺席与断裂:有关失范的社会学研究》,上海人民出版社1999版,第107页。

俗文化学"的学科概念①，我在大学里是哲学专业，没有系统学习过民间文学理论，只是生活里的感悟、直觉告诉我民俗学不能搞成民间文学，它应该是一门人文社会科学。1986年第12期《新华文摘》摘发了我在《文汇报》上发表的这篇拙文中的主要观点，令我没有想到的是引起了北京一些大教授的垂注，特别是得到了钟敬文先生等一大批前辈专家的肯定，1987年，钟敬文先生，还有张紫晨先生、乌丙安先生等邀请笔者出席在贵阳举行的全国中青年民俗学者研讨会，那个时候，我在上海一家媒体工作，不是民间文学圈子里的人，所以也是有一种"初生牛犊不怕虎"的勇气，就在贵阳会议上，我就民俗学向"民俗文化"拓展的思考谈了我的看法。后来，这篇发言后由我本人整理，发表在当年的《复旦大学学报》上②，1990年，钟敬文先生邀约笔者在他北师大小红楼的寓所谈话，钟老对笔者提出"民俗文化"学研究勉励有加。这就更加坚定了我对于民俗文化研究的信心。1988年12月，我在上海团结了一批有志于民俗文化学研究的同道，他们都是上海教育、新闻、科学研究方面的新生力量，一起创建了"上海民俗文化学社"（1992年经民政局登记，改名为"上海市民俗文化学会"），大家一起来进行民俗文化学研究，这批学者日后都成为上海民俗学界的中坚力量。当时我们编辑出版了《国风》23辑，发行《民俗文化研究通信》28期，在国内民俗学界可谓"一纸风行"。钟敬文教授对我的鼓励，也一直激励着我从事民俗学研究，这一辈子放弃了当时的仕途，也放弃了下海经商挣钱的各种机会，就是潜心民俗学研究，也真是"苍天不负苦心人"，历经十年磨砺，1998年，浙江人民出版社出版了我的专著《中国民俗文化学导论》，有"中国谚语之父"美誉的台湾民俗学家朱介凡教授特地为是书撰写了序言。我由衷地敬佩钟敬文先生，也感谢钟敬文先生和一大批老学者对后生的护犊之情、提携之恩，可是说，我虽然不是钟敬文的入室弟子，但他的思想，他的厚爱和对我的鼓励与鞭策，激励和影响了我一生，三十年来未尝停止我治"民俗学"的步伐。

1986年，我只有三十来岁，平生也不喜欢攀龙附凤，到官场，或是到北京去混个脸熟，当时在民间文学即民俗学的圈子里，也许人微言轻，不为人所重视，作为学科泰斗的钟敬文先生对我的爱护与指点，如同暗夜里给我带来了一束束光亮。1990年钟敬文先生约我谈话时，先生意识到民俗学向民俗文化拓展的重要性，正如他后来撰文所强调的，民俗学研究"不能固守英国

---

① 仲富兰：《开拓民俗文化研究的新领域》，上海《文汇报》1986年7月4日"论苑"专版。本文为《新华文摘》1986年第12期转摘。

② 仲富兰：《民俗文化约论》，《复旦大学学报》（哲学社会科学版）1987年第2—3期合刊。

民俗学早期的旧框框",要研究"现代社会中的活世态","拿一般民众的'生活相'作为直接研究的资料"的对象①,越是到80年代后期,钟敬老的这个想法,越是强烈。1988年4月20日,他在他的著作《话说民间文化》和"自序"中写道:"我曾经为一个教育刊物编辑了'民间风俗文化'专号,计划进行一系列的民间文化丛书。我甚至拟用这个名词去代替'民俗'一词,而把民俗学称为'民间文化学'。现在考虑起来,当时那想法是合适的。几十年来,世界学界民俗学的范围在不断扩大,以至于将使它包括民间文化全部事象在内了。近来有些美籍华裔的同行,也赞成用'民间文化学'代替'民俗学'术语的想法。"②一个终身从事民俗学研究的老人,到他的晚年,仍然保持着学术上孜孜追求的思想活力和不断创新的进取精神,该是多么难能可贵啊!同时也说明,发展当代中国民俗文化学,已经在当时学术界许多学人眼中,正在形成共识。1996年,钟敬文先生出版了他的著作《民俗文化学:梗概与兴起》③。

我借此机会说一说当时建构民俗文化学的背景情况,不是为了表白我个人的作用,我本人微不足道,但无论是观照国际学界的现实情况还是从遵守基本的学术规范,人们在阐述一门学术史时,都很重视尊重和明晰重要观点和思想的提出者。好在发表的著述都在,而且都有发表时间与日期,我想,学术史必须得到尊重,让历史去告诉后人吧。

现代社会科学意义上的民俗学,在中国不过走过了近一个世纪的历程,但是百年来中国民俗学总的走向是俗文学、民间文学向社会科学的艰难转换,时而兴盛,时而沉寂。从"文学研究"到"文化研究"是其发展的基本路径。

民俗学多舛的命运既体现了人文社会科学同国家体制、政治意识形态以及社会经济之间的密切关联,又反映了这门学科自身的文化特质是否能坚持到底,以及传统势力对这门学科的掣肘。通过日益丰富的本土研究和对国外相关理论的积极吸纳与反思,中国民俗学者对许多问题的探讨越来越深入,并发展出了不少既有中国特点又有益于民俗学整体建设的观点和方法。其中"民间文化"(后来钟敬文先生称"民俗文化学")与"生活文化"的概念相呼应,也是从整个民族文化的角度对民俗学的研究对象所作的概

---

① 钟敬文:《民俗学入门·序》,载《话说民间文化》,人民日报出版社1990年版,第9页。
② 钟敬文:《话说民间文化·自序》,人民日报出版社1990年版,第2—3页。
③ 钟敬文著,董晓萍编:《民俗文化学:梗概与兴起》,中华书局1996年版。

括和思考①,"民俗文化"的提出具有比"民俗"更为开阔的包容性,在一定程度上起到了进一步拓宽民俗学领地的作用。

从80年代以来,民俗学作为一门学科处于整体复兴之中,同时随着国家社会转型的发展进程,民俗学自身也处于变化之中,不过不论学科怎样变化,作为文化研究的特质始终没有变,而且有不断扩大的趋势。北京两位学者在总结70年代末以来的中国民俗学的成就与困境时,这样说道:"近30多年间,中国民俗学在理论和方法上出现了诸多显著的变化,总体说来,主要呈现出这样一些转换:研究对象的主体从'劳动人民'转向了'全体人民';研究方法从文化史转向了民族志式的田野研究;研究的理论视角从文本转向了语境及语境中的文本。"②我以为,这两位学者概括得非常好,无论是研究对象、研究方法抑或研究的理论视角,随着时代的进步得到了拓展。在欧美等发达国家的民俗学研究已经几乎扩展到民间社会及文化生活的所有领域,日本的民俗学研究相对保守一些,但对俗民的民俗研究也涉及包括各种民间的生产惯习、社会组织及制度、行为规范、精神事象(包括信仰、伦理观念、知识、民间文艺创作)等。在现代社会科学的体系中,民俗学具有不可替代和引人注目的地位、作用。大有大的好处,但同时"大有大的难处"。1990年,我在上海《解放日报》上撰写过一篇短文《文化是个大箩筐?》③,肯定民俗学文化研究的特质,但切不可将研究范围无限扩大,如果扩展得没有边际,要人们接受一门完全没有边界的学问,那是不可想象的。企图制造一种万能的民俗文化概念,如同老百姓常说的"百搭胶"或者"万金油",省事是省事了,但也没有民俗学学科存在了。

二、民俗学本体的三个层级

民俗学既然是人类生活,特别是社会中下层民众生活中真实存在的一种现象,那么,指出其学科本体是什么,它的研究范围以及民俗学本体在学术史上占据的位置是完全必要的。

我想,在讨论民俗学主体时,有两个理论前提必须阐释清楚:第一,民俗学是介于上层建筑与经济基础之间的特殊"中介";第二,民俗学本体扎根于

---

① 钟敬文:《话说民间文化》自序,人民日报出版社1990年版,第1—4页。
② 安德明、杨利慧:《1970年代末以来的中国民俗学:成就、困境与挑战》,《民俗研究》2012年第5期。
③ 仲富兰:《文化是个大箩筐?》,《解放日报》1990年7月19日第2版。

社会生活之中，又具有高于生活的"悬浮"性。民俗具有中介介质属性，好比"桥梁"一般沟通了经济基础与文化意识领域的通道。一定历史时期人们在社会生活中表现出来的风俗、习惯、观念、情趣、时尚等一系列社会文化，就是以风习的文化意识——民俗为核心的意识团。这种意识团，还未分化、升华，呈现为"中间环节"状态，民俗本身就是这种"中间环节"——社会心理意识的文化显现。

很长一段时期以来，在文化研究中曾经出现过的问题是机械地套用了"存在决定意识"、"经济基础决定上层建筑"的原理，过分强调了精神生活与物质生活的对应作用。其实，民俗是一种特殊的介质，它源于社会生活，同时也具有"悬浮"性质。它终究还只是一种文化事象。正如地球上不能没有森林、田野、矿山、铁路等物质形态一样，地球上也不能没有云彩、虹霓、晚霞、晨曦，而且正是这些形质无定的云蒸霞蔚，才调节了地球上的风雨寒暑，使有生命的万物得以欢愉地存活。

民俗有其实用的一面，可以给人带来实在的功利，就像今天人们讨论非物质文化遗产需要"生产性保护"一样，精神的腾飞与物质财富的增值同样是人类进化的两只羽翼，对于一个健全的社会来说，两者是不可或缺的。但是在发挥这种功能时，太过实用，与商业金钱、财富贴得太近，往往散逸了它本体的灵气，就像放风筝一样，线太短或不敢放线，风筝就腾飞不起来。

从上个世纪60年代以来，各国民俗学家都进行了不倦的探索，各种与民俗学相关的分支学科，如社会民俗学、文艺民俗学、民俗语言学，还有民俗心理学、历史民俗学、生活民俗学、宗教民俗学……呈现出五花八门的情形。名称虽多，但这门学科的本体结构究竟是怎样？我觉得，建设民俗学学科体系第一位的任务，需要一个整体民俗观，将各种民俗事象从理论上整合于一个"有系统、有秩序、合逻辑"的体系之中。

如何确立一个"有系统、有秩序、合逻辑"的民俗学体系呢？民俗是沟通传统与现实、物质生活与精神生活、大众和集体的人群意愿的通道，它既有远古社会的积淀和回声，也有当代社会民众的伦理观念、价值取向，更有芸芸众生在衣食住行日常生活中传承的经验和知识。民俗学的目的是通过对民俗事象和民俗资料的研究，了解我们祖先是怎样生活过来，又将怎样生活下去。

民俗学本体研究实际上包含着三个层级：

第一个层级是理论系统，作为一门独立的学科，它必须有其内在的理论体系，否则这门学科就失去了存在的理由；第二个层级是它的知识系统，民俗学不是一堆乱七八糟的"杂拌之学"，而是完整地反映民众社会生活和日常行为的有系统的知识;第三个层级是它的资料系统,包括民俗史、民俗田野采集和各种专门的专史和资料数据库,在这方面虽然已经有了相当的积累,但眼下综合的功夫下得还是不够。

这三个层级,也可以说是三个系统,构成了民俗学本体的大系统,三者对民俗学本体来说是缺一不可的,它们之间有着互相依存的联系,但又各自体现独有的功能属性。下面,我分别说说这三个层级:

第一个层级 科学地说明和阐释民俗学学科的理论,包括民俗产生、发展、变异、传承和消亡的最一般的规律。使人们对这门学科体系的构架一览无余,对其功能、属性、分类、特征、范围、任务有一个清晰的了解。它还要进行各个民族和国家、地区民俗文化现象异同的比较,特别是以具体、实证的精神,从不同层面上多层次、多角度、多侧面地把握民俗的内涵和外延。美国现代社会科学的开创者之一,著有《民俗》一书萨姆纳(William Graham Sumner,1840—1910)围绕人类社会的生产实践和社会交往活动建立了一套关于民俗的概念体系:"个人的活动经过反复就形成习惯,习惯在群体内流行就成了风俗;习惯和风俗都体现着活动模式,或者说,它们都是模式化的活动。如果它们的反复还遵循着严格的程序,那么,它们就升格成仪式了。如果严格的活动模式包含着明确的思想道德内容,那么,它们就上升为德范了。他以生活为基础建立了较为系统的基本理论。他阐述了民俗的起源。他认为,民俗起源于生活,是人生和社会的必然产物。人们在生活中保持住那些便利的和有效的活动模式,以应付反复出现的相同需要和情境,于是形成了民俗,'民俗时时都在产生',它们是生生不息的。因此,民俗的产生并不局限于某一个时代、某几个方面或某几种传统的形式。"①萨姆纳的思想背景是斯宾塞的实证主义和自由放任思想以及与达尔文的生物进化论的混合,但他的《民俗论》却很有价值。他认为社会是一个由个人组成的群体,社会科学对民俗的研究,与生物学对细胞的研究具有同样的意义。一切社会制度还原为最基本的因素就是民俗和民德;风尚是指人们在追求满足自己需要的过程中形成的一种行为方式,个人层面上叫习惯,群体层面上叫风尚。萨姆纳还特别指出了民族风尚包括一切标准化的行为方式,其形成原因有两类因素:各种利益之争(生存竞争中的保卫和进攻);人类行为的四种主要动机——食欲、性欲、虚荣心和逃避恐惧的心理(其基础在于利益);风尚不是人的自觉意志的产物。社会的发展只是生物进化的一种形

---

① 高丙中:《民俗生活:民俗学的研究对象和学术取向》,《民俗研究》1991年第3期。

式,在于内群体间和外群体间的争斗和竞争;同一类习俗标志着同一个种族;内群体中存在一种团结的合作关系;和外群体之间是一种敌对关系(民族中心论)。应当反对任何形式的人为或国家法律对社会生活的干预,社会整体运行的机制就是竞争,社会是竞争着的群体的组合。[1]当然,萨姆纳的理论,就社会生活来研究问题,将人、文化环境以及生活模式综合为一个整体,从中可以窥见对于民俗进行整体研究的理论雏形。这种整体的民俗观,对民俗学本体显得尤为难能可贵。

现在国内许多人说到民俗学理论,说来说去就是"物质民俗、制度民俗、信仰民俗"之类的通话,语言干瘪,把民俗的发生过程和复杂情景过于抽象处理,通常会忽视作为民俗主体的人的作用,也许抽象的结果可以做成一些描摹的文本,但忽视了人的民俗场景究竟有什么意义呢?科学地说明和阐释民俗学理论,特别需要整体的"民俗观",更多地关注和研究作为民俗主体的人。

第二个层级 关注社会生活,所谓"社会生活",是指人们组成的各个群体是如何生活,如何运行的。民俗学的分支——社会生活学,实际上是研究人群、族群在物质生活、精神生活以及人际关系方面的知识系统和应用系统。任何一个人作为社会成员,都有他(她)的物质生活与精神生活。但是这两者都有它的社会性,这不仅因为无论物质生活还是精神生活都是社会创造的,而且也因为这些生活是在社会中进行的,在社会演进中发展、传承和变异。社会生活的内容是相当广泛的,举凡各个民族、各个群体,在社会生活中的风俗、习惯、信仰、节日仪式、民间舞蹈、民间戏剧、民间游艺、民间医药、传统手工艺、传统的自然知识、民间衣饰、房屋形式、传统食谱、行旅交通、器具物用,甚至某些地区残存的巫术,这一切都应归入社会生活的范畴。现在有论者提出了"应用民俗学"的概念,应用什么?怎样应用?语焉不详,对此是否能构成一个独立的分支学科,大可进行商榷,但是运用民俗学的社会生活的理论与知识来剖析某些社会现象,说明一些社会风习的本质,能为人们理解某种社会现象而提供真情实况。

第三个层级 田野采集方法的进一步提炼与升华。田野采集包含两方面的含义:一是对民俗文化史、各种通史、断代史和专门史的史料搜集和研究;二是从考古遗存和文物、实物,以及民俗学者实地采访、调查、田野采集所获得的资料,从上个世纪80年代以来,这方面的进步与收获是最大的,就

---

[1] 可参阅"百度·百科""萨姆纳"条。

是民俗学研究方法从一般的文化史研究,转向了民族志式的田野研究;研究的理论视角从文本转向了语境及语境中的文本。可喜的是,这些年来,一大批民俗学者"结合田野作业实践提出的对民间文学进行整体性研究和立体描写的主张。它针对以往民间文学采录只注重文本而忽略相关背景的做法,强调要把民间文学作为文化的组成部分,放到其流传的具体情境中去观察和理解,倡导民间文学的记录和研究要注重立体性特征,进行'立体描写'"①。"纸上得来终觉浅",田野采集的资料不同于一般意义的资料。其特殊性在于:它们作为民俗文化的一部分形象逻辑存在,或者由于年代久远而湮灭,或者由于芸芸众生司空见惯而忽略。因此,田野采集是一门高深的大学问,要求如实地、逻辑地、全面地保存、记录和表述民俗文化的实物、文献以及一切有关的信息。除了史料辑录、民间采风之外,对有关考古文化的器物、环境资料都需收集,既要防止无旁证的主观臆断,又要防止"见物不见人"的倾向。

三、民俗学本体的"研究视角"

民俗学本体结构是学科的骨骼系统,作为一门独立的学科,除了特定的研究对象之外,还必须有其观察的侧面、分析的角度、研究的着眼点,这些我称它们是研究的"视角"。视角的宽窄,涉及对于学科范围的界定。

人类的生存离不开自然环境和社会环境。人作为社会的主体,从事各种各样的活动,作为具体的人。还离不开人的个体环境。众多的民俗文化现象是人们在社会生活中与自然环境、社会环境和个体环境相互作用、相互结合的过程。社会意识包括不同的人所特有的个人意识和带有整体性、共同性的群体意识。个体环境是人的自我环境,即每个人客观的身体素质及其状况和变化,还有个体自身的需求、意念、兴趣、信仰、思维所呈现的个体特征,是人的生物性和社会性在个体上的统一。人的观念、行为、性格特征,对待生活的态度、社会的作为,不仅与个人的后天学习主观努力、环境机遇的不同而千差万别,还与人的先天智能、血型、气质、遗传、身体元素等息息相关。总的来看,民俗学研究有以下视角:

环境视角。每个个人为了自己的生存,不得不与他人发生经济、政治、文化等多方面的关系,产生与各种社会关系相互交流的有意识的活动。文

---

① 安德明、杨利慧:《1970年代末以来的中国民俗学:成就、困境与挑战》,《民俗研究》2012年第5期。

明开放、文化发达的现代社会,还给人们提供了追求自由、充满个性和发挥创造力的广阔空间,无限错综复杂的社会生活和社会关系形成了无限丰富多样的人的个性以及相应的生活方式。一个人来到人世间,一方面,群体生活方式为他准备好了习惯范式,民俗的行为性感染中,行为从个人传向个人,社会行为趋向整体化、系统化,中间离不开个体的模仿和遵从;另一方面,个体的生活方式又追求着新的适应和变化,使社会生活中产生流行和时尚,呈现出强烈的个体特征。许多民俗的形成,往往是由于个体的率先创造。汉朝有一首民谣说:"城中好高髻,四方高一尺;城中好广眉,四方且半额;城中好大袖,四方全匹帛。"①这就是民俗文化的产生与个体环境、个体生活方式所起的特殊作用。因此,不能不承认环境视角对于民俗文化研究的意义。

源流视角。分析民俗的文化源流,也就是探析其传承与流变的轨迹。有学者提出"三大主体活动方式",或者"三大基本活动方式"——生产活动、生活活动和思维活动,并认为是这三大方式中传承着文化,其中有一定的合理意义。但还是过于笼统,就某项具体的民俗事象而言,还得具体地考辨源流,例如中国古代的"侠"文化精神,实际上糅合了先秦诸子百家的思想养料,儒家之于游侠,尤在于侠义观念的浸润、铸塑和积极有为精神的滋养,奠定了一种类似于原儒认同的、以热忱的担当精神为基础的,将仁、义、忠、信、勇、名等理想,标举为"士君子"风范的英雄主义人格精神和行为观念;墨家之于游侠,更多的是一种侠义人格精神的直接示范和实践精神的哺育;道家赋予游侠的却是一种自由狂放的人格精神和施恩拒报、深藏身名的高逸侠品,造就了其"超道德"的人格魅力;而纵横家则赋予了"排患、释难"的人格精神。先秦诸子给予了深刻的思想影响和行为孕育,使其深深地打上了传统文化的烙印和强烈的民族精神。对此,需要细致考辨,辨其源流。再如龙舟竞渡成为端午节庆典的重要内容,就与各种神话传说密切相关,这类神话可以分为两大类,一类是与英雄人物有关;另一类则与鬼神巫术相关,表达的是人们祈求风调雨顺,趋吉避害的心理,其人物事件多属虚构。但在各种传说的版本中,祭祀则是一个不容忽视的共同点。节日的起源自然未游离于这个规律之外,同样是原始宗教信仰观念所长期孕育的结果。应当指出,民俗传承的过程也就是变异的过程,离开了民俗的变异来谈源流传承,也就失去了寻根的意义。

---

① 《后汉书·马廖传》。

实证视角。现代民俗学注重实证方法,通过田野实地调查获得研究的基本依据,包括搜集在民间保存、记忆、口述的各种民俗资料,观察和体验民众实际生活。特别强调结合已有的各类文献资料进行分析,强调对族群或地方的生活文化进行客观描述。例如,村落的民居与农舍的出现表示人类从狩猎生活向农业定居生活的生活方式的变化。生活方式一旦发生变化,旧的空间关系、功能格局必定也要随之改变。与传统农业文明下千年不变的生活方式相比,现代农村家庭规模变小、住房观念更新、职业结构多样、生活质量提高,这些改变对乡土建筑的空间格局、功能布局的影响,对民居建筑的形式也起着决定性的作用。对此,需要进行细致的实证视角,注意观察在不同的自然环境、社会环境,亦即不同的时空条件和生存状态中,形成特定的心理、习惯、行为准则、生活价值观念和活动模式,也就是形成独有的民俗特色,尽管其内核呈现出相对稳定状态,但外壳却发生着剧烈的变化。再如,中国岁时节令的起源大抵与生产、农时、宗教观念有关,但到了一定时期,岁时节令从原来的禁忌、迷信、祓禊、禳除的神秘气氛中解放出来,转变为娱乐型、礼仪型的活动,成为民间真正的"佳节良辰",在某些方面甚至表现出奢华倾向。说明或者解析这些情况,不能空对空地说概念,而应有具体的实证资料。

从本质上说,民俗的传承,是一种非制度的规范,它不是通过国家机器或行政长官发布命令来规范的,而是通过耳濡目染、言传身教、潜移默化的方式,通过感染、传情、模仿和习惯进行的,是一种与所有人的生活最贴近,感情最亲近,行为最切近的特殊行为规范方式,需要我们进行耐心而细致的分析,从而得出符合客观实际的结论。

第二节 关于整体的民俗观

一、人类生活的文化结晶

确定民俗学学科目标的建设,沸沸扬扬的争论意见接踵而来,我看完全可以撇开这些七嘴八舌的文字概念,撇开争论,问一下自己研习民俗学的目标究竟是什么?我以为研习民俗学的目标在于回顾与总结人类生活经验。总结是对现实民俗事象的总结,而对民俗文化的经验和资料采集研究,则是对于社会生活的回顾,总结现实,回顾历史,可以更好地展望和预测人类未来的生活。法国学者亨利·伊雷内·马鲁这样说过:"历史是人类过去的知识","历史是由历史学家的主动性在人类两个画面——从前的人所生活过的过去和人类为了有利于人与以后的那些人而展开的回复过去的努力的现在——建立的关系、联结"①。这位学者说的虽然是历史学,但在民俗学的学科目标上,其中也包括纵向联结的坐标。民俗是过去的文化延续并影响到现实的历史。没有对逝去岁月的回忆,作为个人,生活必定失去光泽,而对于一个民族,则是不可想象的。

人们总是在经验的指导下生活。这个"经验"其实就是民俗文化的经验传承。人们也常常在说"本能",本能不全是生理的,包括生物习性的,同时也指生活经验和社会规范,它其实是一种社会的本性。"经验"或者"本能",不论是属于个人的,还是属于别人的,都会有意无意地通过感染、模仿被应用于日常生活,也就是说一个人的生活少不了民俗学意义上的历史。美国学者卡尔·贝克尔讲过一段话,足以说明这个问题:"每个人的日常生活行为都以他对过去的认识以及这种认识对他的目前行为和将来的计划的应用为根据。他在黑暗中上床就寝时知道太阳一定会像往常一样重新升起,而他自己也将在光明中和它一同起身。他在贮煤箱中装满煤炭或者在油桶里注满油料,是因为他知道随着由来已久的季节推移,在炎夏之后一定会有严冬。他把钱存在银行里,是因为他知道自己要用时随时可以提取,如此等等,举不胜举,人们并没有必要去推究日常经验性的常识和为生活实践一再证明的那些明摆着的道理,对于许多常识也早已司空见惯,熟视无睹,可是,实际上我们所做的和我们计划的一切,都是以我们的经验——我们亲身的经验或者我们对人类的经验或自然的观察为转移的。我们所说的'智慧',就是用过去经验解决当前问题的能力。"②

尽管有许多人并未受过高等教育,有的人甚至对民俗学根本不感兴趣。然而,现实生活中的人的一切思想、计划和活动,都不能不以民俗中的人类社会生活经验为根据,以民俗模式的积淀为出发点。没有学过,没有研究,其实也不怎么懂,也没有意识到自己在运用民俗知识,这一切都无关紧要,因为它都不妨碍人们从民俗学那里得到启迪和智慧。当然这些贯通古今的民俗知识和经验,包含着人类的痛苦与欢乐,可能是正确的,也可能是错误的;可能是深邃的,也可能是浅薄的;可能是高尚的,也可能是猥琐的;可能

---

① [法]亨利·伊雷内·马鲁:《历史如同知识》,田汝康、金重远选编:《现代西方史学流派文选》,上海人民出版社1982年版,第71—72页、第76页。
② [美]康尼尔·李德:《历史学家的社会责任》,张文杰编译:《现代西方历史哲学译文集》,上海译文出版社1984年版,第247页。

是愉快的,也可能是痛苦的,情形会十分不同。没有民俗知识,也就没有了人类生活经验的总结和回顾。

谈论人类生活经验的总结与回顾,好像是历史学家的事,其实,民俗学家应该更关注民众与民生。以往不少历史学家仅仅重视国家、民族和英雄个人的历史,中国的二十五史,记录的就是一部帝王将相、英雄豪杰的历史,史学界曾经出现过的把人区分为历史个人和普通个人,用意就在于强调历史个人的巨大作用,而认为普通个人的作用则是微不足道的。民俗学认为普通人同样有历史,同样有创造。恩格斯说:"人们自己创造着自己的历史。"①这本身就肯定了普通人在创造历史中的作用。恩格斯在这里讲的"历史",与我们通常意义上所讲的历史的内涵是有区别的。这种"历史",其实就是民俗文化史,大量地表现为平淡的日常生活,诸如衣食住行、婚丧嫁娶、饮食男女……这些平常的、普通的事,表面上看好像没有多大意义,因而也不为史学家们所重视。其实,正如恩格斯所言:"最终的结果总是从许多单个的意志的相互冲突中产生出来的,而其中每一个意志,又是由于许多特殊的生活条件,才成为它所成为的那样。这样就有无数互相交错的力量,有无数个力的平行四边形,而由此就产生出一个总的结果,即历史事变,这个结果又可以看作一个作为整体的、不自觉地和不自主地起着作用的力量的产物。"②这就是说,每个人都参与了历史的创造,每个个人创造历史的活动的合力作用推动了历史的发展,我们没有理由忽视作为"沉默的大多数"的普通个人。

改革开放以来的几十年出现了一个可喜的现象,就是不少历史学家从他们的知识结构出发,开始切入民俗史、风俗史的研究,历史研究不断拓宽新的领域,渐渐地把研究的方向转到普通民众的生活上面去,注重研究他们的生活、风俗习惯,尤其注重民间文化、民俗事象,这是一个很可喜的预兆。它证明民俗以人类生活经验的总结与回顾的目标具有可行性与合理性。大多数人注重的众多内容,大抵只能是一种经验的东西,但这些内容无论对于研究者,还是对于普通民众来说,都具有非凡的魅力。从文明社会直到现在。许多风俗习惯仍然沉淀在人们的思想中,支配着人们的行动,起着社会约束力的作用。

---

① 恩格斯:《致符·博尔吉乌斯》,《马克思恩格斯选集》第 4 卷,人民出版社 1972 年版,第 506 页。

② 恩格斯:《致约·布洛赫》,《马克思恩格斯选集》第 4 卷,人民出版社 1972 年版,第 478 页。

二、"现实的人"与社会的统一

既然民俗学的学科目标是人类生活经验的总结和回顾。那么随之而来的问题是:人与社会的关系是怎样的? 人与民俗的关系又是怎样的? 马克思、恩格斯在《德意志意识形态》中,把"现实的人"作为历史唯物主义的出发点,恩格斯在《路德维希·费尔巴哈和德国古典哲学的终结》中,把历史唯物主义称为"关于现实的人及其历史发展的科学"①。民俗学所研究的"人",就是这种"现实的人"。

所谓"现实的人",是指从事现实的物质生产活动的人,他既是物质生产的能动的承担者,又受现实的物质生产条件的制约。其次,"现实的人"不仅是物质生产的承担者,而且也是政治生活、文化生活和精神生活的承担者,"现实的人"的活动不仅与生产力和生产关系的矛盾交融在一起,而且与经济基础和上层建筑、社会存在和社会意识的矛盾运动融合在一起,那些发展着自己的物质生产和物质交往的人们,在改变自己的这个现实的同时也改变着自己的思维和思维的产物。民俗作为特定地域、特定人群传承文化,是五彩缤纷的社会生活的重要基色,民俗所呈现出的生活文化样式,经过长期的社会实践与人类情感的积淀,蕴涵了特定的文化基质与丰富的人生内涵。在长期社会生活中约定俗成,表现出相对稳定的民俗传承,包括口头传承和行为传承,民俗在传承的同时,也会发生变异,这种变异往往不是跳跃式的质变,而是渐次的改变,或者称为渐变,其中的文化内核与文化精神始终处于不变的状态,而它所包裹的形式,会随着社会的改变而发生变化,例如日常生活中传统的岁时风俗,有不少就是亘古而来,流传至今,尽管其内容与形式不断会有部分的损益,但节日的文化精神如同一个硕大的符号,始终与我们"现实的人"贴在一起,须臾不肯离去。

民俗是广大民众在生存活动中创造出来的生活文化,是长期集体生活约定俗成的,一旦约定俗成固化下来,民俗又会反过来对民众具有广泛的约束性。所以社群的认同,既是民俗得以发生的前提,也是民俗发挥功用和传承延续的保证。人与社会的统一,由此而来的是"人创造文化"与"文化创造人"的统一,也就是说现实的人和现实的社会本是一个有机整体,可以相对区分主体方面("现实的人")和客体方面("社会")。任何现实的社会都是

---

① 《马克思恩格斯选集》第4卷,人民出版社1972年版,第237页。

主体与客体的统一体。这种统一不是抽象的、幻想的，而是具体的、历史的统一。主要表现在：

第一，社会的产生与人类的出现是一致的。人类从自然界分离出来的同时，也就形成了人类社会。可以说先有自然界后有人类，但社会与人类的出现是没有先后之分的。

第二，社会结构及其发展，与人们的活动是统一的。人类社会的生产力、生产关系、上层建筑、意识形态以及由这些要素组成的社会整体结构，都不仅仅是人类活动的条件，而且是人类活动的产物。社会结构既然是人类活动的产物，它就必然带有人类发展状况的特征，并与人类的特定发展状况相适应。

第三，社会的本质与人的本质是一致的，这种一致性的基础是实践。社会生活在本质上是实践的，人的本质是人的真正的社会联系，在其现实性上，它是一切社会关系的总和。随着关系的发展与变更，人的本质也会发生变化。我们既可以用社会说明人，又可以用人说明社会。

第四，人的主观能动性与社会发展的客观规律性是一致的。人类的活动是有意识、有目的的，正是人类有意识、有目的的实践活动构成了人类社会的历史。在人类创造历史的同时，也就形成了社会历史规律。

各种民俗事象，无不受其生存于其中的社会环境和历史条件的制约，同时这种社会环境和历史条件又是人的活动的产物。社会环境和时代条件只有与人的活动联系起来才有意义。在时间发展的序列中，每一代人都在前辈所创造所积累的社会条件基础上从事活动。把前一代人活动的终点作为自己活动的起点，同时又超越前辈所创造的社会环境和诸种已经形成的条件，在已有的基础上进行新的创造。诚然，这些新的民俗活动受到原有的风俗即前辈们所形成的生活习惯和思维方式诸方面的制约，但他们也能动地改变这些风俗，并在改变风俗的同时，也改变人类自身。否则就不可能出现民俗中的变异，也谈不上移风易俗。这样，每一代人都以自己的新贡献加入到绵绵不断的历史长河之中，使人类的生存环境和文化积累不断更新，并且锻造出新的品格、新的力量和新的面貌。这就是"人创造文化"和"文化创造人"的统一。

从共时性来看，人是历史主体，社会环境是历史客体，"人创造文化"其特点在于能动性，人对自然、社会的改造，人的本质力量对文化的镌刻，是一个充满了主动性、创造性的能动过程，充分展示了人的生命活动的特点。"文化创造人"则是环境客体的客观性、对象性。社会历史性的存在，限制人的活动范围、活动方式，并以环境客体的本质和各种形式的规定性制约着

"现实的人"的活动和人的本质力量的形成和发展。

从历时性来看,应该运用历史发展的连续性与非连续性(即阶段性)相统一的观点来说明人与文化的关系。一方面,人类的历史是世世代代的人们连续不断的实践活动创造的;另一方面,处于历史发展一定阶段上的人们创造历史的活动,又受到前人创造的既定的历史条件的制约,即受到现存社会条件、环境和观念模式的制约,这些因素预先规定了人们的活动方式,决定了每一代人都不能随心所欲地创造历史。历史决不是人的理性或意志的自由创造物。

三、民俗分析的四大要素

任何一项民俗文化事象,除了上述人与社会统一的理论前提,民俗还是各种社会元素的综合。要深入解剖一个民俗事象,就不能把目光停留在简单的或者单一的因素上。这就需要多种学科的知识结构和多角度、多层次的审视。我们为了说清问题,不妨以华夏民族传之既久的龙文化以及其他动物事象来做一番审视。

龙的原型是怎样产生的?龙的原型究竟是何物?说法颇多,莫衷一是。主要有以下几种:(1)认为龙的原型是蛇、巨蛇、蟒、海巨蟒;(2)认为龙的原型是扬子鳄、海鳄、恐龙、科摩陀龙、鳄鱼和蜥蜴类动物;(3)认为龙的原型是长颈鹿;(4)认为龙的原型是马、角马;(5)认为龙的原型是猪、河马;(6)认为龙的原型是松树;(7)认为龙的原型是雷电;(8)认为龙的原型是脊椎动物胚胎、男性生殖器等等。我以为,探讨龙的原型本身并不重要,但分析构成龙文化的诸要素,对于我们理解民俗为何物大有裨益。有哪些因素值得研究呢?

第一,基本的生理因素。许多学者在证实龙的原型时,都对龙的生理因素作了详尽的考证。结合龙的形象、生理特性,证之于古代典籍的介绍。如持龙的原型是野马的学者,分析了龙"朝夕可见",招人喜爱,容易为人驯养,可供人们乘坐,雌雄易辨,富有灵性,龙有五色等十二种因素,断定"在已提出的十几种动物原型中,恐怕非马莫属。事实上,华夏民族文化中龙的原型只能是马,确切地说,只能是未经人类至少是未经北方民族驯化的野马"[①]。持龙原型是海蟒的学者也是从海蟒的形象特征、生活习性、海上称霸,认为:"海蟒属于爬行纲蛇亚目蟒科。爬行类是从古代两栖类演变而来的一支动

---

① 阿尔丁夫:《华夏文化中龙的原型及其由来》,《民间文学论坛》1992年第2期。

物,大部分适于陆栖生活。海蟒可能由于躯体庞大,爬行不便,需要依赖水的浮力作支撑而行动,所以离不开有相当深度的水域。"再证之于古书上说"深渊是藏",并指出作为低等动物——爬行类动物,缺乏调温与保温机制,常常发生"休眠现象",这与《易·系辞》"龙蛇之蛰,以存身也"的说法也是一致的。休眠通常是与暂时的季节性的环境恶化相联系的,所以《说文》根据传说介绍龙,"春分而登天,秋分而潜渊"。可能是秋分后,气温降低,海蟒进入冬眠;春分气温升高,冬眠复苏的海蟒出蛰时欢跃异常,激浪排空,有若腾云登天,另外,爬行动物皮肤色素细胞发达,在植物性神经系统和内分泌腺的调节下,能迅速变色,具有调温和保护色的功能,给人以一种神秘感。

不论谁的结论更加接近真理,他们都从事象的具体对象出发,进行生理习性知识的分析,这是民俗研究者对于研究客体必须具备的要素。

此外,如中国民俗中关于龟文化演进到现代,存在着一种"二律背反"的悖论现象。即一方面把龟作当神灵,顶礼膜拜,龟祭成为民间庄重严肃的活动;另一方面视龟为卑贱之物,附之以丰富的民间语言,以"乌龟王八"转用于骂人的詈语,以龟谑称的还有从事娼妓者、遇到屈辱不敢抵抗者,甚至直接指代那些默许妻子的奸情而不敢出声者,等等。敬重龟与鄙视龟同时存在,当然有着复杂的原因,首先是龟具有这样的习性:它虽缺乏强有力的攻击能力,却有坚硬的外壳可以保护自己。它的肺可以贮存大量的空气,新陈代谢慢。因此能慢慢地呼吸,仅消耗少量的体能。它的体内贮有充分的水分及养料,能长久地不饮、不食,保持正常的生活,甚至受到重大损伤还可以慢慢愈合,以得到再生。所以古人称龟为神龟、寿龟,把它作为寿命的象征。《礼记·礼运》篇中把龟和龙、凤、麟并称为"四灵",寄托了人类浪漫的想象。在后来的文化发展中,中国人以无限丰富的联想,从时间上把"四灵"取象于春夏秋冬四季;从空间中取象东南西北四方;从色彩上取象于青红白黑四色。这些取象比拟极大地丰富着龟文化的意蕴。那么,为什么龟又由贵反贱呢?这也是由于龟本身存在着一些让人误会的可能性,龟的交配时间在晚春的夜间,人们不易看到其交配的场面,而生活中常可见到的是龟蛇相斗的场景。为了解释龟蛇相缠的现象,人们认为雄龟性奸,不能跟雌龟交配,这样一来,就造成了种种穿凿和附会。其次是龟的头及脖子在形状和伸缩行为方面与阴茎十分相似,容易跟男子联系在一起,古人就把阴茎直接称为龟,龟的背甲上容易附生绿色水藻,古称绿毛龟或青毛龟。龟背上的绿藻如同龟的绿头巾,这就跟娼妓家戴绿头巾的男子很自然地联系到了一起。

第二,基本的地理因素。任何民俗事象都必定有其特定的地理环境,这里指地理环境,不独指的是一个空间概念,还包括与地缘相联系的物质的、社会的、时代的诸种条件。《西游记》前七回写孙悟空大闹天宫,孙悟空代表的是具有神性的人间英雄,他不仅上了天庭,闹了天宫,还到冥界森罗殿去,叫阎罗王取出生死簿来,勾去了簿上猴属的名字,又到东海龙王的水晶宫去,取了他的天河镇底神针,变作能大能小的如意金箍棒,藏在耳朵里。这样一个孙悟空,上下驰骋,纵横无碍,所以这个在文学家笔下创造的神性英雄人物后来居上,成为一切神话英雄的翘楚。这里其实也有环境因素,即天庭、人间和冥间,分别指向着神、人、鬼三界空间,看似又分为上、中、下三个层次。正如神话学专家袁珂所说的:"神、鬼的始原,在原始初民的构想中,他们和人一样,都是住在人间的,不过有的住得高些,有的住得远些,但都和人类住在同一个水平面上——即其住地往往离不开山岳。""神话空间的三界,虽然可以分为天庭、人间和冥土,但是神话人物活动的范围,却总是离不开人间这个舞台。女娲造人补天,羿射日除害,其立足点不用说都在人间。"①天国也好,冥土也罢,在民俗事象的展开过程中,都具有一定的环境因素,这也是民俗学研究中不能忽视的因素之一。

第三,基本的物理因素。在考察民俗文化事象时,不可忽视基本的物理因素,如在福建存在着一种崇猴习俗,为什么要崇猴,其中有物理的因素,一是气候,二是地势,三是生态,别的地区没有这种得天独厚的条件,很难养成崇猴习俗。福建东南濒海,中部为丘陵地带,西北部则群山纵横,山高林密,猿猴遍野,人烟稀少,武夷山脉逶迤而去,使闽西北地区至今仍是福建省猴类的主要分布区域。由于这样的地理条件和物候状况,古代的猴患为烈,人们对它逐渐产生敬畏心理,民间原始的崇猴习俗由此得以产生和流传。再如,本体的物质属性在很大程度上就是物理活动,只不过体现了精神的寓意而已。如送哈达,使人联想到雪山、牛奶等美好的事物,用作礼物,又使它从自然美升华为社会美、精神美。在节日食品中,由吃元宵联想到团圆、圆满,有的还联想到元宝、发财。民间习俗中的迎春仪式,由于汉代所形成的大一统局面,迎春习俗也开始传播到全国,并成为一种固定的节日活动。"立春之日,夜漏未尽五刻,京师百官皆衣青衣,郡国县道官下至斗食令史,皆服青帻,立青幡,施土牛耕人于门外,以示兆民。"②迎春和出土牛已合在一起,并在同一时段举行。出耕牛的含义也由"送寒气"变成了表示农耕之早晚,"令之乡县得立春节出劝耕也"③。出土牛也演化为鞭春牛,"发春而后悬青幡而

---

① 袁珂:《试论神话空间的三界》,《民间文学论坛》1992年第5期。
② 《后汉书·礼仪志上》。
③ 《吕氏春秋·季冬纪》高诱训解。

策土牛"①。策土牛就是鞭春牛。民俗中的物理因素是不胜枚举的。至于民俗谚语，其中大多数就阐释着直接的物理知识，例如有一句俗语："水缸出汗，不用挑担"那意义很明显，水缸里的水由于蒸发，水面以下部分温度比空气温度低，空气中的水蒸气遇到温度较低的外表面就产生了液化现象，水珠附在水缸外面，晴天时由于空气中水蒸气含量少，虽然也会在水缸外表面液化，但微量的液化很快又蒸发了，不能形成水珠，而如果空气潮湿，水蒸发就很慢，水缸外表面的液化大于汽化，就有水珠出现了，空气中水蒸气含量大，降雨的可能性大，当然不需要挑水浇地了。各种农谚中的物理知识是非常值得我们学习和了解的。

第四，基本的心理因素。各种民俗事象无论怎样随着社会的发展演变，始终离不开改善主体与客体即人与自然的关系——这个深刻反映人性的原始功利主义的根本主题。一般来说，人们对客观世界的感知与认识，经历过漫长的过程，认识的每一发展进程，都极大地影响着、甚至决定着人们的精神心理状况。而人的心理活动是相互复杂的。"对于个人来说，影响心理活动的因素是多种多样的，而就一个民族而言，由于民族生活共同体的影响，它的心理结构中，总有些历史的积层是属于民族共有的。它们表现在不同时代，采取不同的方式不断地复现在不同的个人身上。民俗心理便是这种积层的内容之一。"②基本的心理因素，是民俗研究不可忽视的重要方面，因为民众心理结构中的信仰或者俗信、迷信，这类东西可以说是最深层、最隐蔽，同时也是最稳固的部分，而且深刻地影响着人们的思维方式。

大家熟知的年画《鲤鱼跳龙门》，从表象上看，鱼与余谐音，象征年年有余，渴望丰收和富裕。鱼跳龙门则是飞跃与高升的寓言。从更深刻的含义上看，原始先民从生活经验中发现鱼多产、繁衍力强的特性，表现先民强烈的延续种族的迫切愿望，其实质是生殖崇拜观念。经过历史推演，这幅年画就是人类自身扩大再生产的最大乞求与神秘属性的结合。从先民崇鱼，又把龙与鲤鱼视为同类，告诉人们：鱼跳龙门，能跳出龙门的鱼便是龙。龙属阳性，象征男性，年画就是以男尊女卑为社会背景，希望家族繁衍而绵绵不绝，又有万物生机的寓意。可以说，中国民俗中许多事象，都是这种心理因素的一种耦合与再造。类似的例子实在是不胜枚举。正是这种基本的心理因素，确立了民俗文化在人们心理上的价值定势，并经岁月的不断加固，达到了空前的深度和广度。

---

① 《盐铁论·授时第三十五》。
② 裴惠云：《中国传统文化对现代民俗心理的影响》，《西安联合大学学报》2002年第3期。

四、诸要素的衍化与整合

生理、地理、物理、心理诸要素的综合作用,它们相互联系又相互依托,组成了民俗诸文化要素的演化和投射,形成了民俗中强劲的辐射力。民俗学的对象是人类社会生活中普遍存在的民俗事象,仅仅依靠旧有的思维方式和认识工具,显然具有极大的局限性。从事物整体联系和发生、发展过程来系统考察,可以也应该把简单确定的还原分析推进到复杂整体的有机综合。

指出了民俗文化的四大要素,即生理、地理、物理、心理,并不是说这些要素之间是并行不悖的,相反,它们之间相互交叉、相互作用,有时甚至相互矛盾,共同在民俗领域中全面渗透。例如,龙的形象是我们的先民在意念中创造出来的一种动物,其中有龙原型的生理因素,也有人类自身生存空间和社会环境要素以及气象物候的物理因素,更有先民们在生产、生存斗争中因长期处心积虑地寻求安全和收获发展起来的心理因素,这些因素使人们在生产、生存斗争中与龙发生了这样或那样的复杂关系,先民基于主体的原逻辑、非理性的幼稚思想,由于条件反射泛化,产生类似联想,或者根据梦寐残留的印象,与龙附会起来,特别是统治者不择手段地强化与渲染,助长这种原始观念,使龙的观念更臻于意象化和神秘化,龙也就逐渐成为一种庄严的政治符号。

由于气候条件的变迁,地理环境的改变,即使原先人们心目中的龙原型失去了存在的基础,对于龙的恐惧、崇拜、敬慕等心理已经失去了它的物质基础,但是统治者为了证明他们高贵的身份——他们是龙的嫡系传人,不惜荟萃各种生物的特征,附丽于观念中的龙,通过宗教和工艺艺术,对龙的形象精心装饰,附丽上角、鬣、须、鳍、足、爪等部位,完满地体现了统治者的审美意识,使本来只能以观念形态保存在人们记忆里的文化龙,又以崭新特异的面貌呈现于物质领域,使之比原来的生物龙更加神圣。于是从宫廷到民间,服装、首饰、用具、屋宇和各种建筑,都以饰上龙的图案来升华其价值。凡是有关龙而举行的各种活动,都受到了统治者的青睐和推崇,民间流传的舞龙、耍龙灯、龙舟竞渡、舞龙求雨等活动,更以程式化、规范化的形式凝聚为民俗中的稳定性结构。

全面衍化的结果是,"龙"作为一种共同的心理意识被不断地传递、沿袭,在历时性与空间分布上连续,在人类社会生活中的具体有关龙的样式、色彩、风格等有形因素也在不断地移植或者创新,以历时性与空间分布的非连续性而流传。以云南省西畴县"祭草"习俗为例，那里每年农历六月十六日要举行这个习俗活动，从自然生态考虑，草是庄稼的大敌；但是为什么竟成了祭祀对象呢？民俗学者经过调查终于发现，祭草的人们是元代以后被迫留居在云南的北方蒙古族后裔，祭草习俗来于蒙古游牧民族对水草丰美的祈求。对于庄稼生长而言，草可能是不利的因素，但因怀念故土、怀念祖先的文化心态使这种习俗神秘地保存了数百年。每年的六月十六，正是北方草原水草丰美的时候，现在蒙古族也要在六月廿五日祭敖包时同时祭草。由此可见，民俗总是包含内核与外壳两大部分，内核是民俗中世代相沿的根深蒂固的心态的历时的连续性东西，而外壳，即所谓形式是可以随着岁月更替而更新的。所谓文化"衍化"，同时也是与这种整合密切相连的。

民俗文化的趋同整合是与生理、地理、物理、心理诸种因素密切相连的。我国历史上南北各民族的大规模征战和迁徙，总是与这些要素的演变、整合导致的农牧经济的兴衰有关。与此同时，也促进了各民族区域文化之间的相互吸收、涵化，并达到逐步趋同与整合。龙文化的趋同与整合，最后成为中华民族的民俗文化中的稳定结构，成为中华民族大家庭集团精神的象征符号。

民俗研究不能忽略对这门学科作整体民俗观的思考，应通过综合的、宏观的、整体的、实证的、度量的考虑，也不能以为民俗学只是进行微观、局部、分解和案头的研究，后者当然是必要的研究手段。但停留在这个水平上，民俗学就没有资格成为一门"学"，而只能被当作一份可以增加人文资料的田野作业。

第三节　历久弥新的学科特色

一、边缘·横断·综合的现在之"学"

民俗学是这样一门学问：它既是古代民俗事象对当代的传承，又是当代社会对古代的追寻；它既是一门需要贯通古今的学问，又是一门需要融会中外许多知识板块的学科。它的崛起，不是某个个人或学派所能主宰的，而是时代的产物。

大家都知道，当代社会，科技、经济、社会、文化正在形成新的格局。科学技术已进入重大突破的时期，现代宇宙学的研究，使人类对于百亿光年的空间和百亿年时间的宇宙探索有了很大进展。微电子学、光电子学、计算机科学、人工智能、数学以及自动化精密机械等科学技术的长驱直入，为生命科学的深层推进开掘了通途。生物高技术将迎接一次新的"绿色革命"。在核能开发的第三层次,即热核聚变方面将展现新的前景,生物工程、材料科学技术、能源科学技术、遥感技术、现代天文学、空间科学技术、海洋工程等都有了可喜的重大成果。自动化技术将具有集成化、智能化和学科交叉与渗透三大特点。就世界整体而言,高技术的演进已由幼年期走向成年期,出现了信息化、数学化、电脑化、社会化、生态化、综合化和专业化的新趋势。

在这种背景下,人文社会科学在生产力不断发展与新技术革命浪潮的冲击下,正在由常观层向宏观、宇观层拓展,向微观层深化;从静态型科研转为动态型科研;从常规型科研变为创造型科研;从封闭型科研转向开拓型科研;由一般意义上的借鉴移植转向内在联系上的交叉渗透;把经验总结、历史反思、超前意识紧密结合起来,传统学科的某些理论已无法继续指导新的实践,某些陈旧的原理已不能解决实践中的新问题,人们要求在新的实践基础上,探索新的规律,提出新的原理,凝聚新的知识颗粒,重组新的"知识板块"。对此要求从学科存在的高度进行研究总结,同时传统学科自身也日趋交叉渗透、边缘化,迫切要求更新换代,力求适应新环境的生存发展。当代世界范围内,多达数千门新学科的崛起,从整体上改变了学科的格局,增加了知识,开阔了视野,推动着人们对客观规律的深化认识,特别是对新质的认识,使人们的认识产生了飞跃。

民俗学在当代的含义更为宽广,内容更加丰富,说它是一门"现在之学"一点也不过分。它新的含义:一是表现在当代性,反映当代风俗文化的新风貌;二是表现在内容上,跳出了民间文艺的桎梏,眼界和视野大开,将当代人伟大实践升华到学科高度,既是民俗学自身演变的结果,也是对传统民俗学的继承和发展;三是在形式上,与诸多学科相互渗透,彼此结合,体现了人与社会的统一,信息传播的新学说,民俗研究的现代化,无论在视野、方法、观念上都有超越前人的新构架;四是从发展中看,民俗学科仍然处于动态与发展之中,随着科学知识的扩展与学术的进步,必然丰富、滋养着民俗学,不仅要继承发展民俗学的合理内核,还要吸收当代其他学科的"养料"来充实和发展自己,使自己日益丰满起来。

我们说民俗学是多重交叉而又独树一帜,它新的特色表现在哪里呢?

边缘性。民俗具有不同形态的特质,世界上各个民族,各个地区的民俗文化事象,具有各不相同、纷纭复杂的形式和状态,作为社会活动和文化活动的成果,它不可避免地要介入人们的心态、道德、思维、审美、生产以至宗教等活动之中,它所包含的范围相当广泛,涉及历史学、人类学、心理学、伦理学、思维科学、美学、宗教学、考古学、民族学、社会学、地理学以及典章制度、社会进化等许多方面,它既侧重于物质文明史,又沟通着与精神文明的横向联系。正是在与诸多学科的边缘,以不同学科、不同领域的边缘地带来拓展自己的研究空间。

横断性。基于它的边缘性,它没有如同文史哲之传统学科那种骄人的优越感,民俗学是横跨传统学科的许多方面,它横贯在自然、社会、思维领域。历史地看,民俗是人类自我满足和自我完善的历史系统,但同时也是一个自我超越和自我否定的变异系统。横断,或者横贯的特色,可使民俗学适用范围大,应用领域广,在民间文化中具有普遍的适用意义。

综合性。民俗文化样式或者民俗文化类型,其形成、发展、延续,是由其内在的相对稳定的因子、要素制约的。不同的民族会呈现出不同的文化和风俗类型,便存在不同的相对稳定的因子和要素。一个地域或者一个民族的民俗,永远也不可能是单一的,往往是由众多相对稳定的文化样式和风俗事象及其类型的复合体。在这个复合整体系统中,不仅存在着文化样式和形态的和谐契合,同时也存在着相互冲突、排斥的样式与形态的冲撞。综合,必须提上学科的议事日程。

边缘性、横断性、综合性,是民俗学科的三大特色。世界上各个民族都有民俗,它包含着各个民族的习俗、行为模式、思维方式、精神信仰、心理素质以及口承与文学传统等,具有多方面、多层次的复杂内容,只有发展这些学科特色,才能揭示这复杂的内容,展示这门学科的学术特点和学术个性。

二、个性·世俗·互渗的发展流向

如前所述,当代科技革命,使人们面对一个新的历史性存在——世界正朝着多元化方向发展,正是这种变化,使民俗呈现出与开放的格局相一致的趋向,这主要表现在:

第一,个性化。当历史步入 21 世纪以后,我们看到这样一幅情景,传统民俗,经历三十多年改革开放大潮的洗礼,传统与现实,引发了空前剧烈和深刻的冲击与挑战,无论从表象层次还是从深层结构上看,包括各少数民族在内的整个中华民族的民俗文化已经进入一个全新的转型期。由于当代世界的急剧变化,新的文化选择和评判标准出现了,固有的文化价值取向正在发生变化。从整体上看,当代社会正在各个层次,尤其是在基本的物质文化层次上弱化和缩小传统民俗的影响,而表现出同中国主体文化和世界文化相一致的发展趋向。但是,另一方面,面对开放的外部世界,各民族中的文化本体意识也在日益增强,更加强烈地要求完整保存和表现自身的传统习俗及特点，以便在更大的文化背景下展示自己独特的声音与形象。正是这种矛盾的心态引带出围绕有关民俗传承与现代民俗文化的构造所发生的困惑，宏观上的"趋同"与本体上的"求异"，其中还有重要的原因是现代思维方式的进步，进一步使民俗流向呈现出"多通道"。社会存在的变化是其最终原因，而发散式思维的积极效应则是其变化的重要推动力。民俗学之所以得以产生和发展，实质上正是综合了历史学、民族学、社会学、心理学、美学、地理学、人类学、伦理学等诸多传统学科的内容，成为一门交叉性、多学科的综合学问。

第二，世俗化。当代民俗无论从内容到形式都日益贴近和反映世俗生活，民俗从来没有像今天这样出现大众化的潮流，从来没有像今天这样普及，乃至深入人心，它横贯在整个社会生活中。随着移动互联网等新媒体的普及和走俏，完全颠覆了传统文化传播的旧有格局，博客、微博、微信等诸多新媒体的兴起，从另一个侧面为民俗的世俗化传播推波助澜，过去被认为不登大雅之堂、不入流的一整套文化样式，如今得以推崇，并登堂入室。正襟危坐的学问被戏说，市面上出现的各式各样的"人生系列"，诸如"潇洒人生"、"智慧人生"、"游戏人生"、"幽默人生"、"江湖人生"……五花八门的人生哲学，实际上都是某种哲学原则的世俗化。

大工业在造就一大批现代劳动者的同时，也普遍提高了劳动者的文化水平，因为普及中等教育是实现大工业所必需的。正是这个具有一定文化但又不是很高文化的广泛阶层，成为民俗得以流行的最深厚的社会基础。同时：现代大工业所产生的劳动生产率使社会闲暇时间增多，这就使越来越多的人有时间满足自身对文化、精神消费的需要，其中还有一个重要因素是由于高技术、高效率、高竞争所造成的心理压力，使人们期望在高情感的精神活动中得以消解。

第三，互渗化，这是指民俗在其发展流向上，相互影响，相互渗透。文理互渗，注重科学成果的运用，已成为当代民俗研究的一大特色。特别是一些涉及具体民俗事象的考察和实证，对于古代遗址的考古和挖掘，对于民俗所涉及的风物传说，理应是民俗学关注的对象，但仅靠民俗知识还是无法对它审视，只有求教于自然科学。同样，在自然科学中，许多涉及国计民生的重大科学活动，也离不开社会科学的知识背景。在民俗学中，自然科学知识是民俗学者的"望远镜"；在自然科学中，民俗学知识又是科学工作者的"广角镜"。文理互补、文理互渗，是当代民俗研究的重要流向。著名的德国物理学家、诺贝尔奖获得者麦克斯·普朗克曾经说过一段很精彩的话，他说："科学本身是一个内部统一的整体。我们把科学分为独立的部门，并不是由于自然现象的条件所决定的,而是由于人类认识能力的局限性造成的。实际上有一条从物理到化学,经过生物学和人类学一直到各种社会科学的连锁环节,这条环节在任何地方都不能割裂开来,除非是凭个人的主观臆断。"[1]文理互渗使当代民俗文化日益具有高知识的倾向。

在多样化、大众化的趋向中,由于技术的发达,传播速度和节奏加快,民俗文化再也不可能是以当年走村串户的方式进行,民俗文化的受体也不可能仅仅是学富五车的饱学之士,无论男女老幼,还是识字不多的老妪、老翁,他们都处于民俗辐射的范围之中。一场赶集,一个庙会,一首歌曲,一段视频,……可以即时地将其背后的价值观和生活观悄悄地植入人们的心田。这种潜移默化的辐射作用具有滴水穿石的力量。

民俗流向所辐射之处,呈现出高知识倾向,表现为文化不再是田夫野老的山歌或走村赶集男女的打情骂俏,民俗也不再仅仅是民间说书、民间故事和村童的儿歌、街头的俚语、老奶奶的讲述,它更多地表现为知识系统。学问也不再是神圣学者的专利,普通人问学不必到高等学府,网络上可查的知识比比皆是,自媒体的发达,人人都是知识的传授者,又是民俗文化的接受者。在这种情况下,民俗学力图吸收当代自然科学和社会科学的成果来证明自己存在的合理性,它是在当代民俗学和其他学科发展至相当高的背景下产生和发展起来的。它的兴起与流传也是与诸多新兴学科知识领域链接与发展的结果,如果没有扎实的理论素养,井底之蛙,坐井观天,故步自封,是很难将民俗学推向一个新的高度的。

三、单向·双向·多向的交叉层面

民俗学是一个边缘学科,说它是边缘,是因为不是一门学科的知识所能涵盖的,特别是它同历史学、社会学、心理学、经济学、地理学、美学、宗教学等学科有着天然的联系,因此,交叉研究是必然发生的一种趋势。我们治学,老祖宗留下一句话,叫"处处留心皆学问",或者叫"学无定格"、"艺无定式",要在众多的知识中融会贯通,调动学、识、才、气"十八般武艺",向民俗学的殿堂挺进,其中一是基础,二是积累,"有多深的基础就可以打多高的墙",谓基础的重要;"仓库里有货,可以随时调集",谓积累深浅对于治学的重要。所以,我是反对以一种简单化、模式化的方式来言说民俗研究方法的。

---

[1] 《麦克斯·普朗克(1858—1958)百年诞辰纪念文集》,1958年俄文版,第46页。

但是,为了叙述问题的方便,还得对民俗学的交叉研究来一个分层次说明。现择其要探讨一下交叉研究的三大层面:

第一个层面:单向交叉。单向交叉是指民俗学与其他单一学科的交叉研究。其中又有两种情形,一种是"我中有你",即民俗学吸收另一学科的相关因素;另一种是"你中有我",即另一学科吸收了民俗学的相关因素。不论是"我中有你"还是"你中有我",都是一种将某一学科的概念、原理、方法等运用到另一学科的单向过程。单向交叉方式,好比医学上的术语——移植。所谓移植,是指人们有目的地寻找任何实物性或非实物性供体与受体之间相关性及相关因素,并选择供体的一部分转移至受体,从而使受体获益的跨学科方法。例如,民俗学与社会学有着天然的紧密联系,社会行为及其互动关系是社会学研究的主要对象,虽然社会行为和互动关系遍及社会各个层次、各个领域、各个方面,但是社会学所把握的仍然是具体的和表层的社会行为和互动关系,而对于社会行为背后的行为模式的深入考察,对于社会和运行机制和协调机制的基础——社会深层积淀的探寻,则是民俗学的主要对象。对于这种交叉,到底是"社会的"民俗学还是"民俗"的社会学呢?换句话说,民俗学与社会学的交叉所产生的学科,是属于民俗学的分支学科,还是社会学的分支学科呢?我以为可称之为"民俗社会学"。因为它是用社会学的理论、方法来研究和探寻社会深层积淀,它的立足点和归宿点都是揭示民俗文化现象本身而不是相反,它研究这种社会文化心理的目的,不是为了了解社会现象表层及其互动关系,而是为了揭示内在的实质。反过来说,如果研究的目的是为了解决社会学中的某个问题,它应用了民俗学的理论或方法,那就是"社会民俗学"。

第二个层面:双向交叉。如果第一个层面的交叉,主要是基于两门学科之间的互相接壤交界和互相影响的关系。那么,当两者之间不是有强有弱,而是"势均力敌"、"平分秋色"时,往往很难分清谁是"受体",谁是"供体"的时候,它们是互为"受体"和"供体",这时候的交叉,就不是单向的了,由双向移植变为双向渗透,这个过程,我们称之为"双向交叉"。例如民族民俗学(或称"民俗民族学"),就是由民族学和民俗学这两门学科的双向联系而建立起来的边缘交叉学科。民族民俗学是以民族民俗为研究对象的民族学研究,也是民俗学研究的重要分支,"民族民俗是指一个国家主体民族之外的人数较少的民族的习俗"[①]。这种主要研究少数民族风俗习惯的专门学问,

---

① 张紫晨主编:《中外民俗学词典》,浙江人民出版社1991年版,第186页。

在一般的民俗学著述中,少有专门的考述,民俗学者要研究它,需要民族学的理论、方法以及专门知识,而民族学者要研究它,也必须运用民俗学的理论、方法和专门知识,要弄清民族的风俗习惯,分析这些民族民俗事象的本质联系和特征,综合民族学和民俗文化学相互交叉研究的双边学科就势在必行。通常采用比较研究的方法,对各民族风俗事象,民族心理及独特的岁时节日、衣食住行、生产分配等民俗活动进行广泛的研究,探讨它们的民俗特征和发生发展的规律。这样双向的交叉,民族民俗学是民族学的一个分支学科,也是民俗学的一个分支学科。像这样的例子很多:如方志民俗学,也可叫民俗方志学;训诂民俗学,则是将文字训诂的理论与民俗文化学的理论交叉;民俗语言学,也是民俗学与语言学的交叉……例多,不备举。

第三个层面:多向交叉。多向交叉,也可叫多维研究。由于现代科学的蓬勃发展,由学科边缘之间而成的边缘学科大量出现。在此基础上,横向联系在各个学科的发展中逐渐增多,又开始超越了学科之间边缘性的单向或双向交叉,而呈现出多重交叉。多重交叉其实是围绕某一个学科的主题,这个主题又带有共同的或普遍的性质,而产生了与其他学科的某些横断面的联系,多向交叉呈现出十分复杂的情形,新兴的民俗社会学就属于这一类。所以也可以把多向交叉的学科称为横断学科。

多向交叉不是多重拼凑,更非无机组合。它是根据事物间有共同特性的内容,依照一定的体系,从横断面进行综合研究。与相关学科保持着紧密的联系而又具有独立的特色,它与相邻学科多重交叉而又独树一帜,自成体系。我们所孜孜以求的民俗学,就是这种特性的学科。因为民俗文化现象在整个人类生活中所处的地位,弥漫在社会生活的各个角落,沉淀在人们文化心理的深层结构之中,它的广泛性、发散性、深刻性以及复杂性,远远不是采取单向交叉或者双向交叉研究所能奏效的。民俗学研究的开拓与创新,它需要与多种学科交叉,它研究的对象是一个有序的系统,在这个大系统内又有着物质系统、精神系统、交际系统与环境系统。每个子系统中又可构成若干子系统,层层分解又可分得细致入微。作为一门综合的、横断的学科,也是一个有序的系统,同样在这个系统内又有着理论结构系统、社会知识系统和文献资料系统。在子系统中也可分解为若干子系统。而每一级系统既是子系统,又是母系统,内在联系,彼此联结如同层层网络;内部构造,层层叠叠,好比是一座硕大的建筑工程。对于如此庞杂的文化工程建设,必然要与多种学科相遇,任何民俗现象都有其时间上的传承变异和地域上的扩布流行,至少前者涉及历史学,后者涉及地理学;人是民俗文化的主体,人是有血有肉、有思维、有灵气的血肉之躯。这就涉及人类学和心理学;人又分为不同的种族,不同的肤色和不同的信仰,这里又涉及人种学、民族学和宗教学;民俗文化创造是在社会中进行的,游离于社会之外,也就无所谓民俗学了,这就涉及社会学和衣食住行中的各种工具制作的工程技术学,人们的社会交往和语言实践,推动着民俗文化的进步与繁荣,这又涉及语言学;考证遗物、遗址需要考古学,研究文学的书面材料需要训诂学,审美活动需要美学,翻阅史书和地方志史料,又需要文献目录学和方志学……凡此种种,都离不开具体的相关的或相邻学科的交叉。用怎样的观点来组成这个大系统,或者这个大系统又如何确定它的子系统,这个过程又需要哲学,其中特别需要自然科学与社会科学相交叉而产生的系统论、控制论和信息论。

现在,我越来越感佩中国历史上的哲人高士,他们没有为学问划定藩篱,相反,他们认为"天底下的学问原本是一家"。难怪中国儒学的列祖列宗把学问视为笼统和模糊,并竭尽调和折中之能事。从某种意义上说,事物本来是没有界限的,界限是人们主观划定的。现在科学的发展,又呈现出综合的趋势,我们也许没有打破"界限"的能力,但是可以把这些学科的知识体系和知识背景与民俗学进行广泛交叉与联系。民俗学最终能否站住脚,一要看我们对这门学科是否能投入到更高层次去研究,二要看各相关学科知识的掌握与接受程度。要做到这一点,交叉研究是个前提,把视野放得更开阔,把眼光看得更远一些,把民俗学与各学科的联系更紧密一些,才能构筑民俗学的恢宏大厦。

第三章
民俗的结构与功能

第一节 点面结合的民俗结构

一、民俗——富有个性的文化事象

说到民俗的结构,有论者谓"表层结构"、"中层结构"和"深层结构",这种说法有一定道理,一切看得见、摸得着的物质产品、劳动创造的生产生活表象,往往是民俗的表层结构;人们在社会生活中形成的制度、组织和人际关系以及依附它们的原理、原则、规范等,则是它的中层结构;除此之外,还有更深层的文化结构,那就是人们在历史实践中长期积淀而形成的社会心理、价值取向、人伦观念、思维模式、审美情趣等。这后一种是更为深沉层面上的民俗底蕴,一旦形成就长期绵延,很难变更。但是,如果仅仅是指出其浅、中、深的层次,未免过于简单,失之宽泛。人类在不同时空创造的民俗文化,既有共同性,又有特殊性,我们的任务就是要在这两个侧面的结合上说明问题的关键之所在。

我以为,"民俗"虽然只是一个很概括的名词,在研究理论时当然要撇开具体的民俗事象,进行高度的抽象;但是在具体的对民俗事象进行分析时,应当充分考虑到构成民俗成因的具体要素,以及要素之间的相互联系和相互作用。任何民俗的具体事象,在人类历史发展的长河中,都是一颗微不足道的细粒。然而,正是无数的颗粒,才组成了人类民俗的无限丰富性和无限多样性。正是在这个意义上我们可以说,民俗是无数具有丰富内涵和独特个性的文化事象的某种集合。民俗的具体事象,既是一个点,这个点又如同几何学上的点一样,它绝不是孤立的一个点,点连成了线,线又组成了面,在观察任何民俗的具象问题时,都不可忽略民俗是由点面组合而成的一种组合系统。

为了说明这个问题,我想举一个大家习以为常的例子。古代闹房习俗的现代遗留。同样是闹新房的习俗,各地的情形又呈现出不平衡的情况,例如,在中原汉族居住的广大地区,闹新房是婚礼中的高潮。青年们往往在这时施展挑逗、戏谑新郎新娘的才华,弄得一些新郎新娘哭笑不得。然而,如果当你走进苗家村寨,参加苗家儿女的婚礼时,这种闹新房的举动却是万万使不得的,否则就是"失礼",弄得不好,还会被主人列为"不受欢迎的人"。苗族闹新房的仪式是独特的,它不像其他民族闹新房时向新娘要糖、烟、茶、葵花、瓜子、毛巾之类的东西。他们经过一番唇枪舌剑,纠来缠去,目的是要新娘为自己端一盆洗脚水。只要得了一盆洗脚水就心满意足了。花费一番口舌换取一盆洗脚水,在一些其他民族的人看来可能不太合算,而苗族兄弟闹新房时,胜利者和失败者一时间却常常因此得意洋洋或者懊丧不已。苗族闹新房并非只是作弄新娘逗趣取乐,用苗家的话来说,主要是"考才",以此来试探新娘是否聪明,口才如何?如果新娘不善言谈,只好"不战而降",老老实实、心甘情愿地为闹新房的兄弟们逐一端洗脚水。有谁能想象将对新娘的考验与"端洗脚水和倒洗脚水"联在一起呢?好像不能简单地将这些具有不同特点和个性的民俗事象斥之为"陋俗"。

如果细细探究起来,可以说它们既是中国不同民族婚礼仪式的不同表现形式,同时它们又是不同民族相同的传之已久的文化表现。在中国历史上,闹新房又称"谑亲"、"戏妇"、"暖房",在我国的历史上可谓源远流长。西汉人仲长统在《昌言》中记叙道:"今嫁娶之会,摇杖以督之戏谑,酒醴以趣情欲,宣淫佚于广众之中,显阴私于族亲之间,污风诡俗,生淫长奸,莫此之甚,不可不断者也。"①到了晋代,闹新房的习俗更加发展,有人叙述此事时与道:"世俗有戏妇之法,于稠众之中,亲属之前,问以丑言,责以慢对,其为鄙渎不可忍论。或蹙以楚挞,或系足倒悬,酒客酗酗,不知限制,至使有伤于流血、踒折肢体者,……今此俗世尚多有之,娶妇之家,亲婿避匿,群男子竞作戏调,以弄新妇,谓之'谑亲'。或褰裳而针其肤,或脱履而规其足。"②闹新房的习俗有时甚至闹到很荒唐的地步,这在中国历朝历代几乎都存在过。

闹新房的习俗虽然只是民俗中的一个点,但这个"点"展现的却是一个

---

① 《群书治要》卷四十五引仲长统《昌言》,四部丛刊本。
② 杨慎:《丹铅续录》卷六《戏妇》,丛书集成初编本,中华书局1985年版,第84页。

"面"折射出世界各地和各个民族中婚俗的不同"景观",就其渊源而言,它折射出人类婚娶习俗悠长的历史过程。根据许多专家的考证和分析,闹新房的习俗最初来源于原始时代的掠夺婚,是掠夺婚俗在文明社会的痕迹之一。原始时代盛行"抢亲"习俗,当时,去别的部落抢亲并不是单枪匹马的行动,而是纠集一定数量的族人一同去抢。抢来的新娘被视为氏族的共同财富,因此,在被抢来的女子未在这个氏族成亲之前,凡是参与抢亲的人员都有恣意戏弄这个女子乃至与其发生性关系的权利。但是,一旦被劫女子与发动抢亲的男子成亲,部落其他男子便不能再与之发生性行为了。这是因为,抢掠婚时代是人类婚姻向个体婚制过渡的时代,也是私有制逐渐产生的时代,禁止已婚妇女与其他男子发生性关系主要是从维系家庭财产等方面考虑的。这样一来,原先那种恣意与之发生性关系的行为不得不结束。但另一方面,部落里的人们又并不因为被劫女子成婚而迅速改变对其原来作为部落"战利品"的看法,男人们过去那种与之随意交欢的意念和行动也并不因此完全消失。于是,出现了这样一些矛盾:即对性的需要和对性的限制;女子被视为部落"战利品"和她即将成为本部落成员间的矛盾,这些矛盾在新婚礼仪上突出地表现出来。人们为了解决这些矛盾,保证既不伤害部落成员感情,又不致破坏一个新的家庭的建立、妨碍私有制的发展。在长期的社会生活中,最终找到了在新婚之夜戏弄新娘,通过闹新房来发泄自己的情欲这样一种协调、解决矛盾的方法。正是因为人类社会普遍经历过原始掠夺婚这样一个历史发展时期,所以作为这一阶段的文化遗留也就在世界范围内普遍存在了。

二、从"个体"到"模式"

如果我们将带有强烈个性特点的民俗事象称之为民俗文化的"个体",那么这种个性特点指的是它有着特殊的形态、功能和历史的文化个体,它是民俗的基本单位,可以是具体的,也可以是抽象的;可以是物质的,也可以是精神的。信手就可以找来一个例子,中国人情有独钟的筷子,各个时代的叫法不同,先秦时期叫"挟"。大概最初使用的大多是木筷子和竹筷子,春秋时代筷子叫"箸",隋唐时筷子叫"筋"。宋代才有"筷"的称呼。古人为什么称筷为箸呢?"箸,饭具也。俗称筷。"[①]显然是吃饭持箸,自然倾倒的意思。但

---

① 许慎:《说文解字》卷九竹部,四部精要本,上海古籍出版社1993年版。

是这一名称的变化,又反映了中国民俗的特有风情,因为古代中国人十分讲究忌讳,而"箸"与"住"谐音,"住"又有停止的意思,说起来不吉利。相传宋明时代,南方为数众多的水上人家对妨碍行船的字眼特别敏感,箸音同住,一顿三餐总有人会说到箸,那船不就开不动了?!不能住,只能快,筷子之名便由此产生,并越叫越普遍。

从食具的历史演变和筷子的遭遇来看,它虽然在民俗文化中只是一个特殊的"个体",但它所展现的文化景观,却不是一个点,而是一条线或形成一个面了。它与人的观念、心态以及与其他事物紧紧地联系在一起,筷子以它特有的视角反映着中国民俗的人情魅力。

民俗中大量地存在着禁忌的现象,筷子的叫法是与忌讳紧密相连的。作为民俗主体的人,在使用筷子时也免不了种种忌讳,因为在中国人看来"民以食为天",吃饭既然是天大的事当然不可随意对待,民间习俗中拿筷子一般是右手,"子能食食,教以右手"①,是自古以来的一条古训。左手拿筷子,民间以为反常,俗称"左撇子"。民间还忌讳吃饭前用筷子敲碗,认为"穷气",因为旧时乞丐要饭才这样敲。饭盛好后,又忌讳将筷子插在米饭碗上,据说这是丧葬时敬鬼神的方式,容易让人想到死人,不吉利。山东一带又忌把筷子横担在碗上,说这是供奉死人的方法。据说明代之前有将筷子担在碗上的习俗,后来明太祖朱元璋斥之为恶模样,因而逐渐成为一种禁忌。有些讲究的人家,酒杯碗筷的放置都有规矩,叫做"杯不出栏,筷不出橡"。两根筷子也不能分放在杯子两边,一边放一只筷子,就觉得不吉利,因为"快(筷)分开"了,看上去也不雅观。而且每双筷子必须一样齐,不能一长一短,否则会令人想起"三长两短"等不吉利的话。吃饭时还忌讳把筷子掉在地上,若是掉了,要用掉下的筷子在地上画个"十"字作破法,然后再使用。

可见,小小的一双筷子,在很大程度上折射出中国饮食文化的丰富信息。但是,以为筷子的功能仅仅是作为一种饮食的工具,那又是一种错误。在中国古代,筷子还有一种占卜命相的奇技。古代的相书上说,用三个指头拿筷的人,天性自在,用四个指头的人命富贵,用五个指头的人则大富大贵。这话虽然没有科学的成分,甚至有点胡说八道,但在民间用筷子占卜吉凶的情形确实是曾经普遍存在过的民俗现象。

在中国民俗中,筷子具有多重的复合作用,除了人们的日常生活中的进食用餐,精神生活中的占卜吉凶,就是在政治生活(例如古代的帝王赏赐功

---

① 《礼记·内则》,世界书局1936年版,第163页。

臣金筷）和艺术生活（有些民族的筷子舞）中也打上了深深的烙印，它与中国人的民族素质结下了不解之缘。

从筷子的"个体"到"模式"，我们看到了民俗的层次性网络状结构。从表层结构来看，筷子不过是木质、竹质的食具，（当然还要包括金、银、骨和其他质素和材料制作而成的各种工艺筷），它们充其量不过是满足人们在用餐时的有用性，在这个层次上，筷子只是一种看得见、摸得着的物质产品；但是，一经人们的使用，由于使用者的社会地位、职业、习惯、年龄、信仰、民族、文化素养的不同，所处时间和空间存在的差异，筷子便超越了它原先所具有的有用性，它已经不是原来意义上的筷子了。第一，也许它是富人"亮富"的奢侈品，是腰缠万贯的大亨老板或者闲得发愁的阔佬富婆家中的装饰品；也许它是饥寒交迫的穷人赖以生存活命的食具；第二，同样作为食具，筷子在餐桌上所体现的文化效用和它的文化氛围，怎样的情况，怎样的等级，怎样的主客地位，通过筷子的文化展现，其背后则是程式化了的习惯以及体现了人际关系的种种规范等，形成了它特定的模式。

在漫长的社会生活实践过程中，经过长期的积淀，人们对筷子的认识已经不局限于将它作为饮食之具，而将其内涵扩展成为占卜吉凶、预测未来的一种工具，并形成某种规范作用，最终影响到人们的社会心理、价值取向，在社会的伦理观念、思维模式、审美情趣中顽强地表现出来。这是一种复杂交错的网络状的层次结构，不要说改变这种犬牙交错的结构，就是理清它们复杂的关系，也如同要纠正一些人拿筷子时的"左撇子"习惯一样，将是十分困难的。

三、民俗模式成因的外在结构

系统方法提醒我们在考察民俗的结构时，不仅要了解它是怎样由文化的"个体"向"模式"化演变的内在要素之间的联系，还要揭示出这种模式成因的外在结构。一个民俗文化的"个体"并不是一种孤立的存在，它的改变不是直线式的运动，相反，民俗的"个体"之间的差异是由社会与环境相互影响的特殊适应过程引起的。还是通过一个实例来说明。旗袍，顾名思义是满族旗人的服装。"八旗妇女衣皆连裳，不分上下。"[①]旗人是满族女真后裔，游牧民族常年居住东北，因气候寒冷，满族妇女都穿一种肥大的直筒式袍

---

① 徐珂：《清稗类钞》"服饰类"，中华书局1962年版，第6186页。

子,袍子的左右两侧开衩,骑马、登山、下河时,只要把袍子的下摆扯起来系在腰间,便可行动自如,平时又可把开衩的地方用袢扣扣住,既可保暖,又能显出女性绰约的风姿。清兵入关后,强迫汉人改易服制。朝廷大臣,不论满汉,即使在隆重的典礼上,也要穿袍服,命妇礼服,各从其夫。旗袍这一种服装式样之所以能够在中国得到广泛的推行,一方面固然有行政的力量,更重要的是汉族的广大妇女在着装的实践中,不仅接受了这种样式,而且还略微改变了旗袍原有的宽大和朴素的特点,袖子和腰身都比原先的满族人的旗袍更为缩小。据资料记载,最早穿旗袍的汉族妇女是上海的女学生,她们穿着宽敞的旗袍走在街上,引起了各界妇女的羡慕,并纷纷仿效,同时社会舆论对此也大加赞扬,于是,旗袍变成了当时妇女最时髦的服装。

上世纪30年代是旗袍变化最大的时期,当时受欧风美雨的影响也最为深刻,电影明星的摩登打扮,无形之中起着导向的作用,旗袍从宽大平直改为腰身紧缩,表现女性的曲线美;在领、袖、衣长、花色、排扣等方面,更是日新月异。先是流行高领。越高越时髦,即使盛夏,在薄如蝉翼的旗袍上,也必配以高耸及耳的硬领,不多久又流行起低领,领子越低越摩登,低到无法再低时干脆省去,袖子也是时长时短,后来干脆无袖。40年代起,旗袍式样变化缓慢,走向舒适简便为主,尤其是在夏季,大多不用袖子。再参照洋装前后打褶,胸线等立体缝纫。至此,旗袍的造型已接近现在的式样,与清朝满族人的原来的旗袍式样相去甚远。

流行是一个很奇特的景观,作为一种服装的式样,它可以很快地蔓延和传播开来,又很快地销声匿迹,除了其内在的因素之外,外在的文化结构不容忽视。旗袍虽然起源于东北,却流行无省界,上个世纪50年代,连台湾妇女也穿起了旗袍。台湾妇女穿旗袍,有文化上的原因。这主要是因为台湾长期受日本的统治,台湾人民有着强烈的民族意识,对祖国的向往转移到服装上,唤起一种民族情感。旗袍流行了将近半个多世纪,在世界上赢得了很高的声誉。在欧洲一些国家里,一些西方妇女穿上中国旗袍出席各种盛大的招待会,已成为一种时髦。

旗袍,这个我们民族服饰的代表,如今却遇到了前所未有的挑战,尽管改良式的旗袍大量出现,但消费者仍然越来越少。这主要是因为,旗袍固然优美,适合中国女性,但部分优点到了现代社会却恰恰成了它的缺点,如精细的做工费时,熟练的师傅一天顶多做一两件,这种做工的方式显然不适应现代制衣的大批量和流水线的生产,从经济效益和商业利润的角度来看,一般的时装显然要比旗袍丰厚得多;其次,当代社会呈现出高投入、快节奏的特点,时间就是金钱,效益就是生命。旗袍对现代女性来说,最大的缺点就是"行动不便"。在生活节奏相对缓慢的时代,所谓"男主外,女主内",女性很少外出,即使外出,穿着旗袍坐坐三轮车、黄包车,尚能表现优雅气质,而今女性上班时如果要穿旗袍骑自行车、挤公交、乘地铁,特别是在快步或奔跑过马路时,那就不甚美观了。社会的发展,历史的进步,服饰变革的潮流将传统的旗袍送上了"无可奈何花落去"的境地。

作为民俗外在结构的嬗变,是不以人们意志为转移的一个基本事实。民俗存在于一定的社会环境之中,它不可能是一种纯而又纯的孤立存在,它总是要与外界进行物质、能量和信息的交换。在这种交换的过程中,民俗文化的系统总是由量变达到质变,呈现出明显的动态性。旗袍兴衰的历史过程已经证明了这一点,其他任何一种民俗事象都莫不如此。如果再将眼界放到更为宏观的角度来思考,其原理也是一样的。无数这样的民俗"个体"的内在和外在结构的演化,就形成社会发展与进步的巨大张力。

四、"场"理论与民俗的组合系统

近年来,不少民俗学研究者都试图引进自然科学的一些理论和方法,以加强对于民俗文化基础理论的建设。三十年前,我就不止一次地读到关于"场"理论概念的阐述。关于"场"理论的引入,是基于这样的判断:民俗是一种客观的社会存在,它以一种特殊的形态非均匀地分布在人类的社会生活之中。这种判断有没有道理呢?有的。

第一,民俗文化作为一种特殊的形态,它的特殊之点,不仅在于它的民间性和大众性,更在于它是处于人类物质生活和精神生活的一种"中介",或者说,它是融有形的物质实体和无形的精神气质为一体的双重结构。人们一直在说,民俗的"个体"要与外界进行能量的交换。所谓"能量"包括文化心态和精神意识,也包括物质的载体和具象的外壳。任何一种民俗事象,它是一个"点";同时它所展现出来的又是一个"面",点与面在历时性和空间分布上是连续的;也可以是以"质点"形式出现的,在时间和空间中非连续性的。前者表现为它的传承,后者则表现为它的变异。所谓人群的生活方式,有谁见过抽象的生活方式?它可以以具体的样式、色彩、风格等有形的"个体"表现出来,也可以以具有可观察性的各种习俗,通过人类感染、模仿、移植、逆袭等多种手段表现出来。在社会生活中所能见到的几乎都是具体的民俗"个体",正是无数这样的"个体"的"点"的集合,才组成民俗整体上的丰富多彩,才有总体上的民俗文化这个"面"。

第二,由于民俗紧密地依附于人类生活,而且是呈非均匀的分布状态。

一般论者所谓的"场"理论正是源于这种民俗的"非均匀分布状态"。例如前面我们提到的民俗的中心区域,就是这种"密点"集中的区域。不仅"密点"自身与外界要不停顿地进行能量交换,"密点"和边际也要发生能量和信息的交换,各"密点"之间的关系就如同"波"的方式发生能量和信息交换的相互作用,这就是所谓"场"理论对于民俗流播的解释。

我以为,"场"理论固然可以为理论基础比较薄弱的民俗学理论添上一些色彩,但其说明问题的深度终究是有限的,充其量不过是进行了一些类比,而我们的任务并不能仅仅停留在类比上。由于控制论和信息论的发展,使系统论的存在与发展有了一个可靠的理论前提。所谓"系统"是指:两个以上客体及客体之间关系所组成的总体。复杂系统可以由亚系统组成,亚系统本身作为系统又可以由亚亚系统组成。不属于系统但与系统有关系的,则是系统的环境。系统论是研究系统的整体性质、系统与环境之间的相互作用、系统组成部分相互间的关系和作用。

任何一种民俗事象都可以分解成这样几种要素:

1. 主体——具有自由意志、行动目标和人格健全的人,或者由这些人组成的群体,这是民俗中最重要的要素;

2. 客体——客体是一个相对的概念,从本质上说,除了个人主观之外的一切客观存在,都有理由被称之为客体,但事实上,民俗的诸种事象,常常是集体的人群意愿,是一种集体的无意识,那么,相对这个群体之外的一切客观存在,都可以被认定为民俗的客体;

3. 目标——目标是民俗主体追求的取向,它应该包括物质和精神需求两大方面,怎样的目标,以达到什么样的目的,总体上说民俗总是离不开人类生存和发展的平衡,但具体的民俗事象总是有具体的目标;

4. 抉择——作为主体的人在与客体的联系中,为了实现一定的目标,在努力追求的过程中使用的各种可供选择的手段;

5. 限制条件——民俗中的诸多事象,在许多方面都要受到诸如生物、生理条件和环境条件对可能采取的手段和完成的目标所加以的限制;

6. 规范及价值观——规范及价值观,其实是限制条件的一个变种,只不过两者仍有细微的差别,一方面作为主体的人要受到人们自身的生理条件和周围环境条件的限制,另一方面要受到支配社会结构的规范和价值观的诱导和约束,特别是由社会长期积淀而成的规范和价值观,其实就是民俗自身的影响力。

上述几种要素的相互作用,就不可避免地组成一个社会民俗的整体结构,我们说民俗是"点"与"面"结合的组合系统,正是在上述几个要素的相互

作用下,抑或在它们的推动下,民俗形成了它独特的组合系统,主要包括:

A. 象征符号系统 这个系统作为思维的"物质外壳",是沟通横向人际关系、贯穿古今代际传承、凝固历代精神成果的纽带和工具,是社会得以存在、文化赖以传播延续的前提,而创造、使用象征符号系统的能力、水平也就成为衡量社会文明进步的标志。民俗中使用象征符号最为广泛的是语言,或者说是民众口头的文字,它不仅是交流思想、传递信息的工具,也是人类在社会实践中使自己区别于动物的特有的精神产品,是文化的产物。不同民族的民风习俗之所以存在差异,和那个民族的象征符号系统的文化烙印有着紧密的因果关系。

B. 知识制度系统 知识是人们在社会生活实践中感受到的经验。其初级形态表现为感觉、知觉和表象等零散、直观的感性知识。知识不仅仅是识字,许多民间老人尽管识不了几个字,但饱经沧桑的生活经历,也是一份难得的知识财富。在感性知识的基础上,通过人脑的思维加工,总结经验、分析、综合、概括,上升为理性知识,表现为人类的精神意识和各种专门的知识。由感性知识和理性知识构成的知识系统,是一切文化和文化成果的重要内容,民俗当然不能例外。所谓制度系统,是指人们在社会生活中的一切活动都要自觉不自觉地采取一定的方式进行,人与自然、人与社会、人与人之间的关系要通过一定的方式联络。不存在没有方式的活动,也不存在没有方式的内容。由于习惯或出于自觉的选择,往往各自形成了一种较为固定的模式,这种模式,就是民俗模式。民俗模式是民众在生活中的一种精神创造。不同的思维模式、行为模式,给人们的实践活动和结果带来很大的差异,形成各自的特点,从而表现为不同的文化类型。民俗模式的形成与确立受到客观物质条件的制约和主观心理素质、文化传统的影响。日常生活中表现出的习俗方式和生活习惯,大多是一种相沿不绝的习惯定势。

C. 实践活动系统 民俗文化的象征符号、知识等文化成果和凝固形态,无不通过创造文化的实践活动体现出来,这种实践活动,首先是人们的物质生活,而千百万人的物质生活,也是民俗运演的动态展现,物质生活是一个范围极为广泛的大系统,并不仅仅是芸芸众生的衣食住行、婚丧嫁娶,从物质生活系统看,作为主体的人、人的理念及物,这三者是密不可分的。可以说全部民俗文化的动态过程,都离不开人作为主体的创造实践活动。

D. 心理性格系统 民俗是人类社会特有的产物。民俗的本原固然在于社会存在,但却必须经过人的活动显示出来。这种显示并不是仅仅作为"中介"被动地反映,而是通过社会实践,经过心理活动能动地创造出来。这种心理活动主要是指感觉、知觉、记忆、思维、情感、欲望、意志、智力、能力等机制的综合活动。同一民族由于共同的生存条件、历史背景的影响,同一社会结构、政治制度的制约,以及同一精神内容的教育培养,诸种意识形态、历史传统的熏陶,交互作用,积淀凝聚成共同的民族素质,形成大体一致的稳定的心理状态,使人们在人生态度、价值取向、思维方式、道德情操、审美趣味、宗教情绪,以至生活习惯、行为方式诸方面表现出共同的趋向,这便是民族性格或民族精神。作为文化主体的人类自身的(个体的和民族的)心理素质、性格特点,不但是构成民俗文化的重要组成部分,而且是影响整个文化发展水平、规定文化特点类型的深层内在基因。

民俗的组合系统是几个层面的组合,有时表现为发展过程中的不同阶段,更多则表现为相互交叉和融合,组成民俗文化的各个部分环环相扣,互为因果,互相维系制约,相对保持平衡。任何一环由于内因或外界条件发生变化,都会牵一发而动全身,产生一系列连锁反应,整个组合系统便会进行调整,以达到新的平衡。

第二节　隐显互动的复合形态

作为民俗文化的结构,如同一个立体的网络,表现出双重的结构:从它的系统结构看,它既是一个点面结合的组合系统;从它的形态来分析,它又是一个隐显互动的复合结构。顾名思义,"隐显互动",即一方面它裸露着的各种林林总总的表象,显示出民俗的巨大魅力,而且这种表象经常在发生着变化;另一方面,它的内涵又是相当沉稳的隐蔽着,令人难识其"庐山真面目",而且这隐蔽着的内涵又是相对静止的。这样看来,它就不可避免地形成一种相互矛盾的命题。概括说起来,组成了以下几对范畴。即:内核与外壳、意象与言象、心知与外化、思维与表征。

一、内核与外壳的互显互动

任何一个民俗事象都不是无缘无故发生的,哪怕是像百姓中间流传的所谓"左眼跳是福,右眼跳是祸"、将药渣倒在三岔路口之类的俗信,它虽然表现在日常生活的细微琐事之中,但都无可避免地包含着其中的精神意识。具象的表现,我们称之为民俗的外壳;精神意识则是民俗文化的内核。或者说,外壳是一种结果,而内核是造成结果的原因。当然这种因果关系常常是互为因果的,不能简单地作一种划分或者机械地进行人为地割裂。例如,前述闹新房习俗，很可证明内核与外壳的辩证统一之关系。

闹新房，人们见到的当然是它的具体形式，或者说是它的外壳。这种形式又在各地呈现出不同的情形，广东人叫"戏新郎"，时间也不在"洞房花烛夜"，而在新郎初谒丈人之时。当地习俗，新娘归家之后，新郎多接踵前来谒见岳父岳母，而岳父母家待之以盛宴。席间，新娘的女伴以及姑表姐妹多方戏谑新郎，使之尴尬；或借故侮罚新娘，女方以此为快乐。这个习俗在安徽则又是另一番情景：当新郎押花轿抵达女方家迎新娘时，女家闭门坚拒，多方推阻，令新郎难以忍耐。当新郎好不容易进门之后，又故意刁难，叫他遍拜姻亲戚属，必使其疲于奔命而后快。到坐席之际，更有许多女眷躲在屏风后面，偷看新郎动静，品头论足。在湖北黄陂，戏新郎的习俗就有点"恶作剧"了。当新郎进门之时，女方家中燃放大量的烟花爆竹，逼着新郎从烟硝中走过，每过一个门槛，必须下跪叩拜，及至拜见岳父岳母时，所跪的红毡下面还得放上一些碎石瓷片。

像闹新房这样的习俗，既具有广泛的群众性，又有千差万别的表现形式，但这种差别如同海滩边上的贝壳——闪烁着不同的光辉，其基本的类型却还是相似的。它们是民俗的外壳，但所谓"外壳"只是一个载体，或者说是一种物象的承受者，它远远不是民俗的全部，要全面地认识民俗的全部内容，就必须透过表象看"内核"。那么，民俗的内核究竟是什么呢？就是与它的功能紧密相连的内在的精神意识。首先，当历史进入父系社会以后，女性的社会地位迅速下降，到阶级社会里，妇女几乎成为男性的附庸。中国社会自先秦以来，封建统治者不断地设立一系列封建枷锁来束缚妇女，所谓"三纲五常"、"三从四德"、"妇道"、"妇德"、"女诫"……伦理规范使妇女完全处于从属地位。再加上买卖婚姻的盛行，妇女，特别是新婚妇女，结婚伊始就受到婆家的严加管束，不时受到婆家非人的凌辱。正是在这种情况下，广大妇女为了自身的尊严，女方亲友也出于家族利益和声望的考虑，于是便出现了借新婚之际由女方家族人员出面戏谑新郎的情况，目的就是借机向男方家显示女方家的社会力量，警告男子今后不得欺侮新娘。千百年来，尽管闹新房的习俗已经更多地演变为娱乐活动，但其中所包含的对妇女地位的承认的影子仍然依稀可辨。

其次，闹新房的习俗又包含着性教育的内核。大家知道，"性"是一种十分自然的现象。但是，在中国封建社会里，由于儒家以严防男女为第一要事，使得男女隔离，即使夫妻间也不得随便接近。"礼始于谨夫妇，为宫室，辨外内。男子居外，女子居内，深宫固门，阍寺守之，男不入，女不出。……不敢藏于夫之箧笥,不敢共湢浴。"①男女授受不亲,在陌生场合,如果主动地去接近异性,会被斥之为"不道德",甚至嫂子掉进河塘,小叔子要不要去救她,也成为一个争论的话题。特别是进入宋代之后,程朱理学占据思想上的统治地位,提倡"存天理,灭人欲",人们在日常生活中,忌讳谈"性",更不能在公开场合讲述男女之事,因而人们对性知识是陌生的。然而,男婚女嫁、繁衍子孙又必须对这方面的知识有所了解。这样,势必在人们的心理上构成这样的矛盾:对性的忌讳和对性知识的渴求。于是,人们经过长期的摸索,最终选择了闹新房这一解决矛盾的巧妙方法。在洞房花烛夜之际,向男女青年宣讲生理知识,进行性教育。为了达到此目的,又不悖礼教,人们通常在闹新房的活动中多借所谓鬼神来授命,也十分强调"新婚三日无大小"。在这三天中,"不分老少,均可在新房作种种戏言丑态",吐"淫词俚语",目的是使婚龄长、性知识较丰富的人可以直接参与这一传授知识的活动。

第三,闹新房习俗,还有一种重要的精神内涵,那就是后世渐渐演变的娱乐性质。在这大喜大庆的日子里,通过闹新房来增添欢乐气氛,将婚礼活动推向高潮,其娱乐的性质就在其中充分地表现出来。

对闹新房的习俗进行较为深入的分析,可以发现,民俗的任何一种事象都是可以这样进行分析的:闹新房的不同形式,或者在各地区的不同表现,都只是它的"外壳",而它的"内核"却是隐藏在外壳的背后的。外壳在变,内核也何尝不在变?只不过它的变化速度常常落后于外壳的变化。"内核"与"外壳"的不断矛盾和分裂的情况是迟早要发生的,它们是合乎规律的一种矛盾运动。

二、意象与言象的意义交集

民俗是一种显性的和隐性的组合结构。前者是裸露在事物表面的,人们能够一眼就看到的具象的东西;而后者却是难以洞察的,看不见、摸不着,存在于人的意识之中,却又无时无刻不对人的行为产生影响;而这种影响可能比显性的表象更加深刻。在中国民俗中有一个至今还未引起人们重视的结构符号——意象和言象,而且这两者的关系是平行互补的。也就是说在中国民俗文化的基本符号中,存在着一个"言意互动"的符号系统。在很大程度上,这种关于言象与意象的一对范畴,深刻影响着民俗文化观念的形成

---

① 《礼记·内则》,世界书局1936年版,第274页。

和传播，影响着中国人的思维方式和行为方式。中国民俗的总体风貌，它那种重经验、尚感悟、趋向反省内求的特色，也在很大程度上受制于这个符号系统。

中国古老的《周易》包含着中国民俗的"基因"。《周易》以"观象制器"的命题来解说中国文化的起源；中国文字以"象形"为基础推衍出自己的构字法；中国医学倡言"藏象"之学；天文历法讲"观象授时"；中国美学以意象为中心范畴，将"意象具足"视为普遍的审美要求……意象，犹如一张巨网，笼括着包括民俗在内的中国文化的全部领域。意象符号系统，至今运转于当代文化生活之中，仍然保持着自己旺盛的生命力。最明显的例子是中国的神话意象，古人所谓"游魂灵怪，触象而构"，所谓"圣皇原化以极变，象物以应怪，鉴无滞渍，曲尽幽情"①。表明我国神话意象也同世界各民族神话一样，其构成隐含着泛灵论、泛生论和变形的原则，其功能也是情感态度优先于认知态度。然而，当各民族迈进文明时代的门槛，在神话解体，神话向自觉的自我意识转化之际，各民族的民俗文化却各自取径，越来越明显地分道扬镳。古希腊人借助其神话"人神同形同性"的特点，通过使诸神人间化、神话世俗化的途径实现这一转化；中国人则申言"绝地天通"，使人神分隔，将人神沟通的权能集中于巫祝卜史之手，通过"巫祝文化"向"史官文化"过渡，实现了这一转化。殷周之际，周人承袭远古骨卜与数卜的双重传统，将殷人龟卜和自己的筮卜这两种卜法卜理相融会，铸成《易经》这一文化宝典，成功地实现了中华民族历史上第一次文化整合。

关于"言象"，人们比较容易理解，因为它总是通过一定的语言载体进行传承和传播。"意象"本身就是一个复杂的复合系统。它包括数字、卦画、自然物象和人文事象这几个子系统，从而被联结为一个复合的整体。卜者针对欲决的疑难，因数定象，观象系辞，玩其象辞而判断吉凶。其中尤以数字的意象符号充当沟通天（神意或自然法则）人（人的意向行为）的媒介。"数"是神不可测的神意和天机的体现；"象"是圣人"观物取象"、"立象尽意"的成果；"辞"指卦爻辞，既可言"象"，亦可言"变"，"各指其所之"，具有很强的象征意味，是有别于日常语言的"微言"。从三者关系看，"数"是"象"的前提，是天意对"象"的限定；"辞"是对"象"的阐释和解读，又受到"象"的限定；而吉凶的判断，全靠"观象系辞"。为什么中国民俗中对于数字的禁忌那样普遍？为什么命相一类的书籍汗牛充栋？为什么社会有了很大

---

① 郭璞：《注〈山海经〉序》，上海古籍出版社1986年版，第478页。

的进步,算命看相仍比比皆是,甚至出现了"科技算命"之类的怪象,都与中国人的这种数字习俗有关。

大家知道,每一个人都有具体的出生时间,时间的概念是以不同的数字来计算的。即使像所谓的"天干"、"地支",本来也是古人用来记录日期的代号,所谓"生辰八字"在很大程度上也是一种表示时间的数字符号。用一个人的出生时间,配上阴阳五行和四时节气来算命,这在中国起源很早,但是直到五代宋初的命学大师徐子平确立了"四柱算命法"——出生的年、月、日、时各成一柱,每柱再由"天干"、"地支"各一字合成,共计八个字——之后,"八字算命"的体系才算正式确立。后人常把这种算命术称为"子平术"。数字的象征意义,在于说明中国人向来把"人"当做宇宙具体而微的缩影,因此有"人身——小天地"、"人与四时合序"等说法。既然自然界的万物——虫鱼鸟兽、木石风水等,都因为时间(四季节气)及阴阳五行的运行,而有兴、衰、荣、枯等变化,因此古人认为,若能找出这些因素对一个人的影响,就同样可以预知这个人一生兴衰荣枯的历程。汉代学者王充曾提出他的想法,认为一个人的一生,早在父母交合、卵子受精时就决定了。这样说来,似乎应该以"受孕"那一刻的宇宙运行状态对胎儿的影响,作为论断他将来一生的依据。可惜这在具体实践上有许多问题,如早产、晚产等等,因此退而求其次,改以人脱离母胎之时,也就是出生的时刻,作为定点,所以衍生成了现在所用的"生辰八字",记录的方式就是"天干"和"地支"。

"意象"还包括卦画符号。其初级的符号是数字,二级则是指自然物象,再往上则是指人文事象。自然物象,指的是无生命的天然物,诸如日、月、星、辰、山、河、土、石等等,以及它们在发展变化中的各类形态。自古至今,民间都有对这类事物的崇拜信仰,因为这些自然物在很大程度上能够影响人们的生活和生存。古代典籍上不止一次地记载:"加之以社稷山川之神,皆有功烈于民者也;及前哲令德之人,所以为明质也;及天之三辰,民所以瞻仰也;及地之五行,所以生殖也;及九州名山川泽,所以出财用也。非是不在祀典。"[①]可见,如果这些自然物象不是与人们生活有关,人们是不会对其崇拜和敬祀的。这种所谓的自然物事的"意象",实际上反映了人们对大自然的某种依赖关系。在人们"得利"、"获福"于自然物时,会产生感激、满足之情;当人们"受害"、"罹难"于自然物时,会产生惊慌、恐惧之情。这些都促使人们视这些无生命的自然物事为有意志和有意识的,并且有着远比人类强

[①] 《国语·鲁语》,上海古籍出版社1978年版,第170页。

大得多的神秘力量。于是,人们便自然而然地将其神化,对其膜拜起来。由于人们相信无生命的自然物也能够向人类散播幸福或灾害,所以对这些自然物也就形成了种种不同的禁忌或崇拜。

至于人文事象的"言意互动",它是由数象和自然物象及其相互关联的一种更为高级的联系和指涉,举凡农事、畜牧、行业、征伐、争讼、婚媾、教化等等,人的社会交往,除了语言,还有其他许多方面的实际内容。在多方面的交往过程中,人人都找到了自己适当的社会存在的位置和方式,亦即把自己纳入了某种社会风俗的框架之中。再如,行业是社会分工所造成的。社会存在与社会发展决定了人们必须付出一定的劳动。然而,劳动的形式可以是多种多样的。那些相互独立而又相互依从的不同类型的社会劳动就是所谓的行业分工。行业分工规定了人们各种不同的职业身份。同行业人由于利害关系的一致性,往往形成某种独特的职业风貌和职业特征,从而以某种特有的风俗形态存在于社会之中。

由是观之,每一种"言象"和"意象"的互动,在民俗学上都是一个意义集束。对于每一种具体的民俗事象来说,其互动的意义,不仅包括了数字符号、卦画符号、自然物事和人文事象,而且也反映了它们的相倚相涉、相类相感。任何一个民俗事象,都不可能脱离这个文化的背景。

三、心知与禁忌的外化呈现

"心知",把它说白了,就是民俗中的认识论。以往我们都不太注重认识过程对于民俗的影响,有人甚至认为认识论是哲学家讨论的课题,或者把传统的认识成果等同于一般的知识,从而在很大程度上忽视了民俗学的哲学思考。其实,要分析民俗的许多复杂问题,是没有办法回避认识论的。

那么,什么是民俗中所说的心知呢? 不妨还是从具体的民俗事象入手。例如民间常有关于"禁忌"一类的习俗,《广韵》上说:"忌,讳也。""入竟(境)而问禁,入国而问俗,入门而问讳。"①它属于风俗惯习中较为低级的社会控制形式。书面语言常常是"禁忌",口头用语中较多的则是用"忌讳",细细琢磨这两个词的含义,为什么老百姓在民间口头用语中很少用"禁忌"而比较多的用"忌讳"? 这是因为过分强调了禁字的意义,便可能使"禁忌"中"禁止"的含义上升而趋向于成为道德或者法律意义上的社会控制的高级形式。

---

① 《礼记·曲礼上》,世界书局1936年版,第14页。

相反,如果突出"忌"字的含义,会使禁忌中"抑制"的意义增强,同时显现出一种更加通俗化、民间化的倾向来,使用"忌讳"显然要比使用"禁忌"来得普及,到了最后,"禁忌"一词便与"忌讳"一词完全相同了。可见,"讳"自古以来是根基于民间的。"忌讳"一词更比"禁忌"一词更能通行于民间。

这个例子本身就是一个十分具体的"心知"问题。所谓"禁忌",或者说"忌讳",一方面指的是这样一类事物,即"神圣的"或者"不洁的"、"危险的"一类事物;另一方面又是指一种禁制,即言行上被"禁止"或者心理上被"抑制"的一类行为控制模式。前者和后者实际上是一回事,因为它们在人们的心理活动中得到了统一:后者的产生实际上是人们对前者的认识(心理反映)的结果。换句话说,"禁忌"就是神圣的、不洁的、危险的事物,以及由于人们对其所持态度而形成的某种禁制。说到禁忌的由来,大体上有四个方面:一是对灵力的崇拜和畏惧,灵力,即英语中的 Mana,其含义为"一种超自然的神秘力量"。据说,禁忌就是灵力依自然的直接的方式,或者以间接的传染的方式,附着在一个人或物或鬼身上所产生的结果。一般说来,"灵力说"更多的是着眼于禁忌的原始状态和原始的禁忌状态的。二是对欲望的克制和限定。依据弗洛伊德对禁忌所作的分析,弗氏认为,欲望是人的本能要求,但是,作为"社会的人"便要对欲望进行某种抑制。三是对仪式的恪守和服从。持这种学说的学者,是从社会学的角度对禁忌的由来作出了说明。仪式的规定往往会带有某种随意性,然而,禁忌一旦形成之后,就具有"不可抗拒的约束力量"。人们出于社会化的需要,往往并不去认真考察它的合理性,而只是绝对的服从,并且它还将依靠社会的、宗教的、宗法的权威意识以强制的方式传承下去。四是人们对教训的总结和汲取。这是人们认识的过程作为一种因果关系的推导过程。由于早期人类的愚昧和科学的不发达,这种推导往往造成偏差,从而形成人们对某种"偶然因素"的共同的误解。这种"共同的误解"而得出来的"教训",也是形成禁忌的一个缘由。

人类心知的外化,当然绝不止于禁忌一项,民俗中的其他诸多事象,都与这种认识活动紧密相联。心知的外化是认识成果向实践转化的始点。认识的总公式是"由实践到认识,再由认识到实践",如此循环往复,不断深化。民俗中的心知就是在"由实践到认识"的过程中,心知的外化,就是认识发展的最后阶段,又是认识成果向实践转化的新的始点。

在我们的时代,由于信息的广泛传播,知识的高度密集,人们心知的外化的过程被大大地缩短了。由于哲学思维的自觉和哲学意识的成熟,即使在人们的日常生活和日常经验中思维方式也不再是一个生疏的话语。在这样的情况下,完全有必要重视民众心知的外化,并把它作为一个具体的实践来进行总结和研究,自觉寻求和探索民俗学与哲学之间的有机联系,把哲学上的许多思辨方式和逻辑,同时也看成是一种人生的态度和境界。人的心知是不断外化的,没有了这种外化,就没有了个体精神的高度教养和教化,当然也就没有了作为民族精神的整体素质。

四、思维与表征的领悟暗示

还是从具体的民俗事象说起:有一首民歌叫《送军鞋》,大意是老解放区的妇女为在前方打仗的战士做鞋子,有的姑娘还在鞋底上纳上了自己的名字。这种情况在战争年代里,可以说是普遍而又大量的,表现了人民对革命军队的鱼水深情。其实,像这类送军鞋的事情,恰恰反映了中原地区源远流长的一个习俗。当丈夫远离家乡,久久未归,妻子盼夫心切,便不惜辛苦,起早摸黑为丈夫赶做新鞋,这就是民间相沿不绝的"做鞋望夫归"的民俗。有的地方,除了给外出的丈夫做鞋之外,一些青年女子给自己心上人做鞋或者纳袜底。妇女为什么多喜欢用做鞋和纳袜底来对男子表示自己内心的深情呢?

这个问题涉及民俗学上的一个基本的结构:在这个结构中,鞋袜只是一种表征,其背后实质性的东西,是民俗中所谓的思维模式。妇女们之所以喜欢用做鞋和纳袜底来表示内心的感情,因为鞋和袜都是人们生活中相伴不离的服饰之一;俗话说"脚上没有鞋,脸上短半截"。鞋穿在脚上,露在体外,不仅可以美化人的仪表,并且通过穿的鞋,还可以知道他的妻子在女红方面的巧拙,因为它是衡量妇女贤德智慧的试金石,也是丈夫夸耀妻子的具体事物;再则是人们常常把鞋袜等夸张成一种似乎可以"平步青云"的载体,在往昔的旧时代,一个人的鞋破了,实在不是一件小事,人们由这双"破鞋"可能联想到家庭的不幸、丧妻的悲苦和妻子的贤惠与否,"破鞋"曾经是对生活作风不够检点妇女的侮辱性词汇。传统社会讲究忠义家庭、恩爱夫妻,哪个贤惠的妻子,不愿自己的丈夫福禄高照、前途无量呢? 所以这鞋还有期待丈夫顺顺利利、平安无事、前途无量、足下生辉的寓意。正是在这种思维模式的影响下,万千妇女在这一双鞋上下了很大的功夫,有的千针万线,纳出吉祥如意的图案。据有关专家的考证,在中国的许多地方,纳鞋底的基本图案称之为"破五"。东南西北中,表示五个方位,而鞋底的图案样式总是抽掉"中","五"之不全,当然就是"破五"了。

为什么在鞋底上要"破五"呢? 说到底还是民俗学的思维模式在起作用。大家知道,"破五"是我国古代岁时节令的一项习俗。据清代人记录:

"正月初五日名破五,以前五日禁妇女往来。"①直到今天,我国大部分地区在民间仍流传着"破五"的风俗,如正月初五前生意不开张营业;长辈新丧,他家的子弟则不出门拜年;在外地返乡的亲人,正月初五前不离开家园;不准烧馍、不准做活,尤其不得破土……待到正月初五以后,人们才可以自由地出游和交往了。由此可见,"破五"前是处于一种守家、休息,相对静止的状态;而"破五"后,即可天南地北,四海为家,海阔天空任意飞翔,自由发展了。这样看来,在鞋底上纳上"破五"的图案,就不难理解其中所蕴涵的一番苦心了。

如果再往下挖掘,"破五"的图案为什么是"五"而不是其他的数字,是否与阴阳五行的"金木水火土"有关?大概还可以延伸下去。一个有关鞋子和袜子的习俗,就这样能够在中国人的深层思维模式上激起如许的联想。

任何一个民俗事象,都具有表征与思维的关系问题,它们是对立的统一。那么,这两者之间有些什么特点呢?

第一,由于中国人的科学与哲学所仰赖的是向内的直觉思维。不要说中国的历代哲学家的思维模式,就是一般的平民百姓在思考问题时,大抵都要受到潜在的思维模式的制约,从鞋子、袜子之类的琐碎的物事,或者在鞋袜的细小图案上,仿佛都能直接地感受未来生活的吉祥与否,又从这些民俗物品的吉祥与否,来占卜生命的未来,仔细分析中国民俗中所表现出来的思维模式的认识过程,可以说,与西方人讲究逻辑的思维模式是大相径庭的。中国人直观的感受和内在的体验是高于理性思维的。离开了直觉思维,就无法解释中国哲学。直觉也是中国民俗的基本特点。因为人们是对各种各样的经验现象进行酝酿体会,通过领悟暗示,豁然开通而出现了概念,这些概念经常与西方哲学通过向外的思维,通过逻辑演绎所得到的结论不一样,往往理解这些概念也只能意会,难以言传。在民俗上的许多具体的事象和具体的习俗,可以说大抵都存在这样的特点。

第二,关于思维与表征的关系,给予人们最大的感受莫过于在生活过程中,它们所散发出的那种异乎寻常的领悟力和强烈的暗示力。这正如我们在研读中国古典哲学的原著一样,一个习惯于逻辑分析的读者,在刚刚接受古代哲学家和思想家在表述某一个具体的原理和命题时,往往会感到如坠五里雾中,那闪烁不定的言词、飘忽无踪的意象,虽然有时也显得神奇、诱人,可很难捕捉其中所要传达的意趣。中国人的思维模式,当然是中国古老

---

① 震钧:《天咫偶闻》卷十,北京古籍出版社1982年版,第214页。

哲学的派生和表现物，有人说过中国文化在很大程度上是"象"文化，我看在民俗上这种"象"正是思维与表征之间的一个纽带。《说文》中的"象"，是我们熟悉了的那种动物的简化了的缩写。象征的象是从大象的象演化而来，对此，韩非子曾经说过："人希见生象也，而得死象之骨，案其图以想其生也。故诸人之所以意想者皆谓之象也。"①这就是说，在人们见不到活象的时候，可以借助于大象骨架的形状去想象它栩栩如生的神态。作为思维的结果，象是想出来的"象"，而作为思维的形式，就是表征。表征有两个因素：一是作为表示象征物的直观表征；二是表达某种象征的意义。在民俗中像用鞋子表示"平步青云"之类的表征手法，不胜枚举。

思维与表征，具有直观、生动、意境无穷的长处，但它的短处恰恰也在这里。思维的起点不是严格确定的概念和判断，而是可以引起丰富联想的直观表象；再说它不受形式逻辑的严格制约，它的思维过程常常是跳跃性、多向性和随机性的，更何况，它要求人们得意忘象、得象忘言，因而它的结论不能克服模糊性、歧义性和不可证伪性。这些弊病较多地出现在中国民俗文化的整个过程中。

第三节 民俗的功能分析

一、表象与功能的状态转换

说起民俗的功能，不少概论式的教科书上都说民俗具有教化、规范、调节和维系的功能，这个说法也对，但是感觉过于笼统了。民俗的功能，是指它在社会生活与文化系统中的位置，它与其他社会文化要素之间的关系，以及它所具有的客观效用。作为文化重要组成部分的民俗现象能否传承，赖于其功能是否满足人们现实生活的需要。正是由于民俗对于世道人心的需要和效用，民俗的功能才得以成立。马林诺夫斯基曾经说过："一切文化要素，若是我们的看法是对的，一定都是活动着，发生作用，而且是有效的。"②这就是说，社会生活和文化总体状况的需要与否，是各种民俗现象生死存亡的严厉判官。一种民俗事象如果丧失了社会文化功能，其灭亡则指日可待。有学者曾经做过这样的比喻：民俗的发展与生物的进化相似，当某一器官的

---

① 《韩非子·解老》，《二十二子》，上海古籍出版社1986年版，第1139页。
② 马林诺夫斯基：《文化论》，中国民间文艺出版社1987年版，第14页。

功能丧失之后,它就会逐渐退化,直至灭亡。例如,当缠足这种人体装饰的审美功能丧失后,就没有人愿意将自己的身体变成残废了;当人们不再相信稻谷有灵魂时,也就不会再冒险去猎取人头来举行"猎头祭"了。

其实,任何一项具体的习俗,它都存在"现象与功能"的矛盾统一,民俗的现象,表现出原型、残型、完型等变化的过程,反映了民俗的外部变化;功能则是民俗的功用,也可以称其为民俗的文化内涵,它直接反映了人们世界观、伦理观等深层意识的变化,社会生活的漫漫长途,使民俗流变过程折射出各种色彩斑斓的事象,这个过程尽管是缓慢的,但只要具备了一定的客观社会条件,其功能就会发生显著的改变。民俗现象与民俗功能之间的交互关系,各有所因,又相互影响与渗透。我们可以以民间家喻户晓的"上坟"习俗为例,每年的清明节、中元节乃至冬至,民众都会上坟,祭扫逝去的亲人,悼念与祭祀仪式常常会焚化一些纸钱,纸钱是沟通阴阳两界的主要传播媒介,在所有上坟的仪式中都是必不可少的。有学者认为纸钱是"一种实物又是一种象征符号并具有各种功能",如代表冥资、镇邪避灾、赎罪驱祟、贿赂鬼神等,也反映了历史上上坟习俗的主要功能:对祖先的崇拜、对鬼神的畏惧与祈求、祈福禳灾等。然而,在当代社会,通过民俗学者对一些村寨的田野调查,随着历史变迁,普通村民对上坟习俗坚持不断的心理动因及他们对这一习俗的认识来看,当代上坟习俗的功能已经发生很大改变。据学者李丽丹对鄂中南一个村庄的"上坟"习俗的调查,发现当代农村上坟习俗的功能已经发生了深入人心的变化,首先,村民们通过上坟表达对亲人的怀念,上坟的自愿程度与对逝世亲人的感情深厚直接相关;其次,通过对于村民们上坟对象的类别的区分,可以看出,上坟习俗承担着确认村民们的兄弟家庭关系、朋友家庭关系良好与否的标志功能。村民们通过给固定祭祀对象上坟,表达对长辈的怀念,其间对兄弟及其家庭成员的祭祀则有更多含义;其三,以往,上坟活动主要是以男性的家庭传承为中心,如今女性也是主要参与者,上坟习俗构成女性对于血缘关系认同与追溯的主要方式;其四,娱乐功能及其习俗惯性也是当代上坟习俗传承的一个重要原因,上坟,这一貌似与死亡关系紧密的民间习俗,已经不再引起人们对于死亡的恐惧,"阡陌小道上,来来往往的村民们相互之间都会说一些'恭喜过了个热闹年'、'收成好'等之类的时令祝语,甚至会停下来话一话家长里短"[①]。

民俗的表象与功能之间的状态改变,是随着社会客观条件的变化而变

---

① 李丽丹:《现象与功能:民俗的分层及其变化关系——以鄂中南一个村庄的"上坟"习俗为例》,《民间文化论坛》2006年第3期。

化的,当社会处于封闭状态时,民俗现象与功能之间可能会大致保持一种平衡,而一旦大规模社会变动,特别是急风骤雨的社会转型影响到人们的生活状态时,山还是那座山,水还是那个水,烧纸钱还是烧纸钱,祭祖先还是祭祖先,但民俗功能效用就会发生显著的改变,为的是适应变化了的社会与人际关系。

我们还可以从藏族早期盟誓习俗以及它的当代遗存表现来分析民俗的功能演变。按照法学研究者的意见:"盟誓包含两层:一是'盟',即神灵信仰下的联盟,实际上是契约,在神灵信仰下盟誓主体通过举行一系列杀牲歃血、焚香设誓、言说告白等仪式,明确各自的权利、义务及违约责任;二是'誓',即神判,神灵信仰下借助于一系列宗教仪式来辨别真伪、查明案件或纠纷事实并予以裁断的司法形式。'盟'和'誓'具有不同的属性,从社会学的角度讲,'盟'是人际交往的一种特殊方式,一般在团体间举行;从法学的角度看,它是在神灵信仰基础上以神灵作为监督主体的特殊契约。"①历史上藏族的盟誓,留下了许多动人的传说和故事,还有很多史诗材料、藏汉文史资料和碑石铭刻文献,都记录过盟誓的习俗表现。"人类司法实践的证明方式经历了'神誓'和'神判'时期、当事人和证人的陈述时期、物证或科学技术为证明的时期,即神证、人证、物证三个时期。"②问题在于,在当代社会生活中,藏族盟誓的现实功能发生了显著变化,作为"神誓"、"审判"的功能在不断弱化,学者牛绿花以其具体的案例说明了藏族盟誓在当今藏族社会更具团结凝聚的功能、解决纠纷的功能和规范、教育、引导功能的功能。对于笃信"举头三尺有神明"的村民而言,只要进行了起誓,双方对此再不过问了,遇到的纠纷也就永远地解决了。至于惩处,那是天、神灵的事,他们认为,神灵早晚会对理亏的一方进行惩罚的,"不是不报是时候未到"。"神判或神裁即神明裁判,是指在纠纷的处理过程中,当证据不足、清浊难分之时,把纠纷的处理诉诸当事人都认为是正义源泉的超自然的神的意志力,使嫌疑人或当事人双方处于现实的或潜在的危险状态之中,并进而以他是否受神意的眷顾而安然无恙作为其有罪无罪的检验标准的一种裁判方法。"③这就起到了调节人际关系的功能,相反,如不这样做,那就有可能引起无休止地争吵

---

① 牛绿花:《藏族盟誓的当代遗存表现及其现实功能》,《西北师大学报(社会科学版)》,2011年第5期。
② 何家弘:《神证·人证·物证》,大众文化出版社2003年版,第156页。
③ 牛绿花:《藏族盟誓的当代遗存表现及其现实功能》,《西北师大学报(社会科学版)》,2011年第5期。

甚至打架斗殴等事件。案件以双方选择的解纷方式——起誓来解决,产生了应有的效果。

任何一种民俗事象,只要它在现实生活中依然存活,必然存在着或多或少、或太或小、或隐或现的特定功能,无论它多么古老或多么古怪。没有任何功能的民俗事象,在现实生活中是不能存在的。具体的功用可能很多,但我以为民俗最基本的功能就是两个:一个是对个人身心的调节,一个是对社会秩序的规范。中国有句考话,叫"世道人心",我看民俗文化的最基本的功能就在于与"世道人心"的紧密相联。

二、趋利避害的人心调节

民俗的主体是人,在分析民俗的功能时,也应该首先从这门学问对于人和人心的调节开始。上世纪初,一个叫厨川白村的日本人,写过一本叫《苦闷的象征》的书,其中写道,人性中有两大力量一直抗争着:一是人生本来的创造生活的欲求;一是旧的或者说现实存在的习俗、规范以及现存的社会制度文化方面的诸种因素对于人生欲求的压制和抵抗。于是,产生了人类的心理方面的苦恼和烦恼,而文学作品就是这种苦闷的象征。厨川白村写道:"没有创造,就没有进化。如果只是永远过着由于外来的强制而活动的投降妥协的生活,而忘了表现个性之可贵,那就是过着千载万世、古今一辙的禽兽生活。如果不想发挥自己的生命力,只是被囚缚于传统,被拘束于因袭,模仿先人之所为,而心安理得,具有这样的奴隶根性的人,在这意义上就应该与畜生同列。所以,如果这样的人成千累万地集合在一起,那么文化生活就根本无从可谈了。"[①]

我引厨川的这段话,是想说明,人,作为一种社会生物,其行为举止必然受到社会和文化的制约,要做到像厨川所说的完全摆脱社会的控制,其实是难以想象的。虽然人类的群体已经高度社会化了,但是就个体而言,其生物性并非就完全文明化了,仍然存在着某种"裸猿"的味道,而某些遭到社会习俗规范的控制和习俗禁忌的压抑的本能需求和情感,如果得不到适当的诱导和调节,就会形成紊乱的心理能量,成为一种负面的内驱力,在外在通道封闭时,就有可能向内转向自身,产生精神障碍和病态心理。人,天性有强烈的亲合需要,与群体保持一致和得到群体的认同的愿望有时甚至超过生

[①] 厨川白村:《苦闷的象征》,台湾金枫出版有限公司1990年版,第7页。

存愿望,缺乏亲合联系,即心灵之间缺乏呼应和沟通,从民俗的原理上来分析,缺乏心理认知,常常导致激烈的内心冲突,甚至可能导致精神障碍。最使人疲惫的往往不是道路的遥远,而是你心中的郁闷;最使人颓废的往往不是前途的坎坷,而是你自信的丧失;最使人痛苦的往往不是生活的不幸,而是你希望的破灭;最使人绝望的往往不是挫折的打击,而是你心灵的死亡。

民俗中许多习俗的表现,维护的是价值的连续性,它用多姿多彩的表征和思维的形式,激发和强化那些由于"积淀"已经内化了的文化观念,因而使人最容易产生文化认同感和群体归属感。大家都知道,婚礼礼仪是民俗中最基本的内容,结婚是人生重大的转折点,是个体成熟的象征和获得完全社会成员身份的途径。为什么在婚礼的过程中要搞那么多繁文缛节的程式和规矩呢?以婚礼中的"结发"、"合卺"的习俗为例:所谓"结发",也就是结成夫妻的意思,在中国人的词典里,"结发夫妻",即元配夫妻,指成婚之夕,男左女右共髻结发的礼俗。古人相信夫妻结发后,命运也就联系在一起了。其他还有"牵手"、"牵巾"、"结同心"……这些习俗的核心是夫妻心理认知的仪式。所谓"合卺",用现在的话说就是一对新人同饮一杯酒。北宋以后,逐渐演变成为夫妻在婚礼仪式上饮交杯酒,"用两盏彩结连之,互饮一盏,谓之'交杯酒'"①。"合卺"习俗在民间有许多变异形式,广西瑶族的"连心酒"、湖南衡阳的"和合茶"、云南独龙族的"喝同心酒"、塔吉克族的"喝盐水"等,多种多样的"合卺"习俗,其实也是夫妻角色的认证仪式。

再如,民间大量存在的歌谣,例如祭祀歌,属于民俗口传文学的范畴。在人类原始宗教发育期,万物有灵,人与鬼同生同存,鬼神支配人,人又依赖于鬼神。祭祀歌便产生于人类对自然力尚不认识而对语言的魔力又非常崇拜的这一特定时期,即幻想用语言去取悦鬼神,指令鬼神,以达到驱邪消灾、求吉祈福的目的。可以说这类祭祀歌谣带有神秘文化的性质,汉文学史上,也有不少与祭祀相关的哭丧歌、招魂词,以及各种咒语,虽然记载流传下来的并不是很多,却在云南少数民族中却以活形态的方式,大量地传承着这一类原始宗教祭祀歌。各种祭仪上由本民族祭司或巫师念诵的祭祀歌作为原始宗教神圣祭坛的核心内容在民间受到尊崇并得以保护和流传。例如佤族祭祀大鬼仪式,其祭词云:"天神保佑我们,地神保佑我们,寨神保佑我们,家神保佑我们,高山不垮,石岩不塌,大树不倒,狂风不刮,害虫不生,洪水不发,六畜发达,村寨平安,人丁兴旺,部落昌盛,外户人不敢猎我们的人头,外

---

① 《东京梦华录》卷五,中国商业出版社 1982 年版,第 34 页。

寨人不敢入我们的寨门。"①可见,这类祭祀歌谣实际上给民众一种心理认知,通过人与鬼神之间的信息传递与对话,正如有的学者所说,"对鬼神的膜拜与恐惧的感情和实用功利的态度,逐步形成一种特殊的信仰体系,在这个信仰体系中,祭祀歌作为沟通人与神、人与鬼的中介,传递人的情感,表达人的意愿,有着特殊的不可替代的功效。而作为祭祀歌得以生存的文化母体巫术便也在人们深感陌生而无力加以把握的神秘氛围中孕育而生"②。这不仅是民众对鬼神有认同、接受的需要;民众对祭祀对象也有认知、了解和适应的需求。人,作为一个活生生的个体,在这个世界上存在,他(她)既是社会的存在物,也就有想在家庭、族群、社会和国家之中取得协调的愿望;人们想要满足自己本能的欲望,但是人的本性又是道德的存在物。于是,在许多方面,社会的、制度的、习俗的力量就会生出多方面的规矩来约束人的这种本性和本能的欲望。一个人即使没有被国家强制的力量所束缚,也会由各种传统观念和道德评价来约束和管制自己,而在约束和管制自己的因素中,有相当一部分就是来自民俗中的调节身心的功能。

民俗调节个体身心功能的另一表现,是通过调节,有利于人的精神平衡。人降临到这个世界上,第一位的任务是求生存。但人毕竟不是动物,在生存需求得到满足之后,又会有享受和发展的需求。人的精神一旦发展到一定的高度,就不会再满足于仅仅在这个世界上做一个匆匆过客,他必然渴望在自己走过的土地上留下自己的痕迹。这种基于"衣食足而知荣辱"的需求,可能是多方面的。中国古代一直流传关于"立德"、"立功"、"立言"的说法,实际上就是人们对精神方面的一种追求。

民俗的调节功能,就是为人们的精神需求的实现或是无法实现,起到了一种"平衡器"的功能。我们知道,人们的行为进行得如何,是与人们的心理状态十分密切的。民俗中的许多固有的机制,可以帮助人们消除精神上的疲劳和饥渴,改善人们的心境,鼓舞人们的意志和激情,可以减少甚至消除行为的精神阻力,从而使人们以良好的精神状态,投入到社会生活的洪流中去。反之,民俗的某些事象,也可能造成或加重人们的心理和精神负担,破坏人们的心境,窒息人们的创造激情,摧毁人们继续前进的意志力。

人类的本能是避邪趋吉,避害趋利。为了达到避开危险和祸患的目的,民俗禁忌和相应的习俗文化往往在它存在之处造成一种神秘的气氛,就像发出一种不间断的警铃声响一般,提醒人们在生活的各个方面,如婚嫁、生

---

① 《中国歌谣集成·云南卷》,"佤族",中国社会科学出版社2004年版,第1542页。
② 杨海涛:《云南少数民族祭祀歌及其社会文化功能》,《民族文学研究》1998年第4期。

育、丧葬、祭祀等仪式或接触某事物时必须小心从事,千万不能乱来,否则将受到惩罚。尤其在社会生产力低下、生活贫困以及人们不能充分掌握自己命运的条件下,民俗中的许多社会习俗和风俗,往往成为许多人严格遵守的行为规范,以此为改善环境、遇难呈祥的特殊的有效手段。人们在险风恶浪中出海,或者在群兽包围中搏斗拼杀,只要是使用过巫术并且严格遵从了某些禁忌条规的人,就自信,有胆量,从容不迫,临危不惧。从某种意义上讲,这种民俗和条规,满足了人们心理上的要求,在精神上实现了新的平衡,弥补了由于技术力量的不足和环境条件的恶劣而引起的忧虑和失望,使他们在对付自然和命运的挑战时增添了几分进取心。

人类的精神既有理性的一面,也有感情(非理性)的一面。两者的平衡,尤其是两者的互补——对人的乃至民族的精神健康是必要的。但是,要真正地做到个人精神的积极平衡,在很大程度上说是异常困难的。因为中国古代的文化因子中历来是官方倡导的"史官文化"占据主导地位,而民俗、特别是民俗中神秘的、非理性的文化成分,受到强大得多的势力的压抑。但表层的理智,宣泄不了底层的原始精力,它汩动着,寻求自己的出路。所以无论从哪一个角度看,民俗文化对人内心的精神平衡,既缺乏积极的主动意识,又在精神平衡之中略带一点苦涩和无奈。

三、维系稳定的世道规范

在论及民俗的规范功能时,规范什么?首先规范人,以及由人组成的社会成员的行为,使之合乎社会发展和正常运行的轨道。成文法律无论规定得多么细致,都不过是社会行为中需要强制执行的一小部分。民俗以习惯的力量,就像一只看不见的手无声地支配和调节着亿万人的行为,从衣食住行到社会交往,从生产消费到人们的心理活动,从人的行为到各地的方言,人们都自觉地遵从民俗的惯习,并在遵从时感到这是天经地义的,很少对它发生怀疑。除了人们所熟知的传统习惯法、传统伦理道德规范和传统村社管辖机制等方式外,西南少数民族地区还有一种"诀术歌",它作为一种协调、规范人们的社会关系,缓解社会紧张矛盾的泄气阀,有着特殊的功效。例如独龙族人若发现自己丢失财物,被告又不愿承认时,常请族长或头人主持"神判"仪式,称"捞醋汤"。届时,原告和被告要将一块石头从水塘中取出,丢进滚水锅里再取出来,手被烫伤者为输的一方。人们相信天神格蒙有眼,会让偷东西的人和诬陷别人者把手烫烂。举行仪式时,被告人要发誓并向格蒙念咒祈祷:"我没有偷他的东西,格蒙你是见到的,请保佑我的手指不烂。"①再如,纳西族人若遇有人搬弄是非,便念锁口舌咒:"长着七片舌头的人,暗里挖着坑人的陷阱,背里埋着伤人的地弩。把他的舌头挖出来,找来栗木做的犁架,套上百铁的铧口,套上能翻七层土的黑眼犏牛,把他的舌头翻犁成两半!把拨弄是非的恶毒口舌,埋到七层土里去吧!"②

确实,民俗作为一个民族的传统规范,在社会成员,或者说在民族精神境界的深处,筑起了一条又一条的"堆垒"。岁月的流逝,进一步助长了传统的威严,使这道传统文化威严的"堆垒"不断地得到加固,它会在社会生活中反复地起作用,它可能是造成正面的效应,推动社会前进,也可能是造成负面效应,阻碍社会的发展和历史的进步。例如,中国历史上历来有贱商心态,传统儒家代表人物的著述中多有关于人性中崇"义"贱"利"的观点。在儒家义利观的审视下,商人的形象在中国社会一直是被扭曲的。一是认为,商人有牟利的天性,其人格是卑贱的;二是认为商业的行业性质是肮脏的,商人的人格评价也必然是低劣的,所谓"为富不仁"、"无商不奸",就是从这个基本的观念中衍生出来的。直到历史发展到宋明以后,商品经济有了进一步的发展,资本主义生产方式的萌芽已初露端倪,贱商心态才受到了前所未有的挑战,但是,在贱商的社会基础没有彻底打破之前,这种传之既久的风习文化意识已经渗透到人们的潜意识的深处,要改变它是相当困难的。

一个社会要延续下去,除了不断地补充合格的社会成员之外,还要对人们的社会行为施加控制。民俗为人们提供了各种准则,告诉人们什么样的行为是正当的,什么样的行为是不正当的或者说是不可以进行的,什么地方是通行的大道,什么地方是不准涉足的禁区。民俗作为一种先于个人而存在的社会文化现象,在一个个具体的人未诞生之前,社会已经将这种特殊的准则投射在他的面前。这正如美国文化人类学家鲁思·本尼迪克特在其代表作《文化模式》一书中写到的:"个人生活史的主轴是对社会所遗留下来的传统模式和准则的顺应。每一个人,从他诞生的那刻起,他所面临的那些风俗便塑造了他的经验和行为。到了孩子能说话的时候,他已成了他所从属的那种文化的小小造物了。待等孩子长大成人,能参与各种活动时,该社会的习惯就成了他的习惯,该社会的信仰就成了他的信仰,该社会的禁忌就成了他的禁忌。"③

---

① 杨海涛:《云南少数民族祭祀歌及其社会文化功能》,《民族文学研究》1998年第4期。
② 《中国歌谣集成·云南卷》,"纳西族",中国社会科学出版社2004年版,第1201页。
③ 鲁思·本尼迪克特:《文化模式》,浙江人民出版社1987年版,第2页。

民俗是弥漫在社会中的一种无形的"图腾"。当一个婴儿呱呱落地、来到人世时,有关诞生的礼仪就为他拉开了人生的第一道帷幕,他在摇篮里牙牙学语,在与童年的小伙伴们一起戏耍,他从不同的礼节和不同的社会关系中逐渐了解了社会,长大成人时。又是成年的仪礼,结婚组成家庭,繁衍后代……衰老、走向死亡,葬礼送他离开人间。这一系列几乎是程式化的民俗,在一个人乃至一个民族社会化过程中所起的具有控制功能的作用,是其他的文化类型难以代替的。从社会的整体来思考,民俗中民间信仰对生活类习俗的构架具有一定的支配作用。这种支配同样是民俗规范功能的重要内容。

人类的民俗是由人的行为和人所制造的生产物表现出来的人们的观念、思想、心态以及风习传承的种种习惯所构成的,自然物不能构成文化,但经过人类的物化,介入了人的主观心愿,它就代表了民俗文化。美国人类学家莱德·克鲁克洪说过:"对于文化形态的任何一要素,只有在该要素与其他要素——事实上也是与其他文化形态——的整体关系框架中,才能充分地看到它的涵义。当然,这里除了该要素所占的位置之外,还包括其着重点和强调者。着重点有时表现为反复出现的频率,有时表现为其出现的强度。"①什么是民俗构成要素中最为重要的关键性的要素呢?就是始终存在于民俗内部的那种持久的、普遍的、并且充分发挥作用的那种凝聚在社会成员心理和心态中的信仰元素,它是构成民俗规范功能的"基本粒子"。民俗的作用,就是根据特定的历史、地理、文化条件,将群体所选择的某一种行为方式予以肯定,成为一种标准的行为模式,统一大家的行动,维系社会生活有规则地进行。除了统一群体的行为之外,民俗文化同时还维系着群体的心理过程。社会成员从同一类型或模式的文化环境中得到教化,形成相同或者相似的思维方式和价值观念。这种共同的民俗心理形成了强大的凝聚力和向心力,使人们与他们的民俗共存亡。

中国长期存在着农民小生产的自然经济的生产方式,以手工劳动为主,以一家一户为生产单位,这种生产方式需要互相帮助,互通有无,人们所结成的经济实体是松散的,同时又是必不可少的。一个家庭可以与另一个家庭断绝往来,但他不能与本族或本村所有的家庭断绝关系,因为那会产生严重的生存问题。在中国长期存在了几千年的宗族,就是综合家庭与家庭之间血缘关系、地缘关系和长期交往所形成的情感联系的天然组织。因而,在

---

① 莱德·克鲁克洪:《文化与个人》,浙江人民出版社1986年版,第13页。

广大农村,宗族是一种相对稳固的群体。宗族也会由于财产、分配等方面的原因产生矛盾,有的甚至会发生械斗、出现流血冲突。宗族及宗族矛盾是农民长期在固定的土地、固定的村庄里生活所形成的,要解决这些矛盾决非一朝一夕之功。但是,农民在遇到纠纷或是一些难堪的问题时,他们也有解决问题的特殊方式,在有的地方叫"吃茶",就是请本族中最有威望、最具权威的长者来评判,判定的结果是"终极审判",被判处输的一方负责支付喝茶的钱。那么,人们要问,这位被请来作"老娘舅"的德高望重的长者,凭什么来判决输赢呢?他依靠的就是民俗中被称为"调节器"的那种文化和习俗的力量。

第四章
中国民俗的性质与特征

第一节 民俗"土壤"和生态分析

养育中国民俗文化的"土壤"究竟有哪些层面？对于这个问题，不同学科的学者可以从多方面进行研究，可以是哲学的、社会学的，也可以是伦理学的、民族学的，但民俗学者更需要从宏观上做一个把握。这是因为，民俗的内在机制涉及许多复杂的问题，正如黑格尔曾经说过的："民族的宗教、民族的政体、民族的伦理、民族的立法、民族的风俗，甚至民族的科学、艺术和机械的技术，都具有民族精神的标记。这些特殊的特质要从那个共同的特质——即一个民族特殊的原则来了解，就像反过来要从历史上记载的事实细节来找出那种特殊性共同的东西一样。"①

依据文化原型理论，人类各种文化都具有不同的价值体系，这是由于每个民族的文化都是由自己的生成"土壤"条件和具体的生态环境所决定的。作为民俗的母体——从远古的原始文化就奠定了该民族民俗文化的深层结构，成为该民族民俗文化的主旋律，制约着这一民族民俗的独特性。那么，中国民俗的"土壤"和生态条件有哪些特点呢？

一、"山川凝浩气，物华启人文"

每一个民族民俗文化的形成，首先可以从各个民族独特的地理形态和

---

① 黑格尔：《历史哲学》，商务印书馆1973年版，第104—105页。

自然环境中找到说明。我们可以把地理环境称作"社会地理环境"。列宁曾转述普列汉诺夫的见解说:"在马克思看来,地理环境是通过在一定地方、在一定生产力的基础上所产生的生产关系来影响人的,而生产力的发展的首要条件就是这种地理环境的特性。"[①]总而言之,人类历史的变迁和民俗形成,是作为社会的人的创造,并非由自然—地理环境直接赋予。但是,自然和地理环境毕竟给民俗形成提供了空间与物质材料,在一定程度上影响着民俗的形成、发展趋向和色彩。用一句通俗的话来表述,就是"一方水土养一方人",说的就是地理环境对于民俗文化的影响。

从地理环境的临近海洋与否的因素来看,人类据此又可判别为大陆民族与海洋民族,两者的民族性格有很大的区别,在衣食住行、婚丧嫁娶、岁时节令、精神信仰诸方面也存在很大差异。古人的交通往来,主要靠河海提供舟楫之便,那么,常年在河海生活劳作的渔民与终年在大山沟里生活劳作的山民,其中的差异实在是不可等量齐观的。黑格尔在其《历史哲学》中表达了"水性使人通,山性使人塞;水势使人合,山势使人离"的思想,我国近代的哲人梁启超更进一步发挥道:"海也者,能发人进取之雄心者也,陆居者以怀土之故,而种种之系累生焉。"[②]希腊、罗马、斯堪的纳维亚诸国、英吉利、日本都是典型的海洋岛屿国家,人民栖息在半岛或群岛上,享有海运之便,因而商业发达较早;又由于这些岛屿或半岛腹地比较狭窄,更促使人们向海外拓展。因此上述海洋民族的文化心理较为外向,文化系统处于一种动态和开放的状况。梁启超进一步描绘道:"试一观海,忽觉超然累万之表,而行为思想,皆得无限自由。彼航海者,其所求固在利也。然求之之始,却不可不先置利害于度外,以性命财产为孤注,冒万险而一掷之。故久于海上者,能使其精神日以勇猛,日以高尚。此古来濒海之民,所以比于陆居者活气较胜、进取较锐。"[③]海洋文化和大陆文化两种不同类型的文化,造就了不同类型的民俗,所以才有了世界各民族之间的民俗交融和色彩斑斓的民俗之花——人类智慧的花朵。

中国地理环境和自然条件呈现出十分复杂的情形,东部临海,西部茫茫戈壁,西南耸立着高山峻岭,陆路交通极不方便,而大陆腹地回旋余地较为开阔,自古以来形成了一种与世隔绝的相对封闭状态,从而也造就了中华文明具有内向、稳定型的特征。而中华民族的大陆地域广阔,气候适宜,物产

---

① 《列宁全集》第 38 卷,人民出版社 1972 年版,第 459 页。
② 梁启超:《地理与文明之关系》,《饮冰室合集·文集之十》,中华书局 1989 年版,第 108 页。
③ 同上。

资源富足,非常适合农业生产,这就为中华民族的农业文明的发展提供了先决条件。用中国古人的话就是"山川凝浩气,物华启人文",中华民族在这样一个广阔的空间里,依靠广大的陆地和无数的河流生存和发展,形成了以农耕为主的生产方式。

中国地理环境大体上可分为河谷型、草原型、山岳型和海洋型四种。不同类型的地理环境形成地域文化的不同类型,河谷型地带一般基于各种冲积平原,又靠近河流,动植物都易于生存和繁殖,我国的黄河流域是典型的河谷型文化地带,其他如长江流域、珠江流域也属于这一类。

人类是自然的产物。河谷型的地理环境决定着中华民族赖以生存和发展的物质基础,也是中国传统民俗形成的自然基础。数千年来,以农立国,农业社会分工和农业生产地域分工,给中国民俗打上鲜明的烙印,传统农业靠天吃饭,农业生产的不稳定性和生产周期长、劳动时间不均衡等特点,"日出而作,日入而息"的生活规律及"面朝黄土,背朝青天"的劳作方式,它以家庭农业为基础,但又包括家庭畜牧业和家庭手工业,是一种复合型文化,而其他类型的文化,则大多比较单一。复合型文化的内在机制比较能够经得起天灾人祸的冲击。即使在草原民族入主中原的情况下,中原文化仍然具有较强的适应性。其次是河谷型文化有很强的容纳、吸收和同化别的文化的潜在能力,这种潜在能力来源于其文化的多样性和宽容性。安土重迁、固守家园,决不轻易离开生于斯、养于斯的土地,它完全处于一种进可以攻、退可以守的地位,可以从容地对待各种外来文化的冲击,能赶走的就赶走,赶不走的就同化,而不使自己的文化传统受到影响。历史上,由于山岳型文化和海洋型文化在中国一直未能占据统治地位,在与河谷型文化的冲突中未能取胜。所以以河谷型文化为基础的中原文化,在相当长的历史时期内,既没有受到海洋文化的巨大冲击,也缺乏应付海洋文化挑战的能力。19世纪中叶,鸦片战争爆发,在西方列强的洋枪洋炮面前,腐败无能的清政府吃了败仗,也是以中原文化为主导的中国文化在海洋文化面前手足无措的表现。

认识中国民俗的地域特点,中国人饮食的种类繁多,菜系丰富;服饰的功能的地区差异;南北民居不仅在造型、结构、布局、材料、建筑工艺、功能等方面的差异;为适应各种复杂地形,而在交往中形成的各种形式的交通工具和交通习俗……民俗是经过千百年来广大民众对生产与生活的经验总结而产生的,人们的生产与生活都离不开其生存的空间与基础——地理环境。认识到这一点,有助于帮助我们认识中国民俗的特质和特征。

二、"耕读传家久,诗书济世长"

决定民俗文化性质的第二个因素是在地理环境基础之上的经济和生产方式。中国的主体是以河谷型为基础的中原文化,汉民族聚居的地区是湿润半湿润的河谷寒温带,黄河、长江浇灌着的这片肥田沃土,为先民从事精耕细作的农业生产提供了条件。中国古代社会虽然存在过相当数量的游牧经济,并且游牧民族也曾多次入主中原,与中原地区精耕细作的农业文化发生碰撞,并在反复的冲突中实现融合,这种情况对于中华民族的民俗文化发展产生过长远的影响,但是这并不能否认中国文化是以农业文化为主干的基本事实。中国民俗的一系列特征都离不开农业文化的渊源。民俗心理中的世俗务实精神,便是由农业社会导致的一种心理趋向。家家户户奉行"耕读传家久,诗书济世长","国民常性,所察在政事日用,所务在工商耕稼,志尽于有生,语绝于无验"①。章太炎的这个看法,比较客观地描绘了以农民为主体的中国人"重实际而黜玄想"的民族性格。正是由于中国农业文明的这种特点,使中国自周秦以后的两千多年来,尽管有种种土生土长的或外来的宗教流传,但基本上没有陷入全民族的宗教狂热,世俗的、入世的思想始终压倒神异的、出世的思想。这种非宗教倾向,当然并不是以科学思想为基础的,而是以农业社会所特有的经验理性为基石,可以说,先秦时期的两大"显学"——儒学和墨学,以及贯穿整个封建时代的三大学派——儒家、道家、法家,都具有这种思维特征。

中国人作为一个农业民族,采用的主要是农业劳动力与土地这种自然力相结合的生产方式——农民固守在土地上。古代中国人所追求的是从事周而复始的自产自销的农业经济所必须的安宁与稳定,以"耕读传家"为自豪,追求自然经济基础之上的一种安宁平和。世界上一些工商业比较发达的海洋民族,如古代的罗马、中世纪及近代的日本,多次制定过征服全世界的计划,而在中国经、史、子、集各类典籍中,可以发现我们的先民有过"兼爱"、"非攻"、"礼运大同"、"庄生梦蝶"、"归墟五神山"之类美好的理想,或奇妙的玄想,唯独找不到海外扩张、征服世界的狂想。这大概只能用建立在自然经济基础上的河谷型文化和农业文明生产方式所决定的民族文化心理加以解释。

---

① 章太炎:《驳建立孔教议》,《章太炎政论选集》(下),中华书局1977年版,第689页。

传统的中国基本上是一个古老的农业社会,具有一个封闭型的经济体系,90%以上的人口居住在农村。生产单位是家庭,自种自食,自给自足,代代相传。在价值形态上崇古尊老,内圣外王,在政治上具有长老文化的形态,重视权威,这个权威不是别的什么强权力量,而恰恰是对于传统的极端重视。这样的文化氛围要求人们做人规规矩矩,提倡忠臣孝子,在经济上重农轻商,在伦理上注重人伦关系和谐,尊尊亲亲,上下有别,在信仰上以祖先崇拜为最。社会结构以划分社会等级的制度为基础,知识分子以"君子"和"通才"为理想典范。所以,研究和分析中国民俗,抓住了经济和生产方式这个关键的"牛鼻子",对于判断其他民俗事象的性质,就比较能够抓住事物的实质了。

三、"天下为家,家国一体"

人类的社会制度和社会组织,在历史的长河中曾经发生过种种变迁。中国关于上古社会的历史记述以及神话传说表明,古代先民跨入阶级社会的门槛以后,氏族首领直接转化成为奴隶主贵族以后,又由家族奴隶制发展成为宗族奴隶制,建立起"家邦"式国家,而不是像希腊、罗马那样由家庭奴隶制转变为劳动奴隶制,随之建立起"城邦"式国家。请不要忽略古代社会的社会制度和组织的这种过渡方式,它是中西文化日后分流的一个很重要的因素,对于民族的性格和民族的组合力量,起到了非常重要的作用。为什么中国社会由氏族社会遗留下来的,以父家长为中心、以嫡长子为继承制为基本原则的宗法制度能延续数千年之久,为什么直到近代还保留着明显的痕迹,就是因为中国古代在原始社会的末期,不是以奴隶制的国家去取代由氏族血缘纽带联系起来的宗法社会,而是由家族走向国家,以血缘纽带维系奴隶制度。形成一种"天下一家"、"家国一体"的格局,这样,氏族社会的解体在我国完成得很不充分,因而氏族社会的宗法制度及其意识形态的残余被大量积淀下来。

中国的奴隶制社会和封建社会虽也有等级的划分,但全社会并未长期存在如同印度和中世纪欧洲那样森严的等级制度,社会组织主要是在传统伦理"三纲五常"的所谓父子、君臣、夫妇之间的宗法原则指导之下建立起来的。中国宗法制度的长期存在,除了与氏族社会解体不充分有着十分重要的关系之外,同时也与中国自然经济的长期存在和延续有关,所谓"鸡犬之声相闻,民至老死不相往来"的村社,构成中国社会的细胞群,而这些村社中又包含着家庭、宗族、邻里、乡党这些既相互联结又相互制约的环节。由家庭而家族，再结合为宗族，组成社会，进而成为国家的基石。这种社会结构给宗法制度、宗法思想的迁延、流衍提供了丰厚的土壤。

认识社会制度与社会组织的这种特点，对于中国民俗学研究极为重要。因为我们可以从家庭这个社会的细胞着手，分析整个社会的结构。整个民俗都不可避免地被这种家族文化所烙印和塑形。家庭是最重要的社会制度，也是社会中心。家庭是一种父系、父权的社会组织。婚姻遵循父母之命、媒妁之言，目的是家族延续而并非个人快乐与幸福。基于宗法制度和家族文化基础之上中国传统伦理观念，认为人生的目的和意义完全在于承担为家族社群献身的义务——即男子成为好儿子和好父亲；在政治色彩浓厚的家庭中，则应成为君主和国家的好臣民。女子的楷模是做个好媳妇和好婆婆。人生的价值首先在于使以家族为单位的社群繁衍和荣耀。中国人一生下来，就是作为一定的家族和社会义务的承担者而存在的。这种价值传统，与西方文化中认为"人是生而自由"、"生而具有追求自身幸福的天赋权利"的价值观念，显然是大相径庭的。在人们的心目中，建立城邑国家的目的，不是为了人的现世生存的需要，倒是为了敬奉已经死亡的列祖列宗。因此当一个小国被灭亡时，国土被吞并，人民被奴役，似乎只是居于第二位的恐怖，而"灭国绝祀"反而被看作最可怕的灾难。人生在世，受苦受难不足挂齿，但倘若祖宗先人的牌位受到侮辱，那是要起而拼命的，所谓"祖上牌位不可侮"。

传统宗法社会制度和组织的另一个引人注目的特点，是实行普遍的等级身份制度。每个人在社会中承担着相当固定的社会身份。其权利、义务、荣誉和社会地位，都完全取决于这种身份。以至个人的财产、消费水平、居住面积、物质享受方式，也都要看这种等级身份的成文和不成文的规定。反之就是"僭越"，要遭到众人的谴责。为什么中国人普遍有一种"爱面子"、"撑架子"（包括官架子和阔架子）的社会心理，其实这"面子"和"架子"都是为了象征性地保持或显示自己具有某种尊贵的社会身份。

中国社会的身份等级制度，垂三千年而不改，在中国历史的发展进程中被不断地得到加固，封建儒家规定这种身份的制度为"礼制"，孔子当年一再教人"正名"，所谓"正名"的实质就是"正身份"。《左传》上说："天有十日，人有十等，下所以事上，上所以共（供）神也。"又说："庶人工商，各有分亲，皆有等衰。"这种等级身份制度，意味着社会权利分配、资财分配的一系列等级差别，其与宗法、家族制度的互为因果的作用，大大强化了可称之为"血统论"的社会身份和权利世袭继承制。

为什么我们中国人对自己的"姓"十分看重，"大丈夫行不更名，坐不改姓",平时在社交场合,遇到素昧平生者,请问对方姓氏时,总是说:"尊姓?""贵姓?"某人若因为某种原因改从他姓,亦必想尽种种方法,复姓归宗。在中国人看来,这"姓",不但是家族的徽号、祖先的荣耀、子孙的延续,更成为自己生命中的一环,与荣誉、身份混为一体,不容有丝毫改变。因此,从父姓这种民俗本身,就体现了强烈的家族血缘观念。中国社会的根本特点,就是历几千年不变地维系着一种以家族伦理为中心价值的文化制度体系。就是直到我们已经迈入 21 世纪的今天,仍然没有摆脱这种家族文化的基本框架。

四、"家家阿弥陀,户户观世音"

地域环境、经济方式、社会构成,是判别民俗性质的三种最基本的要素。其实,对于中国民俗具有极大影响力的还有民间信仰的力量。早期人类文化中的许多现象,从宗教学的角度看是宗教现象;从民俗学的角度分析,则又是民俗现象。人们生活在世俗社会中,斗转星移,岁月如流,生死离别,悲欢离合,具体的生命总是遵循自然法则的存在,而人们创造"神灵"这些精神偶像,实际上是追求一种不受自然法则限制的超自然的存在。

大家都知道,神灵的存在是人类的种种设想,不论是中国道教的玉皇大帝、太上老君,佛教的罗汉、菩萨、佛,犹太教的耶和华上帝,基督教的耶稣基督,古希腊人的宙斯,古罗马人的朱比特,以及古代各民族宗教的保护神,它们都有两个明显的特点,第一,大抵是由民俗土壤中生成的,带有浓重的人间色彩,只不过比世俗生活中的人更完美罢了;第二,无论哪个民族的精神偶像,都无可避免地带有那个民族的特点,西方的上帝就是按照西方人的形象塑造的,而东方人心目中的菩萨,连长相也与东方人别无两致。甚至同是佛教中的菩萨,中国和印度在形象上也存在着很大的差异。这就是说,神是一种人格化的东西,神灵完全是人间芸芸众生创造的。

我国古代典籍中记述的神灵现象,大体包含四种含义:一是指天神或神灵。如《周礼·春官·大司乐》说:"以祀天神。"郑玄注曰:"谓五帝及日月星辰也。"二是指人死后的魂灵。如屈原《楚辞·九歌·国殇》中说:"身既死兮神似灵,子魂魄兮为鬼雄。"三是指人的意识和精神。如荀子的《天论》说:"天职既立,天功既成,形具而神生。"这里的"神"指的是与人的形体相对而言的精神作用。四是指万物的奥妙和变化的原理。如《易·系辞上》说:"阴阳不测之谓神。"韩康伯注说:"神也者,变化之极,妙万物而为言,不可以形诘者也。"这就是说,神无具体形象,它是万物的奥妙,变化的原理,玄妙神奇,不可测度。当然中国古代还有其他一些解释,但主要的是上述四种。《易经》上说的神带有泛灵性的色彩,而不是与人同形的。与美拉尼西亚人的"玛那"、易洛魁人的"奥伦达"之类精神上颇相似。但不论人格化的神,还是泛灵性的神,或者氏族社会的图腾物、灵物崇拜的灵物,在崇拜者的心目中,它们都具有人一样的思想、感情和意欲,按照人的行为方式进行活动。

对于中国民间信仰来说,宗教文化的影响力是不言而喻的。例如佛教从印度传入中国的两千多年来,大小寺庙和美丽的佛塔,装点着中华大地的山巅水涯,"天下名山僧占多",经常吸引着成群的善男信女或大批游人。佛陀、观音和众多的罗汉,都成了民间膜拜的神。在经济富庶的江南地区,自明清以来一直流传着一句"家家阿弥陀,户户观世音"的俗语,说明民间对于佛陀的膜拜,以至于中国人的岁时节令中,有不少节日直接是由佛教影响而来。一般民众或多或少地接受了西天佛土或地狱、因果报应、六道轮回的观念。分析民俗中的民间信仰,可以清楚地发现天上的神灵,其实是人世间人性的投影。如果神灵观念不具备人性,那么神与人之间就没有任何"共同语言",不可能进行交流,神灵也就丧失了存在的前提。

至于礼制对民俗性质的制约力也是不可忽视的一个因素。过去一直说儒、道、佛三教,虽然儒家学说在中国并没有形成严格的宗教,但体现儒家思想的礼制对于中国文化习俗的影响,甚至比佛教和土生土长的道教更为深刻,美国哥伦比亚大学的汉学家有一个很尖锐的评论:"有许多的中国人,自称是信道教,佛教徒,甚至是基督徒,可是他们之中,很少有人不是同时还是具有儒家思想的。"[①]

所谓礼制,其实是起源于上古宗法制度,在殷商时代"家国一体"的以王族为主体的政权制度中,就已经开始了它的雏形。周代的封建分封制,把王室的兄弟叔侄、同姓贵族、异姓亲戚和元老重臣,分散各地建立侯国、"以藩屏周"。周王自称为上天的长子——天子,是天下姬姓大家族的"大宗",也是天下的"共主",亦即全国大宗族的总族长。其王位由嫡长子继承,世代保持"大宗"的地位。嫡长子的兄弟被封为诸侯,诸侯对国王是"小宗",而诸侯在自己国内又是同姓的"大宗"。凡"小宗"都要受"大宗"的约束,这就形成了按血统关系的远近,辨别亲疏贵贱的权力格局,从而形成无可改变的身份等级。王、公、卿、大夫、士等,就是这种等级阶梯的标志,整个国家都由宗法关系连接起来,形成了宗法等级制的统治网络。所谓礼制,就是这种封建宗

---

① 威廉·D·贝雷:《中国传统之源》,哥伦比亚大学出版社 1960 年版,第 1 卷,第 150 页。

法等级身份制度。其实质就是把权力和利益、资源和资产、享受和消费依照一个严密确定的贵贱有等、差别有序的社会分层结构进行分配的制度。这种制度具有世袭性和不可更易性。血缘纽带和尊祖敬宗的观念,通过忠、孝的价值伦理,通过礼与法的两手运用,维护着这种严密的等级身份制度。在中国历史上,三千年来礼制一直是中国政治社会结构的内在基础。就是在当代社会,为什么"特权"作风那么容易滋生?为什么"权钱交易"会形成一股歪风?为什么"官本位"思想那么顽固?倘若要追寻个中原因的话,都可以从封建礼制这个土壤中找到它的根源。

第二节　中国民俗的性质分析

种种民俗事象表明,民俗现象首先是一种具有丰富、延伸和可变的社会现象。当它在社会文化的轨道上传播、运行时,它不再是简单的、带有某种生存本能的无意识行为,它的从巨至微、从无形到有形的一切构成因素都成为具有特定含义的文化符号。

一、符号迁移的滞缓效应

民俗伴随着历史的沧桑,在社会发展进程中缓慢迁移,它形成了自己的、社会性的有机生成基础;它一般不为行政力量的干涉所左右,虽然不排除权力能量的各种影响,但一般由民众自己的生活伦常所选择,以政治权势推行下来的人为"民俗",很容易随着政治影响的消退而自身淘汰,即使在唐代盛世时期脱胎于人工指令性的"中和节"也不能例外。许多历史学者梳理历史事实时发现,为什么在当日本军国主义的铁蹄踏来,国民政府一时缺位的历史非常时期,中国民众饱受着深重的苦难,但苦难之中民众的日常生活竟然依旧井然有序地进行,该干啥干啥,节日聚会,婚丧嫁娶,庙会仪式,几乎每个环节都不缺少;再说远点,宋元明清,少数民族入主中原,"城头变换大王旗",江山易主,帝王改姓,国难当头,即便面临严酷的统治,竟然不能改变广大民众惯常的生活习俗和处事态度。它究竟靠的是一种什么力量?这就是中国民俗在历史进程中,由民众体现出的意愿的"有机性",即任何新文化因素的介入必须经过消化和吸收过程,它造成一种与民俗文化相对应的精英文化或者雅文化的"滞缓效应",对这种现象的褒贬评价,不应由人的主观意志来论定。它一方面与民族文化的凝聚力和传承性相关联,另一方面它又可能是任何一种激进社会改革的天然文化抗体。可别忽视了细微的或者说微不足道的民俗事象,它在激烈的政治动荡和干戈相见的社会变革面前,虽然只是不值一提的细枝末节,但这种符号迁移,或者说文化演变的沉重性,却是历史研究和社会研究中难以不预见到的。

这种符号迁移的"滞缓效应"并不是民众有意要"罔顾政令",而是它的传播渠道与传播方式与统治者的主流文化,抑或称为精英文化相比,实在是两种方式,两个管道。从传播载体说,统治者的经典文化传播的载体主要是文字,而民俗文化传播的载体则是说话的语言,目不识丁的民众看不懂经典,却会运用语言说话;统治者倡导的经典文化的传播媒介是典籍,民俗文化的传播媒介是民众的口耳相传。传播方式上也有区别,精英文化,或经典文化的传播方式是阅读;民俗文化的传播方式是民众的说听;经典文化的传承对象主要是上层社会的达官贵人,或者说主要是舞文弄墨的知识分子,民俗文化的传承对象则是贩夫走卒和下层民众;经典文化的主要内容是治国安邦的教化与说教,民俗文化的主要内容则是吃饭、睡觉、穿衣、娱乐休闲的生活。说到底,精英文化、经典文化或者雅文化是官文化,民俗文化则是俗民文化。

这种符号迁移的"滞缓效应",还大量表现在古代流传下来的神话作品上,古代神话的演变也呈现出各种不同的情况,如古希腊神话转向艺术,印度神话演变为宗教。大多数学者认为我国古代神话走向了历史化的道路。这就是说,古代神话里所埋藏的重要信息,包括民族精神、价值观念、思维方式、生活习惯、精神信仰等多方面的精神符号,它们并不是一成不变的,而是随着岁月的流逝、山河的改变在缓慢地发生着迁移与变化。古老的神话如黄帝、西王母、大禹、女娲等神话形象,大抵在战国以后演变为仙话。如神话中的羿,后羿是一个征服大自然的英雄,怎么历史化也都会有神话痕迹。但仙话中说羿请不死之药于西王母,没有来得及服用,其妻嫦娥窃食之,成仙奔月中,成为月精。封建帝王希望长生不死,方士们便以神仙有不死之药来取悦皇上。很显然,它带有明显的时代特征,是封建社会的产物,完全改变了原来神话的面貌。事实上早于《庄子》的《山海经》中就已经记载了仙人的雏形——不死民和不死国、不死树(仙药)。《海外南经》中记载:"不死民在其东,其为人黑色,寿不死。"郭璞注云:"有员丘山,上有不死树,食之乃寿。亦有赤泉,饮之不死。"最早倡导神仙不死思想的是巫觋。从《山海经》中可以明显看出,凡是谈到不死药的地方总是与巫联系在一起的。到了战国后期,巫分为两派,"一为方士,一仍为巫。巫多说鬼,方士多谈炼金及求仙"①。从此以后,方士成了神仙说的专业布道者。巫觋、方士为了传播神仙思想,对古老的神话进行了多方面的改造,其中的仙人长生不死,餐风饮露,上天入地,且能惩恶除霸,除暴安良,劫富济贫,颇受民众的青睐,本来已经失去生存环境的古老神话,在其强大冲击波的冲击下,逐渐走上了仙话化的道路。同时,方士、巫觋为了吸引民众,也利用古代神话在民众意识深处的影响,有意识地对神话进行再创作,渗入了神仙家的思想和想象。尽管它还是初步的,但把神话作为一种精神符号,却是进行了大规模的迁移。

如果我们仔细阅读历史的话,类似这种符号迁移的现象,在民俗文化的发展进程中是一直发生着的。例如在中国民间影响最大、信徒最多、最受人喜爱的一位佛教神——观音菩萨,原本是男神,传到中国以后才逐渐变为女神的。观音菩萨由男性在我国逐步演变为女神,这与中国民众心理和传统文化环境的影响是不能分离的。中国女性观音除大慈大悲、救苦救难这一点与印度佛教中之观音相同之外,性别、出身、身世、形象完全不同。她不仅出身由太子变为了公主,出家成道由没有阻碍变为阻力重重,服饰由西域风格变成了中原风格,就是救世济人的道德观念、内容和方式也中国化了,可以说,女性观音是中国历史条件和文化传统所特有的产物,是一尊中国民间的女神。观音是一位大慈大悲的神,她仁爱、慈祥、温和、善良,这些特性在中国传统观念中,都是妇女的特征和美德。因此,在人们头脑中很容易形成观音是女性的印象,而佛教又允许菩萨以各种面貌出现于人前。这样就很自然地使人们根据自己的心理要求,创造和幻化出观音是一个心肠善良的美貌少女形象。对于中国传统文化伦理来说,也需要按照儒家学说设计的女性观音。于是,把观音设计成一位坚持要出家,不肯出嫁的绝欲主义者,以此抵制所谓"淫妇";编造出许多曲折动人的情节,以使人感动和相信;根据"百孝善为先"的道德信条,将观音塑造成一个不记父过,肯舍自己手眼救父的大孝女,这正是中国传统文化的产物,是按照中国传统道德改造出来,并为阐明中国伦理道德服务的活样板。

原始神话,对于原始初民来说,只是表现其生活的智慧结晶。为什么当人类的发展进入阶级社会以后,神话作为一种精神产品迅速式微?根本的原因在于其赖以生存的土壤和氛围发生了巨大的变化。当整个社会的大多数人对一种文化符号失去兴趣或者缺乏热情的时候,作为民俗的精神符号

---

① 鲁迅:《中国小说的历史的变迁》,《鲁迅全集》第9卷,人民文学出版社1981年版,第307页。

的大规模迁移的时候就来到了。

二、物化象征的传情达意

民俗既是一种精神现象,同时又表现为具体的物质形态,并在传统与现实、精神与物质之间起着沟通和贯串的作用。物化象征是中国民俗的一个十分重要的特性。人们总是通过大量的物象、表象、意象、图像等来表达某种特殊的意义。"它是具象实物和抽象意义之间的一种关联。这种关联,就是所谓'象征功能'或'象征意义'。"① 也就是说,每一种具体事物都有一定的数量、形状、色彩等具有自己特点的东西,人们通过联想、比较,运用谐音、会意等方式,赋予它们某些特殊意义,经过长期传承和发展,以约定俗成的惯例,达到人们的心理效应,成为民间的具有物化象征的民俗文化。

物化象征的表现手法,根据当代民俗的一般分类,不外乎物事象征、符号象征、仪式象征这三大类。所谓"物事象征",是指借助某些具体的物事或物体来表达某种意象。它的内容可以说是包罗万象。天地万物、飞禽走兽、花鸟虫鱼、五谷杂粮、日常器用以至人体的某些器官都可以成为象征的借代物。所谓"符号象征",就是运用符号来象征自然变化和人事更替,通过作为符号的各种物体、事象、图像等来表示某种概念或某种思想感情。运用图案作为象征符号的典型例子是古代的各种图腾,如龙的图案就曾一直被作为封建王权的象征。另外,通过数字、色彩、方位等各种比较简单的符号来表达象征意义的更是比比皆是。所谓"仪式象征",可以说在民俗领域里大量地被运用。礼仪、礼节、仪式,其主要功能就是象征,表示对人,对神的尊崇、友好、敬重、祝愿,显示了一种人情美和理想美。礼物本身也是一种象征,馈赠礼品是要有物质的,但在民俗文化中看重的是它的象征意义。即使是赠送礼金,也用红纸包着,赋予它一种美好的外形,象征美好的祝愿。

在各民族的岁时节令中,民俗的物化象征更是屡见不鲜。过年吃汤圆亦即元宵,象征家人团圆,预祝来年万事圆满顺利。端午节吃粽子、划龙船,象征追救爱国诗人屈原。正因为在岁时节令中具有象征意义,粽子就不是一般的果腹食品,划龙船也就不同于一般的体育竞赛。流传经久的馈赠习俗在历史的积淀中逐渐形成其既定的文化内涵。由于这种文化本身不可避免地带有一种交际功能,因此,它的内涵要适应交际功能的需要,便应有一

---

① 叶大兵:《论象征在民俗中的表现和意义》,云南大学《思想战线》1992年第3期。

套能为授受双方都能理解和接受的符号系统,否则的话,交际功能便无从实现。其理解和接受的基本前提是大家对于这种物化象征的约定俗成,或者说对于符号系统的某种认同。例如,《洛阳岁时琐谈》载河南旧俗,凡"送礼之物,猪肉为最高贵、最普通之品。无论婚丧寿节各礼以及人情酬谢,虽轻重有别,肉则不能缺也"。再如《寿春岁时记》记安徽旧俗:"正月初七日,以饴糖掇炒米成团,谓之太平团,食之一岁人口太平。且以馈饷他人,谓之饷太平,俗以为'想太平'之意。"猪肉与太平团,可以说是极平常的东西,尤其是猪肉,并非人人钟爱;用饴糖和炒米做成的太平团也不一定是人人欢喜的,而且无论岁时喜丧一律以猪肉饷之,不谙民俗者也许会以为不敬;至于"饷太平"有"想太平"之祝福,若非熟知彼地彼俗,也至多是一团白白的甜炒米而已,不会有此联想。因此,人们在将它们看作是一种民俗的象征物时,首先是这种象征符号已经在此地约定俗成,或者至少是在一个局部地区已经约定俗成,蔚然成风。

民俗中的物化象征,是民众创造的一种文化现象,同时也是民众创造的艺术审美形式,其中寄托着民众对美好生活的追求和向往。民俗文化中的物化象征几乎都是与民众对于来来美好的联想,或者说对天、地、人以及历史与现实的一种憧憬所紧密相关的。无论是对于数字、方位、命名(包括人名、地名、标志名、器物名、事件名等等),都与人们的心理特点——趋利避害、祈求平安的特质相关联。那么多的吉祥与吉语、礼仪与颂辞、色彩与包装,都充分说明了这一点。随着社会的发展,物化象征的特性完全进入了大众社会文化的轨道,它不再是简单的、带有某种生存本能的无意识行为,它的从巨至微、从无形到有形的一切构成因素都成为具有特定含义的民俗符号。而民俗之所以得到昌盛,也无不与这种由数字、色彩、吉祥语、装饰等汇合而成的统一体,它们统一在一种约定俗成、有据可依和一个区域的共同体成员彼此能理解和接受的理性原则之中。

三、复合隐喻的约定俗成

民俗的另一个重要特性,就是它的复合隐喻。所谓"复合",指的是它完全不同于比喻,它是用象征的事物本体的物质属性和它的象征寓意构成一个复合的双重结构。例如,火,是一种自然物。在古代生产力低下的情况下,曾产生过对火和火神的崇拜。火的威力、作用以及它的颜色、形状等,至今在不少民俗事象中仍作为光明、兴旺、吉祥、驱邪的象征物出现。不少地区仍流行结婚时新娘到夫家门口必须在火上跨过的祈吉驱邪的民俗活动。

而在江南一带,某人家举办丧事,大殓以后,回到家门的时候,也要燃上花圈和纸钱,组成火堆,人们跨过火堆以后,方能进入家门。这一红一白的跨火,看似相反,实质相同,可谓异曲同工。因为都是以相信火能驱邪为基本的前提。如果脱离了这个前提,不把火与象征光明与驱邪招吉联系起来,这个"火"也只是平常的有用之物。一旦火与人们的心理和愿望联系在一起,成为一种民俗时,才会成为民俗价值的表现形式,这就是民俗文化的复合结构。

复合指的是物质与精神、主体与客体的交融与重叠,是一种双重的交叉。离开了互相联系着的任何一方,另一方就不能称其为民俗。还是以火为例,不论在婚礼上,还是在丧礼上,或者是节日中,在人们的心目中,它不再是实体的火,而是光明、吉祥、兴旺的同义语,是一种信念的凸现、凝集,是抽象意义的具象化。因此,民俗的阐发过程,是一个或一种系统的复合过程。是具象的事物和抽象的意义之间的对应和协同。也就是说,具体的物事,经过人们运用特殊的思维方式,变成了一种特殊的语言、特殊的理念和特殊的系统。当然,这种复合系统,也不是包医百病的灵丹妙药。即便是同一种复合系统,在不同国家、不同地区、不同民族或者同一民族的不同时代,往往具有不同的象征意义和内容,打上了浓厚的民族特色和时代特色。

所谓"隐喻",顾名思义,是将本来的意义隐蔽在某种标志物后面或者经过某种比喻,曲折地反映某种信义的象征。在语言文字进入高级阶段之前,人们只是直接用有某种约定俗成含义的标志语性质的品物相交往以互相传递信息,这种情况在我国少数民族中大量存在。如景颇族传统的信物方式,以树根表示思念;以树叶包上树根、大蒜、火柴、辣椒表示爱慕至深;以包谷、谷子、豆表示欲共同生活;以烟草表示接受求婚,等等,男女青年之间通过信物赠送往来传达一种非语言形式的信息符号,这些信物的形式与负载的信息之间的联系建立在一种较为自然的基础上,有的是以其品物的外在形态特征,有的是以其物质功能,如刺表示矛盾、冲突,包谷、谷子表示家业,两片叶子相背表示分道扬镳,相合则表示共同生活等。而当有声语言及语言文字介入社会生活之后,信息及信息载体之间的联系有了更多的人工痕迹,但这种联系的可能性则大大拓宽,形式上由于和语言文字的音韵之美、语义之美相连接,也就更强化了其表达情感的功能。周代婚俗中的纳采等六礼中用羔、羊、雁、雉、𬶨帛等物仍然有原始"标志语"的痕迹,所赠之物的含义有不少便是取自这些品物的某种属性,加以发挥和强调而成为一种"标志"。这种方式,著名学者闻一多称之为"隐喻",如在"士相见礼"中所解释的,羔羊取其"群而不党"、雁取其"知时飞翔"及"从一而终",由此而成为一种信义的象征。但这种象征的寓意并非采用昭然若揭的形式,需要猜度和联想,使得信息在表达的过程中增添情趣和智慧。当然,在这种规范化的礼仪行为中,隐喻的色彩已经相当淡薄,因为其内涵的寓意已经明确和条例化了。更多的隐喻是在古代诗歌文学和民俗礼仪中,在从标志语向吉语转化的过程中,它起到了相当重要的作用。闻一多所举的典型的隐喻例子是鱼。鱼具有极大的繁殖能力,于是古代人以鱼作为丰收、繁衍和生命的象征,以鱼作为求爱和生育的隐喻。从古代民歌到现代的礼俗中,鱼都作为典型的吉语形式保存了下来。

　　民俗中的物化象征具有多种表现方式,隐喻不同于比喻,比喻是一种修辞术,是用人们熟悉的事物来强化描述另一个事物。例如"骄阳似火",是一种修辞,它是在"太阳"与"火"这两个事物之间作比喻,隐喻显然不是这样,它一是靠联想,二是靠谐音,三是靠暗示,也许还有形似、会意一类的手法,但主要的就是联想、谐音和暗示。联想的隐喻是从作为"比"的某一品物的某种属性去引导人们联想到被喻事物的相应含义,由"隐"而到"喻";谐音的隐喻则是以谐音的角度引导人们与被喻事物的名称或属性相联系;而暗示的隐喻则是前两种隐喻的综合,例如每当除夕之夜,家家户户围坐在一起吃"年夜饭"(或称"团圆饭")的时候,餐桌上一般都有鱼;年画上一般也表现"吉庆有余"的主题;家庭主妇在新年第一次外出买菜时,也总要买上一条鱼。这个例子就多方面地表现了联想、谐音和暗示的隐喻作用。我曾经写过有关"同心结"与唐代婚俗的文章,其中考证了唐代"同心结"的源流,说明在唐代某些隐喻已经不那么"隐"了,不少品物在向"吉语"转化,合欢、同心、连理……这些名称被强调的是吉庆瑞祥的性质,后人沿用无须再设"隐",倒不如直奔主题更加痛快淋漓。联想隐喻的式微,导致谐音隐喻的大量涌现,清末民初甚至形成一个高峰。谐音隐喻的普遍流行应当以地方语言的某种程度的趋同为前提,有学者分析说,这种状况显然与宋元时代大批北人南下致使语音融会有关。自此之后,谐音隐喻就成为吉语形式的一个重要分支,大量地活跃在人们的社会生活和口头语言之中,出现在各种民俗事象、尤其是婚喜吉庆和岁时节令的喜庆气氛之中。例如,婚俗中的聘礼送"银一锭,金如意一支",谐"必定如意";回礼送"三袋"(腰袋、钞袋、袜袋),谐"三代";合卺礼赠枣、栗、花生、桂圆等,谐"早生贵子";年礼中送"太平团",谐"(享饷)太平";吃年糕,谐"年年高";装饰中的谐音隐喻更是数不胜数,例如:莲花、吹笙童子谐"连生贵子";鲢鱼或莲与鱼谐"连年有余";葫芦瓶、如意柄谐"平安如意";柿子、如意柄谐"事事如意",柏树、柿子、灵芝谐"百事如意";盒、荷、灵芝谐"和合如意";五蝠谐"五福";金鱼谐"金玉满堂";等等。民间的民俗事象是十分复杂和混合的,对于复合隐喻的特性也只是学者在研究时对它的分类,在实际社会生活中,各种形式的复合更是一种常态。由于复合隐喻形式逐步程式化、规范化和固定化,其内容逐渐为人们熟知,"隐"的成分自然逐渐减少,从而成为相对稳定的格式化吉语。吉语在社会生活中被大量地运用,也要朝前发展,它的发展方向一是由语言形式转为直观形式,形成大量程式化的装饰纹样,这就是所谓"装饰图案",或者称之为"吉祥图案";二是吉语在社会生活和人们的日常交际中的频繁应用,逐渐发展成为一种配合礼仪行为的祝福方式,这种方式,北方人称之为"讨吉利",南方人则唤作"讨口彩"。

由于民众中的喜庆吉祥口彩,言简意赅,朴实生动,朗朗上口,它作为约定俗成的形式受到民众的欢迎,并世代相传。至于其中可能保留的迷信和巫文化的遗迹,只是其走过了古老文明历程的一种证明,是毫不奇怪的。在历史及人们观念的演变中,复合隐喻之类的民俗文化现象,早已蜕变为一种遗制、一种习惯的祝福方式,人们并不计较其是否具有某种神秘的机能。

四、人情冷暖的角色心理

人在社会上生存,他们的社会行为总是要受到种种约束,约束主要来自两个方面:一是国家法律以及各种法规的约束;二是民俗习惯的习俗性行为约束。当然,这是性质、功能和意义完全不同的两种约束。前者是社会的决策管理阶层运用国家权威的力量,以法律条例形式制定的行为规范;后者则是以公序良俗的形式,通过舆论与道德的力量,并以约定俗成的方式形成的行为规范。

民众是如何以约定俗成的方式来规范自己的行为的?其中主要是各社会成员在主体上的角色心理使然。所谓"角色心理",是人们在社会生活中作为主体对于客体的感受和心理活动。例如,在人的一生中,每一个人都会遇到一些神秘而庄严的事情,使人有一种刻骨铭心的感受,终生难以忘怀。

民俗中的各种事象,具有多方面的社会意义。从纵向看,它传承着一种古老的文化,从横向看,它反映着社会往来和人际交往,伴随着日常生活中的大量行为,其中还有一种内在的、更深层的心理意识活动,这就是角色心理和角色意识的互动。这种深层的社会心理活动构成具体的民俗事象,是民俗得以延续和传承的另一种动力,对民俗事象的传承有直接的意义,同时它的影响也超出一般习俗自身而及至社会结构本体。角色心理是各种习俗内部的原动力。一切历史的、文化的、政治权威的外部驱动能量都仿佛是一束光,它向民俗行为的渗入,实际上就像是这束光照射到角色,"行为开关"即为之启动,演化为具体的民俗行为。在实际生活中,各种各样的民俗行为就像是一只只具体的角色心理的"多功能高倍放大器",心理从行为中得到满足,这一满足又意味着角色心理向外部文化传统的一次汇合,因而每经历一次这样的循环,作为整体的民俗传统便得到一次新的强化,同时也意味着角色心理所代表的某种社会结构也得到新的稳定。

人是社会的产物,人在社会中生活,就意味着他已经置身于一个社会的网络之中。在这个社会网络中,每个人都有既定的位置,也就是说,社会存在着各种非个人意志所决定的社会关系,这些社会关系纵横交错地组织起来,而给其中的每个成员以限定的某一既定的社会角色。社会按照这样的角色关系辨别个人的社会"面貌",而个人也按照既定的"角色"类型组织自己的社会行为。角色类型是一种控制力很强的社会范畴,角色的概念、角色的形象、角色的行为、角色的语言都有极强的模式化倾向,不管个人的行为或语言有怎样的个性倾向。一般总难以避开角色化的思维或行为范畴。在社会生活中,三百六十行中不同行业、不同职业、不同身份、不同年龄,从一般的贩夫走卒到高官贵族,都有不同的社会角色含义,也有不同的角色逻辑。角色概念,是社会秩序与社会结构发育成熟的产物,社会生活依次获得基本的运行逻辑,这种观念实际上已经在人们的社会实践中深深地扎根。我们在生活中常常听到某些指责,说某人不像话,这是一种评价方式,那么,什么才是"像话"呢?例如,早些年,老年人穿牛仔服,有不少人就指责"不像话",好像老年人的穿着应该永远款式陈旧和沉重。这一基本的意识或者说是某些人的潜意识深处,就是这种角色心理在起作用。

角色心理的社会模式,不仅要受到社会舆论的监督,而且它还会起到深入人心的作用,成为一种心理动力。我们将此称为"角色意识"。在生活中的一些关键时刻,在突如其来的天灾人祸面前,常有英雄人物挺身而出:"我不入地狱,谁入地狱!"或者路见不平,拔刀相助,除暴安良,是真丈夫、伟男子,这里面除了正确的思想意识的支配以外,还有一种强烈的角色意识的冲动。这种角色意识就产生了明显的精神动力。从个人的角度看,"人"与"角色"往往呈现出多种形式的结合关系。首先,人的角色并不都是固定不变的。大多数的社会角色都是可以改变的,人的一生会不断变更其社会角色,并随之变换他(她)在社会生活中不可避免的各种义务、责任和权利。例如,"幼儿"是一种社会角色,一个人在幼年时当仁不让地接受来自父母及其他长辈的抚爱;但当他成年以后,尤其是在成为"丈夫"时,他就不能仅仅只接受别人的爱,毫无疑问,"丈夫"这个角色概念意味着更多的社会责任。其次,人的角色是多重的。一个人既会是"儿子",也会是"丈夫"或者"父亲",同时他还可能是"导师"或是"学生",……如此等等,不一而足。一个人同时具备的若干种不同的甚至是互相矛盾冲突的角色心理,他的整体行为动机就必然极其复杂;当然另一方面,他交际和活动的空间也就比一般想象的要宽泛得多。再次,角色与角色心理之间并非都呈同步状态,角色心理的"滞差"或"超前"状态是经常出现的。由于社会舆论和传统习惯势力的影响和逼迫,常常形成外在的推动力,迫使滞差的心理向着角色接近,无论是何种推动力,都会导致适当的社会行为,或弥补某种不足,或积极创造一种行为,其目的都是为了满足心理的需要。为什么民俗学家和文化人类学家都十分重视对于心理活动的研究,其道理盖出于此。

第三节　中国民俗的传承特征

民俗在社会生活中是丰富多彩、光怪陆离的。它既有丰富的内涵,又有发散的外延,传统的民俗学著作在概括民俗特征时,注意到民俗文化的横断面,却常常忽略它的纵向的累积与传承。传承与变异是民俗文化的根本矛盾,亦即世世代代的人作为社会的主体,在随着环境的改变而相沿不绝地传承着民风民俗的同时,民俗作为一种主体的对象化的存在,也在不停顿地发生着适应新的时代人文情况的演变。

一、纵横交错的社会普同

民俗是人民所需要的普遍存在于人民生活之中的文化现象。作为人们生活的组成部分,它一直与人类永存,这就是民俗的普同性。在这里我用的是"普同"这个词,它包含了"普遍"和"共同"两方面的意思。很类似于当今很时髦的一个词——"普世价值",当然含义有很大区别。

理解民俗的普同性特征,需要借助于实践概念作出最切近的解释。实践在本质上是生产的。动物也从事"生产",但动物的"生产"只是个体肉体存在的生产和再生产,因而其生命活动在本质上是生产和消费直接同一的过程。工具的发明导致生产和消费在时间和空间上的分离。活动的这种分化标志着主体和客体的分化,活动具有实践的意义。在社会生活中,实践是通过对外部环境的实际改造而实现人的自我创造的有目的有意识的活动。实践的本质特性在于它的间接性即中介性质。这主要表现在以下三点:

(1)生产和消费以工具的制造为媒介;(2)生产和消费以人与人的交往为媒介;(3)生产和交往都以观念过程为媒介。以上三点要素在物质生产起决定作用的前提下相互制约、互为媒介。生产和交往是实践活动的不可分割的两个方面,二者的综合产生了对象化和非对象化的辩证运动。从哲学的角度来分析,对象化和非对象化的对立统一所造成的革命性后果是活动成果在体外的积累,这种积累因此才具有文化的意义。这是由于:第一,这些成果凝结着共同成员的集体智慧、力量和价值,因而对个体来说是具有社会的客观性和普遍性的存在;第二,它们是人的本质力量的对象化的存在方式,因而能和人本身发生对象性的关系;第三,它们不因直接的消费活动而消失,相反,正由于被消费而获得自己的继续存在,因而能在个体的横向联系中传播或不同世代个体的历史联系中传递。这些特征的综合,形成了人类积累、交换、传递、继承和发展自己本质力量的特殊机制,也就是说,人类世代相沿、生生不息的这种本质力量的展开过程,是根本不同于动物自然生理遗传和进化的、为人类所特有的社会遗传机制。我们把这种机制称为文化。

文化作为人的本质力量的对象化,实质上也就是诸多个体的力量和能力的社会化。对此,我们可以从两个方面来认识:

第一,从民俗的历史的纵向联系,亦即同一民族的不同发展阶段来分析,民俗文化总是随着时代的发展而发展,有其鲜明的时代性,不同的时代表现出不同的民俗与时代风尚,这是其特殊性的表现。然而,在不同时代的民俗与世风中,也包含着一些超越时代的具有普遍意义的内容。对于大量的生活习俗的形成也不是某一个早晨突然想到或者是纯粹出于偶然的因素发生的,在这个过程中,任何一种风俗习惯,尽管它可能还不完善、不深刻,或者甚至还与谬误交织在一起,但只要是符合当代的社会生活的规律,它就构成整个民俗文化的大厦中的一砖一瓦而具有普遍的意义。在不同的时代,人们面临着极不相同的问题。人们适应了原有的民俗习惯,在社会条件发生变化的情况之下,原有的民俗习惯和生活方式已经不能适应这种变化了的新的情况,民俗就会发生变化。这种变化和损益,就具有普同性。

第二,从不同民族的民风习俗的相互影响和交流、吸取和融合的横向联系来分析,各个民族都有其自己的风俗文化的特殊之点,然而,正是这特殊性之中,同样包含了普同性的内容。各个民族在各自不同的环境、条件下生存、发展,由此而产生了民俗文化的特殊性,但各民族又都面临着人类发展的共同问题,生存和发展,处于民俗文化中必然产生超越民族界限的普同性的内容。例如,一种民间故事流传在世界各个地区,以它相似的主题、情节、结构构成了某种故事类型,这种状况并不是个别的情形。已故的美籍华人丁乃通先生在《中国民间故事类型索引》中曾经将这类故事纳入到相应的世界民间故事类型体系中,反复进行了比较,他认为,中国的这类故事在主题、人物性质及文化心态方面客观上存在着某些共性。近百年来,世界口头叙事文学的研究者对世界故事的类型及发生根源进行了不断研究,并把故事类型的发生大致归结为"外借"与"自生"两种说法。在注意类的相似的同时,研究者们也注意到,不论故事是外借的还是自生的,出现在不同文化区域的同一类型故事,尽管在框架、角色、故事发展上呈现出十分的相似性,但它们的文化特性又是显而易见的,这种特性常常通过故事的背景、主题、人物和情节的设置等方面显示出来。这种故事中的同与异表明了人类文化结构的一致性与特殊性。在民俗学的领域里,存在着大量超越国家和民族界限的因素。在社会发展方面,一定的时代,反映在民俗和世相百态上,必然有其一定的要求。处在同一时代、同一发展阶段的各个民族,尽管各有特点,却不可避免地要反映时代的共同要求。

普同性就存在于事物的个特性之中。民俗文化的普同性特征,贯穿在民俗传承与变异的各个不同阶段之中。正如我们通常剖析中国民俗中有超越时代局限的普同性因素,这些因素的具体存在也都带有时代的特点。重人伦、重道德的优秀传统与封建礼教联结在一起;爱国主义传统与忠君思想、维护封建国家的理想联结在一起……如此等等。今天,我们迈向小康社会、实现中华民族的伟大复兴,其中一个十分重要的任务,就是对传统文化,包括传统中国民俗的继承和批判的问题,为什么要这样做?最基本的理论依据,就是民俗的普同性特征所决定的,因为它既包含了推进当代发展的智慧与精华,同时也包含了阻碍时代发展的毒素与糟粕。

二、约定俗成的模式整合

不论以何种形式出现的民俗事象,都在历史发展的长河中,呈现出独异鲜明的时代特色。它在完全动态的演变过程中,不断地被程式化。又在不断地被整合。对于这个特征,可以概括为"模式整合"。在分析具体的民俗事象时,我们常常会意识到许多民俗文化现象有多重复合和循环的感觉。例如,传统的岁时节令,年年如此,周而复始,循环不已。大年初一过春节,正月十五闹元宵,五月初五端午节,八月十五中秋节……这是一种循环模式,年年相袭,好像有一只"无形的手"在操纵和调节着人们。再看看各地人们的婚丧嫁娶,程式和礼仪几乎也是一个模子套出来的。其实,影响人们这种生活行为的正是民俗的模式整合的特征。

导致民众在风俗文化中的模式整合的原因是多方面的。它既包括一定的利益群体在共同的生产、生活中所形成的价值观念、行为规范、精神信仰、心理态势、思想意识和民间惯习等文化特质；也包括形成和发展这种文化特质的文化环境以及体现文化特质的外在表现形态。

　　从纵向分析，这种模式的形成常常是经历了漫长的历史过程，才逐渐成为人们生活中的规范。以在民间影响极大的岁时节日而言，当今的许多传统节日，与上古先民的原始巫术活动、图腾崇拜，以及农业生产劳动的岁时节序等因素有着密切的关系。由于生产力的低下、自然灾害的频繁，先民们不可能对此做出科学合理的解释，于是，人们通过巫术娱神，实现在幻想中去征服自然。大量的通过身份特殊的巫觋神秘的化装，奇妙的舞蹈，梦幻般的演唱，借以实现人们消灾求福、征服自然的愿望。对民间节日最具影响力的当然还是传统的岁时节律以及农业生产节奏。春播、夏耘、秋收、冬藏，显示出农业社会的忙闲规律，按照人类生活的特点，也确实需要有一种节奏感。过分劳累后，接踵而来的必然是一种大的宣泄。只有这样，才能保持人类生活总体上的平衡。唐代以后，特别是宋代市民生活的繁荣，使一向带有神秘色彩的岁时节日逐渐世俗化，民间节日向着民众休息和娱乐的方向发展。宋代官员一年中的各类节日包括假日已有八十天之多，这就是元日、寒食、冬至各七日。天庆节、上元节同样是七日。天圣节、夏至、先天节、中元节、下元节、降圣节、腊祭各三日。立春、人日、中和节、春分、社、清明、上巳、天棋节、立夏、端午、天贶节、初伏、中伏、立秋、七夕、末伏、社、秋分、授衣、重阳、立冬，各一日。上、中、下旬各一日。民间节日从充满神秘气氛的巫术活动，经历了漫长的岁月时光的冲洗，成为官民同乐的全民参与的娱乐和观赏的节日，并且逐渐成为民众生活方式的一个有机组成部分，它包含着深层的文化意蕴，又比较典型地体现了民俗文化模式整合的意义。

　　模式形成的过程，同时也是整合的过程，两者密不可分。社会进步、人性发展、人类潜能的开发，离不开人们自身的休闲和娱乐，民间各种节日的习俗，不仅重视个人的自由支配的时间，而且还有各种丰富多彩的娱乐活动供人们选择和参与。人们希望通过节日来调整劳逸，愉悦身心，寄托理想，陶冶情志，开发智力与潜在能力，并由此感受到生活的乐趣和生命的意义。民俗文化上的岁时节令之所以历朝历代受到广大民众的重视，其基本原因概出于此。在模式整合的过程中，有的节日逐渐被淘汰；一些新的具有普遍意义的节日因其符合当代人的必要，逐渐为人们接受，并形成了新的模式。

　　从横向观察，民俗同其他文化现象一样，是一个由多种因素互相联系而构成的完整体系。某种具体的民俗事象总会受到某一价值体系或思想体系的支配。这种特有的价值体系、思想体系是被这一社会的成员作为约束其行为的标准而共同遵守的,因此它便成为民俗事象中带有支配力的共同倾向。民俗文化的形成和传承同这种共同倾向所起的协调作用具有相当的影响力,并因此而形成某种特定的、有别于其他文化的模式。与此同时,也就发生了民俗的整合。在上述的民间岁时节日风俗是如此,其他的民俗事象,其主要活动也大体相同或相似,不论其表现形式如何千差万别,基本的模式总是相似的。这个特点在民间文学的创作中表现得十分明显。神话学者的研究成果告诉我们,在我国文学创作的源头,曾存在一系列的女神神话,举凡造物神、创世神、始祖神均可举出女性的名字,其中最著名的是女娲,她无所不能,具有超越时空的创造能力。秉承古代各种原始信仰和女神神话并加以发展和系统化的道教之中,改造和创造了更加众多的女神神话。比起以力量、权力控制世界的男性神灵来,女神则更具人情味,更可信赖。受到这种强大的传统文化影响的制约,连排斥女性的佛教也不得不改变观世音的性别,使之加入中国的女神系列而使得佛教在民间产生更大的影响。这种超越现实女性规范行为和能力,高于人类自然本领的女神传统一直存活在中国民俗文化中,并且反反复复地出现。倘若仔细分析的话,依其不同的特点还可分为:第一,女神显身型。在以《西游记》为代表的神话小说、以《封神演义》为代表的神魔小说和以《聊斋志异》为代表的灵怪小说中,全能的女神是观音菩萨,她无论对神对人对妖对兽对植物对自然都有一种驾驭降服令其生令其死的能力,但又处处以善良、正义、慈祥的面目出现,不滥用其智,不滥施其威,有节制有威风,显示出正统神的雍容大度,又继承创世女神的全智全能。第二,女将临阵型。女主人公以具有神异本领的女将身份出现。从《杨门女将》的群星璀璨一直到当代武侠小说中的文中豪杰,几乎都具有超越时间、超越生理局限的神的威风。她们常常出现在紧急关头,成为扭转局势、挽回败局的救星。第三,女性救苦型。这种救人间疾苦的女性,虽然脱离了神话的显力性,但她们是从精神和现实地位中来完成角色创造并继承神话传统的。从牛郎织女的神话开始,七仙女一夜织成十匹绢,使董永三年长工改为百日;白蛇帮助许仙开药店脱离寄人篱下的依附地位。在民间故事中,女性救苦型的故事最为丰富动人,而且传遍全国。南方的《田螺姑娘》、北方的《人参姑娘》都是这种模式影响民间故事的结果。第四,狐媚美人型。与继承上古神话中女神形象和精神创造出大批救人危难、善良正直的女性形象同步,也出现一批以色相惑主或因美而招来是非的女性,形成另一套路的狐媚美人型的模式。从夏桀的妃子妹喜、商纣的宠妃妲己开始,一直到平民生活中通奸杀夫的潘金莲。民间文学塑造了一批美而妖艳、行为放荡的女性形象。

民俗中关于模式整合的特征,是伴随民俗事象而大量存在的。漫长的历史和社会生活的积淀,无论人们生活行为、精神信仰或者精神产品的创作中,都会形成一套模式化的套路和招式。任何民俗事象总是以一定的程式出现。当然,这种模式或者说整合的过程,决不是随心所欲的、毫无秩序的行为,它具有一定的质的规定性,也就是说,这种模式中包含着特定的内涵意蕴,每种程式都具有某种"此处无声胜有声"的意味,而这种意味又不是个别人的暗示,而是民众早已约定俗成、习以为常和共同认可的。如果民俗文化的诸多现象不是作为一种民众公认的"规矩"而约定俗成,它就不可能具有如此巨大的约束力。

三、乡缘风土的人际协调

民间风土意识,是民俗所包含的各种习惯赖以生存的重要"内核"之一。民间有"水土"一说,亦即各种风俗习惯的形成与民族居住地区的自然环境和自然条件有密切关系,也就是说,任何一种民俗文化事象都具有乡缘风土的特征。各地区、各民族的民俗中所展现出来的观念和习俗,是不尽相同的。所谓"一方水土养一方人",不要说世界上各个民族具有各不相同的民族性格,就是在我国,各个地区的老百姓的"民气"和"民性",也是不尽相同的。北方人勇敢质朴,南方人精明细腻,这就是民性的差别,也是乡缘风土的差别。

乡缘风土的民俗特征,首先是由各地民众的民性和民气的普遍差异所决定的。我们知道民族是一个历史的范畴,民族是历史形成的有共同语言、地域、经济生活和表现于共同文化的心理素质的稳定的共同体。由这种共同体所表现出来的乡缘风土的特征,是民俗学研究不可回避的研究课题。风土人情是一种历史的范畴,它由人类的发展而历史地产生,也将历史地随着民族的消亡而消亡。

东西方民族在衣食住行诸方面都存在着具体的差异,例如:在衣着上东方民族以丝绸、棉布为代表,西方民族却是毛、呢为特色;在食物上,东方民族大抵是米、谷、菜,西方民族却是麦、肉、乳;在建筑上,东方民族是砖、瓦、大屋顶、飞檐,西方民族是石料和高耸的屋顶;在文字上,东方民族是整体的象形文字,西方民族使用的却是个体字母组成的拼音文字……人们常有这样的经验,到任何一个地方去旅游或观光,当地的民居建筑及其人文景观,是最能表现出各民族的差异和特色的。例如,俄罗斯北部和北欧诸民族用圆木盖的木房;蒙古等游牧民族的帐篷——蒙古包;我国黄土高原诸民族的窑洞;我国南方一些民族的竹楼;欧洲的哥特式建筑;我国的飞檐大屋顶式建筑,等等,都是民俗的乡缘风土相应地存在差异的表现。

  乡缘风土的特征也是人类的血缘意识与血缘感情的重要伴生物,同时又与地缘的因素相表里,在个人对家庭、家族所负的义务和责任中,在邻里关系的扩张之中得到进一步的延伸。在中国民俗中,同乡又叫乡党,《论语》里专门有"乡党"篇。现在北方人认同乡时,还有呼"乡党"的习惯。乡党,其实是一种乡社组织,它的由来既和西周时代的编户制度有关,更由于血缘关系为基础和地缘关系为纽带,大大强化了乡缘风土的特征。同一氏族家族的人在一个区域里谋生,既是家族,又在同一地缘劳作,自然谈不上乡党。后来,生产发展,人口迁徙,在同一村落里聚居的人,不一定属同一个宗族;或同一宗族的不同宗支的世代繁衍,超过了五服的范围,同姓而不同族,由扩展家族转化为村落乡社;或由不同家族相联姻而组成,或由一二本地家族加上杂姓移民组成。人们常年生活在同一地域之中,彼此的交往自然十分密切。乡亲们之间要劳动,就要沟通,彼此见面打招呼,互相观摩议论等,进行着各种形式的交流,且不说日常语言(土语、俗语)之丰富,就是脸色、声气、举手投足间都可以很确切地传达情感和思想,再加上依住地远近、辈分长幼建立了一套特殊的称谓系统,加深了彼此之间的亲密度;乡邻里有自己共同的价值观念和共同的信仰,如反映群体观念的象征物——誓碑、乡约碑、贞节牌坊之类。中国历史上还存在过"乡社"一类的组织,乡社不同于人们出于事业和爱好而自觉组织起来的社团,它实际上就是乡土社区,有自己特殊的祭祀信仰和习俗惯例,也有自己完整的组织结构和习惯法规。乡社一方面培植了人们乡土崇拜的信仰,另一方面也加强了乡邻人情世故的观念。

  由于乡邻人情和人们对于故土的热爱,巩固和加强了民俗中的乡缘风土特征,必然连带产生出一系列的民俗事象。如按当地约定俗成的惯例和岁时节令,举行各种民俗活动,结伴游村、办社火、开灯会、互赠食品和纪念品等,还有在各家家庆和家难之际,开展共庆和互助活动,例如办红白喜事、修建房屋、收割入仓、老少诞寿纪念等,乡民共同参与、互相协助,并再次确认彼此的关系。乡土,把人们直接联系在一起,从而发生了人际关系问题。为了协调这种关系,人们制定了乡规民约,建立乡民协调组织,开展各种互助互惠活动和多种形式的民俗礼节活动。培养亲密的人情,构筑乡亲关系网络。对于乡土的自然崇拜和对于乡亲人情的依恋,最终互相谐和,成为古代乡社精神的凝聚形态,化为中华民族的文化心理。基于民族和地域深厚基础的民俗文化,乡缘风土的特征及其衍生出来的各种民俗事象,往往是在异域文化环境中表现得特别强烈。例如居住在海外的华人和侨胞,每当中国传统的民俗节日,经常举办大型的民俗活动演出,一如旧式的踩高跷、舞狮子、调龙灯、走旱船等,在大陆上反而少见了,在海外华人的居住区域,却顽强地保留着,这倒不是海外华人、华裔和侨胞的文化层次、娱乐趣味偏爱中国民俗,而是借此方式传承中华风俗文化的巨大人情魅力。

四、扬弃流变的今古贯通

人创造了民俗,民俗也改造着人。尽管民俗在人类进步的历史长河中,一刻也不停地发生着流变,伴随着社会生活的变迁而改变着自己的形式,以适应新的社会历史状况和人类生活的新的需求。也正是基于这种传承和流变,民俗便有了浓重的今古贯通的特征。当今的各种民俗事象,都可以从古代社会中找到它们的影子。例如,俗话中常常有这样的话:"乡亲遇乡亲,说话也好听","老乡找老乡,心里喜洋洋","官大一品,不压乡党"……这些俗话反映的是"认老乡"的民俗现象。可以说,历朝历代的中国人都会有这种情感体验。古往今来,人们咏乡亲、认乡党的诗歌可以说恒河沙数。从《诗经》上的"昔我往矣,杨柳依依;今我来思,雨雪霏霏",一直到清代思想家的"千里作远客,五更思故乡。寒鸦数声起,窗外月如霜"。多少文人墨客、才子骚人都把乡情作为永恒的主题来讴歌。"生小不相识,或想是同乡","君自故乡来,应知故乡事","举头望明月,低头思故乡","凭添两行泪,寄向故园流","天涯将野眼,阙下见乡亲"……真是不胜枚举,随着空间观念变化而扩散和收缩的"乡缘观念"是根深蒂固的,并且随着时间的推移,越发成为大家共同认可的节点之一,它是一种普遍的跨地域跨民族的民俗现象。在不同的历史年代、不同的社会制度乃至不同的意识形态中,人们的思想、意识、感情、生活方式诸方面可以有较大的差异,但具有民俗特征的乡缘意识却是共同的,它不会因时代的沧桑变换而泯灭。因为从本质上说,民俗文化具备贯通古今的特征。

从理论上说,人类具有同类价值观,每个个体作为自己所在社会的成员,在群体中获得归属认同之感,主要就是因为人类具有同类价值观。社会群体组合、存在与延续的心理基础,成员的价值趋向的协调都有赖于这种价值观。个体的自我价值观被群体的同类价值观所融化和整合的程度越高,与群体所共同的价值期望取向值越相近或相符,对群体的归属认同之感也就越加强烈。因而,一个离开故乡空间越远而时间又越长的人,往往比一个离乡较近而时间又较短的,归属感与认同心理表现要强得多。每个人都属于一定的群体和一定的时空。当背井离乡的地缘条件形成后,人们脱离了原生活的环境和群体,失去了相互信任的生活圈,被迫与陌生人打交道,而一时又对这些人缺乏信任与相互帮助的心理基础,一种"今不如昔"的失落感,撕裂着人们静寂的心扉。内心怀念原来那种人与人彼此间情感相通、相处和睦、话语投机的生活氛围,在这种情况下,"断根"感压抑着相关的个体,接踵而至的是要极力摆脱这种精神困惑,使现实的"我"变成超越的"我",仿佛在无垠的沙漠中寻找稀疏的绿洲,力图跨越情感的荒漠,最恰当的方式莫过于在人际关系上"寻根"。地缘是血缘纽带松懈后最重要的凝聚条件,人又有归属认同的本能,而这两个要素又是古今都同时具备的,于是,作为"认老乡"的民俗现象,尽管沧海桑田,基于人类的一种基本的归属与认同却是不会改变的。

  大量的民俗事象,它既表现为一定的物质的、有形的、可直接触摸到的具体的实物,同时,它又表现为观念的、无形的、只能意会和理解的抽象形式。它之所以能够古今贯通,因为它是每个个体在社会生活中长期实际生活的积累;有的是人类群体世代相传的积淀,基于这种积淀在人们精神世界形成了一定的观念态势,人们总是自觉或者不自觉地沿袭这条步履艰难的轨迹行进。

  民俗文化的古今贯通,并不是说各种事象都是一脉相传、今古同一的。如果那样的话,社会就没有发展,各种科学的研究也就失去了它的意义。所谓"贯通",与哲学上说的"扬弃"颇为相近,它指的是一种辩证的否定以及在辩证否定基础之上的继承创新。就是说,既克服,又保留,贯通的过程是兼容并蓄、除旧布新的过程,是在原有的传统特色的基础上,不断地改变传统价值观的过程,因而常常会伴随着观念的阵痛和激烈的思想斗争。大家都知道上海的都市民俗就很有古今贯通的特征。上海是江南地区吴越文化的一个支脉,但同时又受到中原文化的影响,特别是明、清时期,由于东南沿海的商业和交通业的发展,上海地区的经济、文化有了迅猛的发展,到清代中叶,上海已经成为我国东南地区最繁华的城市之一,"江海之通津,东南之都会"。上海当代的民俗事象并不是凭空发生的,没有吴越文化,乃至中原文化的交融,也就没有后来不断创新的海派民俗文化的根基。但是,如果仅仅是传统文化的继承,没有作为主体的上海人的兼收并蓄、除旧布新,没有上海的开埠和外来西方文化的影响与碰撞,上海民俗的贯通古今的特色也就失去了存在的前提。

  上海开埠以后,人口急剧增长,由于各地移民的大量涌入,不同的民俗和文化传统也不断地被带入上海,它们互相影响、互相消长,共同构成了纷繁复杂、混合多元的上海都市民俗文化的特征。五方杂处的上海人,融入了来自五湖四海和四面八方的人们所创造的各种民俗文化因子,吸纳了形形色色、各种各样的民俗风格和民俗精华。无论是服装、食品、民居建筑,还是京剧、绘画、方言……都打上了浓重的上海的特色。再加上西方经济生活和科学技术的影响,使上海的民俗也带上了浓重的西洋情调。可以说,没有上海地区在政治、经济、文化等方面独特的遭遇,没有这种对于国内各地乃至对于世界民俗文化的广泛吸收和接纳的开放性质,就不可能具有今日之上海民俗文化在行为、方式、心理和意识诸方面的独特个性和风格。

第五章
知识共同体与民俗分类

民俗研究内容极其广博,可谓易学难精,其实对这门学科是需要花费大力气来学习和研究的。有关民俗学科的分类问题,历来让众多学者感到棘手,从宏观把握和系统研究来看,必须将民俗视为一个整体,但从具体的民俗事象的辨析与实证研究入手,又有必要对民俗作分类解析。

第一节 民俗文化类型评估

一、推己及物的原始混融

民俗是介于民俗学、社会学、宗教学、历史学、心理学、人类学之间的一门社会科学,它混融了民间的经济、信仰、日常生活、社会历史、艺术审美、医学与科学等等,各种知识多方面地融合于一体。这种状况,给民俗自我定位的辨析与分类带来困难。

由于早期的人类思维多取形象、直觉和类比象征的方式,因此,在认识世界时,常常处于一种物我混一的状态。人们往往把科学与迷信,理性与感情,心理世界与物理世界,自然现象、社会现象与人的生理现象彼此交叉,混为一团,并且凭自己丰富而神奇的幻想去"解释"或"说明"自然、社会及人类。正如英国文化人类学家E·B·泰勒之言:"原始人类普遍认为世界是一群有生命的存在物。自然的力量,一切看到的事物,对人友好的或不友好的,它们似乎都是有人格、有生命、或有灵魂的,在一个人、一朵花、一块石头和一颗星星之间,在涉及他们有生命本体的范围内是不加区分的。假如一个人从一块石头上滑下来,使他摔了一跤,这石头就是恶意的,或者其去捕鱼,一撒网就大丰收,这必须归之于某一自然神的恩赐。"①人类童年的思维,如同孩子的思维一样,常常是"推己及物",即以人类自己的心理与情感来解释外部世界。他们企图通过一些简单象征或类比模仿的活动,来和想象中的人格化的自然或超自然神秘力量"虚幻"的"交感",祈求它们的帮助或驱赶恶灵,以换得生产、生活的平安与发展,民俗中的巫术,就是这样产生和发展起来的。

另一方面,人类早期由于生产力水平的极其低下,人们对影响自然力的实践需要无法得到满足,即便是社会发展了,生产力水平提高了,但总是有难以解决的问题摆在面前,人们对社会生活需求与社会所能提供的满足度,总是存在着差距,美国人类学家罗伯特·洛威所说:"科学诚然成就了一些伟大的改变,但是它没有能改变人生的基本事实。它没有能'征服自然',……它没有能除绝祸害。有时候它除去一些旧困难却引起了一些新困难,农业改变了,人口增加了,可是我们对将来的粮食问题又寝食不安了。卫生状况改良了,寿命因而延长,但要行前列腺手术的男子加多了,患癌症的女子也加多了。"②这就是说,不论已经昌明的或尚属原始的科学,它并不能预测自然事变中偶然的遭遇,不能完全支配机遇、消灭意外,亦不能使人类的工作都适合于实际的需要以及得到可靠的成效。像这类归于命运、归于机遇、归于侥幸和意外的社会因素,可以说是科学无能为力的一个领域。当人类的聪明、人类的技术无法达到人们需求时,芸芸众生对它的解释,只能是借助超自然的力量,或者是将它们含混不清地纠缠在一起了。为什么在民俗史上,巫术曾经在民间无所不在、无处不有。有了疾病,便请巫觋祈神驱鬼;要预知未来,也请巫觋钻龟刻甲;希望获得丰收,同样请巫觋舞雩求雨;死了亲人,更是请巫觋安抚亡灵,使之重新获得生命。在世界各个民族中,几乎没有一个民族不涉及巫术。

巫术之所以如此盛行,它除了人们幻想依靠主观行动去影响或支配客观事物,弥补他们在实践中的需要以外,更是由于民俗从它产生的那一刻起,便是一种多方面、多层次、多职能的混融性结构体,是一种若干社会需求和愿望借以同时实现的形式。在人类早期生活中,诸如接生、起名、成年仪

---

① 墨菲·柯瓦哥:《近代心理学历史导引》,第 199 页,转引自葛兆光《道教与中国文化》,上海人民出版社 1987 年版,第 55—56 页。
② 罗伯特·洛威:《文明与野蛮》,三联书店 1984 年版,第 235 页。

式,或建筑住宅、缔结或解除婚姻、送葬安灵,乃至调解内部纠纷,或解决疑难问题,都离不开巫术。据说,广西大瑶山盘瑶发生离婚事件时,被认为是不吉利的事,一般无人愿代写离婚字据,当事人只好用砍铜钱或破竹筒的方式解决。砍之前,两人向天发誓,然后下刀,如果砍破了,就是鬼神答应了,破后各执一半,以作凭证。

在当今水族族群中,不少族人深信世上万事万物充满了灵魂,这些灵魂会转化为各种鬼为害人间。而掌握了水书知识的人就被称为"鬼师"或"水书先生",很有点汉族"阴阳先生"或"风水先生"的风范,他们是水族社会的意见领袖。老百姓想要知道某事情的吉凶或需要择日时就会去找水书先生,水书先生则会借助水书将水族人与鬼灵连接起来。新中国成立后,水书一度被当成"封建迷信"而受到严厉打击,许多水书被付之一炬。尽管如此,那时的水族人依然对水书深信不疑,偷偷藏匿了许多水书,并在私下里求神问鬼。水书是有关鬼的各种禁忌及避邪驱鬼方法的书面记录,其内容大多是关于具体日期和方位吉凶状况的,其性质大体与汉族传统的术数文化类书籍相似。由于历史上水族人笃信鬼灵是普遍存在的,因此他们的丧葬、祭祀、婚嫁、营建、出行、生产等都深受水书中的规定制约。随着水族地区开始与外界连为一体,水书原先存在的社会环境发生了巨大变化,同时其在水族社会中的地位与作用也都发生了根本性变化,水书逐渐摆脱了迷信色彩,开始显示出水族的民俗与文化特质。如今,水族当地政府也开始着力打造水族文化,其中突出的文化标志就有水书,这也是水族人用以区分本民族和其他民族的标准之一。①

巫术应用最广的地方,莫过于人民忧乐所系的健康问题。初民社会中几乎一切有关疾病的事情都靠运用巫术。显然,巫术与医疗的关系,在人类早期是合二为一的,"巫医同源"之说就是这么来的。巫术是一套信念,它利用强制的手段,使人进入超自然的虚无缥缈的境界,早期巫术与民俗混融,一定程度上促进了人们对知识的追求,但就其本质而言,它又阻碍了科学的产生和发展,对人们的思想及社会的进步皆产生过消极的影响。因此,只有辩证地、多维地看待巫术,深入探讨与分析其长盛不衰的思想根源、社会基础以及巫术活动中的诸种混融性功能,才能正确、全面、真实地认识它,从而进一步认识民俗原始混融的特点,也只有这样,才能有助于对民俗类型的把握。

---

① 张振江:《水书脱离迷信凸显民俗》,《中国社会科学报》2012年7月6日第326期。

二、人类进化的双向回流

在人类发展进化史上,民俗与人类进化是呈现出"双向回流"的状态的,人类进化离不开生产工具,而工具的出现又反过来影响着民俗的演进。由于民俗影响着人的需要,而实现这种需要的凭借,不管是社会联系,环境联系,还是人与人的联系,都得利用工具,都得需要工艺技术,于是工具与工艺演化的表象,自然而然地与民俗本身的进化大致同步了。纵观历史,人类进化的历程,从狩猎—采集文化、畜牧文化、农耕文化及工业文化,当代正从后工业文化步入信息文化,或者叫知识经济时代。在各种文化排列秩序中,并不是一种文化彻底消灭另一种文化;走在前面的先进文化不可能完全取代后进文化,相反倒是常常出现诸种文化并存的现象。例如中原汉族为主体的农耕文化历三千年而不衰,迄今为止,在我国西南地区仍有最古老的狩猎—采集文化在延续。同样,不能认为后出现的文化类型就一定比先前出现的文化类型更优越,也不能认为后出现的文化类型,可以无条件地战胜比其更古老的文化类型。"早先处于农业文化的汉族,曾多次被我国北方的畜牧类型文化的民族所击败。还有比中原汉族农业文化更古老的其他类型文化,也不一定会被汉民族和农业文化所同化得一干二净,历史上,进入汉族分布区的其他类型文化的民族确实被汉族同化了,但是,这些民族仍留在原有生存环境内的部分却能长期延续,而不一定被同化。相反,汉族进入西南其他类型文化的民族分布区的成员,却可能成了被西南各民族所同化的对象。可见,那种仅仅根据各类型文化出现的先后次序去推断某一类型的实力地位、前途优劣的作法,是不符合这一排列秩序的,也是经不住事实的考验的。"①

过去传统的观点,总是说许多边远地带的少数民族处于"刀耕火种"的作业方式,似乎生产力水平不那么高,其实民俗与人类进化呈现出"双向回流"的状态,生息在祖国西南地区的瑶族、苗族、仡佬族、拉祜族、德昂族、布朗族、佤族、景颇族、傈僳族、哈尼族、怒族、基诺族等十多个民族,除了凭借人体的生物能外,还有意识在利用自然界的其他能源,去从事生产活动,比如用火焚毁掉原始丛林,腾出空地,以便种植对人类有用的植物(有时也供有用的植物生长),还有用水淹的办法毁去天然植物等等。前人在称呼这一

---

① 罗康隆:《西南诸民族的文化类型试析》,《吉首大学学报(社会科学版)》1996年第4期。

类型文化时,曾使用过其他名称,如锄耕农业文化、刀耕火种文化、绕畲文化、灌溉园艺文化等等。有学者将这一类型文化称为"斯威顿耕作类型文化"。这些民族的文化在具体操作实行中所控驭的能量,显然比狩猎—采集类型文化要高。这一类型文化的显著特点在于,供人类使用的自然资源处于人类的直接控制之下,但又是以自然资源原有的存在形式生息繁殖,从而使人类对自然资源的利用更为可靠和有效。为了达到有效控制的目的,单纯的人体生物能已不敷使用,不得不借助于自然界的其他能源,如火焚、水淹、潮汐、江河泛滥、客土铺设等方法,以达到人为控制生产操作区域的目的。这样一来,该种类型文化执行中的能量转换,除了通过人体能量转换外,还加入了引进其他自然能源,文化运作中的能量复式转换开始出现。能量转换的复杂化,以及在生产过程中人为控制力量的加强,使得生产执行中的二级加工成为可能,产品的贮藏与交换成了生产过程中必要的环节。比如对块根植物的淀粉提取,植物产品的发酵、贮藏,粮食籽实的研磨等。加工的多极化,导致产品在生产和消费的过程发生了质变,能够制造出一些自然界无法直接提供的产品。① 以往被认为生产力低下的刀耕火种生产方式,反哺给民俗的是那个地方青山绿水的美丽生态;而所谓先进的生产方式,过度地向自然摄取能量,会带来什么呢?带来自然灾害的发生频率、影响范围与危害程度都在增长,成为一些地区长期难以摆脱贫困的重要制约因素。这种因素的不断增长,直接威胁着中华民族的生存与发展。

民俗与人类进化的另一要素在于还表现在横断面的族际交流,对各自民族的民俗、传统过分地渲染,对各自民族认同、文化自觉的过分执著,很容易转化成激进、狭隘和非理性的民族主义。双向回流,或者多向融合则会造就民族族际和睦的通衢大道,大量历史文献与典籍记载都证明,汉藏文化交融源远流长是无可争辩的事实。古代汉藏文明交融程度之深已经远远超出了我们的想象。吐蕃从7世纪中才创立文字,其后不足两百年间发展出了一个十分成熟的文字文化传统,留下了数量巨大的不同类型的古藏文文献。与此同时,从黑水城文献中见到的大量汉译藏传密教文献中可以看出,以密教为主的藏传佛教在西夏、蒙元时代已经在西夏、蒙古和汉族等不同民族中间得到了广泛的传播。唐宋元明清历朝历代许多帝王、重臣与政要对藏传佛教的信仰也是比比皆是,明代不仅宫内常常举办跳布咤舞等藏传佛事,而且民间大户人家婚丧喜事延请喇嘛诵经念咒也已成为惯例,藏传密教的欢

---

① 罗康隆:《西南诸民族的文化类型试析》,《吉首大学学报(社会科学版)》1996年第4期。

喜佛像在江南古董、文物市场上炙手可热。

汉藏两种文化传统在过去近一千四百年的交往过程中,互相吸收、互相渗透,达到了难分彼此的程度。汉藏交融,名至实归。不仅如此,回鹘、西夏、蒙古和满洲等其他许多民族也都曾经在汉藏文化交流、融合的过程中扮演了各自不同的重要角色。任何有悠久传统的民俗都不可能是一种性质单一的文化,而必然具有"跨文化性"。承认和积极地利用这种"跨文化性"将有助于增加民族文化的丰富性,提升民族文化的创造力;反之,只会导向狭隘的民族主义、盲目仇外和激进的原教旨主义等邪道,会将民族的民俗文化引进死胡同。

三、庙堂江湖的交互渗透

民俗,应该说是人民文化的范畴,但是在几千年封建专制主义的统治下,民俗文化大量受到统治阶级文化的影响和冲刷;反过来,历朝历代的统治阶级文化也大量吸收了民俗文化的养分,因而使它更丰满、更能适合统治者的需要。这方面,人们将此视为"礼与俗"的分野与交融。不错,在有阶级存在的社会里,统治阶级的文化,是由统治阶级的经济、政治制度决定,并为维护这种政治统治制度服务的。更由于文化的载体和传播工具基本上掌握在统治阶级手里,加上统治阶级还会通过他们掌握的政权、教权、族权,从各个方面推广他们的文化,因而,在有阶级存在的社会里,任何一个时代的统治思想始终都不过是统治阶级的思想。大量官方的"礼",通过种种的渠道最终形成了民众的"俗"。例如春节风俗,本来起源于古代腊祭,祭祀各种对农事有功有恩的神祇,可是到了汉代,由于朝廷的倡导,并下诏令"纵吏饮宴",要求民众"美服盛饰",并开始了祭拜活动。中国人所熟知的春联,也是由五代时后蜀的一个叫孟昶的帝王首先发其滥觞的。再如我国的民间忌讳习俗,也是由于对称呼君主帝王的名字的禁忌,而成为一种行为模式,导致习以成俗,很快在民间仿效开来。统治阶级的文化与人民文化都是民俗的组成材料,因为,庙堂与江湖,在实际上这两种文化是无法截然分割开来的。

人们的一些共同的心理素质、行为规范和生活方式,是一个民族所共有的,交融互摄,人们并不会在政治斗争的同时,将生活习性一起斗争起来。还有在岁时节令、婚丧嫁娶、衣食住行、民间信仰等基本的民俗内容,尽管有奢俭的悬殊,情趣的各异,但基本的礼仪和习俗,基本的风习文化的准则,是与阶级斗争无关的。"一方水土养一方人",可以说在同一地域的同一民族,其基本的民性、民气差别甚微。矛盾和争斗,利益和人欲,并不可能改变民俗的基本特质。经济、政治、伦理道德、地理环境、人的素质等诸多方面的共同作用,使民俗渗透在中华民族的各个方面。例如中国人所使用的筷子、毛笔、算盘这几样东西,足以反映中国人处理问题的方式。两支细小的魔棍,既可以代替勺子取菜,代替叉子叉菜,又可以起刀、叉、勺都不能起的作用,夹起一个浑圆滑溜的鸽子蛋。一支柔软的毛笔,可以写,可以画,可以泼墨随心所欲,运用自如。一张分为上下两格的盘子和几十颗珠子,用两个指头拨来拨去,可以计算异常复杂的数学问题,最近,珠算成功入选"非遗",为中国捧回了第三十项人类非物质文化遗产的桂冠。再从大的方面来看,无限繁复的自然界都是由一阴一阳的结合和变化而成,异常深奥的宇宙观,可以用"其大无外,其小无内"来概括。极其崇高的社会理想可以用"天下为公"、"世界大同"八个字来表述,中国的诗、文、书、画、音乐、雕塑和工艺品,其长处外国人可以移植,唯有"神韵"和"意境"很难交流和移植。

庙堂与江湖,民俗文化与主流文化的交融,淡化了优与劣、雅与俗、文与野之分。过去总认为民俗文化是粗俗的,乃至是野蛮的、未开化的民族的文化。一个民族的文化中确实存在着优与劣、雅与俗、文与野的区别,但不能因为它是民众的文化,所以就一定粗俗。事实上,民俗文化与高雅的精英文化一直处于双向回流中,随着时代的发展而选优汰劣、推陈出新。例如,中国旧小说和戏曲,这些作品中所塑造的包公、海瑞、徐九经和七品芝麻官等形象,严格地说都是民众按照自己的愿望塑造出来的清官,可以说是民俗向雅文化的回流,但大量"清官戏"、"忠臣戏",在那些作品中又是统治阶级的意识向民俗文化的一种回流。

以我们日常生活中经常接触的"年画"民俗为例,首先应界定为传统社会生活中的一种民俗事象,其产生与上古社会延续下来的神灵信仰观念以及人们在日常生活中的自娱自乐心态两种因素有关。此后,顺循中国传统社会历史发展的演进过程,年画成为一种社会行业。各地木版年画之所以大受欢迎,不仅在于画面中的人物热闹紧凑、色彩鲜艳夺目,以及标题寓意吉祥等,更重要的还在于它所承载的某种中国传统的人文精神。木版年画既能及时准确地表现当下的社会生活状况,又能真切地表达人们心底的愿望与超越现实的生命理想,以民间艺术传播的独特方式与社会变革的洪流相浮沉。有学者说得好:"细察一部中国传统木版年画史,与木板年画结构内核密切相关的因素约略有四:(一)刻印神像以御凶护院——这是人们基于某种民俗心理,而采取的以护卫身家安全为目的的'功利性'手段。(二)装饰年节,营造喜庆氛围——这是人们基于热爱生活的自发性审美情趣,而采用的一种艺术手段。(三)传播新闻资讯,具有充当时代传声筒的潜质——这使得年画可以满足基于追新慕奇、增博见闻的心理,从而为人们所喜闻乐见。(四)关注民众自身生活,与时代政治思潮形成一定的互动关系——这实际上是年画对于中国艺术史上的'载道'、教化、参政、议政等艺术理念的自觉传承。事实上,中国木版年画一直与现实社会、时代政治存有极为密切的共生共存关系,以至于我们可以说,一部中国年画史即是年画诸多民俗功能层叠累积、发挥效用的过程,也是它试图影响社会进程、程度不同地干预时代生活的过程。"①

事实上,中国木版年画正是民俗文化与经典文化交融的产物。民众在经历漫长岁月过程中所形成的民俗,它的嬗变也与社会处于一种对应关系上,得到统治者的提倡,它就兴盛;反之亦然,受到统治阶级的排斥,它就委顿乃至消失。前者如明代开国皇帝朱元璋提倡年画②,朱元璋下令画师所画题材可能都是一些很高雅的吉祥喜庆题材的风俗画,但在这种风气影响下,成就了明代年画的兴盛;后者如新中国成立后,大力倡导年画改革,逐渐"左倾"的意识形态也在年画上留有明显的印痕,如将灶王爷和灶王奶奶换成了革命烈士纪念碑,把原来灶王爷两边的八仙改画成工农兵学商各界代表在祭奠革命烈士,这使得整个画面不伦不类,最终也未能被民众接受。政治因素的肤浅生硬地介入,让年画充当时代传声筒的急功近利的做法,使得年画中的人文精神日渐萎缩,而年画的创作者与受众都对此习以为常——堪称庙堂与江湖,民俗文化与主流文化碰撞过程中的具体案例。

随着社会的发展,统治阶级文化中也有一部分转化为民俗文化,它为民俗增添了新的"景观"。例如:在人民处于贫困和受压迫的状况时,精美的烹饪、华丽的服饰、幽美的庭园,以至琴、棋、书、画、赏花、养鸟、闹花灯、行酒令等等,都是由人民创造出来供地主资产阶级享用的生活方式。新中国成立后,情况起了变化,现在,随着人民生活水平的提高,上述内容都成为人民可以享受的"民俗文化"的一个组成部分了。

四、民俗非遗的异同辨析

大家知道,2003 年 10 月 17 日,联合国教科文组织第 32 届会议正式通

---

① 张士闪:《中国传统木版年画的民俗特性与人文精神》,《山东社会科学》2006 年第 2 期。
② 朱元璋出身卑微,幼时贫困,曾为地主放牛。1344 年(元至正四年),入皇觉寺。平民生活的阅历,使他具有其他帝王少有的民俗情感。明代余继登《典故纪闻》载:"太祖尝命画古孝行及身所经历、艰难起家、战伐之事为图,以示子孙。"

过了《保护非物质文化遗产公约》,2004年8月28日,中国人大常委会表决通过了批准中国政府加入《保护非物质文化遗产公约》,我国作为第六个签约国加入了该公约,2005年3月31日,国务院颁布了《关于加强我国非物质文化遗产保护工作的意见》,同时还制定了相应的保护办法,2005年12月,国务院将每年6月的第二个星期六定为一年一度的"文化遗产日"。从此,"非物质文化遗产"(简称"非遗")这一外来词语和概念正式进入中国官方语言,并迅速被学术界所启用,甚至成为目前中国文化语境中最为流行度较高的一个新词。《公约》中的定义是:"非物质文化遗产指被各社区群体,有时为个人视为其文化遗产组成部分的各种社会实践、观念表述、表现形式、知识、技能及相关的工具、实物、手工艺品和文化场所。"("文化场所"或翻译作"文化空间")同时明确指出:"非物质文化遗产包括以下方面:1、口头传统和表现形式,包括作为非物质文化遗产媒介的语言;2、表演艺术;3、社会实践、礼仪、节庆活动;4、有关自然界和宇宙的知识和实践;5、传统手工艺。"[①]

民俗学因为遭遇了非物质文化遗产的热潮,而迅速升温,这股"非遗"热几乎将所有的民俗学者裹挟其中。"民俗学"与"非遗保护"是怎样的关系? 它们在类型上有什么区别,辨析其异同,有助于民俗学科的建设与发展。

首先,民俗学的研究对象与非遗的保护客体,在文化类型的外延上大致重合。《保护非物质文化遗产公约》指出:"非物质文化遗产是被各社区、群体,有时是个人,视为其文化遗产组成部分的各种社会实践、观念表述、表现方式、知识、技能,以及与之有关的工具、实物、手工艺品和文化场所。这种非物质文化遗产代代相传,被不同社区和群体在适应周围环境和自然的过程中和与其历史的互动中不断地再创造,为他们提供持续的认同感,增强对文化多样性和人类创造力的尊重。"我们对文化的界定是:人类主观作用于客观的过程。具体体现为以下三原则:(1)超自然性,民俗作为人类与生俱来之物,只与人的活动有关,与此无关的自然界也就无所谓文化。人是民俗的创造主体,在文化中占有特殊的地位。(2)超个体性。民俗所要体现的只是人的类现象和类本质,无数生生不息的个体创造着文化,但以集体性、模式性、地域特性及循环往复地周期性呈现出来,也以集约的方式体现和显示出整个民俗的群落。(3)民俗具有系统性,它表现为由诸多结构和功能所组成的特殊系统。基于对民俗文化属性"三原则"的认定,我对于民俗的定义是:"民俗是沟通民众物质生活和精神生活、贯通传统与现实、反映民间社区

[①] 参阅仲富兰、何华湘著:《越地非物质文化遗产综论》,人民出版社2010年6月版,第271页。

的和集体的人群意愿,并主要通过人作为载体进行世代相习和传承、传播着的生生不息的文化现象。"①有鉴于此,我以为这个定义与《公约》对非遗的定义是并行不悖的。至于《公约》所致非遗包括五个方面,既不是指物质内容,也不是指精神内容,它是"沟通民众物质生活和精神生活"的非物质文化遗产,以非遗五个方面的内容和民俗学的研究范围来,恐怕没有比民俗学更契合非遗保护的研究了。

其次,《公约》所强调的"文化场所"和"文化空间"概念与民俗学传统节日研究的时空理论耦合。在联合国教科文组织宣布的非物质文化遗产代表作《申报书编写指南》的第四条介绍非物质遗产种类时再一次阐述文化空间的概念说:"宣布人类口头和非物质遗产代表作针对的是非物质文化遗产的两种表现形式:一种表现于有规可循的文化表现形式,如音乐或戏剧表演,传统习俗或各类节庆仪式;另一种表现于一种文化空间,这种空间可确定为民间或传统文化活动的集中地域,但也可确定为具有周期性或事件性的特定时间;这种具有时间和实体的空间之所以能存在,是因为它是文化表现活动的传统表现场所。"②民俗特别强调时空观,以中国人的传统节日而言,节日是社会生活的枢纽,是物质文明与精神文明的载体。日常的世俗生活因为有了热闹的节日,才构成中国老百姓完整的人生时间,使人生充满期待和愉悦。历经千百年岁月沧桑的传统节日,更是一个民族成熟文明的缩影。作为人类物质文化与精神文化传承平台的节日民俗,总是在特定的空间生存与发展,离开了具体的空间,民俗的存在是不可想象的。联合国教科文组织北京办事处的文化官员爱德蒙·木卡拉对此有一个关于文化空间的解说比较适当。他说:"文化空间指的是某个民间传统文化活动集中的地区,或某种特定的文化事件所选的时间。在这里必须清醒认识到文化空间和某个地点的区别。从文化遗产的角度看,地点是指可以找到人类智慧创造出来的物质存留,像有纪念物或遗址之类的地方。文化空间是一个人类学的概念,它指的是传统的或民间的文化表达方式有规律性地进行的地方或一系列地方。"中国传统节日的特定时空,其实与所谓"文化空间"最为耦合。上海师范大学教授翁敏华在考察了日本传统节日后,她特别感慨,认为传统节日是"东京民俗无形文化财保护的时间保证"。我们知道,日本的大多数节日大抵由中国传入,但同时也进行过"日本式"的改造,至今还"活"在日本人

---

① 仲富兰:《中国民俗文化学导论》,浙江人民出版社1998年7月版,第30页。
② 乌丙安:《民俗文化空间:中国非物质文化遗产保护的重中之重》,《民间文化论坛》2007年第1期。

的社会生活、尤其是精神生活中。例如,正月初七,中国古代一直有"人日"之称,现在已经不太为人们所熟知了,有的青年朋友也许根本不知道什么叫"人日",但在日本还很被重视。再如日本"小正月"前后是各种各样民俗艺能展演的集中时间。人们用糯米粉插在枝条上,做成"稻花"和"茧玉",有祈祷稻作和蚕茧丰收的意味,最后放到火里烤熟分食。中国南通地区有把糯米粉做成棉花状,祈祷棉花丰收的,最后也用火烤熟了吃,应该是同源。①乌丙安先生说:"凡是按照民间约定俗成的古老习惯确定的时间和固定的场所举行传统的大型综合性的民族民间文化活动,就是非物质文化遗产的文化空间形式。有了这样的理解,就会自然而然地发现,遍布在我国各地各民族的传统节庆活动、庙会、歌会(或花儿会、歌圩、赶坳之类)集市(巴扎)等等,都是最典型的具有各民族特色的文化空间。"②中国民俗富有各种"文化空间"的资源,理应在国际非物质文化遗产保护中占有重要优先地位,然而中国作为文明古国和文化大国却没有文化空间的代表作贡献给世界,这一点确实令我们民俗学人感到深为遗憾的。

第三,民俗学研究与继承我国的文化遗产内涵相通。这里所说的"文化遗产"既有物质文化遗产,也有非物质文化遗产。"文化遗产"(cultural heritage),通常是指某个民族、国家或群体在社会发展过程中所创造的一切精神财富和物质财富,这种精神财富和物质财富代代相传,构成了该民族、国家或群体区别于其他民族、国家或群体的重要文化特征。1933 年,作为中国著名学者的胡适先生在美国芝加哥大学作了一场题为"中国的文艺复兴"的著名演讲,在那次演讲中,胡适说:"这场新的运动(指五四新文化运动)却是那些懂得他们的文化遗产而且试图用新的现代历史批评和探索方法来研究这个遗产的人来领导的。"③这里的"文化遗产"基本大致是"文化传统"的同义语。从这个意义上说,"文化遗产"也可以简称为"遗产",就像"文化传统"也经常简化为"传统"一样。在英语中,"heritage"一词也是指"国家或社会长期形成的历史、传统和特色"④,与"传统"几乎同义。而民俗学实际上也是研究民族文化传统或者传统文化的学问,非物质文化遗产内容所归纳的口

---

① 翁敏华:《东京无形民俗文化财概貌及其保护经验——兼论上海民俗演艺的保护与发展》,《都市文化研究》2007 年第 2 期。
② 乌丙安:《民俗文化空间:中国非物质文化遗产保护的重中之重》,《民间文化论坛》2007 年第 1 期。
③ 杨志刚:《试谈"遗产"概念及相关观念的变化》,载《文化遗产研究集刊》第 2 卷,上海古籍出版社 2001 年版,第 134 页。
④ 《牛津高阶英汉双解词典》(第 6 版)商务印书馆 2004 年版。

头传说和表述,表演艺术(包括音乐舞蹈戏曲杂技和竞技等),社会风俗、礼仪、节庆(包括伦理道德、婚姻家庭、社交礼俗、人生礼仪和各类节日等),有关自然界和宇宙的知识和实践,传统的手工艺技能五个方面,可以说这五个方面均不同程度地镶印着中国传统文化的内容,这与民俗学的研究,将民俗视为"贯通传统与现实"特质也是不谋而合的。只不过文化遗产,或者文化传统可以区分为物质文化遗产与非物质文化遗产,都是人类创造的具有历史、艺术和科学价值的、沟通民众物质生活和精神生活、贯通传统与现实、反映民间社区的和集体的人群意愿,并主要通过人作为载体进行世代相习和传承的生生不息的文化现象与文化形式。物质文化遗产具有具象的物质形态,表现为可感可触的物质形态,故称为"有形文化遗产";而非物质文化遗产则通常以精神、思想、技艺、经验、技能、知识等抽象形态表现出来,不具有物质形态——尽管它离不开物质,故称为"无形文化遗产"。但"有形"与"无形";"物质的"和"非物质的"这些区别并不是绝对的,凝固不变的,它们之间相辅相成,相得益彰,存在着无法割裂的相互依存关系。它们都是民俗学所应研究和关注的,诚如有学者指出的,"物质文化遗产与非物质文化遗产的区别只是相对的:非物质文化遗产中有物质的因素,物质文化遗产中也有非物质的、精神、价值的因素,只是物质文化遗产与非物质文化遗产各自强调的重点不同而已——物质文化遗产更加强调实物保护的层面,而非物质文化遗产更为强调知识技能及精神的意义和价值"[①]。非物质文化遗产虽然通常以精神、思想、技艺、知识等抽象形态存在,但任何看似"非物质"的形态,总是会通过一定的物质载体表现出来;而物质文化遗产虽然表现为具体的物体,但任何物质形态也都是一定精神、思想、技艺、知识的反映和固化。民俗学的研究对象是双重的,它是物质与非物质之间的"介质",它应该是全部文化遗产的研究者与清理者,这就好比江南丝竹一定要通过各种民间乐器与清音班等有形的物质载体表现出来,而"四合院"、"石库门"中也蕴涵着中国民居深厚的空间理想与营造技艺一样,正是在两者的结合上才有民俗学研究的全部结论。

我们说民俗学与"非物质文化遗产"在文化类型上有重合、重叠、耦合、相通,并不是说这两者就是一回事,或者两者之间可以互相替代。两者之间具有很大的差别。乌丙安先生曾经打过一个比方:"假定说民俗学是个大超市,非物质文化遗产保护工作在这个超市里却是一个常设的受政府委托经

---

① 王文章主编:《非物质文化遗产概论》,文化艺术出版社2006年版,第19页。

营热卖品的特殊专柜。"①乌丙安先生的这个比喻确实可以概括当前的实际状况:民俗学研究,抑或一些学者参与了非物质文化遗产保护工作,但是民俗学并不就等同于非物质文化遗产本身;非物质文化遗产保护也不可能取代民俗学。要说两者有什么区别的话,最大的区别在于:民俗学是一门研究物质文化与非物质文化关系、特征、性质、传承规律的学科;而非物质文化遗产保护是一项宏大的工程,一项义不容辞的保护工作。简言之,前者是一门学科或学问,后者则是一项任务或工作。两者类似于"道"与"器"的关系,"形而上者谓之道,形而下者谓之器,化而裁之谓之变,推而行之谓之通。"②"道""器"关系不容颠倒。

当今国家非物质文化遗产名录的门类是根据民俗学的范畴列出的,华东师范大学民俗学研究所所长田兆元教授分析了国家公布的第一批国家非物质文化遗产518项国家非遗名录,再比较了钟敬文先生主编《民俗学概论》③的分类来看,非遗十多个分类,几乎没有超出现有民俗学的研究范围,民俗事象成为非物质文化遗产的主流。田兆元认为:"国家非物质文化遗产的名录却出现了逻辑混乱问题:种属相混,如民俗本是一个大的概念,结果列在一个很小的范围里,这使得人们对民俗的概念产生了误解,保护活动在一定程度上伤害了民俗文化和民俗学学科。实际上,民俗的文化意义比非物质文化遗产保护名录更为重要,非遗保护只是民俗学的研究对象之一,而民俗学的研究既是学科发展的百年大计,更是文化建设的理论保障。"④社会的需要比十所大学更能将民俗学科推向前进,眼下,在非遗保护的潮流中,因为保护非物质文化遗产使民俗事象得到重视,民俗学学科也得到重视,我国近年民俗学学科得到很大的发展,高校的民俗学硕士点空前增多,民俗学的研究生和博士生也大幅增加,这虽然是学科自身的价值体现,也与当前的政府主导的非物质文化遗产保护运动有一定的关系。即便是面临这样可喜的态势,我们也不认为非物质文化遗产保护给民俗学学科本身已经带来什么多少有价值的理论资源,在进行非物质文化遗产保护时往往拿民俗学说事,如果在比较中见出保护工作的特点,那是一种良性的表达,但是,这种表达,将原本就不是一回事的事物放在一起进行比较,是不是适合值得深思。

---

① 乌丙安:《21世纪的民俗学开端:与非物质文化遗产的结缘》,《河南社会科学》2009年第3期。
② 《易经·系辞上》。
③ 见钟敬文主编:《民俗学概论》,上海文艺出版社1998年版。
④ 田兆元:《关注非物质文化遗产保护背景下的民俗文化与民俗学学科的命运》,《河南社会科学》2009年第3期。

第二节 民俗学的分类探索

一、问题为中心与整体性思维

近年来,随着非物质文化遗产保护工作的全面兴起,民俗学的研究范围越来越大,涉及面越来越广,一些其他专业的学者,也从自己的需要出发,只要稍微与传统民俗沾点边,就称自己是民俗学,研究只要是与民俗有点搭边,便冠以"××民俗学",还有人提出了"泛民俗学"的观点,好像民俗学成了无所不包的大箩筐,什么东西都可以往里塞。学问是天下之公器,有更多的学者关注民俗学当然是件好事,但如果弄到没有边界,什么都是民俗学,这些做法既不符合民俗学研究的实际状况,也有悖于学术发展的一般规律。所以说到民俗学分类,最要紧的是明确民俗学的研究范围。目前存在的各种认识和分类已经影响到学科体系的完善和发展。现代分类学家森姆伯逊曾说过,科学家们对于怀疑和挫折是能够容忍的,因为他们不能不如此。他们唯一不能而且不应该容忍的就是无秩序。是的,科学最基本的假设是,大自然本身是有秩序的,任何一门理论科学就是进行秩序化活动。

建立民俗学的学科秩序,无疑能使我们从不同的角度去研究民俗演变的历史。我在对民俗学分类时提出这样一个"定位"思考:在理念符号与社会生活结合的视角上来阐述民俗。倘若没有完整的分类方法,搜集、整理、甄别就会没有章法,恒河沙数的民俗研究资料和资讯就会成为一团乱麻,那种局面是我们不愿意看到的。

当然,如何认识民俗分类,以及怎样进行分类?人们也已经注意到运用传统的方法研究民俗已经不够了,必须进行研究方法的变革,例如引进系统学说进行整体性研究与分类。近年来,民俗学界不断有人撰文,呼吁民俗学界要改变"见物不见人"的意见仍占主流的现状,呼吁开展"整体性思维",以"问题为中心"的研究,这些看法显然比以前囿于民间文学小圈子里、把民俗作为民间文艺一部分的理论与方法,有明显的进步。但人们还是觉得距离彼岸的路途仍很遥远。在架设"人"与"物"、"人与民俗事象"之间的桥梁中,虽然已竖起了坚实的桥墩,但尚嫌不足的是,至今民俗学研究还比较多的集中在对文化现象表层特征的概括上,而未深入到人类社会基本结构与生产方式中去,中国民俗学在这方面仍缺乏引导研究的理论与方法。

人类社会实际也是一个复杂的、有组织的、存在一定结构与功能的整体,并与外部环境发生联系,民俗学研究的就是人类社会生活的过去和现在,民俗是人类社会生活的一种特殊形式的反映,其本身也无异于一个复杂的系统,要理解任何一个民俗事象或民俗材料的意义,只有将其置于这样的问题意识和系统结构中,这就意味着作为一般科学方法论的系统科学思想同样也适用于民俗学研究领域,它不仅是客观存在的需要,而且还有助于"人"与"物"、"人与民俗事象"之间的进一步沟通。

由于民俗研究需要大量占有资料,包括对采集、调查和实证材料的具体考订,在进一步弄清民俗源流、相互关系的基础上,展开旨在探讨社会生活实际的实证研究,不是将民俗资料与资讯分门别类地作"割裂式"的研究,而是从了解一种民俗事象入手,以一种生活模式的整体角度去考察彼此之间的有机联系与方式。概括起来就是,问题为中心与整体性思维:

第一,它不仅是一般事象或器物的一般考证,而是物质文化与非物质文化有机统一的整体。

第二,它既是一种"古代的"文化,同时又要考虑到它在"当今的"社会生活中的传承,不能缺席于当下各种复杂纷纭的民俗现象。如果仅仅是追溯源头,它只是历史学研究的范畴;如果仅仅是一般描述当今的社会文化现象,那它就成了社会学的研究对象。

第三,它还得从整体上考虑民俗文化"社区的"和"集体的"因素,考虑它与社会环境的交互影响与渗透。

在考虑民俗学的分类原则时,必须将上述要素融会在这个整体框架之中,某种民俗事象都是一个有机的整体,其背后蕴含着文化传统、历史因缘,更何况任何一种民俗文化事象,都不可能是一种孤立的存在,包括历史文化传统、制度与观念、文化交流、生态环境与资源,人们的价值评判标准,等等,其中既有物质文化的外貌,又有非物态文化的内涵。随着民俗大量新资料的发现,民俗研究会产生一系列新的难点和课题,倘若离开了"问题为中心"与"整体性思维",不要说其中许多新的课题很难给予一种科学的说明,就是要进行科学的分类,也将是十分困难的。

二、域外学者对分类的探索

对于民俗学的分类,和最初的领域相比较,它的范围有逐渐扩大的趋势,但对于分类的理解,也是逐渐由原来的直观解析演化成辩证综合的思考。这个过程是必要的,因为没有直观解析,没有对于事物分门别类的直观的认识和分解开来的剖析,也就不存在综合。早期的西方民俗学者对于民俗分类,就经历了这样的一个过程。

民俗的最早分类出现在英国。英国民俗学会 1890 年出版的由高梅氏(又译为戈姆)主编的《民俗学概论》(又译《民俗学手册》)的分类是:

(一)观念与迷信的信仰;(二)旧传的风俗;(三)旧传的叙事谭;(四)民间成语。"高梅氏将民俗分为四大类,其中民间文学占两类,分叙事体作品和韵文体作品(包括方言),其他民俗事象,也只是当作遗留物来对待,范围是比较狭窄的。"①这个评价是比较公允的。

在高梅氏之后,英国民俗学家班尼女士,对民俗的分类又提出了三分法,比之高梅氏的分类,显然更加具体且详细:(一)信仰与行为;(二)习惯;(三)故事、歌谣和谚语。班尼女士对于民俗的定义和分类,在主导思想上是与高梅氏一致的,即都将民俗视为野蛮时代的"遗留物"。

我们再来看法国学者对民俗的分类,法国民俗学家塞比约在其所著《法兰西民俗》一书中,分类如:(一)天空和土地;(二)海洋与江湖;(三)动物与植物;(四)人类与史实。这还只是一个大的分类,实际上各类中还有细目,例如动物分七类,每一类下还分出若干细目。以"家禽类"来说,就又分出十二个小类。塞比约的分类不能说它杂乱无章,至少是"庞杂"得令人难得要领,难怪当年民俗学家娄子匡先生称这种分类法"真繁复极了"。作为一个民俗调查和采集提纲,有参考作用,但作为民俗学的学术分类法则不够成熟。

另一位法国学者桑狄夫,对民俗作出了这样的分类:(一)物质生活;(二)精神生活;(三)社会生活。桑狄夫的"三分法"已经具备了现代分类法的雏形,一直为后世学者所描摹。直到今天,诸多的中国民俗学人说到"民俗"仍然以这种"物质生活"、"精神生活"和"社会生活"来作为民俗分类的大致框架。

总的来说,英、法等国的民俗学者在进行分类时,方法论属于直观解析式的,即在林林总总的民众生活中指出一个大致的界定。那个时候还不能回答"民俗是什么",仅仅指出"哪些是民俗",而且在这个过程中与俗文学的关系又一直是"剪不断,理还乱",即使在意识到"物质"、"精神"以至"社会"这三大门类,其中的内在逻辑和内在关系仍然不甚了了。例如,一般民众的民居营造,除了纯技术构造的因素之外,在民俗学角度看,它既是物质的,又是精神的,同时也兼具社会性的因素,从一个比较微观的角度看,它是一个不可分割的文化事象的整体,我们在研究这种文化现象时,可以将视角置于

---

① 陶立璠:《民俗学概论》,中央民族学院出版社 1987 年版,第 40 页。

不同的角度和侧面,在考虑到一个因素时,多方面地顾及和考虑到其他的因素,前面所说的"问题为中心"与"整体性思维",就是这个意思。

我们再来看看东邻日本国,他们是怎样进行这项工作的。日本民俗学的创始人柳田国男对民俗的分类,也是采取三部分类。1932年他在民俗学讲演会上提出了如下分类:

(一)习惯(生活技术);(二)口碑(语言艺术);(三)感情、观念、信仰。柳田国男认为,作为民俗学研究对象的民俗是集体的生活现象,是不以文字为媒介而传承下来的共同体的共有文化。民俗的传承者称为"常民"。"常民"不是阶级的概念,类似汉语中的一般"民众"。贵族、文化人生活中也有"常民文化",农民、渔民中也有非"常民"因素。但是,"常民文化"是日本民族的基层文化,是以种稻农耕为基础的文化。

柳田国男在《民间传承论》(1934年)、《乡土生活研究法》(1935年)中把日本"常民文化"分为三大类:

(一)有形文化(看得见的文化),如住、衣、食、交通、劳动、村落联合、家庭、诞生、婚姻、葬仪、岁时活动、舞蹈、竞技、童戏、玩具等。

(二)语言艺术(用耳朵听的文化),如故事、传说、说唱故事、念诵词、儿童语言、谜语、谚语等。

(三)心意现象(不能通过耳目直接理解的文化),如生活目的、畏惧、禁忌、祈求、趣味嗜好等。

为了便于理解通过三部分类法而具体化的民俗,柳田国男提出了详细的资料采集方法,根据这种方法,全力以赴地进行了全国性的野外调查,积累了极为丰富的民俗资料。《综合日本民俗语汇》(10余册)就是这些调查研究的总成果之一。1962年,柳田国男逝世后,日本民俗学扩展为地域研究、民族志语汇研究、都市民俗的研究以及地域的比较研究,而调查范围也扩大得非常充分,分成九大项:

(一)村:概况

位置与环境,村的历史。

(二)村和家

地缘结合与血缘结合、村组织,年龄集团、族制。

(三)生产

稻作、大田作、林业、狩猎、渔业、其他职业的劳动(木工、石工、桶铺、造酒、行商、坐商、交通、搬运、旅店、手工艺)。

(四)衣食住

住屋、衣服、饮食。

（五）人的一生

青年组与婚姻、婚姻的类似、家族的承认、入嫁、村人的承认,嫁与亲里、分家、出生和乡里、产育与夫家、产神、分娩、产育禁忌、育儿、葬式、墓志、死后供养,寺院和葬式。

（六）年中行事

节日、迎年神、家庭亲族的正月、工作的开始、正月初七、节分、小正月的预祝行事、小正月的访问者、火祭、一月二月行事、二月八、十二月八、初五社日、郊游、五月节供、河祭、盆会行事、八朔、迎神送神、霜月祭、十二月行事。

（七）信仰、俗信

村神、祭礼、忌笼（扬忌）、神役、同族神、屋敷神、屋内神、生产神、寺院与佛、共同祈愿、巫女、祈讲神、妖怪、灵异、凭依物、预兆、占卜、禁忌、咒术、医疗。

（八）艺能

种目、时所人、演技、竞技、童戏。

（九）口承文艺

一般动物话、本格故事、笑话、世间话、传说的内容、劳动歌谣、物语、谚、谜、命名。

此后,日本民俗学家后藤兴善在注意民俗学研究的"现在性"的同时,又提出了新的看法,他将民俗分为四类：

甲：有形物质民俗；乙：社会集团民俗；丙：口承语言民俗；丁：无形心意民俗。

甲类包括：村庄（市镇）、家庭（家具）、服装、食物、农业、渔业、林业、烧炭、狩猎、民间工艺（技术方面）、民俗艺术（技巧）、交易、交通等。

乙类包括：家庭、婚姻,加入氏子儿童组、青年组与少年组、劳力交换、政治集团、政治结社、体育团体、宗教团体等。

丙类包括；谚语、谜语、念诵词、民谣、说唱故事、民间故事与传说、神话等。

丁类和其他各类交叉,即以上分类中,都包含有心意民俗,这一类民俗重点放在道德、占卜、咒法、禁忌等方面。

日本民俗学的分类虽然繁简有异,但它基本框架则是民间生活文化的传承事象。

20世纪以来,在日本学者异军突起、积极探索的同时,美国学者也在仔细地研究着民俗分类问题。上世纪初,美国耶鲁大学社会学、政治社会科学教授森纳尔把汤姆斯的民俗学内容分为精神性传统和行为性传统两部分,前者乃归"民间文学"(Folklore)研究;后者则另创"民俗学"(Folk-ways)。森纳尔是美国文化相对论的鼻祖,也是美国民俗学功能结构学派的先驱。1906年,美国波士顿真纳出版公司为他付印了《民俗学》一书,此书于1960年以"经典著作"再版问世,可见其在美国民俗文化学界的影响,森氏在书中明确指出:"民俗是由人们某些不断重复的,经常的小动作,以及人们按同一方式,同一需要的大量调协行为所构成。当这些行为及其观念一旦为整个集群所公认并自觉遵守而成为准则后,它就成为社会的基本力量。"①

森纳尔的民俗定义,已经把属于民间文学的内容分离出去了,他的狭义民俗只包括:风俗、惯例、习惯、道德和德型以及规范秩序等等。森纳尔认为,民俗就是研究以人类行为体现出来的而不是以口语和文学形式体现的群体传统。这样就把汤姆斯原来的内容,即包括相互异质的——行为性的和文学性的——两大内容分开了。这个理论观点,为后来的许多民俗学者认可和加以发挥。

三、神州前贤对分类的尝试

民俗学传入中国以后,中国民俗学者也一直在思考如何更好地分类,特别是有感于外国学者的民俗分类"是否合乎中国宝藏的民俗学研究的对象",也曾纷纷提出过自己的分类方案。诸如上个世纪二三十年代,张竞生主张以"风俗学"代替民俗学时,就曾草拟过风俗调查表,而赞同"风俗学"的陈锡襄则在《风俗学试探》一文中,除对风俗一词的含义详作考释外,还探讨了民俗分类的理论,并草拟了中国民俗的分类方案。娄子匡先生甚至在文章中大声呼吁我国各地学者,把对中国民俗的分类意见邮寄民俗学会,以期引起广泛的讨论。

我国学者对民俗学的分类是有独到见解的。关于中国式的分类,陈锡襄提出如下七种方式;即:1.以事实分;2.以材料分;3.以对象分;4.以表现分;5.以问题分;6.以地方分;7.以时代分。根据这种分类标准,他主张把民俗分为七大类:1.宗教;2.人事;3.生活;4.制度;5.生业与职业;6.社会;7.艺术。其中每一类都包含有若干项目,而每一种项目之下又分出数十种细目。

张亮采先生则将中国民俗归纳为以下十多个方面,这个分类类目颇有古代类书编撰的类目:

---

① 张紫晨编:《民俗讲演集》,书目文献出版社1986年版,第198页。

饮食、衣服、阶级、制度、宗族、冠婚、丧葬、祭祀、蛊毒、言语、义侠、游说、学风、仕宦、佛老、奴婢、诗歌、门第、名节、美术、税役、赌博、游宴、巫觋、朋党、结社、拳搏等。

陈锡襄、张亮采两位先生对于民俗的分类法，与其说是对民俗的分类法，不如说是对于中国古代类书编撰框架的一次再整理，这样的划分详尽有余，而民俗学底气不足。然而，对于我们辑录各方面的民俗资料，不失为一个很好的参考提纲。

上世纪40年代，傅振伦在编辑《北碚志》时，试图提出新的主张，他认为中国的民俗分类，必须与我国的编修方志的传统分类相结合，他主张把我国民俗文化分为：

（一）社会生活志

1. 生活方式篇：服饰、饮食、居住、交通、器用、一般生活；
2. 风俗岁时篇：婚嫁、丧葬、祭祀、帮会、社交、节令、游戏、娱乐、游神赛会；
3. 宗教信仰篇：宗教（佛、回、道、基督、杂教）、信仰（巫觋等）、迷信、忌讳等。

（二）民间文艺志

上篇：歌谣、谚语、谜语、歇后语、绕口令。

下篇：绘图、雕塑、铸造、纱瓷、建筑、音乐、戏剧、刺绣、编织。

（三）丛谈志

包括传说、故事、寓言、神话、童话等。

傅氏的分类有其自身的特点，但未能突破我国方志传统的民俗分类的框架，而且将民间文学中的神话传说、故事、歌谣、谚语截然分开，分别归入"民间文艺志"和"丛谈志"，并且与民间工艺相混淆，其内在的逻辑是难以说通的。

在上世纪三四十年代，对我国民俗学分类，影响最大的乃是英国学者班尼女士的民俗分类法，致使某些学者将它改造成为自己的民俗分类模式。其中林惠祥的《民俗学》和方纪生的《民俗学概论》，其民俗学分类体系，实际上就是滥觞于班尼修订后的《民俗学概论》的分类法。中国现代民俗学界的泰斗钟敬文教授当年也曾将班尼的分类改造为"信仰及行动"、"制度与习俗"、"艺术与语言"三大类。这是因为，当民俗学传入我国后，我国学者第一位的任务是"拿来"，致力于外国民俗学的理论与方法的介绍，还来不及作仔细的研究、甄别与消化工作。

进入80年代以后，中国民俗学术事业才走上了蓬勃发展的新的历史时期，民俗研究进入一个空前活跃的兴旺发达时期，众多的学者把民俗分类重新提了出来。时任中国社会科学院民族研究所所长刘魁立研究员认为:民俗学是研究人民群众的生活和文化的传承现象,探求这些传承现象的本质及其发生、发展、变化、消亡规律的一门科学,他开列简表一张,列举民俗在现实生活中的主要方面:

(一) 物质生活方面:土地和村落;房屋建筑;劳动(渔猎、畜牧、农业、林业、手工业);民间技术与科学;民间历法;民间医药;服饰;器物、工具;饮食;交通运输;交换贸易。

(二) 社会生活方面:家族和亲族;民间组织;交际活动;人生仪礼;岁时风俗;吉庆娱乐、游戏和实技。

(三) 精神生活方面:认识和观念;祭礼礼仪;巫术和宗教;伦理道德;习惯法;语言民俗(民间艺术)。

恕我直言,刘魁立先生的"三分法",除了重复前人有关物质生活、社会生活、精神生活的老话外,没有提出新的内容。倒是另一位北师大民俗学家张紫晨先生的民俗分类显得有些内容,张紫晨教授的十部类分类:1. 巫术民俗;2. 信仰民俗;3. 服饰、饮食、居住民俗;4. 建筑民俗;5. 制度民俗;6. 生产民俗;7. 岁时节令民俗;8. 人生仪礼民俗;9. 商业贸易民俗;10. 文艺游艺民俗。

乌丙安先生更为概括地提出了对分类的看法。乌先生认为:根据历史唯物主义与辩证唯物主义基本理论和观点,参考近半个世纪以来国际民俗科学的发展成果,对当代民俗学研究的范围及其门类是可以确立的。应当看到作为民间传承文化的民俗事象并不仅仅是某些观念形态的事象,它们既表现在民间经济的传承中,也表现在民间社会的传承中,更多地表现在意识形态领域中。在民俗调查中可以看到,经济基础与上层建筑、意识形态之间的关系,有一个复杂的密如蛛网的民俗经络系统联系着,是它标志出了民俗的广泛存在。因此,民俗学的研究范围大致包括以下四个方面:

(一)经济的民俗:它是以民间传统的经济生产习俗、交易习俗及消费生活习俗为主要内容的;(二)社会的民俗:它是以家族、亲族、乡里村镇的传承关系、习俗惯制为主要内容的。其中社会往来、组织、生活仪礼等习俗都是重点;近来都市社会民俗也被扩展为对象;(三)信仰的民俗:它是以传统的迷信的俗信的诸事象为主要内容的;(四)游艺的民俗:是以民间传统文化娱乐活动(其中也包括口头文艺活动)的习俗为主要内容;也包括竞技等事项在内。[①] 1987 年,中央民族学院教授陶立璠在其所著《民俗学概论》中也对

---

① 见乌丙安:《中国民俗学》,辽宁大学出版社 1985 年版。

民俗分类提出了自己的看法,他也提出"物质民俗"、"社会民俗"、"口承语言民俗"及"精神民俗"。

上世纪80年代,我在上海民俗文化学社编印的《国风》小册子上,也提出过民俗学的"五部类分类法"分别是民生、民事、民气、民艺、民智。到90年代,我还是坚持我的"五部类分类法"的基本观点,拙著《中国民俗文化学导论》一书中对此有比较具体的阐释。

一、民生:1. 衣食住行;2. 人生仪礼;3. 风土民性;4. 地方惯制。
二、民事:1. 家族会社;2. 行业集团;3. 社会交往;4. 岁时节气。
三、民气:1. 俗信迷信;2. 禁忌崇拜;3. 时尚流行;4. 民族精神。
四、民艺:1. 民间文艺;2. 娱乐游艺;3. 手工技艺;4. 民众杂艺。
五、民智:1. 乡镇民风;2. 山林智慧;3. 江湖灵气;4. 都市文明。①

现在回过头来看中外民俗学者对民俗学的分类过程,令人非常感慨。任何关于学科分类的理论都与当时的历史条件有关,分类是随着时代的发展而有所创新,有所发展,而不是一种僵死的教条。我认为,上述学者的分类原则,在今天看来,都有可以商榷之处,但记录了那个时代的印记,时代条件的局限性永远是学者个人难以超越的。今天,我还是更赞赏中国民俗学家提出的分类原则与构想,他们的分类构想更适合中国的实情,也更有中国气派。今天,我们即使要前进,也是在这些学者成果的基础上继续朝前走,而不能忽略这些思想成果。

第三节 知识共同体与民俗学分类

一、非遗五部类与民俗学分类

民俗分类应以学科分类和知识分类为基础,并结合文献的特点,概括文献情报内容特征及某些外表特征的概念或术语,进行逻辑划分和系统排列,并以最终形成的类目一览表,即分类法对各种民俗文献和实证资料进行归类。因为民俗具有全人类的共通性,世界上各个民族的民俗文化,在形成过程中无疑有着许多相同或相近的因素,这是与人类生存状况的历史和现实

---

① 见仲富兰:《中国民俗文化学导论》,浙江人民出版社1998年7月版,第5章第4节"民俗文化分类之我见",见该书第337页。

是相一致的。随着各民族的国际性交往的增加,相交往的民族总是将其他民族适合自己的民俗适当引入,在各民族消费活动的各个方面有趋向同一的态势。

我国是一个多民族的国家,同时我国各地区的政治、经济、文化发展又很不平衡,在研究民俗分类时,需要把民俗视为一个内部统一、外部联系统一的整体。实际上,无论怎样分类,它们之间都存在着一系列的连锁环节,这些环节在任何地方都不能割裂开来,除非凭个人的臆断。各个门类最终探讨的是同一个文化现象,它的名字就叫民俗。

说到"非遗",非物质文化遗产强调"活态传承",而民俗学则是贯通古今的"现在之学",我觉得有必要在研究民俗分类时,能够考虑非遗传承的许多要素,中国民俗的研究成果表明,完全可以将非遗"五部类"的分类内容融入民俗学的框架中来,民俗中的一切知识都是人类思维对知识现象的投射信息模型,这种模型包含人类的发明,它们作为人们理智的不同形式的结晶,在本质上与当今非遗"五部类"内容具有相通性,非遗传承不能脱离生产者和享用者而独立存在,不能进行凝固的"死"保护,必须进行活态的保护。而活态保护的关键在于对传承主体的保护,即对非遗传承人的保护。这与民俗学以人为本的研究内容相行不悖。有关机构在对非遗进行分类指导和全面普查时,经过有关专家制定的遗产调查的分类编码,共十六类:1.民间文学;2.民间美术;3.民间音乐;4.民间舞蹈;5.戏曲;6.曲艺;7.民间杂技;8.民间手工技艺;9.生产商贸习俗;10.消费习俗;11.人生礼俗;12.岁时节令;13.民间信仰;14.民间知识;15.游艺、传统体育与竞技;16.传统医药。

有人说只有"生产商贸习俗"、"消费习俗"、"人生礼俗"、"岁时节令"、"民间信仰"是民俗学的事情,其他民俗学都不能涉足,我觉得这种说法有点莫名其妙。就如同造船是造船工匠的事,但有关行船的习俗、禁忌等,却是民俗学不能缺席的。反过来说,你怎么认定"民间信仰"就是民俗学的事呢?社会学、宗教学、人类学哪一个学科都可以作为重点来研究。学科分类只能从学科的性质出发,不论是民俗的哪一行,只要事关民俗事象中人的心智、行为、智慧、传承涉及民间惯习,它们就统统是民俗学可以研究的对象。顺便说一句,现在非遗所提出的五个方面的内容,当时的文件起草人是在仔细研究了日本、韩国的文化财,并结合世界各国民俗学研究的情况提炼、总结出来的一个文本,它只是各方面学者进行研究的一个导引,千万不能画地为牢,作茧自缚!民俗学应该主动与非物质文化遗产所拟定的范围靠近,在民俗文化分类上要积极与非物质文化遗产相关内容进行整合,并纳入民俗学研究的整体框架中来。

二、肇建民俗知识共同体

民俗的神奇力量在于,它能使生活在同一地球上的某一群人以为天经地义的事情,在另一群人眼中却变为惊世骇俗;使某一些人以为不可或缺的东西,在另一群人那里变得可有可无。例如现在世界各国都存在的"独身"现象,有人认为独身天经地义,也有人认为是偏离主流文化和主流生活模式。但它毫无疑问可以是民俗研究的一个具体内容,若要对这种文化现象进行分类,列入哪一类呢,就是按照所谓"物质民俗"、"社会民俗"、"精神民俗"的分类,可以说哪一类也不搭界,也可以说与哪一类都有关。机械地划分必定会带来困难重重,而它又是与诸种事象大量交叉的。它涉及婚姻民俗,同时又与社会学发生关系,它有社会性,又与历来的家庭民俗藕断丝连;作为一种生活态度,也可列入"游戏人生"之中,更可以从深层的信仰中分析它对于传统价值观的影响……正因为如此,我们还是以整体性的思考与研究出发,用民俗知识共同体来分析它的诸多层面,在事物普遍的联系和发展中,把握它的实质,这样看来,肇建民俗知识共同体就显得很有必要。通过知识共同体的交叉观察,更能切合研究的本来意义。

分类是为了分析,分析则是说明问题的实质,机械的分类,把事物固定在某种既定的框子里,就可能导致错误的理论推导。在这种情况下,为什么不拿起知识共同体这个认识工具呢? 无论是分类,还是交叉,都是将民俗知识共同体看成是一种整体的理论,在这个理论中,我们如果说某一命题是正确的,它必须要有两个含义,就是说:第一,它对于民俗学科某个部类的正确性;第二,这个命题在民俗学知识共同体内,以民俗学的语言和理论得到证明。还是以"独身"现象为例,如果将它分类在"社会民俗"这个部类,当然它是婚姻的一种对应形式,但将它放在整个民间文化知识共同体中来观察,与它有牵连的,决非仅婚姻家庭一种,它又涉及诸种复杂的社会原因,并且要能够以其他的知识材料来证明,这样,在分类的同时显然又需要交叉。

创设民俗知识共同体的意思是指民俗的某一事象,要揭示它的意义,第一要靠感性的、经验的材料;第二则要把这种感性的和经验的材料上升到理性,这样就不能完全依赖于感官经验上的直觉式的分类,还要求助于门类与门类之间,理论与理论之间的逻辑关系,这样才会更接近事物的真实,因而也具有更高的真理性。

民俗文化事象百态千姿;民俗文化知识包罗宏富,把民俗称作民间知识共同体,正是基于对民俗分类和交叉的科学认识之上的。它具有如下几个性质：

第一，是它的守恒性，或者叫对称性、不变性。属于民俗知识共同体的分类原则要能够在民俗学的任何一个部类或门类中具有正确性，而且贯通一致。理论要彻底，不彻底就不能说服人。如各类民俗禁忌与俗信，它是弥散在各种民俗事象中的，不能因为它的弥散性大，就在分类中采取随意性。关于社会生活中人们衣食住行、民间行业、民间社团、岁时节令、民间工艺、民间艺术、商业与交通等方面的习俗，实际上包括或者说涵盖了种种禁忌、崇拜与俗信，那就将它界定在各个门类之中，而不宜再将它们涵盖在"民间信仰"之中。我不赞成在民俗分类中单独设置"民间信仰"（或者称之为"精神的民俗"），因为这所谓的信仰或者精神的民俗，在诸种门类中已经包括了这方面的内容，造房子上梁的种种习俗，在"民居"一类中已有涉及，又有什么必要再在"民间信仰"类目中重复呢？其次，如果要设"民间信仰"一类，那也要作严格的界定，那就是天、地、山、川、日、月、星、辰、草、木、禽、兽，除此之外，其他的俗信，是宗教方面的应列入宗教，是具体门类的都应归入具体的门类。信仰不是空泛的，它都有一定的"附着物"，没有了物质的载体，没有了附着物，自然也就无信仰可言。

第二，是它的层次性。民俗知识共同体，既是一个整体，同时又是一个按照系统的功能与结构：依照不同的知识级别可形成不同的知识层次。在这方面特别需要理论的概括能力。要根据总体结构分成几个大的部类，每一个大部类再包容若干门类，每个门类之下再形成子门类，子门类之下，再设若干细目。在不同层次之间需要进行意义的重新解释。这种分类法，看似"断裂"了整体，其内在的逻辑却组成了整体的有机联系，这种"断裂"的层次性不是对低层知识的否定，而是在更高和更大的思想范围内，通过重新表述对低层知识成果的保留，具有向下兼容性。例如在社会生活中影响最大的民生状况，其实可以说是概括或者涵盖了民俗的四大层面，在它之下，可分为"乡镇民俗、山林民俗、江湖民俗与都市民俗"这四个门类，在"乡镇民俗文化"中又可分为：乡村与山村、牧场与草原、渔村和岛民等不同子门类，而在"山村"民俗的内容中，又大致具有自然采集，狩猎，驯养，林木，采矿等类项，在"自然采集"的子门类中，又可分为"植物采集"、"采集范围"、"采集与时令"、"采集方法"、"特产和土产"、"山货"、"采集禁忌"、"采集俗信"诸细目，在每一个细目之下，又有若干的条目，从上到下，一层一层地组成一个网络状的分类体系。

第三，是它的充分性。要求民俗文化共同体的分类原则在一定有效性条件下，具有较大的各学科知识的涵盖力和对于内部分类交叉的清晰度。

也就是,对于为什么要这样分类,具有充分的理由,它与其他学科知识的联系与区别是怎样的情形?有无充分的证明。在内在的结构中,与其他门类的关系与交叉点是否清晰,例如在民俗学中,社会生活的事象百态,消费活动和消费习俗占有十分重要的地位。在民俗研究中,就有必要充分地掌握消费经济学的知识,并将民俗分类的考虑,与消费经济学的"临界点"充分寻找出来,其一,研究的重点则在于消费活动中所形成的时尚、风习与习俗文化;其二,人人都是消费者,绝大多数消费者(同时也是生产者)从事消费过程中的风习文化与时尚,积淀的心理行为,当然也须包括在消费风俗之中;其三,消费的经济规律自然不是民俗学所要探寻的,但在消费的方式、数量背后所表现出的习俗文化,则是民俗文化的研究之列。

第四,是它的形式化。建立民俗文化知识共同体的目的不仅在于对各个部类或门类作出一致性的描述性的说明,而且在于用准确的术语和概念陈述为其系统整体建立客观的规范。一定的分类说明成为研究之必需。民俗知识共同体,把民俗作为整体系统纳入了一个更为广泛的理论系统,保证了思维的多维通道以及对问题的多义解释,交流的空间越广大,通过交流所获得的知识就扎实牢固,使知识的可检验性和可靠性达到极大值,可有效克服单一门类的独断性和局限性,达到以科学纠正科学,以逻辑纠正逻辑这样一个全新的立足点。

民间知识共同体不仅是民间知识的集成,还是一定的科学制度。它强化了民俗学各个门类的合作和交配,简化了研究方法的组织和选择,借助于民俗知识共同体提供的可能性增进认识主体的工作能力。此外,它还是一种有效的学科发展的诱发机制。民俗文化知识体系在边缘地带最易受到外界影响,把知识综合为一体,就把未曾预料到的动力引入到了学科发展之中。学科之间壁垒的消除,能使任何一个门类的变化都涉及至其他门类,从而带动其他门类的变化。这样,民俗学科的发展,就不仅要立足于某一门类的改变或突破,更要立足于改造整个学科环境。民间知识共同体是一个熔炉,它在某种程度上打破了各个部类或门类的机械的或人为的孤立、封闭状态,克服了它们之间那种独断设定的分离,把它们变成一个视野相关的科学整体。在一个门类中形成的被转化了的方法和原理可以被引导出来移植到另一个门类中,在另外的门类中生存,实现各门类之间的资源共享和不同门类之间的渗透、过渡和转化,民俗学就是要用统一的理论基础来解释各个门类之间的多样性的民俗文化,在本体论预设、概念框架、认识方法、思维特性,寻找共同语言之间的可通约性,充分展现了民俗学作为民间文化哲学的一般性质。

三、民俗学分类之我见

民俗是从人类社会中产生,又反馈到生活中去,传递着古老社会的回音又与现代社会水乳交融的一种文化现象。在世代嬗递异变中,它既作为一种文化意识承袭流传,同时,它又是以程式化的生活习惯和生活方式的实体形态陈陈相因,并且生生不息地积淀在人们心理意识的深处。说了半天,我还必须回答我对于民俗分类的见解,尽管时间过去三十年,我还是坚持我的"五部类分类法",不过时代毕竟发展了,民俗学也有很大发展,结合当今非物质文化遗产的内容,特别是民俗信息海量存在,民俗分类也得适应互联网时代民俗分类特点与方法,试图对原先的民俗文化"五部类分类法"作一修改,兹做如下表述:

(一)民生部类:

1. 衣食住行:包括民众基本的服饰、衣着、装饰、首饰、发型;日常食俗、食制、烹饪、菜系、风味、小吃、名馔、烟俗、茶俗、酒俗、地方土特产;民居、宅院、庭院、园林、楼堂馆所、室内陈设;道路、桥梁、运载工具、旅舍、码头、货栈等;

2. 人生仪礼:包括生养习俗、诞生礼、成年礼;恋爱、订婚、媒妁、婚嫁、婚礼;庆生、尊老、养老、祝寿、丧礼、祭奠、出殡、服丧、墓制等;

3. 风土民性:包括各地地舆、地貌、村名、地名、风土、民性、称谓、方言、土话等;各种地方惯制等;

4. 俗信禁忌:包括占卜、巫俗、禁忌、俗信、神俗、宗教、迷信、鬼狐及各种民俗事象表达的讨口彩、各种禁忌以及各种传统劣风、民间陋俗等。

(二)民事部类:

1. 家庭家族:包括家庭、起居、长幼尊卑、家族、亲族、族规、亲邻、祠堂、祖宗牌位、姓氏名讳等;

2. 会社交往:包括同业、行会、乡村公所、社团、金兰结义、结社、赛会、庙会、乡党应酬、红白喜事交往、社交礼俗等;

3. 乡规民约:包括村寨组织、村民俗制、习惯法规、民规、收养、认干亲等;

4. 生产商贸:包括农具、农事、农耕礼仪、农耕技法;狩猎、器械、规约、猎物处置;畜牧、游牧、动物养殖;渔业、捕捞、海上作业;矿业、采矿、采石、挖煤;林业、采伐、搬运、护林;采集、中草药;手工业、工匠、技艺传承、老行当、行业集团;贸易、集市、行商、坐贾、水陆运输、市声、招幌、老字号、信贷、钱庄、典当、借贷习俗等。

（三）民风部类：

1. 岁时节令：包括岁时节令春节、上元节、清明节、端午节、中秋节、重阳节等；生活时令花朝节、立夏节、中元节、冬至节、除夕；村落庆典、家族典礼、家庭与个人喜庆，以及传统四时八节等；

2. 传统体育：包括走跑类、跳跃类、投掷类、对抗竞技类、负重类、娱乐表演类、杂艺助兴类、集中注意力类、放松类、室内类等；

3. 游艺杂技：包括社火、歌舞、乐舞、高跷、旱船、龙灯、舞狮、舞龙、棋艺、斗牛、赛马、叨羊、游园、玩具、游戏、魔术、杂耍等；

4. 公共空间：包括古镇、庙宇、园林、钟楼、鼓楼、戏台、鼓楼坪、风雨桥、寨门、井亭、街道、咖啡馆、酒吧等。

（四）民艺部类：

1. 民间美术：包括版画、年画、建筑彩画、壁画、漆画、灯笼画、扇面画、窗花、剪纸、春联、书法等；

2. 民间音乐：古乐、道士音乐、阴阳音乐、吹打乐、喜乐、号子、山歌、田歌、小调、舞歌、渔歌、礼俗歌、儿歌、生活音调、民歌民调、民间器乐等；

3. 民间舞蹈：包括各种祭祀舞、迎客舞、礼仪舞、节庆舞等；

4. 民间戏剧：包括戏剧、曲艺、民间小戏、地方戏、傩戏傩舞、木偶戏、皮影戏等；

5. 各种民艺：包括各种雕制、手工艺品、染织刺绣、嫁衣、绣花荷包、鞋垫、首饰、绒花绢花、家具器皿、日用陶器、日用瓷器、木器、竹器、漆器、铜器及革制品、车马具、戏具、木偶、面具、花会造型、纸扎灯彩、编织等；

6. 民间知识：包括幼童启蒙、私塾、课本、珠算、生产经验、技艺技术发明、算盘、民间算术、民间知识、民间制造等。

（五）民智部类：

1. 语言民俗：包括民间俗语、谚语、歇后语、切口、俚语、行话、民间秘密语及相关的语言禁忌等；

2. 口头文学：包括神话、传说、故事、笑话、歌谣、史诗、长诗、谜语、灯谜、传统口头文学及属于传统口头文学组成部分的语言等；

3. 传统技艺：包括传统农业机械、古代机械装置、造纸、金属、建筑、丝绸织染、造纸与印刷、金银细金工艺、景泰蓝、陶瓷、漆艺、中药炮制等；

4. 民间医药：包括民间医疗、传统医药、用药、清洁、验方、秘方、偏方等；

5. 生态环境：包括气象、生态、山川、山水文化、动物生态、植物生态等；

6. 天文历法：包括历书、历法、天文、星占、纪时系统、观象授时、气象谚语等。

　　总而言之,我用"民生、民事、民风、民艺、民智"来作为民俗文化的五大部类,而不主张用"物质民俗"、"社会民俗"、"精神民俗"、"信仰民俗"来分类,一是想体现当代中国民俗学分类首先是以"人"即民众为本位,民众是推动历史前进的伟大力量;二是以"民"作为一个网络,构成民俗学的一个主体,形成民俗知识的一个共同体;三是这样的分类也更具有中国特色,与我们民族历史文化传统血脉相连接。我们要关注民生、重视民事、弘扬民风、发展民艺、开启民智,推动民俗学研究,推进中华民族的繁荣与富强。

第六章
超越冲突与复苏融合

从本章开始,着重讨论民俗学的若干原理及其理论机制。我们在给"民俗"定义时,认为民俗是民众作为载体的生生不息的文化现象,那么,就有必要对它与人、亦即与主体的关系,民俗文化的内在冲突,在发展过程中的流变形式以及流变过程的诸种因素,作一番分析。

第一节 超越主体心理的"复苏"

一、人的主体性与超越性

由于人类的对象化劳动,人类和对象(大千世界林林总总的事物)建立了一种对应关系,客体具有人的性质,成为属人的存在物。相对于哲学上说的"为我之物",属人的存在物在人化程度上又进了一层,深深打上了人作为主体的烙印,凝结了主体的力量和情感,到最后成为主客体完全融合的产物。以诸多的民间艺术创造而言,民间艺术的创造者,许多虽然是名不见经传的"艺术家",但他们在进行创造性活动时,同样以审美体验为中介,打破客体的纯自然状态,使主体与客体互相交融,使客观的花鸟虫鱼转化为民间艺术家或劳动妇女手中绣花鞋面上的艺术品,这时候的绣花花样,已不是作为自然的花鸟虫鱼,但也不是劳动妇女的主观臆造,而成为意蕴与感性的交合。一位著名的美学家曾这样说道:"依我们看,美不在外物,也不完全在人心,它是心物婚媾后产生的婴儿。美感起源于形象的直觉。形象属物而却不完全属于物,因为无我即无由见出形象;直觉属我却又不完全属于我,因为无物则直觉无从活动。"①对象性关系使客体的价值依赖于主体的确立,只有绘画才能培养人的形式感,只有音乐才能激起人的音乐感;而另一方面,对于没有音乐感的耳朵来说,最美的音乐也毫无意义,不是对象,因为我的对象只能是我的一种本质力量的确证,人的本质力量,作为一种主体能力,如未能生成,则客体没有意义。

这所谓"对象化"活动,就是劳动,就是生产,就是物质改造活动。我们完全有理由将这种理论(即人化自然理论),从哲学走向民俗学。按照这种理论,至少可以对民俗学作这样的判定:当民众把自然界、社会生活、他人或自身当作认识和实践的对象时,他就是一种主体,他是自为的,并具有能动性。民众的生活,民众的创造,民众的审美需求,不管他(她)是否意识到,他(她)在从事某项活动,或做某一件事,或者创造某一件作品时,总是从主观的需要出发,去观察、体验、分析,看看别人是怎么做的,自己将如何走路,怎样才能达到目标,从而实现某种价值,而一旦他(她)开始实施起来,这种主体性就更加强烈,用哲学的语言来概括这种现象,就是能动的主体性。

分析民俗文化诸种活动,考察它的源流及演变,都和人们能动的主体性有关,我的理解,大致有以下三个特点:

第一是主观性。主观性是一个一贯遭受误解的概念,生活中常常听到有人批评某个人:"这人真主观。"其实,主观性的内容十分丰富,人们的理解也不一致。极端的主观性理论夸大主观心灵的作用,把自我摆在一个不恰当的位置,走向了主观主义和唯我论。但是,正确发挥人的主观性,肯定主体心灵和情感的作用,却是十分必要的。为什么在陈规陋俗面前,不敢坏"祖宗家法",一味强调"和谐",唯唯诺诺,就是因为缺少变革旧风俗、接纳新事物的勇气,缺少标新立异的创新能力,在这些人身上,虽然是"中规中矩",虽然得不到关于"主观"的批评,但发展也就成为空话;相反,抱着积极投入新生活的热情和创造力,以积极入世的态度、热烈的情感、高尚的心灵和广博的胸襟,可以发挥人们整体的人格力量,它使人们有一种把握对象、驾驭客体的勇气和自信,一旦拥有了这种主观性,就会产生改造旧世界的激动人心的力量。

第二是选择性。个体的生命总是有限的,个人的能力、视野、才华也是有限的,一个人穷毕生精力也不可能穷尽一切生活,基于这种情况,人们在

---

① 朱光潜:《谈美》,《朱光潜美学文集》第1卷,上海文艺出版社1982年版,第485页。

社会生活中,对于民俗来说,实质上是一种选择。心理学家卢卡契说:"人不是简单地让现实的印象在自身起作用,人对现实的反映往往是瞬息的、自发的,不容思考或不容对感官印象进行想象或概念性说明。结果在自觉水平上,在意识对现实的反映中,就进行了一种决定人与周围环境之间相互关系的选择。也就是说,某些作为基本的要素得到了强调,而其余的则完全或至少部分地被忽视、被排斥到背景中去。"①这还基本上是一种被动的选择。在社会生活中,人在掌握客观规律的基础上,根据自己需要,可以主动选择某种行为,选择的原则建立在人的基本生活利益和兴趣上,这种兴趣不是自发地起作用,而往往是思考、经验积累和条件反射的结果。

第三是创造性。民众生活中闪烁着卓越的创造才华,它包括创造性的形象思维能力,对形式的天才把握和对未来生活的憧憬,民俗学中的创造性,归根结底不是对现实的机械照相复制,而是创造性地艺术再现。这是人具有人的主体性与超越性的缘故。

作为文化主体的人,他(她)在民俗实践活动中所体现的创造性实质上就是一种超越性,这是主体活动的根本特点之一。从文化先进性的创造能力来讲,人的创造性是对本能与自然的超越。人作为自然之子永远不可能脱离自然而生存,但人之为人的基础并不在于自然和本能,而在于人对自然的超越和人的文化创造。帕斯卡尔在《思想录》中用诗化的语言揭示了人的脆弱与伟大。"人只不过是一根苇草,是自然界最脆弱的东西;但他是一根能思想的苇草。"②人的精神可以实现自身的超越,憧憬现行所没有的美好事物,人的内在的超越通过不断的实践活动而对象化为外在的超越。

二、民俗意识的"超越"

回顾人类的民俗演变的历程,从蒙昧时代一路走来,直到今天步入现代文明,在超越方式上一直是以"替代"和"延续"两种方式,实现着超越与发展,或许民俗的传承更多表现出"延续"的特点,但"替代"的情形也是大量存在的。"替代"以批判为特征,"延续"以继承为特征,两者结合,批判陋俗,提倡新风,扬弃民俗中的糟粕,继承民俗中的精华,经过吸收、互补、整合,不断除旧布新,形成今日之民俗文化景观。当今,随着经济全球化步伐的加快,特别是现代传媒技术的飞速发展,当代民俗的开放性特征尤显突出。在民

---

① [匈]卢卡契:《审美特性》,中国社会科学出版社 1986 年版,第 299 页。
② [法]帕斯卡尔:《帕斯卡尔思想录》,天津人民出版社 2007 年版,第 113 页。

俗中不断超越现有,追求先进特质的进程中,我们更需要强调一方面要克服抱残守缺、夜郎自大的思想,注意吸收借鉴;另一方面要注意反思批判,增强文化辨识力和批判力。只有这样,民俗文化才能不断实现自我超越,呈现出容纳百川、吐故纳新的先进性。

人的主体性是在人与动物的区别中呈现出来的,这种主体性存在与动物的存在方式具有本质的区别:人的存在是超越性的,动物的存在则是宿命式的,人的超越性总是表现为时间性的过程,因此,超越性构成主体性的历史规定。

人与动物的差别,充分体现在各自不同的进化方式上,动物是以自身的改变去适应自然环境,因而它的进化总是通过肉体器官的改变得以实现。动物的生命活动无法突破本能的制约,不可能超越动物所属的那个动物赋予它的绝对限制。与此不同,人类的进化不再表现为肉体器官的进化,而主要是大脑结构与功能的进化,智力与思维的进化,人类文化的进化,从而也表现出民俗的进化。因此,人类的出现,标志着一种全新的进化方式的确立,意味着主体的历史生成。尽管人的肢体功能会因工具的使用和进步而带来某种程度的退化,但人的智力却因此发达起来。正如苏格拉底所说,当我们的眼睛开始衰退时,我们的理解力变得更敏锐。举个民俗史上"文身"的例子吧,文身是世界许多民族中普遍的文化事象。原始人在人体上用尖利之器刺刻图案,使色素渗入体内,留下永久的花纹。为什么要这样做呢?这就可以视为人类超越主体的一种说明,早期的人类以某种动物为图腾,文身的目的就是人们与图腾物的认同从而乞求其庇护。我国古代百越民族有文身习俗。《淮南子·原道训》中记载:"九嶷之南,陆事寡而水事众,于是民人被发文身,以像鳞虫。"之所以要"像鳞虫",为的是将自己同化于图腾物,免受伤害。《汉书·地理志》在说到越人习俗时说:"……文身断发,以避蛟龙之害。"文身以同化于图腾物,就是为了寻求图腾物的保护,使图腾物不要伤害自己的同类。由此可见,文身的巫术目的十分明显。然而,岁月的流逝,在人体身上为了巫术目的烙下的纹样却逐步激起了人们对人体装饰的审美感,从而导致了装饰艺术的产生,这不形象地证明了人在民俗上的主体性超越吗?

人的超越性主要表现在两个方面:一是内在的超越,即自我意识;二是外在的超越,即对象意识。从内在方面看,自我意识的形成表明人类具备了把自身对象化的能力。自我意识是一种反省的艺术,是主体对"自我"所蕴含的内在尺度的自觉。主体"自我"优先性和至上性(即自我中心结构)的确立是自明的(无需加以论证),但它的呈现却需要借助一定中介。自我意识恰恰充当了这一中介环节。只有通过自我意识的反省,人才能"了解自己本身",使自己成为衡量一切生活关系的尺度,按照自己的本性的需要来安排世界。

民俗意识的超越性主要表现为主体的人对客体对象的重构和意义的赋予,即由事实判断("是")与价值判断("应当")体现出来的客体的确立。第一,民俗意识作为人类认知活动的过程及其结果,意味着认知对象的解析和打开,即由客体的表象层深入到它的内在关系和深层结构,以便使其本质向人类敞开并呈现自身。民俗正是在此基础上建立相关模式的。第二,人们通过对象意识把外在事物纳入自己的视野,在"为我关系"的结构中为其定位,使之构成价值关系的一端,从而被赋予特定的"意义"规定。这一对象化过程尽管是以观念的方式实现的,但却使人类超越了外部事物非人化的中立性质,使其获得属人的意义。

总之,自我意识使人"懂得怎样处处都把内在的尺度运用到对象上去",对象意识则使人"懂得按照任何一个种的尺度来进行生产"①,内在超越与外在超越在意识层面上的整合,构成人类的实践观念,成为人的感性实践活动的主观条件和前提。

三、超越还是变味?

民俗的发展与流变在很大程度上取决于民众主体心理的变化。在民俗史上,本来有不少东西,它的原始意义是很荒唐的,但在历史进程中,它的原始意义在剥落,例如许多节日习俗的演化,原始意义剥落的结果,是成为人们娱乐游艺、休闲放松的一种形式。另一方面,有不少东西,它的本来意义是相当尊贵的,但在历史长河的演变中,却由尊贵演变为卑贱,甚至令人讨厌的事物。

不妨以"红包"为例,说说红包的变味。古代,"红包"总是用红纸包的,每逢新春佳节或操办喜事,张灯结彩,贴上大红对联,点上大红蜡烛,来个"满堂红",以表示喜庆、吉祥。这种习俗,就是人们通常所说的"尚红"传统。其实,中国并不是从一开始就用红色表示吉庆的。早在远古,我们的祖先曾用过黄色代表吉庆,也曾用过黑色和白色代表吉庆。只是到了汉朝,汉高祖称自己是"赤帝之子","赤"就是红色。从那时起,红色就成了人民崇尚的颜

---

① [德]马克思:《1844 年经济学哲学手稿》,《马克思恩格斯全集》第 42 卷,人民出版社 1972 年版,第 97 页。

色。汉朝以后,我国各地崇尚红色的风俗习惯已基本趋向一致,并一直沿袭下来了。于是,红色就成了我国人民表示喜庆、吉祥的颜色。

从语源意义上说,古人并无"红包"之说,红包是晚清以降出现的一个通俗词汇。古代习俗,男女订婚时,男方家送给女方的聘礼中,自然少不了礼金,但那时绝不会称"红包",那怎样称呼呢?宋元之际,人们称"红定",例如《元曲选》"鸳鸯被"卷三"当初也无红定,无媒证";又康进之《李逵负荆》卷一写道:"你还不知道,才此这杯酒是肯酒,这褡膊是红定,把你这女孩儿与俺宋公明哥哥做压寨夫人。"可见,这"红包"就是古代"红定"的变异。那个时候用一个"褡膊"袋装着钱财就是了,还没有发展到"红纸包包"。

查考中国古代的典籍,最早的压岁钱出现于汉代。那时的"压岁钱"也叫"厌胜钱",或者称"大压胜钱"。相传,唐代宫廷里有"春日散钱"之风,当时春节是"立春日"是宫内相互朝拜的日子,民间并没有这一习俗。《资治通鉴》第二十六卷记载了杨贵妃生子,"玄宗亲往视之,喜赐贵妃洗儿金银钱"之事。这里说的洗儿钱实际上是长辈给新生儿的避邪去魔的护身符。宋元以后,春日散钱的风俗就演变成为给小孩压岁钱的习俗。明清之后,"压岁钱"的习俗出现了变化,最核心的变化就是"厌胜钱"的衰落,原先用一根红绳串着赐给孩子的厌胜钱,渐渐出现以真实货币的"压岁钱"的流行。民国以降,由于货币形制的改变,不能流通的"厌胜钱"行不通了,社会上出现了用红纸包一百文铜元,其寓意为"长命百岁",给已经成年的晚辈压岁钱,红纸里包的是一枚大洋,象征着"财源茂盛"、"一本万利"。货币改为钞票后,家长们喜欢选用号码相联的新钞票赐给孩子们,因为"联"与"连"谐音,预示着后代"连连发财"、"连连高升"。特别是在过年时,种种"年兽"之传说,使得压岁本身包含有"压祟"的含义。

不过,即使进入民国初年,那时"压岁钱"之风,也不是钱币比赛,送得越多越好,送一个压岁钱,表示一下长辈对晚辈的美好祝福,也就意思到了,它的本义依然有着长辈送给孩子护身符的意思,保佑小辈人在新的一年里健康吉利。

有人说发"红包"是中国人"新年的一种习俗",此说并不确切。"红包"最早源自晚近资本主义的发展,清末民初,尤其是在南方商人的推波助澜下,导致过年"派利是"、"发红包"习俗的发展。商人牟利,一年到头,在分配利润时,他得了大头,但又不能亏待为他打工的属下,怎么办呢?那就是从红利中取出一小部分,用红纸包着,分发给员工。红纸包,确实也是符合中国人的审美需求的,红色象征活力、愉快与好运。这种情况最终导致了中国红包的出现,所以百多年来,红包逐渐取代了传统的"压岁钱"的风俗。当然也不能否定这种红包的意义，首先是长辈对晚辈的"关爱"，送个红纸封，里面包裹着金钱，既含有平安吉祥的寓意，又给予了真实的馈赠。其次，在社会生活中，每逢婚嫁喜庆"有喜当贺"的各种礼仪，以及亲友初会、相聚互馈祝愿的表示，送上一些金钱，表达一下发自内心的感戴之情或者酬谢，也是人之常情。第三，用于回馈他人的辛勤劳作，诸如给喜娘、道士、僧尼、轿夫、吹鼓手、车夫等等，送上一个红包，又称之为"花彩"，类似于今日的"小费"，应该说也是可以接受的。这种注重礼尚往来，受惠不忘施予者，也有不敢忘恩负义的心态。它多少也体现了中国人礼尚往来、人情融融的人际关系，体现和谐相处的友好情结。所以就"红包"本身的出现也是无可非议的。

但红包也随着这几十年来的时代浮沉而翻腾，大概也是有目共睹的现象。原先所有华人承载美好祝愿和企盼的红包发生了异化和变味，伴随着人性中丑陋的贪欲而急剧膨胀，不要说一些已经揭露出来的官员贪腐，常常与"红包"有着千丝万缕的联系，不说那些掌握组织人事大权的、物资分配大权的，以及当个什么长、要人死活的医生、暗箱操作的评委、裁判，乃至小吏、门卫、火葬场职工……送礼的风气全面蔓延，红包的功用遂逐渐变味，送红包也渐渐有了"行情"，形成许多行业可怕的"陋俗"或者叫"潜规则"。不独中国内地，凡是有华人的地方，概莫能外。既形成"潜规则"，不但心照不宣，而且"论斤计两"、"按质议价"。这样的红包收授，实际上就是无异于"贿赂"，红包也赤裸裸抛开"红纸袋"面纱，有的用大信封，有的用牛皮纸袋，有的用香烟筒、糕点盒，有的干脆打开皮包、皮箱亲见现钞。台湾那个被判刑收监的前领导人陈水扁，他收取"红包"动辄上亿新台币，就索性在官邸用皮箱数钱。这里的红包已经是真实的皮箱代替了。李辉先生著《第三只眼看台湾》，其中写道："红包文化在李登辉时代，已发挥得淋漓尽致。一般老百姓大有谈红包色变，为筹红包而伤神的痛苦经历。"就是红包变味的明证。

当初红包的功用，也许只是表达着一份祝福或感恩的心愿。而当今却异化成为广大民众心知肚明的人际交往的媒介物和一只怪胎，于是，现代的"红包文化"已经变质，包裹在最外面的，可以是红纸，也可以是白色信封，可以是一串银行卡的数字，更可能是皮箱和手提袋，表面上依然是祝福、感谢，其内核却可能是超越了正常人际交往的黑色交易。正因为"红包"在人与人之间传递的方便性和隐蔽性，我们很难界定一份红包的真实含义，很难左右"红包文化"日益变质的发展趋向。

民俗与社会生活，是一直处于流动、变迁和发展之中的。随着社会的发展，旧的意识不会马上随之消失，它在扬弃，在既克服又保留中得到传承，在一代又一代人的心理深处传承不息，只是要经历激烈的社会变动，或者一个

相当长的时期,它才会逐渐褪色、淡化。主体心理的嬗变呈现出如下特点:

第一,主体心理作为民俗重要的组成部分,它表现出独特的形式。一方面表现了社会生活,另一方面也有它相对的独立性,一旦形成就不会轻易改变。以上举红包变味的例子,实际上是生活变味,它与顽强的社会主体心理有关。

第二,主体心理,不是个体心理,也不是某地区一部分人的心理行为,而表现出强烈的从众效应,大家都这么想,唯恐落后。由民众社会生活所表现的主体心理也就具有从众的心理趋势,也正因为从众效应的推波助澜,才使民俗的影响得以扩大,乃至普及化。

第三,民俗文化的主体心理,其形成需要一个过程。甚至需要经年累月的积淀。但是一旦形成,要改变它又是十分困难的。它不像具体的民俗事象,随时都可以因条件的不同而采用一些简单或更为复杂的方式,在数量或场所上有所变更。主体心理一旦形成之后,尽管形式上可以千变万化,或简或繁,但心理上深层的意识,是挥之不去的。这就是人们通常所说的民俗的内核,凡能称得上主体心理的东西,即可称之为"内核"。形式可以常常翻新,内核却是相对稳定的。例如中国人关于"团圆"的主体心理,关于"寻根"的祭祖意识,不论当代社会生活节奏如何加快,生活如何简洁,但每逢佳节,往往要合家团聚一次,即使远离故乡,独身在外,也会在节日里邀上老乡或者三五知己,小酌一番,表达一种渴望团聚心理的满足。

第四,主体心理与民俗事象的关系,是一种主客体的关系,"皮之不存,毛将焉附",主体心理发生了转移、变化,具体的民俗事象也要发生变化;主体心理消失了,具体的民俗事象也就失去了存在的理由。例如上面所举红包的例子,当主体心理将它看成是神圣之物的时候,就会在具体的风俗事象中,对这个厌胜钱充满敬畏的情感。一旦主体心理将所谓的"红包"看透,民俗的具体形式也就变化了,红包还是那个红包,具体的味道却发生了变化。

四、民俗与心理躁动

对于民俗文化主体心理的表现形式,学术界尽可以分析出种种具体的形态,但它究竟是一种怎样的心理活动? 常常会使人语焉不详。我以为主体心理是在漫长的历史发展过程中,积淀在人们意识深处的一种深层的心理活动,由于年复一年的堆垒和累积,形成了一种"集体无意识",它虽然不能脱离物质而独立存在,但它随着历史长河的奔流,以潜藏性很强的心理意识,逐渐发展为一种定势,时不时地规定或影响着人们的社会生活。

大量的民俗学、人类学资料证明,原始人类普遍追求迷狂,追求幻象。而这种迷狂和幻象,实际是人们深层心理的激活和躁动,它广泛而深刻地影响、制约着原始民俗文化。至今还有一些现象残存于一些民俗活动中。

美国人类学家鲁思·本尼迪克特在《文化模式》一书中绘声绘色地叙述了美国西北岸的印第安人的迷狂。"居住在太平洋沿岸的狭长地带,即从阿拉斯加到皮吉特海峡的印第安人乃是一个精力充沛、专横傲慢的民族。他们具有一种不同寻常的文化,它和邻近部落的文化截然不同,具有一种别的民族难以与之匹比的高涨的冲动。这种文化的价值并不是众所公认的,它的种种动力也不是常常得到人们推崇的。""在西北岸,个人遇见神灵已成了一种平常的事,充其量也只不过是表达人们有权加入一个渴望已久的秘密会社的方式。由于这种灵觉已经成了一种空洞的形式,人们也相应地看重起神圣的疯狂";"人们由此抓住了这个新入会者,并把他带到举行宗教仪式的屋子里。他昏昏沉沉,抓到人便咬。当人群来到礼仪室时,他却不能随随便便地进入这所屋子。最后,一同加入食人者会社的一名妇女赤身裸体地出现在人们面前,捧着一具早已准备好的尸体——这是她的职责。她面对食人者,一边舞蹈,一边向后退,诱使他进入这个房间里面。然而,他并没有屈服于这种诱惑,最终又爬上了屋顶,穿过被移动了的木板,跳了下来。他粗狂地跳着舞,几乎不能控制自己,浑身肌肉以一种奇特的方式颤动着,这就是克瓦基特人所达到的病狂状态"①。"西北岸的各部落,……在他们的宗教仪式中,他们最终所要达到的是一种狂乐的境界。舞蹈主角至少在其表演的高潮中,应失去对自身的正常控制,进入另一种欣喜若狂的生存状态。他应口吐泡沫、浑身猛烈地、异乎寻常地颤抖着"②。本尼迪克特指出这是一种"类癫狂"。类似这种习俗事象在我国一些少数民族中也是存在的。如贵州普遍存在做神活动,有的叫"七姑娘",有的叫"苗家稻",有的叫"簸箕神",有的叫"腰箩神",有的叫"瓢儿神",有的叫"尊花神",黔东南苗族叫"七姑娘"(也叫"苗家稻"),是在古历七月初七至七月半做的。在月光下,人们集中村边一空旷处,由一人或几人扮"七姑娘"(做神)。他用布蒙脸,面前点燃香火,用手指塞耳。他人从田中摘下稻叶插在他头上,给他扇风。他身边的引导者用话和歌来引导他。做神者慢慢昏迷,两脚抖动,便进入"阴间",去会亡灵。他经过许多地方,来到"最美丽的地方",然后返回。如遇到

---

① 鲁思·本尼迪克特:《文化模式》,浙江人民出版社1987年版,第162页、第166页、第169页。

② 同上书,第164页。

死去亲人的亡灵,他就痛哭不已。如遇到青年男女,他就同他们对歌,平时不大会唱歌的人,这时特别会唱,他们说,这是神("七姑娘"、"苗家稻")教的。做神成功的人,因习得这种迷狂之术,很容易成为巫师。

对比中外两例迷狂和追求幻象的事象,说明迷狂也好,幻象也罢,是原始人的"心灵投射",它不是客观存在的"神灵",而是人们深层心理无意识的投射和幻象,就其实质而言,乃是主体心理活动的结果。

根据心理学家的研究,人的心理结构可分为三个层次:表层(意识)、中层和深层(无意识)。人在清醒时,感官接受外来刺激,引起表层心理活动。表层心理的内容是对现实的反映。深层心理的内容是本能的,是世代相传的集体表象。中层心理内容是被遗忘的概念和意象。梦的境象和精神病人的幻象,都有三个层次的心理内容。人入睡后,大脑皮层广大区域都抑制了,但个别兴奋点尚未抑制,个别兴奋点的兴奋或某一兴奋点引起其他兴奋点的兴奋,形成幻象系列,就是我们平时所说的"日有所思,夜有所梦"的梦,是白日意识的余波。对此,弗洛伊德的心理学已解释得很清楚。中层心理活动的梦是过去遗留的表象而近日忘却的内容。深层心理的梦,是那古里古怪,非个人经验的"种族记忆"、"集体表象"。它是一种形象符号,它不表示固定的生活内容。巫师"过阴"(做鬼)和一般人"做神"(瓢儿神、菜花神、腰箩神等)的心理活动也和梦相似。他在清醒时主要是表层心理活动。如果他需要迷狂(做神),就得采用一些手段,如蒙面、塞耳,从而断绝外界对感官的刺激;扇风、烟熏,促使大脑皮层抑制;使用咒语和灵物(做"苗家稻"时用稻禾,做"瓢儿神"时用木瓢),使其发挥巫术作用。平日里,人的表层心理活跃,深层心理似乎沉睡着,深层意识以其感情、欲望影响人的意识,而不直接表现为意识,所以不易被觉察;迷狂时,表层心理抑制了,中层和深层心理被激活起来,释放出来,从而获得灵感和异乎寻常的行为举止。这些都是人的潜能的充分发挥,而他在迷狂时所唱,所做,所为的内容则决定于他的深层和中层心理结构中所储存的信息。迷狂时的心理幻象,就是荣格所说的原始意象,或是列维·布留尔所说的集体表象。

民俗中大量类似魂归故土和灵魂升天的观念,是人类普遍存在的观念,它是深层心理出现的幻象,也比较普遍地存在于宗教和民俗活动之中,对一般民众的影响极为深广。人类深层的心理躁动,是形成"升天"、"天堂"一类观念的思想基础和心理条件,同时社会现实基础也进一步加固了这种深层的心理躁动,这只要看看有关天堂、地狱的具体内容,什么人进天堂,什么人入地狱,这完全是社会现实的反映。

第二节 民俗冲突与多元共生

一、个体行为与群体的调适

民俗是以人文精神为核心的。然而,民俗强调的总是群体,个人总是微不足道的。不少论者在总结民俗特征时,常常是将"群体性"作为辨别民俗与非民俗事象的一个重要标志,由于个体行为总是不受重视,个人在人格上的独立性也就难以充分表现出来。我们这里说的个体,指的是个人或个人独立的人格,群体总是指个人归属的团体,如氏族、农村公社、国家等等。从哲学上归纳,个人之于群体,群体同时又是一个总体,归根结底是个体与总体的关系。所以民俗虽然处处离不开人,但它真正重视的并不是孤立的个人,而是人所归属的团体,例如家庭、社团、单位、地区、国家等。传统总是认为,总体是神圣的,至高无上的;个体则是卑微的,可以忽略不计的。

其实,个体与总体的关系,是个古老而常新的课题,在几千年人类思想发展历史中,无数思想成果对这个问题作了不尽的探索。历史唯物主义认为,劳动的第一次萌动,造就了与狭义动物相区别的人类,同时在宇宙中出现了一个与自然界并存的社会,个体总是与群体以不可分割的整体性出现。

个体与群体互为前提而存在,作为社会存在物的个人,离开社会而孤立存在是不可想象的;而群体、社会总是由个人及其活动组成,是人们交往的产物,是全部社会关系的总和。没有个人的存在和活动的社会,只是一种抽象物。个体与群体的存在,各以对方为前提,个人与社会双向互补而完善,个人的全面完善,犹如无数个完善的细胞,必然构成完善的社会有机整体,而完善的社会有机整体必然使个人的全面完善受到补益,如此,则可望形成一个个体与群体的良性循环。

由于中国民俗向来是将人认定为社会关系的总和,一般对个体的作用是极容易忽视的。人与人之间的心意感通,也就是"将心比心","以心换心",并且,在这种双方心意感通的过程中,理想的德行必须是处处以对方为重,急人之难,忘我地为别人办事。一旦当人际关系建立起来之后,就有趋于持久稳定的倾向,例如不忘故旧、维持终生的朋友或婚姻关系,等等。所以,群体效应是一种相当顽强的力量,于是,由个体自己决定而不是由他人制约的"心"就很自然地变成"私心"。

中国人在精神上作自我完成,亦必须借助于群体的力量。对西方人来说,参加一定的群体只是千百种自我完成的方式之一,而且在这种方式里,不一定涉及人情化的因素。至于在我国传统的民俗文化氛围里,如果一个人想有所作为,特别是居于群体领袖的地位,就必须处处替别人着想,尤其要关心别人的生活,这叫"以德服人",这其实仍然是完成自我之举,只不过它是在群体效应中实现的。在人们的日常生活中,群体效应还表现在:以对方为重的行为,可以成为一种使对方欠自己"人情"的方法,以便自己在将来也可以求助于人;在这方面,我们与西方人形成明显的对照——西方人倾向于把权益范围与友情范围分得清清楚楚,我们则倾向于把感情以外的领域也加以人情化,结果,使整个人情领域内出现了"人情债"式的金钱交易。还有一种做法,称之为"做人",什么叫"做人"呢? 或者是涉及实物或恩惠的交换,或者是"多吃一点亏"也无所谓的方法,来为自己在群体中"吃得开"铺路。这种"吃得开"是指一个被群体效应所接纳的形象。的确,在传统民俗中,个体很难作自我肯定,因为那样总免不了戴"骄傲"、"自大"一类的帽子,于是,个体的"自我"肯定,总必须借助于别人的表态,当然,群体效应还有一个特点,就是"众怒难犯",为了回避这种"众怒",那就是用"自我压缩"、"自我压抑"的方法,以自身没有个性、没有吸引力为荣,所以生活中锋芒毕露的人总是倒霉,只有以个体无吸引力去换取社会公众的嘉评。

历来流传一句俗话:"在家靠父母,出门靠朋友",虽然这句话不一定表现为对他人的过分依赖,也可以指中国人搞"和合"的做人方法。然而,他对一个个体独立人格的形成,却有着阻滞作用,因为它是这样一种程序设计,使人觉得无需过分地靠自己,而可以去依赖别人。

正确处理个体与群体的关系,是历代思想家和政治家所关注的问题,我想也应该引起民俗文化学者的高度重视,因为它与改善国民性、提高全民的素质、促使社会向良性循环的方向发展,关系极为重大。

二、华夷同风与一体多元

民俗在演变和发展过程中,民族同化过程中的风俗渗透表现出严重的冲突。有论者把同化问题考虑得极为简单,认为这是一个原有差异的民俗在流播过程中,因互相影响,逐渐消除差异而趋一致的过程。其实,这个过程是一个复杂而又漫长的过程,其中最主要的是地理环境及经济发展水平决定的生活方式的相似性。如果没有这种相似性,没有相似的生活方式,那么不同民族、地域的人们因长久而频繁的交往或一种族长期统治另一种族,只能是各自民俗中的极少部分趋于同化,而各自根本上的民族特性不会同化。大家知道,中国的汉族与蒙古族,一个是农业型文化,一个是草原型文化;一个是农耕生活方式,一个是畜牧生活方式,这两个民族在民俗文化中都保持着自己的特色,千百年来,相邻共处,地域交往,衣食住行,婚丧嫁娶,时令节俗,娱乐游艺,民间信仰都存在着各自的特色,即便在蒙古族入主中原,建立元王朝统治后,也无法把汉民族同化,而是在民俗的许多方面,自己受到汉族文化的深厚影响。同样,满族人入主中原,建立了长达几百年的清王朝,也曾用行政手段,甚至武力想把汉人同化,结果是满汉同风,又各自保留原有的特色。究其原因,是因为元、清王朝建立在中国这块农耕的大地上而不是广阔的草原上。王朝依赖的经济基础是农业自然经济而不是畜牧经济;它的经济生活方式是定居的封建农业经济生活方式。而不是迁徙不定的游牧民族的生活方式。另一方面,更主要的是生产力水平和经济发展水平所决定的。以饮食、服饰的民俗文化事象为例,中西文化原来存在着很大的差异。中国民俗讲求"天人合一",崇尚被环境(包括地理环境和人文环境)所包容,与环境相融合;西方民俗文化的"内核"是以自我为中心,以标新立异为荣耀,以环境作为自我的衬托,强调突出自我,这两种观念的冲突和对峙存在了好几千年。在中国改革开放新的历史发展时期,东西方民俗文化出现了一些趋同性因素,但是,要使整个世界民俗文化同化,则是相当遥远的事情。相似的社会生活方式,一方面是由地域环境决定的,在经济发展缓慢,生产力水平相对低下的旧时代,尤其如此。

民族同化是个相当复杂的问题,从历史上看,从商周开始,由于统治者"率土之滨,莫非王臣"的妄自尊大的影响与日俱增,南北各族的经济、文化不平衡造成的"华夷之别"日益明显。汉、唐相递,武功显赫,文治彪炳,中原封建王朝创建了辉煌的封建文化。然而,中原王朝即使是盛极之时,对北方也不免时有鞭长莫及之感,虽在名义上置衙遣吏以控制诸"夷"。实际权力则往往仅达于少数通衢重镇,多数土著聚居的僻远之地仍停滞于"自有君长,莫能相一"的局面。一旦到了集权势衰,甚至中原板荡之际,中原王朝自然无暇他顾,只好听任北疆各族互相争雄而此消彼长。与此同时,散处在北国的许多土著民族,则恰恰是长期被"不足待以仁义"的民族歧视压抑在原始氏族制度的落后状态下。不难想见,这种政治上行为统一而经济、文化实则未统一的局面,被人为地延续下来,不仅妨碍了中华民族共同体的全面繁荣和进步,还阻断了各民族民俗文化的渗透与同化之路。

从汉代到唐代,北方的夫余族先兴于松花江畔,建立起高句丽王国,历时七百多年。尽管它自身不断接受了中原封建文化的影响,渤海之世甚至出现了"车书本一家"的封建化的趋势,它却始终未能全面冲击中原王朝力图保存的"华夷之别"的鸿沟。直到辽代兴起,已较多受到盛唐文化影响的契丹民族,顺应了兴于北方已久的社会变革潮流,又占得了夺取燕、云之地的封建制度遗产等诸多有利条件,才迅速成就了一统北国的宏图。

契丹立国、辽代文化兴起之时,首先进行渗透与交融的就是民俗。阿保机力改契丹"其富以马"①的旧俗,"专意于农"、"糇以树艺,诸部效之"②;至太宗德光,更相继以腹地"以事耕种",经过几十年的努力,出现了"积粟数十万斛,斗米数钱"③的情况。细加梳理,不难看出其中风俗文化渗透的源流:

首先是辽代文化对于突厥文化的汲取。突厥文化较早受到中原文化的影响,比契丹更早进入阶级社会,有文字、官制、刑法,并与北朝统治集团通婚而较多引入了中原民俗文化。其次是辽代文化对于回纥文化的汲取。回纥在唐天宝年间强盛,即与契丹发生了频繁联系。辽太祖淳钦皇后为回纥之裔,子孙并代相嫁娶而形成了后族屡世左右辽政的特殊地位。圣宗后菩萨哥曾以设计宫殿、车辂、浮屠新巧而名彰,道宗后萧观音曾因善琵琶,能制歌词而擅宠④,表明回纥之裔在辽代文化中一直是一股特别活跃的力量。再次,则是辽代文化对于渤海文化的汲取。辽灭渤海后置东丹国于其地,以太子倍主之,设左、右、大、次四相兼用契丹与渤海人物,"一用汉法"。东丹王倡尊孔,工辽、汉文章,以多才多艺成为契丹建设新文化的先行者,影响久及子孙后世。中原传统汉文化发展至唐代,经籍充栋,百体皆备,自契丹大字之作直至"华夷同风"口号之提出,高度发达的汉文化无疑对辽起着最重要的作用。再则是辽代文化对于佛教文化的汲取。佛教东渐后,久经消化、改造,天台、华严诸宗竞出,渐与华夏传统文化融会,而在文学、艺术、哲学诸领域成了汉文化的有机组成部分,影响如水银泻地。辽自阿保机于唐天复二年(902年)筑龙化州城时"始建开教寺"以供佛,尔后重浮屠之法,以僧为帝师,延僧参朝政,佛学风靡朝野。

综上所述,在辽代时有"华夷同风"之说,可见是重要的民族同化与风俗渗透之时,其间尽管有政治、军事等诸种因素的交融与促进,但契丹族在文化上汲取诸种先进的养分来充实自己,自然不可忽视。所以1057年,即位不久的辽道宗耶律洪基曾"以《君臣同志华夷同风》诗进皇太后"。懿德皇后萧观音应制属和之词。其词曰:"虞廷开盛轨,王会合奇深;到处承天意,皆同

---

① 《辽史·食货志》,中华书局1974年版,第923页。
② 同上书,第924页。
③ 《辽史·耶律唐古传》,中华书局1974年版,第1362页。
④ 《辽史·后妃传》,中华书局1974年版,第1205页。

捧日心。文章通谷蠡,声教薄鸡林;大寓看交泰,应知无古今。"这首诗的含义的确是耐人寻味的。建设了辽代文化的契丹民族,既汲取汉文化的精髓又保存了民族特色,使自身在中华民俗文化史上获得了强大的生命力。前人曾有所谓"一代风俗自辽金"之说,更反映出在"华夷同风"进程中风俗文化的渗透,已不囿于一时一地的文化成果,它的某些成分已深深扎根于长城内外的众多兄弟民族之中,成为中华全民族文化"一体多元"的有机组成部分。

三、"胡化"与"汉风"的相得益彰

中国民俗内在冲突的另一个重要特性是农耕稻作文化与游牧狩猎文化的对峙。从地域上看,我国农耕稻作的文明发源地主要在黄河流域,渐向南扩展到荆楚、吴越、巴蜀,再跨越五岭直达南海,这一片广大的地区,古代曾散居着众多的部族,而终于汇入汉民族的大家庭内,足以证明农耕稻作文化有强大的聚合力。但是,同一个农耕文明向北的延伸,却始终受到阻碍。北方先后兴起的少数民族如匈奴、鲜卑、突厥、契丹、女真、蒙古等,凡滞留于本土的,莫不坚持自己固有的生活方式,他们与中原汉族之间的冲突,往往构成历代王朝最大的边患。其根本的原因在于中国大地上的两大地理型貌——草原与河谷,界定了两者的疆域。草原型文化,只能生长出游牧狩猎型的民俗文化;河谷型文化,只能生长出农耕稻作型的民俗文化。在人类生产力未曾进入更高阶段之前,两种民俗文化的冲突是不可避免的。

对峙冲突与交流互渗是一对孪生兄弟。既有对峙,更有互渗,而且互渗交流成为一个主要的趋势。汉民族曾经从域外少数民族那里引进了大量的新鲜事物,例如,我国古代一直保持着席地而坐的习俗,到了汉代,席子还是人们生活中离不开的用具。到了汉代后期,北方少数民族的"胡床"传入中原,这种床是两木相交叉。床面用绳索连成,可开可合,携带方便。"胡服"对于汉族服饰的影响,更是在服饰史上写下了浓重的一笔,"胡服",指我国北方草原游牧民族的服装,他们为了骑马的需要,多穿短衣、长裤和靴。这种服制,据文献记载是战国时赵武灵王首先引进用以装备军队的。伴随着"胡服"而来的是服饰史上一系列带有根本性的变化。其他还有"胡椒"、"胡麻饼"、"胡马"一类。而其他少数民族也从农耕文化中借鉴了大量的先进技术和典章制度,促进了自己的经济和文化。例如地处东南沿海的福建文化。福建的古民族是由当地土著民族发展形成的,这就是《史记》中所称"闽越"。一般认为,福建僻处东南沿海,由于地理条件关系,交通较闭塞,接受外来文化比较晚。可以说,在秦汉之前,福建仍是以土著民族为主的地方文化占主导地位。汉代是汉文化传入福建并得到迅速发展的一个重要时期,最初,汉人大都是以军队(包括家属)形式进入福建。三国时期,福建开始设立郡县,占据江东的孙吴政权,征服了南方土著百越族人,以会稽南部为建安郡,揭开了福建郡县制的历史。此后,随着汉人入闽的增多,设置郡县范围的不断扩大,至唐代及五代而基本完成。汉族的政治、经济及文化等已在福建得到广泛的传播,汉民俗文化也逐渐成为福建的主体文化。汉文化在福建的传播,一方面是通过统治阶级的统治手段实现的;另一方面是由中原地区入闽的汉人带来的,前者主要是政治制度、生产关系等;后者主要是生产技术和经验等,因而汉文化在福建的传播中既带有强制性的,也有自然吸收的。作为一种先进的文化,中原农耕文化对促进福建社会经济的发展起着积极的推进作用。入闽的汉人,除了东晋时期中原汉人因避战乱的原因外,大都是带有军事性质,属于武装性质的移民,于是他们入闽后,一开始便以统治者的面目出现,所以说福建封建化过程,也就是闽越人被汉化的过程,随着时间的推移,汉化程度的加深,民族成分发生变化,出现了外来汉族变成为福建主体民族,土著闽越族则逐渐消失的现象。从冲突与消解的关系看,汉文化与闽越文化的冲突与交融,是比较典型的一例,历史上,汉族农耕文化与少数民族文化的碰撞,都有这样的过程。

历史上,有几次游牧民族入主中原。它虽然给汉族农耕文化带来一定的震荡,甚至经历了血与火的洗礼,在血泪掺和的冲突中,最终并没有从根本上改变农耕稻作型和游牧狩猎型两种模式的民俗。草原与河谷,中原与大漠,民俗文化类型之殊异,并未能由于民族融合而扭转其基本的趋向。相反,在中原地区定居下来的外来民族,都逐渐走上了汉化的道路;汉人长期生活在少数民族的异域他乡,或多或少被"胡化"。这就有力地证明了民俗对于经济基础的依赖。没有共同的地域环境,没有相似的经济生活方式,要改变对方、同化对方是相当困难的。尽管如此,农耕稻作与游牧狩猎这两个民俗类型之间的冲突和碰撞,对于一个民族文化的精神建构,还是有影响的。

游牧狩猎型民俗文化对于农耕稻作型民俗文化的建构过程,到底起了一种什么作用呢?撇开具体的、局部性的影响不谈,在中国历史上有两次大的冲突是不可忽略的:一是发生在"五胡乱华"之后的南北朝及至隋唐时期;另一次则在靖康事变后的金元时期。

先看第一次冲突。西晋灭亡之后,中原地区建立起各个少数民族政权,尔后统一于北魏,又分裂于东西魏及北齐、北周。直到隋文帝统一北方,其间有二百六十多年,一直是北方民族的首领统治着。这一场民族大迁徙,给中原农耕文明带来深远的影响。从民俗文化的精神演变来看,有两方面的作用特别明显。其一是漠北民族的游弋而尚武的习性,给中原本土的任侠传统注入了新的血液,不仅培养了北朝人的朴野、刚强的秉性,也使任侠气概与边塞豪情产生了紧密的联系。北朝乐府民歌的粗犷旋律以及文人边塞诗的广泛创作,因而成为文学史上引人注目的现象。其余社会风尚,例如妇女应门事、习骑射,也和以农耕稻作文化为主体的南朝世风形成明显的对照。其二是游牧狩猎型民俗文化重巫信神的习俗,与中原宗教文化相结合,促成了佛教在北朝的盛行。佛教自东汉传入中土,先依附于方术,再托庇于玄学,长期未能自主。北方各族踏进中原,石勒率先崇佛,北魏以后更广褒佛寺,精雕佛像,香火兴隆,世世不绝。可以说,从这时起,佛教才取得与儒、道鼎足而立的地位。当然,佛教同时在南方也得到传播,而其重心似乎在佛学义理的探究上,社会影响未必赶得上北方,梁武帝一朝是个例外。南人重思辨、北人重信仰,多少能反映出作为游牧狩猎型民俗文化因子渗入的结果。

游牧民族统治下中原文化的变异,对隋唐文化有直接的启发作用。隋王朝平定江南,南北文化出现融合的趋势。唐代承续这个趋势更加推进,才有儒、佛、道"三教合一"局面的奠定。不光是"三教"流行,任侠也构成了唐人的重要习性,再加上都市文化的兴起,民俗于此得以全面的展开和比较和谐、均衡的发展,唐代文化因而成为民族精神的完美的象征。造成这种情况,根子固然在于唐代社会本身的变革,同时也和唐人对南北文化的综合改造分不开的。

第二次大冲突,金元相继入主中原,历史似乎重演了南北朝分立的故事。女真族金戈铁马的驰骋,确乎给北方文化带来一些异于江南的色调。不过金王朝统治时间不长,汉化又比较早,其特色尚未充分显示出来。直到蒙古族南下,统一中华,给予民俗文化以巨大的震荡。漠北蒙古人是一个游牧文化习性非常顽固的民族,这与他们世代居住的生活环境密不可分。进入中原以后,一度拟议要将农田全部荒作牧场,事虽不果,却足以证明其对汉族农耕稻作文明缺乏同情。蒙元帝国是少数民族在中原地区建立的统一政权中汉化程度最低的一个,这种形势自然会给汉族文化传统带来相当程度的扰动,像农业经济一度萎缩,宗法伦理规范相对松弛,科举制度长期废异,学术文化不被重视,都是这方面的反映。

从以上有关农耕稻作文化与游牧狩猎文化的碰撞和冲突中,可以看到冲突对于民俗文化建构的深刻影响。它说明,只要一种文明的社会基础仍然保留着,即使在民族迁徙的强有力的推动下,它的结构模式也不至于发生质的转移,而另一种文化的刺激效应,还须通过其原确结构的自我调整来实现。

第三节 民俗交流与民俗变异

一、隔离机制与交流形式

民俗的发达程度总是同交流的形式和状况密切相关的。一个社会包括语言、文字、符号、用语等内在的表意手段和沟通方式,体现了民俗文化发达的程度,而它又是社会文明的标志。

处于风行和传播状态中的民俗文化,我们又称其为风习文化。从总体上讲,人类的风习文化也是由于社会的进步、生产力水平的提高而不断进化的。人类从旧石器时代到新石器时代、青铜器时代、铁器时代、蒸汽机时代、电子时代,不同阶段都有不同的风习文化。每一种新的风习文化的出现,总是对旧的风习文化的批判与继承,总是民俗文化发展过程中的进步和提高,民俗愈发达,其风行、交流和传播的频率也愈快,人类获得的自由和权利也愈大,这就是民俗具有的发展性质。当然,民俗发展的道路并不是一条笔直的坦途,它犹如江河东流,百种迂回,千般曲折,在奔流中有峡谷、险滩、飞瀑,也有滞流区,还会与其他河流交汇。人类是由不同民族组成的。不同的民族在不同的自然环境、生态环境和历史条件下所产生的民俗文化,虽然其本质都是对愚昧与野蛮的否定,但是在程度、侧面以及气质风格上各不相同。正因为不尽相同,才有民俗的交流与碰撞,以及在碰撞以后发生的变异。所以,民俗的交流与民俗文化是同时产生的。

民俗文化交流主要有两种:一种是广义上的交流,指人与人之间行为举止的互相感染与模仿,互相学习与传播;另一种是狭义上的交流,主要是指不同风格与气质的风习文化的互相渗透和影响,互相传播和学习,这主要是在不同地区、不同民族、不同国家之间进行。

从生命的主体意义来说,生命从诞生的那一刻起,就开始不断实现与外部世界的和谐。我们称之为"感应"。生命本身在这种感应中获得了从低级到高级的发展。最初的生命是单细胞的原生动物,经扁虫门发展到鱼类纲,机体部的十大系统先后形成;从扁虫门经鱼类纲发展到爬行类纲,感官部的五种感觉器官先后出现;从爬行类纲经哺乳类发展到人科,中枢部分的神经与脑出现了。从中不难发现,从单细胞原生动物进化到人,正是生命与外部世界不断扩大和深化感应的结果。生命的这种不断扩大和深化与外部世界感应的本质特性,是人类进行文化交流的动力所在。

我们这样说,是否有点社会生物学的味道?不是。我们从民俗的存在形式,即表现形式来思考,可以说每一种民俗文化本身都具有传播的性质。传播总是多向的、互相的,这就构成了文化交流的必然性。人的脑、手、脚、眼、嘴、耳等,既是文化的生产系统,又是文化的交流系统。人类发展史告诉我们:文化的发展推动了文化交流的发展,而文化交流的发展又促进了人类的进步和文明程度的提高。

民间故事和神话传说中有许多人类借助于传播与交流的幻想,如我们的祖先感到自己的脑子不够用,幻想能有神算子、智多星,能够未卜先知,神机妙算;感到自己的手不够用,幻想能有一双万能的巧手,能够鬼斧神工,巧夺天工;感到脚不够用,幻想有一双飞毛腿、一副风火轮,能够日行八百夜行一千;感到眼、嘴、耳不够用,就幻想有一对千里眼、顺风耳,有一张巧嘴、铁嘴,有一副金嗓子,能够眼观六路、耳听八方,出口成章,歌声悦耳悠扬。这一切,不仅表达了古人不断发展文化的要求,也表达了我们的先民对提高交际能力,扩大交际范围,谋求文化交流的要求。随着历史的进步,古人的幻想逐渐变成了现实,电脑、人工智能以及一系列高科技成果的出现,标志着人类有可能把地球上的文化交流扩大到宇宙中去,这种交流一旦成功,对于人类的意义将是无可估量的。

民俗的交流,是主体与客体之间或者甲乙双方之间彼此把自己有的提供给对方。它不拘泥于某种特定的形式,而常常是在有意无意之间进行着,所以探讨交流形式是一件困难的事情。有学者说,从历史上看,民俗的交流形式主要有迁徙、贸易、传教、殖民、战争、旅游、外交活动等。从国家与民族之间交流而言,这样的形式当然没有错,但对这些形式必须概括,否则的话,可以说具体的形式不可胜数,指出其中的任何一个形式,都可以有挂一漏百之嫌。我们所要做的工作,倒是可以反过来看一看影响文化交流的因素,即与文化交流相对应的隔离因素。

个体在民俗文化中的地位是极其卑微的。文化传统向来是作为先天的条件,以既成的形式加于此时代身上。此时代的人们,如同不能选择他们出生前存在的经济方式一样,不能摆脱文化环境(即传统)对他们的强制力量。不管他们是否意识到,民俗将作为他们的第二自然环境,又作为他们的心理结构存在下来。他们在适应经济环境的同时,也在适应着文化环境。适应的过程就是主客体之间的交流过程,于是自己又成为传统得以保持和加强的物质载体。正如大多数人在他们出身的那个国家里找到一个居所那样，他们同时也在这个国家里找到一个家。

千百年来，尽管民俗通过各种形式在交流和渗透，汉民族与其他民族的接触都是文化交流和变异的因素，然而，民俗的隔离机制保持着汉民族的民俗文化数千年绵延不绝。

事实证明，民俗的隔离机制是造成和维护民俗文化成为独立的定型的文化形态的机制。民俗文化倘若没有这种隔离机制，它的形成个性和特点是难以想象的。不同民族之间的无限交流、传播，结果会使文化系统淹没于大量的文化分化和重新组合之中。这种文化的重新组合对于环境的不适宜要比适宜大得多，如果没有文化隔离机制，环境对于文化的摧毁比我们所看到的要大千百倍，因此，隔离机制是使文化在变动的环境中得以凝聚而不致湮灭的首要条件。

民俗隔离的形成需要一个时间过程。文化交流所造成的各种文化变体，在隔离机制的作用下，绝大多数没有能形成传统或没有加入到民俗的行列而自行消亡。结果是文化传统加固了隔离机制，隔离机制强化了文化传统，这种作用在最后阶段变得更加强化。交流的各种文化变体被淘汰的情况，取决于文化间相互隔离的强度。所以中国从先秦到明清，文化的隔离机制导致中国的文化传统在数千年的历史演变中，虽然有过几次变动分化的时机，但最终只是加强和同化这一过程。到近代，组成隔离机制诸要素的变更，特别是封闭式的社会结构被打破，是中国民俗文化发生根本性变化的基础因素。

在民俗文化隔离机制中，首先是地理因素，海洋、沙漠、山岳所障碍的自然隔离使文化传播变得困难。其次是语言，语言导致人类更复杂的文化行为的出现，在人们的观念世界里，以语言为桥梁，外界环境被人为地划分得越来越细，并且相应地被分门别类的各类事物注明了性质，并予以命名。这种命名的过程，带有很大的自发性、随意性，由最初的命名者决定，并且一旦决定就一直沿用下去，这就是"约定俗成"的力量。事物被命名以后，就进入了人类文化圈，而且，同一事物，例如太阳，由于不同语言对它有不同的称呼，太阳在人们的头脑中分裂了。人类的观念变成无限的多元化世界，因此，不仅是地域，而且是语言将人类划为不同的民族。第三，不同人种之间的文化隔离，使人在作超越原生地地理环境的运动过程中遇到极大的障碍。这种障碍，往往以在新环境中身体的疾病为保护性反映，使人抽身返回原生的地理环境。其他还有社会结构、民族战争、城市规模，以及心理方面的隔离因素。正是这些因素所造成的合力，使民俗交流难以充分展开。然而，正是这些隔离因素的存在，世界上各个民族才可能长期保持本民族民俗文化的独特个性。

二、积累蔓延与民俗回归

人类与古猿揖别之初，民俗文化尚处在稚童期，交流的范围极其狭小。当时人类征服自然的能力十分低下，难以逾越地理上的险阻，后来，农业为日益增长的人口提供了食物，而人口的增长有可能把更多的荒地改为耕地，人类涉足的范围逐渐扩大，文化交流的范围也随之而扩大。

任何一种民俗的发展，一靠自身由少到多，由浅入深，由低级到高级的不断积累的进步，这种状况，我们称之为"蔓延"；二靠外来民族的不断补充、丰富、展发、刺激与冲击，在与外来文化的交流、竞争、融合中壮大自己，对此，我们称之为"回归"。蔓延与回归，两者相辅相成，缺一不可。

蔓延和回归的文化交流，也是维系民俗文化得以传承和继续的重要保障。出于各种原因，并不是人类创造的每一个文化事象都可以传之后世的。"某一个地方创造出来的生产力，特别是发明，在往后的发展中是否会失传，取决于交往扩展的情况。"[①]只有充分进行文化交流，才能维系文化的连续发展。中国古人所说的几位开创祖业的圣人，如有巢氏、燧人氏、伏羲氏、神农氏等，实际上都是无名氏发明家的代表，他们的发明创造，通过交流得到传承和发展，避免了"每一种发明在每一个地方都必须重新开始"的局面。

从整个历史来看，无论是史前文化、原始文化、古典文化、近代文化再到现代民俗流变，可以说民俗文化的传播载体是人以及人与人相联系的物质技术水平。古代民俗文化的交流形式包含了迁徙和聚合为典型特征的形式，即以人自身作为交流的工具，古代民俗文化之间的交流，虽然主要在个人与个人之间开展，但由于受到政治的影响，这种个人与个人之间交流规模也可以是相当大的。人们为着经济、军事、自然灾害、宗教等因素而作长距离的迁徙，为古代民俗文化的交流和传播开辟了通道。在中国古代文化史上最值得大书特书是张骞通西域开辟丝绸之路，"边城暮雨雁飞低，芦笋初生渐欲齐。无数铃声遥过碛，应驮白练到安西"[②]。这条丝绸之路，出玉门关以西，入今甘肃、新疆地区，往往是千里沙漠，上无飞鸟，下无走兽，四野茫

---

① ［德］马克思、恩格斯：《费尔巴哈》，《马克思恩格斯选集》第1卷，人民出版社1972年版，第60页。

② 张籍：《凉州词三首》，《唐诗鉴赏辞典》，上海辞书出版社1983年版，第763页。

茫。在沙漠边缘凭借高山冰雪融水,形成串珠般的绿洲,骆驼结帮而行,长途跋涉,古代文化交流是在严酷的自然条件下进行的。唐代去南亚求佛也同样艰难,"西去者盈半百,留者仅几人"。没有卓越的学识和宏大的志向,绝不可能完成交流使命的。

至于古人,公众主要活动的场所是祭祀和庙会,也是民众文化交流的极好时机,除此之外,还处于两大交流系统:一是教育,学校一直是知识的主要来源,而教师则被认为是知识的传授者,所谓"传道、授业、解惑"者也。二是社会交流,人从诞生的第一天起,就开始了与自身外的社会进行信息交流,社会交流提供给个人的是与己切身的历史和有关的时事,反映变化着的世界的、易于理解的各种内容。中国近代社会开始之际,出现了新的传播载体和传播形式,赋予了民俗文化崭新的传播空间。这一切可以说是以时代顺序向前演化的层次推进。

人类民俗文化发展到今天,越来越冲破国家和民族的界限。由于自然地理及各种因素的制约,世界各国民风殊异,民俗的发展是不平衡的,这种不平衡包括文化的风格、素质各异,侧重面不同以及发展程度的高低不一,它是开展文化交流的动力。正是在这种交流中渐趋平衡,接着产生新的不平衡,然后又开始新的交流。因此,蔓延与回归式的交流不断推动着各民族的民俗文化向前发展。

三、生活观念与层次推进

考察民俗交流演进的规律,是一件很有趣的事情。

当中国的历史跨进近代社会的门槛,民俗变异变得急骤起来,其主要表现是都市文化的兴起,在民俗文化内部增生出许多新的不被原环境束缚的,从而在更高层次上超越原环境的文化因子。它不是偶然在一天之内突然生成的,在宋元社会就作为一股潜流在涌动,到明清之际露出了端倪,开始撼动着民俗的内在结构。然而,这一自我蜕变过程并未顺利完成,19世纪中叶,西方列强依恃其船坚炮利,挟带其文化思想席卷而来。西方列强用大炮敲开了古老中华帝国的大门,也敲碎了传统中国民俗的"外壳"。裂变发生了,但并非起自于自我的分裂与转化,而是外力强行输入的结果,这就给中国近代民俗的建构带来了特殊的复杂性。

真正能清晰反映这种层次推进的则是从鸦片战争以来的这一个半世纪。在这一百五十多年的时间里,中国社会春雷激荡,波澜起伏,不仅社会起了相当大的变化,而且民俗文化也有了空前的发展,它不像古代民俗文化那样缓慢,在一种超稳定结构中步履蹒跚,它大量地吸纳了西方文明和西方文化(包括马克思主义)的成分,拿来为我所用。但吸收西方的习俗文化和民俗传承之间到底是一种怎样的关系,则需要我们做仔细的分析。

当代原始部落给我们许多启示,它们大都生活在崇山峻岭或原始森林之中,在隔绝的地理环境中气息奄奄地保存着自己的文化。也许他们祖先的文化同先进民族的文化是同步的,但当它们断绝外部世界的信息之后,便只能在衰退中吞食自己的文化了。这说明在层次推进之中,文化的参照目标是十分必要的。而参照又是需要时间更新的。华夏文化在面临近世新时代的门槛时,需要寻找新的参照世界,在这方面,我们走过了三个层次的层层推进。

一是器物,连同制作技术的更新。有论者称为器物文化,也有的研习民俗的学者称之为"物质民俗"(我至今一直怀疑是否有纯物质的民俗)。一般而言,这是处于浅层次的或者是表象层的民俗文化,变化较快。由于它处于表象层次,可不必触动民俗文化的内在模式。中国民俗文化在近代的嬗变,首先是从民众社会生活之各种器物层面打开缺口并取得显著效果的。在自给自足的自然经济为主导的中国封建社会,人们的物质生活十分单调。近代以来,随着西方商品在国内的大量倾销,以及为满足人们衣、食、住、行、用各方面生活需要而发展起来的新式工业和手工业,极大地改变了传统物质生活的基本结构,从而丰富了人们的物质生活。就较传统物质生活资料而言,新兴衣、食、住、行、用资料内容更为丰富,不仅有些在传统的基础上有较大改进,而且大量昔日不备的生活资料在近代也被大众使用,诸如西服、西餐、面包、啤酒、罐头、洋房、洋楼、玻璃、电灯、火车、汽车、摩托车、自行车、轮船、手表、照相机、留声机等,物质生活的丰富极大地方便了人们的日常生活。往昔那种古板、单调、等级森严的局面开始得到改变,生动活泼、千姿百态的生活面面开始出现于城镇乡村。

二是社会生活中的人际交往习俗显现出变化的趋向,首先是血缘、地缘、业缘关系的内容逐步更新,旧的形式逐步让位于新的形式。血缘关系渐渐淡薄、松弛;地缘关系在新的基础上发生了膨胀;业缘关系则由于社会的逐步近代化和开放而大大发展起来。最显著表现是等级观念的淡化与礼仪的简化。传统社会中,社会分层森严,士农工商依序由尊而卑,各阶层之间的流动和交往较少。封建制度也有种种规定加以限制,如科举就不允许倡优隶皂之子弟参加。广东的疍户子弟,要上岸居住从事农商三代以后方准应试。工商业者或地主,即使家大业大,财大气粗,其社会地位也比不上士绅。所谓诗书之家贫,也不屑与富商巨贾往来。在亲属圈内,长幼尊卑顺序,壁垒森严,这一切随着近代社会的开放,等级观念逐渐在人们的意识中趋于淡化。而更趋简化的是在人际交往中的称谓和礼仪,颇多地采用了一些西方形式,例如废止称官吏为老爷、大人,改称职名。人们之间提倡称呼先生、太太、女士、小姐等称谓。民国初立,即废止跪拜、作揖,颁定新礼仪,规定在正式场合,男子礼为脱帽三鞠躬,女子为三鞠躬。非正式场合,男子脱帽致意为礼,女子鞠躬为礼,日常相见,握手礼渐渐实行。这些变化不同程度地反映了人际关系方面的民俗文化的新推进。

三是精神生活(即人们的观念)方面的习俗发生了倾斜与变动。在近代社会,商品经济和由此形成的社会竞争冲破了人们固有的贫俭、宁静、封闭的生活和观念。以服饰而论,民初式样繁多,"西装东装、汉装满装,应有尽有,庞杂至不可名状"①。有些地方甚至出现"中国人外国装,外国人中国装","男子装饰像女,女子装饰像男",色彩则"洋洋洒洒,陆离光怪,如入王都之市,令人目不暇接"②的现象。当外来商品的冲击日益强烈,并日益被大众所接受后,陈旧的观念就失去了原有的社会基础。"贵义贱利"、"知足安分"、"驯服柔顾、安己若素"③等传统中国人的精神面貌在激烈的时代风云和商品经济的无情陶冶下,开始发生了令人瞩目的变化。"西俗东渐,礼防日坏……世变日放,士大夫方舍本逐务,为领导标新之学,未来之惠不可预知"④,一向被士大夫称道的"俭朴"、"淳厚"、"尚义"、"贱利"的社会风尚,迅速地导向了"逐利","竞奢"。史载,同光以来,人心好利益甚,有在官而兼营商业者,有罢官而改营商业者。人心不古,世风日下,实乃时代使然,传统的力量也无能为力。整个社会在变,人们的社会生活在变,相应的生活态度,价值观念也在变,以至于"晚近士大夫重利轻义,骨肉亲戚之间一粟一帛较算必清"⑤。古朴的重伦理、重道义的风尚被赤裸裸的"计算"和"重商"所取代。生活与观念的冲突,一层一层地将传统中国人的民俗文化推上了发生倾斜的地步,而尤其是西方科学民主思想的传播,使得中国人在贫乏的精神世界上建造起合乎近代社会要求的精神品格来。

---

① 《大公报》1912年9月8日。
② 《申报》1912年9月14日。
③ 《辛亥革命前十年时论选集》第一卷(上),上海人民出版社1962年版,第68页。
④ 许钰:《居安思危录》,《庸庵遗集》文集卷二。
⑤ 《经世文续编》卷一二〇,《洋务二》。

四、观念萌动与向注未来

在民俗文化发展变化层次推进的最核心之处,是民俗心理,它是浸透于民族群体之中的思想、感情、价值观、行为方式、行为规范等的总和,是隐蔽在人们社会行为后面的、潜在的、无形的东西。因此,它不是外显的,不易被人所认识和把握。只有在一个社会剧烈的大变化时期,或者在整个文化的转型期,如同一阵狂风掀开了顶篷的盖子和门帘,人们才能看得比较清楚。由民众自发的社会行为所形成的社会风习、流行时尚,像一架测度仪器一样,敏感地反映出当时人们新观念的萌动,以及由这种萌动而蕴含的内容和趋向。

首先是物质生活领域的变迁,对人们的思想观念和传统风尚习俗发生了深刻的影响。在自然经济条件下,物质生活的单调乏味,使人们的生活水平提高受到限制,人们观念是朴厚俭约、因陋就简。当日用洋货大量风行之后,原有的观念失去了社会基础,人们不仅乐于使用较高一级的生活用品,且出现了"喜新厌旧"、"竞为靡丽"之风。道咸之后,上海附近即流行此风,《真如县志》描写了前后变化的情况:"真如僻在邑之西南,自成市鄽,士习诗书,民勤耕织,俗尚敦厚,少奢靡越礼之举。中外互市以来,洋货充斥,绚彩夺目,喜新厌故者流弃其已有,群相购置,不知漏卮之日甚。"①金山县到光绪前后情况亦如此,"向时缎衣貂帽,例非绅士不得僭,今则舆台皂吏亦有服之。一切器用必用红木、楠、梨等。寻常燕享,无海错山珍,群以为耻。风俗奢靡,莫此为甚"②。近代以来,各地方志记载其物质生活"日渐奢靡","习为侈靡"等情况俯拾即是。其实,这是物质生活领域巨大变动在人们观念深处和民俗心理中的直接反映,有人甚至从社会进步的高度认识这种现象。胡祥翰在其编纂的《上海小志》中写道:

优胜败劣,适者生存,而不适者则归淘汰,此天演之公例也。不必征诸远,征诸四十年来沪上淘汰之种种事物可矣。试略举如下事,多不烦引也。如有轮船而沙船淘汰,有洋布而土布淘汰,有洋针而本针淘汰,有皮鞋、线袜而钉鞋、布袜淘汰,有火柴而火石淘汰,有纸烟、雪茄而水烟、旱烟淘汰。吾为此言,人必谓我顽固守旧,对于陈腐之物质大有

---

① 民国《真如县志》"风俗"。
② 光绪《重修金山县志》卷十七"志余·风俗"。

误认国粹,亟思保存之意,实则非也。特惧夫自知拙劣而不能就原有者改进之,就未有者仿造之耳。①

胡氏的论述虽然不一定合乎社会变迁的规律,但它指出这种变迁的事实,说明了当时物质生活的变迁,对资本主义生产企业的发展起到了一定的刺激作用。因为没有生产就没有消费,没有消费也就不会有生产,人们的衣、食、住、行、用是为了满足物质需要的消费活动,消费活动的新的变动,为继续生产提供了新的要求,极大地推动着物质资料的生产。中国近代资本主义企业的发生与发展,与民俗文化中消费量的持续增加是分不开的。

中国人是一个群体感很强的民族,重视社会生活和人际关系,重视在别人心目中的身份、地位和形象,表现为日常生活要面子,随时尚等行为特征,所以在日常生活中除了生存性需求之外,还有大量因社会生活而产生的社会性需求。一些洋货精巧、美观新奇的特点,适合于社会生活和社会交往中的心理需求,所以吸引了人们购买使用,形成了流行洋货,乃至崇尚洋货之风,这就给来自异国他乡的日用商品大量在中国倾销有了庞大的市场。由此,也使我们看到,日用洋货的风行,除了少量品种因其实用性而成为人们的生活常用品之外,大量非实用性的、种类繁多的各色洋杂货是被作为社会性需求而为人们所接受的。人们购买之,是出于交际、夸耀、消遣、享乐的心理需要,而不是出于生存、生活的必需。这就说明,日用洋货风行的社会现象,主要是人们社会心理、文化观念的反映,这样就不能不使中国人在观念上产生激荡。有的人忧心忡忡,认为洋货流行于中国,使中国大量金钱流入洋人的口袋,因此是"耗我资财"的经济掠夺。也有的人对此喜不自胜,对于洋货的流行所带来的新奇繁华津津乐道,这些人中多数是那些靠洋货发家致富的商贾和买办们。当然更多的人是持一种保守的态度,批评人们争用洋货是追求奢华,爱慕虚荣的行为,是世风日下的表现。这些人大抵是传统文化的卫道者,习惯于以书本上的圣贤理论、道德说教作为衡世论事的当然标准。然而,这些人在实际生活中,除了极个别过分偏执的道学家之外,大多数人也难免随俗,也会使用洋货。这种言论与行动的不一致,是中国士人的一个传统。在中国传统文化中,古代圣贤是伦理道德的化身,由于他们过于完美和崇高,一般人不可企及,所以后人只把他们视为一种理想追求。完美的道德伦理可以作为精神生活的指导,但不见得是日常生活习俗的准则。正因为如此,素来最讲究道德伦理的士宦文人们,一方面大叹道德沦丧、世

---

① 民国《上海小志》卷十"杂记",上海古籍出版社1989年版,第44页。

风日下，一方面又竞相享用洋货，成了仅次于商贾的第二个积极接受洋货的社会集团了。

由此可见，正是在传统的重实用和肯定享乐的生活伦理的支配下，在商人和市民阶层兴起的社会变动中，西洋日用杂货——这种近代工商业文明的成果，作为西方近代文明的先头部队，一举冲破了中国传统文明的屏障，进入千百万民众的生活之中，与老百姓产生了普遍而直接的联系，而中国老百姓由此思想观念也开始萌动着新的因素。其中一个直接的成果，是社会对"商"的概念有了积极意义的转变。在城镇兴起了一大批服务性商业，如旅馆、旅店、茶楼、戏院、妓馆、烟馆等等，不少男女在这些行业里做店主、店伙、招待、帮工。这些人形成了新兴的商人和市民阶层的主体。他们大多来自农村，来到城镇谋生，在一些城市形成了人数众多的地方商业帮群。

那些一向被尊为民众楷模、满口道德礼义的士大夫官员也纷纷经商，而不再顾及传统成见。这是因为：第一，在商品经济日益发达以后，金钱财货比地位名声等对养家糊口更具实惠，同时，由于朝廷因财政困难而实行捐纳卖官制度，有了钱可以轻而易举地买到官职，金钱成了通向上层社会的一条最便捷的桥梁。比其他任何方式，无论是苦读应试，还是攀附关系，都更具提高社会地位的直接效力，由此而出现的崇尚金钱的社会风气，遂使拥有资财的商人在实际社会生活中地位有所上升。第二，一些屡试不中，仕途不达，又家境贫寒的士子，更把经商作为当然的出路，本人既不计较名分，他人也不会因此而轻视及弃绝交往，甚至有的文人名士边商边学，安然自得。这种官、士、商互相混同，三位一体的状况，使三者的社会形象、社会地位和社会价值之间的界线越来越模糊，因而削弱了原来蒙在商人身上的被鄙视和轻视的色彩。由此，像连锁反应一样，还引起了一系列表现在社会生活、交往方式、人际关系、价值观念及伦理观念方面新民俗观念的出现。正是由于社会的大变动，经济格局的大变化，导致了民俗观念上的大突破。重商观念、平等观念，以及将金钱凌驾于等级特权、亲缘和地缘关系之上的近代观念，最早都是在民俗的土壤环境中萌生的。

第七章
民俗的物态与非物态

第一节　物态象征的丰富世界

一、物质劳动与礼俗空间

有论者在分析民俗事象时,曾提出过"生产民俗"或者"经济民俗"的概念。其实,仔细推敲,这是两个含义和概念都比较模糊的说法。因为现代语源意义上的"生产"有两个含义:一是人们使用工具来创造各种生产资料和生活资料;二是指劳动力的再生,即妇女生孩子。如果用"生产民俗",到底指前者还是后者？含义显然不清;即使是指前者,只能说是人民在物质生产劳动过程中所伴随的习俗,它涉及的是人类的物质劳动与民俗的关系。那么,用"经济民俗"是否妥当呢？经济,也是一个相当宽泛的字眼,概括面又失之过泛。从一个确定的角度来看,生产,尤其是物质生产,是呈物态状的生产活动,它只有与非物态的结合才能产生民俗。为了深入探讨这一问题,有必要对物质劳动观作一番阐述。

物质生产是维系社会存在的基石,而物质生产也不是一个纯粹物态的劳动过程,它只有与交往相结合,才能构成人类生产实践活动不可分割的两个方面。交往是非物态的行为,我们说"物质交往",它起初是直接从属于物质生产的,是"包含在生产之中的行为"①,具有相对独立意义的物质交往是

---

① ［德］马克思:《经济学手稿》(1857—1858 年),《马克思恩格斯全集》第 46 卷(上),人民出版社 1972 年版,第 36 页。

从物质生产中分化出来的,是分工的产物。分工进一步扩大表现为生产与交往的分裂,表现为商人这一特殊阶级的形成。随着交往集中在这个特殊阶级手中,生产与交往之间也立即发生了相互作用,所以,首先应当强调物质交往对物质生产的从属性和依赖性。物质生产的发展决定物质交往的深度和广度。从而,也是物态与非物态的一种结合。

首先,物质交往是物质生产得以实现的前提。物质生产从来就是社会性的生产,它必须以许多现实的个人共同活动为必要条件,而这种共同活动只有通过物质交往才能实现。其次,物质交往是保存已创造出来的物质生产能力的保障。某一地方已经创造出来的物质生产能力,在往后的发展中是否会失传,取决于交往扩展的情况。当交往只限于毗邻地区时,每一种发明在每一个地方都必须重新开始,一些纯粹偶然事件(如外族入侵、战争)都足以使一个具有发达物质能力和有高度需求的国家处于一切都必须重新开始的境地。只有当交往具有地界性质并以大生产为基础时,保存以往创造出来的物质生产能力才有了保障。第三,物质交往的扩大促进了物质生产的发展。

在物质生产与物质交往的相互作用之中,物质生产分化出精神生产,物质交往中分化出精神交往。民俗正是精神生产与精神交往的一种"物态"和"非物态"的交流与互补。

前者是指:在人类历史的早期阶段,民俗已包含在物质生产之中,主要表现为原始宗教、原始绘画、原始神话,等等。随着生产的发展,体力劳动和脑力劳动分工的出现,私有制和阶级的出现,精神生产虽然逐渐从物质生产中分化出来,但精神生产与传承,同样是不可忽视的存在。其次,物质生产决定民俗的创造。精神生产是随着物质生产的改造而改造的。正因为如此,带领民众治水的大禹,不可能产生在火药和铅字时代,而中国民间的四大传说也不可能与织机、铁道、印刷机和电报并存。民俗对于直接劳动者的培养、训练,对物质生产产生巨大影响和作用。

后者则是指:在人类历史的早期,精神交往包括在物质交往中。当物质交往从物质生产中分化出来并取得一定发展之后,精神交往才逐渐从物质交往中分化出来。观念、思维、人们的精神交往在这里还是人们物质关系的直接产物,随着物质交往的不断发展,精神交往(例如民俗中的交感网络),才具有越来越复杂的形式,出现了多种思想关系,而且由于阶级统治的需要,精神交往越来越脱离物质交往,并使物质交往笼罩在精神交往的烟雾之中。物质交往决定精神交往。因为物质交往是人们在生存过程中的交往,乃是其他一切交往的基础。不仅语言和意识是在交往迫切需要时产生,而且精神交往主体也必然受到物质交往的规定和制约;更为重要的是,物质交往的性质决定精神交往的性质,资本主义社会精神交往的性质之所以不同于前资本主义社会形态的交往,是由其物质交往性质不同决定的。精神交往通过不断引进新的思想、新的观念,形成新的风俗,影响人们新的生活,从而对物质交往产生巨大的影响和作用。

人的劳动必然包含了自然与社会两方面的性质,体现了人与自然之间的物质变换关系。人作为自然存在物,人的肉体、人的生命的存在和发展,需要物质生活资料来满足,需要人发挥内在自然力去对外界自然进行改造。可见,物质劳动中人作为自然力,已经不是一般意义的生物学上的"类",而是具有客观需要和活动目的的与自然物质相对立的主体自然。劳动中的自然物质,也不是机械力学上的"物",而是被改造的客体自然,即劳动对象。因此,人与自然在劳动中的统一,也就转化为作为主体自然的劳动者与作为客体自然的劳动对象的统一。这种统一的实体态,就是劳动工具。这种统一的关系态,我称之为"物态",就是以劳动工具为客观标志的、在劳动中所形成的"人化自然力",也就是经过形式变化的、适合人需要的自然力,即生产力。与此同时,我们也应该看到,人与自然的关系同人与人的关系是并存于具体的劳动过程的。因为人必须联合起来,以集体的力量才能与自然相抗衡。换句话说,劳动中人与自然的关系决定了人与人的关系。另外,从历史联系的角度说,每一时代的人的活动都必须以前人在活动中已经结成的社会关系为起点,并在自己的活动中,改造旧的社会关系和建立新的社会关系,以不断适应劳动中人与自然的关系的发展。

理解物态与非物态结合的"物质劳动观",对于认识民俗与物质劳动的关系大有裨益。

二、农耕器具的民俗意义

民俗作为一种文化传承事象,它总是一定时期社会经济的反映,任何一种民俗的产生,都有一定的社会根源,都出于一定的社会需要。从历史的角度看,人类社会的发展史,首先是生产力的发展史和生产方式的发展史。自传说中的神农氏炎帝"斫木为耜,揉木为耒"创始农耕以来,世世代代的人们以此为生,耕耘收获,播种着中华民族的文明。农耕经济与岁时变化有天然的联系,就像尼罗河的周期性洪水刺激了古埃及的几何测量技术一样,决定着一年农业收成的岁时变化也刺激了中华民族古老的岁时习俗文化,人们以四时运行变化作为一年农事活动的参照,以此调节农事以及与此相关的林牧渔业和手工业劳动。在这一坐标系中，岁时节庆便是一个个具有标志性的坐标点，每一个岁时节庆，往往标志一段农事或其他相辅助的活动的起始或中止，只是在后来的文化积累中。这种古老的历法文化本意才被后人赋予的一些其他意义所湮没，其本来面目反而显得神秘而遥远。

农事活动的特征之一，是稳定、缓慢而有序的四时循环，它缺乏商业活动那种极强的随机性、短期性和刺激效应。一年的收获无法完全把握在自己的努力之中，由此便滋长了对天时的依赖和对先人经验的无条件遵从，于是形成了超稳定的农事民俗的基础。在中国，有形形色色的"月令"、"岁时记"等，便清楚地显示了这种经久不变的农事文化的特征。东汉崔寔所著《四民月令》，便是其中颇具代表性的一例，它几乎是一份士、农、工、商各种职业的人一年四季的工作程序表，从四时劳作到夫妻生活无所不备，以至直到今天，中国乡村中的衣食生活依然未能完全摆脱或改变这历经千年的岁岁轮回。这种长时段的缓慢渐进或者积淀，无疑增长了民俗的权威性，岁时节日便在这种特定的文化氛围中代代延续下来。

另一方面，在四时农事平静而缓慢循环轮回中，岁时节日是穿插其中调节人们心理状态的有效方式，仿佛是乐曲慢板中的华丽乐章一样。无论是年首的祈祝迎新还是岁末的庆贺丰年，人们怀着一种不无夸张的激情和欢娱欢庆节日，其目的不外乎借岁时吉庆放松身心、调整情绪、联络亲朋，从事日常劳作中无暇顾及的人际交往。

其实，农耕文化与游牧文化都各有特点，游牧文化是一种"游"动的文化，只有在"游"的过程中才能得到物质和精神层面的稳定。游牧文化作为一类象征系统，不仅仅是一种生计方式，还是一种社会秩序，一种能使人与自然、人与社会之间保持平衡关系的秩序。每一个民族，一年之中都有若干大大小小的节日，其中大部分都与农业生产有关。白族的"栽秧会"，更是一个以抢节令，栽好秧为主要内容的热闹节日。有些民族由于历史上的原因，直到新中国成立前夕还较多地保留着刀耕火种的原始农业、他们的节日习俗，也就以这种农耕文化形式为中心。独龙族在年节"卡雀畦"中要剽牛祭天，目的是希望来年风调雨顺，五谷丰收。基诺族在年节结束的当晚，由各族家长将姜埋在寨边路口，第二天天一亮，各家族长吹响牛角号，全寨人即开始一年一度的砍地活动。佤族年节称"崩南尼"，过节时要由村寨主人和有威望的长者在一起占卜鸡卦，以测来年的生产情况。这些节日民俗活动都与农业生产紧密地联系在一起。

对各民族的习俗文化事象作一个大致的勾画，以说明农业生产在人们生活中占有无比重要的地位。因为只有生产取得一定的物质成果，然后才能使生命得以保全,并繁衍下去,反映在民俗文化中,就必然是以是否有利于生产作为判断标准。各民族有不少谚语反映了这方面的内容,许多民间故事的主题也是如此。同时,在古代生产力落后的情况下,人们不得不结成一定的群体,来谋取十分有限的生活资料,这就要求个人必须无条件地服从集体,即无条件地服从家族、宗族或社团。在许多民族中,至今还流传着生产互助的习俗。农业生产需要实践经验,而长者往往是这种经验的富有者和传授者,因此受到人们的敬重,由此形成了许多敬老习俗。社会日积月累逐渐形成的家风、家教、家规、族规和乡规民约等等,代代相传,成为人们行为的无形的规范。而这一切,都是与农业文明、农耕经济相派生和相维系的。

有谁能证明民俗中任何一个具体的事象不包含精神因素呢?又有谁能证明即使属于精神民俗范畴的文化事象是与物质生产相背离的呢?可以说,离开了人类的生产劳动,我们就无法理解这些民俗文化的起源和它们所包含的意义。

作为"物态"的民俗,尽管它首先满足人们的衣食住行,但总是与"非物态"紧密相连。人类在物质生产劳动的过程中,必然要经历一个从低级到高级,从片面到全面,从不科学到科学的过程。在原始社会,人们认识事物的方法主要是一种直觉,是"以己度物",将自己直接感受到的与人类生存有密切关系的事物,都想象成是一种像人一样具有灵魂的活动的实体。这种灵魂的实体操纵着整个物质劳动的过程,主宰着农作物的丰歉,所以在民俗中才会有那么多的信仰、祭祀的内容。譬如择地时要祭山神、土地神,求神赐予好地;烧地时要祭火神、风神,以求将地烧尽,同时又不伤人畜;犁地时如遇锄头断裂,则以为神灵作怪,要念咒以除不祥;在狩猎活动,猎前要祭猎神,希望得到保佑,同时还要预演,画出或捏塑出各种动物形象,由猎手们去射击,射中者即被认为此次出猎会交好运,猎获野兽后还要举行一定的仪式来感谢山神和猎神。这些都反映出当时的人们将种种自然神秘化,用万物有灵的观点来看待一切事物。这种认识方法,今天看来当然是不科学的,但是从人类思想发展史的角度来考察,又是不可避免的。因为在原始社会里,人们对客观世界的认识十分有限,他们只能借助神灵的力量来实现自己的目的。随着生产力的进步,实践经验的增多,人们控制自然的力量逐步得到提高,于是神灵的色彩也就逐渐淡漠下去,而在物质生产劳动的习俗中,逐渐增添了许多合理的、科学的内容。随着社会的发展与进步,这方面的内容会越来越多,最终使人们摆脱愚昧与迷信。

人类为满足基本生产需要而进行的物质生产劳动本身,就是一种有意识、有目的的劳动,它必然注入主体精神的因素,必然使对象化的客体产生一个升华的过程。这个过程,在中国几千年的封建社会中,就是农业文明的瑰丽成果,也是民俗文化学研究的一个内容。

三、节气文化与民众生计

农业文明最显著的特点是靠天吃饭。因此,我们的祖先对星象和天文,要比今天的人们关注得多,我国最早的诗歌总集《诗经》,就有不少诗篇描写了星象与农时的关系。如《豳风·七月》:"七月流火,九月授衣。"火,星名,或称"大火",就是"心宿"三星中最亮的一颗,称"心宿二"。周时夏历(相当于现在农村里还沿用的农历)六月黄昏时候,此星出现于南方,方向最正。到了七月,就偏西向下(流)了。农夫根据心宿在天空中的位置,来确定季节,安排秋、冬的农事。上古时期没有完善的历法和计时工具,人们只有根据对天象(日月星辰的变化)、物象(动植物随节气而起的变化)和气象(气候的变化)的观察,来决定农时,指导生产,这就是观象授时。难怪上古时,最普通的农夫或村妇也懂得天文,所以明末清初学者顾炎武说:"三代以上,人人皆知天文。'七月流火',农夫之辞也。'三星在户',妇人之语也。'月离于毕',戍卒之作也。'龙尾伏辰',儿童之谣也。后世文人学士,有问之而茫然不知者矣。"①

古人在观象授时的实践中,逐渐总结出一系列的天文历法知识,如所谓"七曜"、"二十八宿"、"干支纪日"等等。古人发现月亮的变化总是按照一定的规律周而复始,人们发现每一次从新月到满月,再逐渐残缺,至晦,到新月的再出现,这个周期的时间总是相同的。由于月亮的盈亏非常明显,一眼便能望见,古代天文学家便把月亮盈亏变化的一个周期称为一月。人们又发现每过十二个这样的月,气候由寒到暖,再由暖热变寒,成为一个大周期,而草木荣枯的变化周期和十二个月的变化周期正相吻合。人们便把这十二个月的周期称为一年。建立了历法以后,古人并未放弃对天象物候的观察,而是继续以天象物候来检验历法,充实历法的内容,让历法更好地配合天象和自然季节。

正因为如此,有关物候与节令的习俗在各个民族中都普遍存在,被视为彝族"根谱"的史诗《梅葛》,曾写到人们如何从松树的轮纹、草木的生长推算

---

① 顾炎武:《日知录》卷三十,中华书局 1982 年版,第 535 页。

年、月、日，如何从布谷、青蛙、知了、大雁的叫声区分四季，以及从实践经验中总结出每个月要做些什么农活。这一切如同我国中原地区以稻麦等农作物的生长周期来划年一样，是基于一种对岁首和农时的确定，藏族人是把麦子成熟当作一年的开头；靠游牧生活的鞑靼族①把草原返青一次算一年；我国东北的赫哲族人每捕到一次大马哈鱼，便将鱼头悬挂起来，作为一年的开始。

"天时"、季节，对农业生产和人们的社会生活有着非常重要的关系，战国时期的思想家荀子就指出："春耕、夏耘、秋收、冬藏，四者不失时，故五谷不绝而百姓有余食也。"②"凡农之道，厚(候)之为宝。……是故得时之稼兴，失时之稼约。"③充分说明人们掌握季节气候的变化对于农业生产的重要。所谓节气文化，正是在这种背景下产生的。

节气文化在我国已经存在了两三千年的历史，各地都有一套根据二十四节气预测天气，安排农事等生产活动的经验。应当说，它具有多方面的意义，对于民俗的影响极为深广，如果没有悠远的农耕文明的丰富经验和积累，它的出现是不可想象的。民间按照季节进行耕作，并用民谚的形式传播开来，成为全民族的财富。例如二十四节气之首叫"立春"，民谚云"一年之计在于春"，"立春一日晴，春末夏初雨调匀"。《易经·说卦传》释"震"卦："万物出乎震，震东方也。"孔疏云："震为东方之卦，斗柄指东为春，春时万物出生也。"春季来临，人们开始一年的辛勤劳作。耕耘之始，是最为忙碌的时节，人们鞭牛迎春，劝耕农事，民俗文化中有各种迎春礼仪风俗，其中最精彩的要算是互赠土牛、春胜、彩花以及各种迎春食物。春日彩仗鞭牛、分赠土牛的习俗由来已久，一般认为，设土牛行迎春之礼，始于汉朝。《后汉书》中记载的迎春之礼已相当隆重，不但载歌载舞，朝野同贺，而且设土牛、耕人，行识赐制度。这与汉朝广泛用牛耕有关，耕牛技术的成熟和大面积使用，是对人力的一次巨大解放，难怪进入汉代之后，耕牛堂而皇之地跻身于祭天和祭勾芒之神的行列。这种习俗，应当是中国农业技术史上一次重大的突破！在农业技术决定着国民经济命脉，决定着能否"定邦安国"的时代，这样重大的事件无疑是惊天动地的，这大概就是上自朝廷下至百姓都要为之欢呼礼赞，世代尊崇的原因。

---

① 13世纪初，鞑靼为蒙古所灭，但西方通常仍将蒙古泛称为鞑靼。元亡以后，明又把东部蒙古成吉思汗后裔各部称为鞑靼。此外，在广义的运用上，鞑靼有时成为中国北方诸民族的总称。
② 《荀子·王制》，《二十二子》，上海古籍出版社1986年版，第304页。
③ 《吕氏春秋·审时》，《二十二子》，上海古籍出版社1986年版，第726页。

节气文化与人们的生产、生活息息相关,所以在中国民俗文化中最具特别意义,古代除立春之外,还有立夏、立秋、立冬。"四立"之日,皇帝总要率领公卿大臣到郊外举行隆重的祭祀和迎接仪式。民间诸多的民俗文化事象都与这种时令节气有关。

四、物态与非物态的相辅相成

中国各个地区传为习俗的岁时和节气文化不尽相同,中国五十六个民族传为习俗的具体事象也不尽相同,同样的一个节令,不同的地域呈现出不同的习俗行事方式,相同的习俗方式又各具不同的内容,但独占风光的农耕文明,"物态"而又与"非物态"的相辅相成,是民俗中辉煌瑰丽的篇章。

第一,民众物质劳动及其岁时节气的民俗事象,是民俗中规律性最强、"习俗化"特征最明显的一部分。这是由于一个民族在自身生存发展,参与社会活动,创造历史方面,最直接的因素是由于他们从事的物质劳动。而在从事物质劳动的过程中,也在一点一滴地建构着民俗的构成因子。时令节气、岁时节日,如果称得上是"俗",那么它就是集体的,一经俗成,便不是个别人的行为。岁时节俗的任何一个够得上是"民俗"的节日,几乎都具有全民性。唐、宋大量典籍都记载了在民俗节日之中,官民同乐的节日气氛,帝王将相和贩夫走卒都要过民俗节日。广大民众遵循、沿袭和传承的这些与物质劳动密切相关的种种岁时节气文化,如果对它仔细整理和研究,这意味着它又为我们提供了一份典型的民族性格与心态的研究资料,以此为经纬,分别散发开去,可以说它又是一部民众的社会生活文化史料。

第二,"物态"的习俗,总是与"非物态"的心意民俗息息相关。一般而言,民众的物质劳动与岁时文化平行发展和演变,每一个个体的行为,是整个习俗链条中的一个环节。其中的集体无意识和角色期待意识,是值得人们仔细辨析的命题。民俗之习俗改革,必须以该社会能接受这种改变为前提,否则就不能成功。从另一个角度看,巫术活动本身还具有某些仅以医学、气象学、经济学的眼光还无法觉察到的有用功能,如同有的学者所说的:这一民俗现象还具有不为一般人所知,而隐藏在民俗深层结构中的有用功能。巫术活动能满足人们的心理需求,维持人们的心理平衡,有些巫师治病是神药两解,巫医结合,药物治疗与精神安慰相结合而颇见奇效,还在客观上满足了病人精神安慰的需求等不可欠缺的积极作用。

第三,"物态"的民俗文化,与岁时、节气文化相交叉,构成了民俗的绚丽画卷,它与民俗中的其他内容紧密相连,即时时区别又处处重叠,岁时节气文化以岁时为经纬基干,以及与"非物态"的民俗心态若即若离的并行发展,在某种程度上,可以说"物态"的民俗在整个民间文化中所处于的基础地位,正如农耕文化在中国传统文化结构中占据举足轻重的地位一样。值得一提的是,民俗的结构本身是一种开放性的动态结构,它自身处于不断的运动当中,民俗意义的变迁与民俗形式的变迁也通常处于异构状态,旧的民俗形式被赋予新的民俗意义而传承下来。例如中秋节原来是以拜月为主的一种祭祀活动,现在这一古老的原始祭月习俗形式中输入了一种新的文化意义——赏月。再如春节贴门联,其原始意义是驱鬼避邪,但到现在,人们已在贴门联这一新的习俗形式中输入了新的文化含义,即由避鬼邪转换为审美装饰。由此可见,民俗中的物态文化,岁时节气文化,它的活动形式甚至比意义更具有传承力。

由"物态"与"非物态"共同组合的岁时节气民俗所体现出来的"人—神"关系,也使我们看到,它实际上也成为一种人类构造社会的手段,这是一种在"人—自然—社会"的关系建立对话桥梁的手段。由于人与自然(也包括神)的并非绝对对立的关系,人能通过祭祀接近自然,和自然对话,然后也通过民俗文化的形式,把这种对话再传给他人与社会。人自身似乎也能成为神的一种力量显现,而具有某种神的品格或具有某种神的力量;由这样的人组成的社会也就不是孤立的,而是能和自然,和神灵,和先祖经验智慧相接的社会,至少在当时的价值观念中,这样的社会才是稳定可靠,具有生命力的。

第二节 物态背后的丰富内涵

一、物质生产的伴随物

马克思和恩格斯十分精确地指出:"我们首先应当确定一切人类生存的第一个前提也就是一切历史的第一个前提,这个前提就是:人们为了能够'创造历史',必须能够生活。但是为了生活,首先就需要衣、食、住以及其他东西。因此第一个历史活动就是生产满足这些需要的资料,即生产物质生活本身。"①我们在民俗文化研究中,一般比较重视"物态"的民俗事象,但常

---

① [德]马克思、恩格斯:《费尔巴哈》,《马克思恩格斯选集》第1卷,人民出版社1972年版,第32页。

常容易忽略民俗中的消费因素,消费因素之所以应当引起民俗学者的高度重视,乃是因为:

其一,人们所从事的各种活动中,有相当一部分为消费活动,在消费活动中形成的时尚、风俗,是民俗应该重点考察的。

其二,不管从事哪一种活动的人,本身都是消费者。他们既是作为生产者或别的身份出现,同时也是作为消费者的身份出现。在从事这些活动中所形成的时尚、风俗、流行趋势,也应列入民俗研究的考察范围之中。

其三,不管人们从事宗教信仰活动还是民间娱乐或别的什么活动,都离不开消费,不能想象会有离开消费对象的社会活动,这样,即使人们所直接从事的不一定是消费活动,但也必须消费一定数量、质量的消费资料,而消费的方式、数量等所表现出来的时尚与风俗,自然而然地属于民俗学的研究内容。

在漫长的社会发展过程中,生产与消费互为制约,互为促进,这种关系决定了要发展生产力,发展商品经济,同时就要研究消费这个民俗学上的一个枢纽。

大家都知道,商品价值之能否实现,关键在于市场上的交换能否得到社会的承认。社会承认实际上是生产消费者和生活消费者的承认。马克思说过:"没有消费,也就没有生产,因为如果没有消费,生产就没有目的。"[①]既然消费是生产的目的,这就说明了生产什么产品,生产多少产品,都应研究消费者的需要。消费产生的需要并不是孤立的,除了生产力发展水平外,一个不可忽视的因素就是消费的风俗习惯。如果我们把眼光投向商品经济领域,或许能为民俗学的应用发现新的用武之地。

《庄子·逍遥游》说:"宋人资章甫而适诸越,越人断发文身,无所用之。""章甫"本是商代的冠名,春秋时代的宋国商人贩运当地的头饰去越国销售。可是商人们根本不了解越人"断发文身"的习俗,因为"断发",就用不着束发加冠,"章甫"对他们也就毫无用处。正如一句俗话所说,"不懂天文地理不足为将,不谙风土人情亦不可做行商",商品经济与民俗文化的关系,不就十分清楚了吗?

民众消费水平是指居民在物质产品和劳务的消费过程中,对满足人们生存、发展和享受需要方面所达到的程度。它主要通过消费的物质产品和劳务的数量和质量来反映,民居即为大宗消费品,以上海"石库门"住宅为

---

① [德]马克思:《经济学手稿》(1857—1858年),《马克思恩格斯全集》第46卷(上),人民出版社1972年版,第28页。

例,可以说是最具上海特色的居民住宅。据考证,"石库门"可能是"石箍门"的讹写,上海方言把紧束物件的框或圈称为"箍",由于该建筑的大门一律用长石条为"箍"而被称为"石箍门",石库门属近音而来。上海的旧弄堂一般是石库门建筑,它起源于太平天国起义时期,当时的战乱迫使江浙一带的富商、地主、官绅纷纷举家拥入租界寻求庇护,外国的房产商乘机大量修建住宅。1870年前的二三十年为石库门的起源初创期,最早的石库门以传统的江南民居为蓝本,继承了传统中国式建筑以中轴线为对称布局的特点,同时融合了西方"联排房屋"的建筑形式。当时石库门一般为三间两厢两层。旧时石库门有前后两个出入口,正中就是所谓的"石库门"。当时大都没有卫生设备,都是以马桶作为如厕的工具。1910年之后进入新式石库门时期。新式石库门的规模比老版的小,规模在单开间到双开间之间,双开间的石库门只"继承"了一侧的前后厢房,单开间则完全抛弃了厢房。除此之外,新式石库门的特征还包括亭子间和平顶的附屋,以及更倾向西方式的建筑风格。有大门、天井、厢房、客堂间、前楼卧室、后楼亭子间、晒台、灶间、后门、水井、天井围墙、厢房山墙和后围墙等。现在上海大多数仍然有人居住的石库门就属于新式石库门。20世纪20—30年代,中西合璧的石库门住宅应运而生。这种建筑大量吸收了江南民居的式样,以石头做门框,以黑漆实心厚木做门扇,这种建筑因此得名"石库门"。最典型的是三开间二层老式传统楼房,俗称"三上三下"。黑漆大门,石头门框铜门环,门内是一小院,称"天井",正中间底楼是一间客堂间,左右两间厢房,后设楼梯可通二楼,楼后有一间低矮的灶坡间,灶间上层是一小间,即亭子间,亭子间顶是晒台。在总体上采用的联排式布局却来源于欧洲,外墙细部有西洋建筑的雕花图案,门上的三角形或圆弧形门头装饰也多为西式图案在20世纪初之前为上海弄堂房子的主体。至20世纪30年代,上海约有20万幢石库门房子,盛行的石库门占了当时上海民居的四分之三以上。原是为一户一宅设计的石库门,随着住宅日趋紧张,一幢石库门内有多户居住,亭子间的住户大多为收入较低的劳动人民。从一家一户到一家几户,最后又发展到几家几户同住一号石库门。石库门的主人及其后人此时已经无力也无法维持一家一户独住石库门的巨大开销。他们或者自己出租房子,或者让人转包出租。承包人俗称二房东。40年代以后,基本缓于建造,进入修缮维护期。1990年前后,由于上海发展的需要,上海市政府开始大规模拆迁石库门。现在,城市中大部分的石库门建筑已经被拆除,只有在一些中心城区还保留了一些石库门建筑。而石库门里弄在最多的时候有9 000多处,曾占到上海市区整个住宅面积的六成以上。

石库门多为砖木结构的二层楼房,坡型屋顶常带有老虎窗,红砖外墙,弄口有中国传统式牌楼。大门采用二扇实心黑漆木门,以木轴开转,常配有门环,进出发出的撞击声在古老的石库门弄堂里回响。门楣做成传统砖雕青瓦顶门头,外墙细部采用西洋建筑的雕花刻图。二楼有出挑的阳台,总体布局采用了欧洲联排式风格。现在,上海注意保存老的建筑,一些具有海派特色的石库门里弄被作为近代优秀建筑整组保存。石库门民居的由盛而衰,直接反映出物质消费习俗的变迁。

总而言之,落后于时代的消费风俗,难以适应现代生活品质的需求,对商品经济的发展就会起限制和阻碍的作用,不仅直接对生产起阻碍作用,同时还会妨碍作为生产者的身体素质的提高,也就是说它是从双层意义上限制着商品经济的发展。陈旧的、不合理的风俗,大都是与商品经济不发达有关,因为这些陈旧的、不适应现代生活的消费风俗直接植根于封闭的、自给自足的经济土壤之中,由于整个社会缺少开放流畅的氛围,只注重宗法观念、血缘关系,局限在家庭、亲戚、朋友这样的狭窄天地里,万事不求人,自得其乐,从而使落后、陈旧的习俗被封闭性的外壳重重裹住,长期地存在下去,自然经济与落后习俗融为一体,不利于民族的进步与繁荣。

二、消费习俗的程式化展现

民众的社会生活、主要是由物质生活、精神生活以及人际关系这三方面组成的,消费的风俗,综合地反映了民众社会生活的世相百态。如果细细考察的话,由消费风俗反映的世相百态,多方面地展现了中国人文精神。

例如,人的生死是自然规律,但在人类社会中,人们为什么会对个体的死亡犹如诞生一样重视呢?这是因为人们不仅仅把死亡看成一个生物性的事件,而且将其同时看成是一件社会性的文化事件。在丧葬习俗中,自古以来都显示着人的社会关系。据考古发掘所得到的材料证明,远在旧石器时代中期的尼安德特人的遗址中,就可以看到对死者有意识地进行埋葬的情况。由此可以想见生者和死者的关系,以及与死者有关的诸多生者之间的关系,丧葬习俗礼仪便可证明这一点。为个体死亡举行的丧葬礼,都是直系血亲的联络和加固,同时也是旁系血亲及乡邻友朋之间关系的联络和认同。不同民族的丧葬礼仪相因成俗以后,便渐渐成为一个民族特定的文化模式,同时也形成特定的消费风俗。丧葬仪式程式化,有了特定的歌舞、规定的服饰,特殊的禁忌,葬俗也逐渐类型化,葬式、葬具、墓地都形成了固定的特点,祭墓习俗也具有鲜明的民俗特色。从远古时候起,信仰习俗就与丧葬文化交融在一起,中外许多民族很早就形成了对灵魂信仰的观念。

　　正是由于此类灵魂观念的形成,人们便臆造出一个虚幻的冥界,认为人死了以后,灵魂不死,在冥界仍和生前一样生活。在这种信仰观念的支配下,远古的人们便把有限的生产工具、装饰品和生活用具等一些实物为死者殉葬。当历史进入阶级社会以后,奴隶主和封建统治者梦想死后仍能像生前那样享乐,便用奴隶生殉,用大量的器物随葬。随着历史的发展,儒家思想逐渐成为统治阶级的思想,传统的丧葬文化自然深受其影响。孔子说:"其为人也孝弟(悌),而好犯上者,鲜矣;不好犯上而好作乱者,未之有也。君子务本,本立而道生,孝弟(悌)也者,其为仁之本欤。"[1]孔子所强调的"孝"和"悌",在漫长的封建社会中成了联系人际关系的血缘纽带;儒家历来强调的厚葬隆丧,事死如事生的观念便越来越隆重。在这个观念支配下的丧葬消费风俗,在人间展现了一幕又一幕的人文景观,就其本质而言,丧葬消费习俗的背后展现的仍然是中国人文精神。

　　再如,我国服饰消费风俗方面的规范,在我国汉民族两千多年的封建社会里,形成了一整套关于女性的道德规范,由此而形成的封建社会妇女的服饰消费习俗,严格禁此妇女体形上"性"的显露和挑逗。从脖子到脚尖,都要裹得严严实实。直到清代末年,妇女一般服饰有:围巾、披风、背心、一裹圆、裙子、马甲、衫袄、裤、抹胸、腰带、膝裤、手笼、手套、手帕等,其中裙子最为重要。一般无论褶裙、斜裙,一律缝成"筒式",系于上衣之内。官宦富家的女式裙子,制作精美,鲜艳华丽,一般妇女则系单衣裙,夏布裙而已。裙子的颜色,以红色为主,而且有许多讲究。一般婚嫁、节日、喜庆大事均需穿红色裙。只有正室嫡妻可系红裙,妾辈则不可。

　　与一般男子服饰相应的是,袍褂在妇女服饰中也占有重要地位。袍褂是最普遍的日常穿着。《道咸以来朝野杂记》对此有详细记叙:"妇女制服,最隆重者为组绣丽水袍褂。袍则大红包,褂则红青。妇女袍褂皆一律长的,不似男服之长袍短褂。有时穿袍不套褂,谓之领袖袍,亦得挂朝珠。其次礼服,则敞衣、衬衣皆挽袖者。敞衣分大红色、藕合色、月白色,以上皆双全妇人所著者。若孀妇敞衣或蓝色,则酱包衬衣,则视外敞衣之颜色配合之。女褂有八团者,亦天青色,下无丽水,以组绣团光八个嵌诸玄端上下左右。内不穿袍,以衬衣当之,其色或绿,或黄,或桃红,或月白,无用大红者。年长者不用绣八团,改穿补褂矣。妇女补服,随其夫之品级,但皆圆形。汉官夫人

---

[1] 《论语·学而》,世界书局1936年版,第1页。

则仍是方补,与男子无别。又有褂襕一种,即长与衬衣齐之大坎肩也。其色以天青为正,亦有蓝色者,或绣花,或净面,亦礼服之一。"①这种统一制式的服装,近乎严酷的社会规范,正是中国传统的重视整体划一与严格的等级性的人文精神的体现。中国传统文化孜孜追求人与人的和谐,人与自然的和谐,把天、地、人看作统一的整体,以"人与天地万物一体"、"天人合一"为最高境界。哲学家、思想家考虑问题,总是"上考之天,下揆之地,中通诸理",以便"上因天时,下尽地财,中用人力",使天、地、人"贯而参通之",从整体考虑问题,而不执著于一偏。整体观念表现于政治领域,是"春秋大一统"的观念;在社会领域,表现为个人、家庭、国家不可分割的情感;诸如此类,构成我们民族集体至上和等级不可逾越的思维趋向和共同心理。

中国古老的传统文化轻视对自然的探索,而重视人际关系的协调。儒家主张的"己欲立而立人,己欲达而达人"、"己所不欲,勿施于人"的推己及人之道,以及"正己正人,成己成物"的思想,说到底,是为了调节人际关系,在自然克制中求得整体平衡统一的效应。作为儒家对立面的道家,也十分看重人际关系的和谐。道家要求人们清心寡欲,不为天下先,是用消极退守的方法来协调人际关系。古代哲学家提倡的人文精神,重视人际关系的调节,对于造成安定团结的局面,心情怡然地从事工作,有积极作用。但是,与此同时,也容易导致关系的庸俗化,使讲关系、搞关系的不良风气浸透于社会生活之中,尤其是消费生活中,造成民族精神惰性的一面。

三、看不见的手和无声的调节

在中国人民的各种消费风俗中,良莠混杂,陋俗和良俗并存,并且盘根错节地纠缠在一起。优良的消费习俗文化,对人民的消费生活起着良好的作用。消费的合理化,则会为生产和流通提供信息、动力和目标。但是不合理的陋俗,则会产生不合理的消费行为,影响社会风气。为了克服陋俗的弊端,使消费风俗更好地推动生产和流通,有必要改造陋俗,提高国民素质。在这方面,民俗的精神气质、文化的内核,如同一只看不见的手,在无声地调节着社会风习的改变。

"你吃了吗?"无论在厕所门口或在路上相遇,中国人互相寒暄的大抵是这句话,几千年没改革掉,再无他国有如此闪光的国粹了。可见,"吃"对我

---

① 崇彝:《道咸以来朝野杂记》,北京古籍出版社1982年版,第33页。

们民族来说,是何等津津乐道。上至宫廷国宴,下至民间小吃,凡能拿得出的,无不讲究色、香、味俱全。大宴能摆出狸唇、驼峰、凫脯、鱼翅、干贝、川竹笋、乌鱼蛋等等山珍海味里的上中下八珍,或拼成"龙虎斗",或垒个"哪吒闹海",既体面又艺术。寻常百姓家的小宴也不含糊,巧妇翻飞巧手,运用炸、炖、焖、拌等魔技,也能把一块肉分解出四四十六味来。

中国古代的饮食观,向来以重视饮食为主要特点,而在饮食之中又以品味为目的,追求饮食的艺术性和娱乐性。它的烹饪方法注重客观,丰富又和谐,带有浓郁的中国哲学的宽容和模糊的色彩,在相当程度上反映出中国传统文化的特点。例如中国烹饪讲究"调和鼎",注重"鼎中之变",把味道放在首位,而美味的获得,并不是孤立的产物,是多种因素的结合,很难进行定量定性的分析。当然,这种注重口味的饮食观念,其发展也有一个过程。在新石器时代,人们对菜肴的制作是水煮盐拌,以能够果腹为原则,谈不上对口味的追求。商周以后,一直到明清时期,饮食由简单的原始熟食制作发展为一门综合的科学,反映了人们日益增长的物质和精神生活的需要,特别是在西周以后,烹饪艺术日臻成熟完善,使得人们对于饮食的要求也越来越高,这时的饮食已由过去维持人的生存,提高到饮食舒适的爽口,得到美的享受。"口之于味,有同嗜也"[①],古人在重视饮食的前提下,十分讲究食物的适口,并以适口为珍。

中国传统文化中有关饮食消费的典籍和记载,可谓汗牛充栋。古代哲学思想和传统医学基础理论与饮食的结合,又独创了一门"食疗"的学问。其中最为突出的是辨证施食,针对不同气候,不同季节,不同地域,不同环境所致疾病,并根据患者体质、年龄、心理的差异,投以不同性质的食物,给予治疗或健身,例如"食性与四气五味"理论。所谓"食性"是指食物具有的性质和功能。性质是指食物具有的营养和治疗疾病的物质基础;功能是指食物在应用中所体现的作用。我国的"食疗",历来就有"药食同源"之说,许多食物即药材,它们之间没有绝对的分界线,随着历代医药的发展,逐渐认识了所食之品的营养使用和治疗作用,才将食物与药物分开,但食物的治疗和养生作用依然受到人们的重视。《内经》上说:"药以祛之,食以随之。"古代医家将中药的四气五味、升降沉浮、归经等"药性"理论运用到食物之中,认为每种食物都具"寒、热、温、平"四气和"酸、苦、甘、辛、咸"五味,只有熟悉这些食性,才可利用食物的偏性来调整阴阳的偏差,使人达到动态平衡的状

---

① 《孟子·告子上》,世界书局1936年版,第86页。

态,如体质虚弱寒凉的宜选用具有温阳、散寒等"温、热、辛、甘"气味的食物;若体质温热,壮实多火的则应选具有清热、解毒、泻火等作用的"寒、苦、咸"气味的食物。四气五味的中药理论还指导食疗在一年四季中的协调作用:春发散,宜食酸以收敛;夏解缓,宜食苦以坚硬;秋收敛,宜吃辛以发散;冬坚实,宜吃咸以和软。这种因时选用不同食性的食物至今仍然盛行不衰。

我国古代医家和食疗家在《内经》"天人感应"思想的指导下,极为重视饮食和时令的关系,并具体地提出"食疗"的四季五补法,即春天"升补",夏天"清补",秋天"平补",冬天"滋补",四季"通补"。这种顺应四时阴阳和自然界变化的"食疗"养生法,是"天人相应"的具体运用。中国医学在人的养生中倡导顺应四时养生,如《内经》"圣人春夏养阳,秋冬养阴","智者之养生也,必须四时而适寒暑"。这一思想被后世养生家奉为圭臬,并从饮食的治疗与健身作用而适时发挥作用,极为讲究在不同的季节、气候、时间给予不同的食物,以达到治愈疾病,延年益寿的目的。四季五补法在历史沿革中还被引用到时令年节中,并成为一种风俗,如春节,饮用屠苏酒、椒柏酒,食用五辛菜;清明前后吃乌米饭;端午节饮菖蒲酒;重阳节饮菊花酒;腊八节吃腊八粥等,皆有祛秽解毒、健身防病的意义。这种年节岁时的食俗同样表明其中蕴含四对自然的"天人感应"的思想。

第三节　凝聚在物态上的"非物态"崇拜

一、复活再生的"法宝"

人是生命存在的一种形式。对人的个体来说,从"摇篮到墓地",不仅意味着生命的开始、继续,而且也意味着生命的结束。恩格斯在《自然辩证法》一书中把死亡看作生命的重要因素,他认为:"生命总是和它的必然结果,即始终作为种子存在于生命中的死亡联系起来考虑的。辩证的生命观无非就是这样。"①这是对人的生命现象作出的科学解释。但是,在民俗中,人类的死亡及其关于灵魂的观念,不仅长期笼罩着原始人的心灵,而且也残存于现代人的信仰和行为中。早在旧石器时代晚期,我国的山顶洞人在安葬死者的时候,就把象征生命的红色赤铁矿粉末(与血液同色)撒在尸体周围,祈求生

---

① 《马克思恩格斯选集》第3卷,人民出版社1972年版,第570页。

命的延续和复归。可以说这是原始的生命意识的萌芽。《吉尔伽美什》是目前已发现的世界上最早的史诗。它的基本内容在公元前三千年苏美尔和阿卡德时期就已经初步形成。史诗中的主人公吉尔伽美什，由于受到死亡的威胁，怀着探索"死和生命"的目的去寻找一种返童草，以求人类的永生。经过千辛万苦，在遥远的深海里采摘到了这种草。谁知在返回的途中，他去泉水洗澡时，仙草被蛇叼跑了。他的探索没有结果，史诗充满着浓厚的悲剧气氛，应该说这是文艺作品最早反映人类关于生命的悲剧意识。

如果我们以芸芸众生的民俗为考察对象，从中去探求原始人类的生命观，不难发现世界各民族的先民们都曾有过一种"死亡—复活再生"的信仰。哲学家斯宾塞在他的《社会学原理》一书中，讨论了人类最初对于生命的、死亡的、复活的、灵魂的、精灵的、来世及鬼的崇拜的思想。他指出："说起整个的人类，即如一切民族、社会、国家，严格地说，几乎都有一种以为死后另一个我能复活的信仰。这个信仰或是暧昧而摇动，或是固定而清晰。"①

民俗中大量反映"死亡—复活再生"意识的神话传说，对于为着自身的生存和发展而进行艰苦卓绝斗争的原始人来说，并非纯属迷信，而是对生命活力的一种追求，是战胜死亡恐惧的一种心理力量，也是对生命存在形式的一种探索，就像吉尔伽美什一样，他对永恒生命的追求，虽然以失败而告终，但他的顽强探索精神却是积极的，也是值得肯定的。说到底，人类有关复活再生的神话，是基于对灵魂的崇拜。我国西南地区许多少数民族的原始神话里，都有关于"起死回生"的内容。彝族、白族、纳西族、哈尼族、苗族、傣族的神话中讲到，人类最早的时候，每个人都有一种死而复生的禀赋，死后有的三天复活，有的七日复活。因此，人死前都要嘱咐后代保存好尸体，不要受到伤害；或者与蛇一样蜕皮，可以返老还童，永葆青春。汉族著名的神话传说《白蛇传》里也有白蛇去盗仙草（灵芝），使受惊吓而死的许仙复生的内容。中国神话传说中，有许多关于长生不死之药的传说，也反映了人们对生命意识的强烈追求。但其内涵是有区别的：一方面它反映了民间百姓的愿望，突出的是救死扶伤，而另一方面，它反映了拥有无限权力的帝王们追求长生的意志，强调的是"万寿"和"不老"。个体复活再生另一个重要特征，是人类自身的过错，如仇恨、残暴、欺诈、享乐、怕苦，等等，这些都是人性的弱点，神话传统中反映的这方面内容也可谓比比皆是。一方面，这固然是对人类幻想死而复生，事实上又不能死而复生这一矛盾现象作出的合理解释，以

---

① 转引自 W·施密特：《原始宗教与神话》，商务印书馆 1979 年版，第 81 页。

求得心理上的平衡和心灵上的慰藉。更重要的却是，它提出了一个尖锐的问题，由于个别人的过失，使人类失去了个体生命的延续，付出的代价是沉重的。因此，每个人都要克服人性的弱点，热爱宝贵的有限的生命。

群体的复活再生神话，讲述的已不单是个体生命的复归，而是把这种复归与人类的各种群体组织意识，诸如氏族部落意识、区域意识、民族意识乃至全人类的意识联系起来，表达更为深刻的意义，显示新的价值。我国西南地区各少数民族都有内容丰富的洪水神话。它们虽然各有差异，但有两个母题是一致的。第一，洪水发动的原因主要是人心太坏（人性恶），神要用洪水把这部分人淘汰，而让心肠好（人性善）的两兄妹活下来，并得以再生，使人心变得更好（人性的完善）。第二，人类的这种再生，是借助于葫芦（或瓜）来完成的。葫芦形似母体。兄妹进入形似母体的葫芦里而保存了生命，其实质是象征代表人类始祖的兄妹再生是经过孕育过程才取得的。因此，人们把葫芦当作人类再生的摇篮。这里的复活再生意识大大扩大和超越了个体复活神话里包含的意义，它讲的已不是个体生命的简单重复，而是从人类的整体上指出：人类经过再生，人的素质有了提高，人性变得更加完善，从而把人的生命意识提高到一个新的层次，使生命复活的内涵更加丰富了。

民间有许多"法宝"，从民俗学角度来分析，它泛指一切经过人们有条件地操纵运作便能发挥所谓超自然法力的"宝物"，大致分为两大类：一类是可供制作或能直接充当法宝使用的天然材料，如水、石头及部分植物、矿物等，另一类是经人工制作合成的器具，如工具、武器、饰物等。前者的原始性生成原因，是原始先民对自然物的崇拜，后者的原始性生成原因，则是先人对工具的崇拜——人们为自己的制造物所产生的效用所叹服，进而寄予更多的期望，并且为达到这些目的而选择了在观念上赋予它们神力的捷径。

作为传承性器物文化的一支，它源起于人类社会发展的低级阶段，并随着人类生存空间的拓展、创造手段的丰富及生命意识的增强而越来越曲奇庞杂。"宝物"以有形的器物表达无形的观念，又不断地从神话传说、宗教形式、神祇崇拜、术数观念及巫觋活动乃至医药实践等多方面汲取营养，而日臻完备。它帮助人们承受由各种实际的灾祸危险以及虚妄的神怪鬼祟带来的心理压力。克服各种莫名的困惑与恐惧。因此，"宝物"不仅是一种物承文化，更有精神的或信仰的成分。作为非实用的工具，它体现为自然物质与人类社会、精神意识的统合，或者说，它是凝聚着心智与情感的心化的器物。

原始先民的知识和理解力是有限的，他们不能把自己同周围的自然界分开，而是把自然界和自己等同起来，人与自然界一体，自然界与人息息相通，可以互相变化。他们根据人类自身去判断自然界，把自然现象和自然力量人格化。动物的形象同人有相似的地方,同样有生有死;植物有强盛的繁殖能力;而太阳、雷、电、水、火变化多端,有时还会发生日蚀、电击、地震等神奇莫测的现象。这些都是容易引起幻想和被人神化的,既然人类除了肉体之外还有一个或多个寓于肉体里面的幽灵,按照这个模型,自然界万物也应当同人一样有双重的力量,也就是说,不仅人类有灵魂,而且一切自然现象,动植物和无生物都有灵魂。

既然人的灵魂可以四处游荡,那么动植物的灵魂也同样如此,于是就形成了一个现实中的世界和灵魂世界的交织,这两个世界既井然有序,又处于动态的变化之中,它们可以相互取代,不断组合。而在现实社会中的人,由于社会的主观和客观因素。造成了贫富的两种悬殊阶层,原始人在神话思维(原始思维)的支配下,把人的生老病死说成灵魂的归与游,发展到后来,贫苦人生时不能享有幸福,把希望寄托于灵魂寄存物之上,富人为了永葆自己的荣华富贵,就将灵魂寄寓在贵重的、十分隐蔽的物体身上。所有这些都是灵魂世界与现实世界的通合与同化,正由于这种思想的支配,才在许多民族的各种领域产生了诸多的灵魂观念的文化现象。

二、崇拜:双重的无意识

崇拜这种文化现象,在民俗领域中可以说是大量存在的,灵魂观念是其中的一个原因,同时它还与无意识现象有着明确的关系。

在人的精神现象中,意识与无意识相比,弗洛伊德认为,绝大部分是无意识。他把人脑看成是一座冰山,冰山的尖顶是有意识的部分,这与没在水里的部分即无意识部分相比只是很少的一点儿。所有这些无意识,在弗洛伊德看来,都属于"本能无意识"。无意识是人们在生活、实践中往往不会被自觉意识到的那种非理性的精神现象。在弗洛伊德那里,所有这些非理性的精神现象都不是后天的、外部世界的反映,而是与生俱来的、本能的驱使。早期,他主张人有两种本能:性本能与自己本能。晚期,他将这两种本能改为:生的本能,即爱和建设的本能;死的本能,即恨和破坏的本能。所有本能都作为无意识而伺机展示它们的力量。

人在改造自然的过程中自然也改造着人。人是自然界的一部分。人具有社会性,但他首先必须具有自然本性。自然本能与生俱在,不论对这种本能作出何种解释,它的存在是毋庸置疑的。从这种意义上说,弗洛伊德的本能无意识理论有其合理的一面。然而,本能无意识并不是像弗洛伊德所说的那样,可以囊括整个无意识现象,在人脑这座冰山的无意识底部,除本能无意识外,还蕴藏着文化无意识冰层,它对于行为的意义至少不能比本能无意识少。

文化绝不是指人的先天的、本能的方面,而是指人后天的、非本能的、自觉自为的方面。人的后天的、自由自觉的活动,都属于文化活动。所谓"文化无意识"就是指这样一种无意识,它不是人先天的、自然本能的产物,而是后天的、人的文化活动的结果。换句话说,这种无意识正是人有意识活动的结果。

作为后天的、人的文化活动的结果,文化无意识在人脑这座冰山的底部是一片客观存在着的冰川,虽然它未曾受到过理论的重视,抑或人们看到了这种无意识,却不承认它是人后天的文化活动的结果。两千多年前,孟轲率先提出了儒家的"善端"学说——"恻隐之心,仁之端也;羞恶之心,义之端也;辞让之心,礼之端也;是非之心,智之端也。人之有是四端也,犹其有四体也"①。恻隐、羞恶、辞让、是非之心。实际上都是一些无意识的东西,它潜在于人的心中不自觉地支配着人的行为,例如见兄自然知悌,见利自然知让,见孺子下井自然有"恻隐之心"等等,这种"自然知"去做什么,实际上就是基于"善端"这种无意识之上的无意识行为。当然,作为一种无意识现象,不能否认这种"自然知"去做什么的情况存在,尤其是在封建社会的存在。然而,孟子把这种"自然知"的"善端",看成是"不虑而知"、"不学而能"②的良知良能"非由外铄我也,我固有之"③,果真如此,就不能科学地解释与这些"自然知"相反的恶现象。恶现象的存在表明,这些"自然知"的"善端"的存在,不过是人们长期受封建礼教观念熏陶的结果,是中国古代文化在人心中的潜移默化,即意识向无意识转化的结果,亦即人后天的文化活动的结果。

从目前掌握的情况看,民俗中的图腾崇拜、灵魂观念、原始的思维方式、原始的心理趋向都可能对崇拜产生影响,并且都与人们的文化无意识有关。民俗学者耳熟能详的一个词叫"心理积淀",所谓心理积淀就是意识向无意识转化的基本途径,亦即是文化无意识形成的基本途径。人总是在一定的文化环境中生活,人的心灵对这种文化环境绝不可能毫无反映,换句话说,环境中的文化一定会潜移默化地影响人的心理,这就是一种文化的心理积淀,文化无意识就是这种心理积淀物。例如,在原始人眼中,生命是动态的,有活力和有节律的,因而在神话里,凡是动态的、有活力的、发生周期变化的

---

① 《孟子·公孙丑上》,世界书局 1936 年版,第 25 页。
② 《孟子·尽心上》,世界书局 1936 年版,第 103 页。
③ 《孟子·告子上》,世界书局 1936 年版,第 87 页。

东西,都可能产生灵魂崇拜的观念。自然界草木的荣枯,动物的冬眠与复苏,季节的变换,海潮的涨落,月亮的阴晴圆缺,都可能使原始人从这些事物的周期性变化之中得到启发,在自然现象与主观意识的互渗中,使人们感到,崇拜可以从生命的再生、复活和还童中得到补偿。

在种种有关生命复活的神话中,灵魂的依附,生命本体的复活不是无条件的、自然产生的。它必须有一种媒介和契机才能使复活变成可能。我国神话中,各种药物、宝物就是最好的媒介。它与长期以来民众中的文化无意识紧密地联系在一起。在我们先民的文化无意识中,水、火、土这三样东西,虽然不属于生命本身,但它们却为生命的产生创造了条件。万物生命靠雨露的滋润,应该说这是人类最早发现的。在中西方的神话和原始宗教里,火具有强烈的繁殖力和再生力。西方的复活节要举行篝火大会,人们主要是从"运用篝火、火炬、火盘、火轮等形式的火而获得繁殖力"。我国西南地区一些少数民族的火把节除了驱虫避邪之外,也有促进植物繁殖的作用,而民间的火葬习俗和凤凰在火中再生的火,突出的是火的再生能力。土在我国古代宗教和神话里有崇高的地位,与"皇天"相配的"后土"是一位女性大神。古代举国上下每年都要举行祭土仪式,祭土的地方曰"社",是非常神圣的地方。土与火一样也具有强烈的生殖力和再生力,"一子入地,万子归仓",大地是生命的源泉、人类的母亲,用土作为复活的媒介是理所当然的了。

文化的心理积淀是一种自觉与不自觉的过程。崇拜某一件事象,实质上就是主动地、有意识地去实现某种特定的心理积淀。从这个意义上说,这种心理积淀有其自觉的一面,但是,任何心理积淀的具体实现又是一个难以意识到的、不自觉的过程。此外,还大量地存在着这样的情况:人们只是在生活中生活,而从未想到要有意识地实现崇拜,而事实上他们又不能不接受他们环境中的文化。祖祖辈辈历代相沿的文化环境,使人在无意识之中就要去接受某种特定的崇拜事象。从这个意义上看,民俗文化的这种心理积淀过程,则完全是一种不自觉的过程。

文化无意识和本能无意识,作为无意识,两者是共同的。同本能无意识一样,文化无意识也有一种无意识的冲动,也会作为一种行为的驱动力来支配和影响人的行为。文化无意识对于行为的影响,具有两个基本的特征,第一是无意识(即不自觉)特征。文化无意识首先它是一种"无意识",具有无意识影响行为的共性,即人的无意识对于人行为的影响是不自觉的。虽然有时候这种影响力颇大,但人们还可能不以为然,甚或在口头上还对这样的观念或思想表示深恶痛绝(殊不知这样的观念或思想已经作为无意识潜入了人的骨子里并悄悄地对行为发生着作用)。第二是积极与消极这两重性。

环境中的文化是两重性的,决定了作为心理积淀物的文化无意识也具有两重性,表现在对于具体行为的影响上有积极和消极这样的两重性。积极的文化无意识对行为不自觉地产生着积极的影响;消极的文化无意识对行为不自觉地产生着消极的影响。这是我们在对于文化无意识的总体评价上需要把握的。

三、精神偶像:天、神、人

崇拜在其发展过程中,必然导致精神偶像的出现。据考古学家的发现,人类的宗教观念大约产生于旧石器时代的晚期。这一时期,人类的思维能力还只处在低级阶段,任何观念都仅仅是对自然界的朦胧意识,只能模糊地感觉到人类与自然界的对立。比较成熟的宗教观产生于新石器时代,距今五千至七千年之间的仰韶文化时期出土陶器上就出现有多种记事符号,这些符号就是文字的雏形。文字的出现是语言发展的需要,语言的产生又是思维发展的结果,可见这一时期的人类思维能力已发展到了相当的水平。不再仅仅是对外部世界的经验的认识,而要去思考现象后面的本质与联系。人们感觉到了自己的思维能力,也以这种能力去比附周围的世界,以为天地万物都像他们自己一样,有思想、有意志,有灵魂,于是人类最原始的宗教观——万物有灵论产生了。这种观念不仅在当时被认为是普遍真理,甚至到了近代,还保留着这种观念的残余。

原始宗教观主要是对自然界各种事物和现象的崇拜,日月、星辰、山川、河流、风雨、雷电都可能成为崇拜的对象,所以人类的原始信仰是多元的。只有思维发展到一定的阶段,才可能对众多的信仰加以概括和归纳,产生出精神偶像,把日月星辰归于天,山川湖海归于地。大约在舜以前,人们就已经建立了上帝或天的至高无上的尊崇地位。关于"六宗",《古尚书》说:"六宗,天地神之尊者,谓天宗三,地宗三。天宗日月星辰,地宗岱山河海。"关于地的信仰,来源于人们生活对土地的依赖。《春秋元命苞》说,"地者,易也,言养物怀任,交易变化,含吐应节"。万物的荣发繁衍,物相的交替更迭,都是地的功劳。古代天地信仰和崇拜最重要的,就是帝王到泰山去建封禅。《史记正义》说:"此泰山上筑土为坛以祭天,报天之功,故曰封。此泰山下小山上除地,报地之功,故曰禅。"又引《五经通义》说:"易姓而王,致太平,必封泰山,禅梁父,天命以为王,使理群生,告太平于天,报群神之功。"所以建封禅是古代帝王登基后的首要之事。

古人在认识自然界的过程中,把世界万物归纳为天地两个相对体系的同时,也在思索着天地的起源,创造出开天辟地的神话。这些传说经过一代又一代的加工和补充,成为优美的民间神话故事,例如盘古开天辟地、女娲炼石补天,等等。后世为盘古和女娲建立了一定的祭祀祠堂。关于女娲,后世甚至有"天穿节",《癸巳存稿》卷十一说:"宋以前正月二十三日为天穿日,言女娲以是日补天,俗以煎饼置屋上,名曰补天穿,今其俗废久矣。"民间传说化为民间祠祀,又影响到民俗文化,其中的文化脉络走向可见一斑。

天地崇拜是中国古代社会的主要信仰,其派生物就有各种自然崇拜。中国古代造神之丰富,可谓源远流长。这些小神与天地神不同,它们与人们的衣食住行有密切的关系,在古代中国人的观念里,上自天上的星斗,下至地上的山川,草木虫鱼,以及人体各部莫不有神。如果把这些神划归为自然神,后代社会则又增加了许多的社会神,历代的明君贤相、忠节神、孝子神、列女神、暴死的鬼神、有德的人神,外加道教的神仙,佛教的罗汉,以及天尊、菩萨之类,筑成了一个广大无边而又无微不至的鬼神世界,古代的中国人两千多年来就一直生活在这个世界里。

原始人类在不断认识周围世界的同时,也在不断地认识自己,试图对自身的存在作出解释。为了说明人的精神活动和解释生死的现象,灵魂崇拜出现了。鬼者,归也,也就是归土的意思,鬼神观念的产生显然与原始人类的葬俗有关。仰韶文化时期的西安半坡村遗址中就有公共墓地,人们想象死后归于地下,也像活人在地面上的生活一样,所以要随葬生产工具和生活用品。公共墓地就是死者的村落,这种灵魂不死的观念正是鬼神信仰的基础,而鬼神信仰的最原始形式之一,大概就是图腾崇拜了。

图腾崇拜产生于人们对于某种动物行为,或植物作用的神秘感和依赖感,出于万物有灵的观念,这种物就被奉为灵物。祖先死后,灵魂不死,先人的"灵"和物的"灵"附合在一起,物就成为先祖意志的代表,而成为部落或氏族的保护神,所以,图腾崇拜来源于万物有灵的信仰,是最早的祖先神。图腾崇拜的痕迹,不但保留在神话传说中,还保留在后代的灵物崇拜中。

在上古社会中,人类为了生存下去,除了想方设法维持自己的生命之外,繁衍后代是一件很重要的事,又由于对自身生育能力的神秘感,便产生了对生殖器官的崇拜,这同样是万物有灵的自然崇拜的一部分。生殖崇拜的形式一般是把山或石作为崇拜对象,或刻画男性或女性生殖器官的形状,这种信仰的出发点,是认为灵山或灵石可以使灵魂进入到妇女体内而有孕,陶祖或石祖(男性生殖器造像)也有同样意义。灵山灵石的崇拜后来虽然转化为祖先崇拜,但并没有完全形成,后代妇女春天朝山进香就是这种信仰的遗俗。今天在一些少数民族中也还保留着以灵石作为生殖神的信仰,希望生育的妇女到这块巨石上坐一坐就增加了怀孕的机会,这是求子习俗的最原始的形式。

生殖崇拜在原始社会中有着很重要的地位,加之出于繁衍子孙的需要,中国古代社会很重视男女间的婚媾,把男女之间的性关系和生育看成是十分神圣的事。"礼始于谨夫妇"①作为古代社会典章制度和行为规范的"礼",就是以严肃男女关系为出发点的。中国古代在鼓励男女正常的婚媾与生育的同时,又对男女关系有着种种不可逾越的限制和规定。谈到性的问题总是运用许许多多的隐语和暗喻,这种对男女间事既神圣又神秘的态度,正是古代生殖崇拜的残余观念。

随着父系社会取代母系社会,男性生殖器的崇拜就成为祖先崇拜的另一种早期形式。"祖先崇拜是从人们重视父系传种接代开始的。陶祖和石祖的出现,标志着图腾崇拜的衰落,和祖先崇拜的兴起。"②然而真正祖先信仰的产生,只能是在氏族中有了明确的传宗接代的世系的时候,所以祖先崇拜是在古代社会相当发展的时代才形成的。对于祖先的祭祀方法是立宗庙。春秋以前所形成的一系列典章制度、道德、信仰、习俗等等都可以包含在"礼"中,"礼"甚至可以作为中国古代文化的代称,而其中宗教信仰则处于主导地位,即所谓"凡治人之道,莫急于礼,礼有五经,莫重于祭"③。在"礼"的五个主要内容中,国家活动的礼是最重要的,此时的信仰就是以天地信仰和祖先信仰为中心的两个信仰体系。天地祖先信仰,是古代统治思想的根本,抓住这个根本,就抓住了执国柄的方法。这样一来,"尊天法祖"就成了中国古代社会不可违背的观念,表达这一观念的礼,也就成为人们社会生活须臾不可离开的东西了。

四、现代迷信的根源

迷信是人们对自身的命运一种非理性的信仰和活动。传统迷信和现代迷信在内容和表现形式上有很大的差别,但本质都是出自对命运的一种非理性的信仰。现代迷信具有非宗教性、非理智性、无意识性及文化制约性等特征。

对现代迷信的根源必须进行综合的、整体的分析,必须考虑与其相关的

---

① 《礼记·内则》,世界书局1936年版,第161页。
② 任继愈主编:《中国哲学发展史》,中华书局1972年版,第66页。
③ 《礼记·祭统》,世界书局1936年版,第266页。

社会因素、认识因素和心理因素。从远古时代的万物有灵,到近代中国的民间宗教结社和民间信仰,数千年来中国人的社会生活从未离开过神的参与。这种状况的延续对于中国人的心理影响是巨大的、潜在的,从中国人对生活的态度、对社会的看法中,都可以解析出这种影响的存在。所以,探寻现代迷信的根源,应当联系中国人的民族性格、心理素质和社会因素。

中国古代天地祖先信仰的产生,与农耕的生产方式有密切的关系。农业的发展,会使远古人类越来越认识到季节和天气变化对于收成的意义,以及地理条件对于农作物生长的影响。在这种对于物质生产与天地自然关系的长期观察中,人们在认识自然、改造自然的同时,也会感觉到大自然的神秘莫测,它既可以给人们带来丰收和富裕,也能给人们带来痛苦与灾难。这种对于天地之间的不可理解的神秘作用的认识,形成了天地信仰的原始观念。这种观念把天地作为赐予人们一切物质需求的根本,以为对天神地祇的祷告,可以保护人们的生产和生活不受自然灾害的侵扰。所以天地信仰的产生是农业生产对于天地自然依赖的结果。祭天,就是报天之功,祭地,就是谢地之养,这种神人之间的索与报、祈与谢的建立,正是出于人们社会生产和生活的实用性。

祖先信仰和祖宗崇拜的产生,同样由于农耕的生产方式。农业的发展要求人们有固定的居处,这样就产生了原始部落。由于农业生产春耕夏作秋收冬藏的规律性,要求社会组织和社会分工的进一步完善,这样部落领袖的权威性和部族的统一性就成了整个社会结构的核心力量。中国古史传说中对于古帝王的追述大多与生产上的发明创造和社会组织的更新有关,这说明部落领袖对于社会生产和生活的重要意义。对于前代部落领袖丰功伟绩的传说与追述,形成了最早的祖先崇拜。由于这种崇拜出于他们对部落的发展和进步所作的贡献,因而也逐渐代替了没有贡献的图腾而成为部落或部族的保护神。中国是一个农业国家,以农耕为主的生产方式和村落为主的生活方式始终没有太大的变化,在这个基础上产生的天地祖先信仰及其他鬼神文化观念也一直保留到近代,就是直到今天,一些农村家庭中还供有天地爷和祖宗的牌位,还保留着门神、灶神的像祀。中国人的生产、生活方式不改变,其宗教观念也就不会发生太大的变化。

中国人是一个富于求实精神的民族,这种精神同样也表现在民俗文化崇拜与民间信仰之中,人为天地所生,天人可以相通的思想大概是中国最原始的天人观。出于这种观念,古代中国人认为人是天地的一部分,古代中国人的崇拜与信仰是实在的、直觉的,它们存在于天地之间,在古代中国人的观念里,从未有过超现实的彼岸世界。

这种天人关系的认识是儒家学说和道家思想的共同来源,儒家从这里引申出天人感应、"天人合一"的宗教观,儒家给天地加以道德的属性,以此说明人的道德属性,强调人的道德教化。道家给天地加以纯朴的属性,以此说明人的自然属性,劝人们返璞归真。儒家的心性之学和道家的长生理论,也都从不同的角度追求着人与天地的合一。佛教传入中国以后,佛教的天堂地狱轮回果报的说法,才给中国人带来了彼岸世界的追求,因而也在一定程度上改变了中国人对天地人生的态度。远在天外的无忧无虑的佛国乐土,使素有实证传统的中国人一反往常,放弃了对现实生活的追求,把希望寄托于来世。地狱之说与地府的想象结合在一起,帮助儒家说教,劝人们慈心向善、隐忍、宽厚、容让、服从、希图善报,以跳出轮回。佛教的确在历史上征服过无数的中国民众。但传统的力量是不可抗拒的,中国人终于改造了佛教,让佛教为现实生活服务,弥勒之变成为农民起义的号召,地狱之变成为艺术创作的素材,人们心中只留下了佛教的偶像崇拜和报应之说。

中国人对天地人生的态度是现实的,在这种现实的态度中也包含着一种来源于天地鬼神信仰的社会心理。古代中国人认为天行有常,顺应天命、天道,即可无灾无殃。鬼神则聪明正直,把握着某种道德公理,人的一切行为都随时受天地鬼神的监视。所以一生行事做人的正确与否,天地鬼神自有公断。这种观念形成社会心理,就是中国人最讲究良心,待人处世不能违背天地良心,否则要受鬼神之报。这种观念后世又加入了佛教的轮回果报之说,和民间家神一起约束和监视着人们的社会行为,对天罚神谴的畏惧,也就成为中国民众普遍的社会心理。

在中国古代的民间信仰与崇拜的习俗文化中,虽然也经历了不少的变动,但中国人始终没有摆脱对神灵的依附关系,人们用丰富的想象力创造了众多的神灵,却让这些神灵把自己捆绑起来,使自己膜拜在它们脚下。为了摆脱困境,为了满足自己的社会需要,人们处处祈告神灵,希望得到神灵的佑护,唯独不知道依靠自己的力量。如果要求得不到满足,并不是神灵的过错,而是对神灵尊奉不够。如果得到了满足,首先是由于神灵的帮助,这种对神灵的完全依赖感,只能使人们不再相信科学,不再相信自己的力量,剩下的只是非理性和非理智的选择——封建迷信活动的猖獗。

这样,我们来看现代迷信的根源就比较清楚了。迷信作为一种社会意识归根到底是由社会物质生活条件的总和规定的。生产力发展水平和经济状况直接决定着迷信的信仰和行为。在现代社会各种社会危机——战争、动乱、经济衰退或崩溃等——与迷信盛行之间存在着密切联系。不同职业类型,特别是那些常冒风险的职业,往往最能诱发迷信。教育水平的高低并不能成为是否迷信的决定性因素。当然,宗教对迷信的产生也会起一定的影响。

我们从认识论的角度来探寻迷信的根源。首先,从迷信主体与迷信客体的关系看,两者是在人有限的实践能力基础上建构起来的。实践能力范围之外的东西,很可能成为迷信的领域。其次,从人的理智机能的局限性来看,必须要有迷信这种非理智机能加以辅助、补充。再次,迷信中总是或多或少包含着不同程度的未经探明的因素,使人们不得不信它。

再看现代迷信的心理学因素。原始人"互渗"的心理结构沉积在人的头脑中,通过遗传机制延续下来,成为一种"集体无意识"或"原型"。这是迷信产生的可能性,人在特定境遇下所出现的心理失衡则使这种可能性转化为现实性。

当然,除上述根源之外,在社会心理中还有几种因素是比较突出的:一是敬天法祖的传统思想核心,使中国人无意识深处认为天生地就的东西是不能改变的,祖先的传统是一定要遵从的。这种观念限制了人们对自然界的进一步认识和改造,以及对旧事物的改革与创新。二是中国人对神灵的祈求仅仅是为了满足现实功利的需求,并没有造出一个虚幻的彼岸世界使人们向往和追求。所以中国民俗文化中的信仰或者说崇拜是一种浅层的、实用的、具有强大同化力的入世的因素,它既是中国人注重现实的观念反映,又是中国人世俗生活的精神依赖。三是在中国漫长的封建社会中,神灵、鬼神始终占据十分重要的地位,而人的地位却是最不重要的。所以在中国古代,人们不但要受统治者的压迫,还要受天地鬼神的奴役。然而后者对人们的精神压迫比前者更深远,更隐蔽,更顽固,它不许有人性、个性的存在,不允许有超越宗教信仰的思想和行为,使人们彻底失掉自我,而听从迷信的摆布。几千年来,这股潜在的思维趋势已经成为一股根深蒂固的习惯势力,束缚着中国人的头脑,也压抑着中国人的主动创造精神。

第八章
民俗中的个体与群体

第一节　个体在民俗中的位置

一、访徨中的个体生命认知

　　研究民俗特性,不能脱离具体的个体。作为个人的特性,总是包含着人的类特性。"个体是全体的个例,是体现类的共同特性的单个性"①。

　　人是自然界的一部分,人在肉体上只有靠自然产品才能生活。但自然界并不能自然而然地提供人所需要的生活资料,人所需要的生活资料是通过人的劳动创造出来的,所以,自然界必须首先成为劳动的对象,才能成为"人的无机的身体",自然界是人用来"实现自己的劳动和生产出自己产品的材料"。人的生产是一种改造自然的活动,因而"人在生产整个自然界",自然之物不仅是人的物质生产资料,而且能成为人的精神生活资料,人作为比任何一类动物"赖以生活的无机界的范围"广阔得多,所以人能"按照任何一个种的尺度来进行生产,并且懂得怎样处处都把内在的尺度运用到对象上去",因此,马克思认为:"人的类特性恰恰就是自由自觉的活动。"②

　　人的劳动是一种社会性活动。社会性是人的生产的历史运动全过程的特点,第一,只有通过社会的人的活动,自然界才能被改造,才能显现出人的

---

　　①　[苏]雅·科恩:《自我论》,三联书店1986年版,第29页。
　　②　[德]马克思:《1844年经济学哲学手稿》,《马克思恩格斯全集》第42卷,人民出版社1972年版,第96—97页。

本质力量;第二,社会性的生产使人的肉体的、自然存在成为不同于动物的人的特性;第三,在社会性的生产活动中,自然界成为人们共同的劳动材料,人们互相需要,互相依赖。所以,自然之物转化为劳动产品是一种劳动者物化而成的"他为别人存在和别人为他的存在"的社会产品。总之,"社会是人同自然界的完成了的本身的统一"①。

个人是一种具体的社会历史存在物,就某一特定社会历史发展阶段上的个人而言,他总是存在于一定的以某一特定的纽带为联系基础的群体之中,因而个人不仅以作为人类所共有的心理—行为特性去处理自己与外部世界的关系,而且在这一过程中表现出与所处群体中其他个人类似、而与处于其他群体中的个人相异的心理—行为特征。所以,个人总是与群体不可分割地联系在一起。

任何个人总是生活在一定的民俗的氛围之中,某一社会历史条件下的个人,作为一种文化存在物,其特性总是与所处的民俗文化形态息息相关,与特定的文化熔铸相应的个性。例如,从个人与自身的关系上来看,个人在各自民族的行为文化和精神文化的作用下会建构起不同于其他民族个体成员的自我认识(个体对自己的身心特点、社会地位、权利、义务、角色等方面的认识)、自我体验(个人对自身价值的感受)模式。彷徨中的个体生命家园,我们可以明显地感受到东西方文化对于"个体"的不同模式。

西方人的自我认识及自我体验的模式是一种个人本位的模式。在这种模式中个人是一种独立性存在,对个人的认识是通过其与他人的区别来进行的。中国传统儒家文化建构起来的个人的自我认识和自我体验可以说是一种重"大我"而轻"小我"的模式。中国人对"人"下的定义,正好是将明确的"自我"疆界的铲除,而这个定义就是"仁者,人也"。"仁"是"人"字旁加一个"二"字,亦即是说,只有在"二人"的对应关系中,才能对任何一方下定义。在传统中国,这类"二人"的对应关系包括:君臣、父子、夫妇、兄弟、朋友。这个对"人"的定义,到了现代,就被扩充为社群与集体的关系,但在"深层结构"意义上则基本未变。也就是说,在这种模式中对个人的认识必须把其放在与他人(诸如家族、等级)的不可分割的系统中才能进行,个人的价值只有在与他人的不可分割的联系中才能体现并实现。这种模式特别强调个体的伦理群体性,把个体自我完全同化到其所属的人伦关系中去。片面强调人际关系的协调和谐。这种模式对中国民俗文化影响颇为深广,所以时

---

① [德]马克思:《1844年经济学哲学手稿》,《马克思恩格斯全集》第42卷,人民出版社1972年版,第121—122页。

至今日,我们还是要发问:"个体是什么?"

二、"合群的爱国的自大"

由于中国民俗有关"自我"模式,"个人"是一个不被重视的字眼,甚至有人认为"个人"就等于个人主义,强调个人利益就是资产阶级腐朽思想。正是由于这种传统势力的钳制,造成了中国人"逆来顺受"、"吃亏是福"、"难得糊涂"的人生哲学。这种抹掉个体的倾向,甚至可以达到完全不顾自己的权利——包括生命权利的地步。漠视个体的存在,在十年浩劫中达到最高峰,那个时候,不要说提倡每一个人"一生交给党安排",甚至连服饰也是统一的"黑灰蓝"或军便装。有的地方干部用"土政策"来修改婚姻法,婚姻这类纯属"个人"的问题,也必须由组织和单位领导来决定。

生活中常见的现象是:当自己的小孩与邻里的小孩打架时,父母将他们拉开后,也不管正义在何方,总是先斥责自己的孩子。这种"做人"方式,其结果自然会使自己的孩子也形成自我压缩的人格。在日常生活中,这种缺乏"个性"的自我压缩人格,往往使让别人占自己便宜的容忍度增加,对受别人利用、摆布与控制自己的敏感度降低,而且,还纵容、姑息了不合理的事情。这种泛文化性"逆来顺受",一方面广泛地制造出上述那种被解除了自身权利的人;另一方面也会制造出专门剥削别人的人,许多中国人,在面临对方的这种利用时,往往不知道怎样说"不"字,即使心中感到不舒服,也会聊以自慰地自我解嘲:"顶多帮他这一次吧!"

传统的中国文化有一句口号,叫"存天理,灭人欲",这个口号的意义是把个人的正常欲望也当作"人欲"或"私心"处理。于是,本来是很正常的东西,却必须像防贼一样地去防范它。结果,连整个"个体"也变成了必须防范的对象。为了维持"和合",就必须要求每一个"个体"作"自我压缩",即用"灭人欲"的方式去"存天理",而且还要每个人将这个"自我压缩"内在化,因此,除了程朱一类"存天理,灭人欲"的口号之外,还出现了王阳明一类"破山中贼、破心中贼"的口号,最好能够做到让每一个"个体"将自己当作"贼"来防范。这样一来,个人的正常欲望也往往被非法化了。

中国人的处世之道,是"不要好出头","出头椽子先烂",万不得已要出头时,也不要"先出头",父母总是以"保身哲学"来教导子女。这种教导自然也包括必须"跟大家一样"的一番说教,甚至在夫妻之间、情人之间,也往往看到这种情形。如果其中一方好出头,受到挫折,碰到钉子,另一方就会生气地说:"活该!谁让你好出头,学学别人吧!"男女双方的互相吸引,往往是因为对方有个性,跟别人不一样。如果要"学学别人",为什么要挑中他(她)呢?然而,对于只注重"安身"的人来说,对方必须"和别人一样"才能做到"保身"。因此,中国人以不好出头为"精明",有时甚至自己利益分内之事,也推动别人先出头。形势一不对头,自己就先抽身,溜之大吉。事实上,提倡"不敢为天下先"的中国老庄思想,基本上属于一种"保身"哲学。《庄子》亦认为:人生的理想就是"可以保身,可以全生,可以养亲,可以尽年"①。庄子还提出,一个人不应该表现得太优越,太出色,否则就会成为被消灭的对象,就好比一株良木会先受到斧钺之灾一般。因此,人必须做到像一株不成材之木一样,才能幸免。老庄哲学是中国文化"深层结构"的表现,因此,很多没有学过老庄哲学的中国人也普遍具有这种心态。

在"存天理,灭人欲"和"自我压缩人格"的驱使下,就是对世界采取"静"的态度。"静"是"动"的反义词。中国人是不好动的。在传统文化之下,父母从不鼓励小孩发展好奇心,而是教他们不要冒险,不要乱说乱动,对世界不要采取"征服"的态度,而是要顺从它,符合它。婴儿时的"蜡烛包"——将孩子捆起来,仿佛就是一个象征,终其一生"不动"就是"乖"、"听话",做一个"顺民"。《老子》说:"五色令人目盲,五音令人耳聋,五味令人口爽;驰骋田猎,令人心发狂,难得之货,令人行妨。是以圣人为腹不为目,故去彼取此。"②这种人生状态,完全是对个体、个性的一种窒息。

一个对"自我"估价很低,不敢让自己太有吸引力,将自身性当作是自己体内装载的违禁品,而又不敢公然地表露自己"是"什么的人,在另一个完全能够确立自己,对自己的吸引力感到自豪,而又敢公开地展开自我的"完整性"的人面前,是会感到怯懦的。一个害怕孤单而必须和别人"在一起"的人,不敢"脱离群众"或"掉队",总是由别人定义自己,因此不能脱离这个定义自己的媒介而去单独面对世界的人,在另一个独来独往,由"自我"这个基地透过内省的方式去定义外在世界,而又不断让自己面对新经验的人面前,就会感到自己整个人都很单薄。一个必须在感情上常常受人照顾,人家待自己好,就会缺乏原则,向人"交心"的人,在另一个不考虑人情攻势,任何事物都必须经由自己的大脑加以分析和批判的人面前,就总觉得自己的想法站不住脚。缺乏个性的个体,其实质是软弱和自卑。于是,不少人就躲入"十三亿"人丛中,以求扬眉吐气,也只觉得自己是"十三亿"这个巨龙的一片鳞甲,才自大一阵。然而,在单对单地面对洋人时,还是有矮了半截的感觉。

---

① 《庄子·养生主》,《二十二子》,上海古籍出版社1986年版,第20页。
② 《老子》第十二章,《二十二子》,上海古籍出版社1986年版,第2页。

所以鲁迅说过,"中国人向来有点自大——只可惜没有'个人的自大',都是'合群的爱国的自大'"①。真可谓一针见血。

三、个体与群体浇铸的特殊性

作为文化存在物的"个体",他总是置身于民族和民俗构筑的特定环境中,而与其他民族的民俗文化类型相区别,显示出本民族成员的群体特征,这就是说,个体总是一种具有社会性的存在。"个人生活史的主轴是对社会所遗留下来的传统模式和准则的顺应。每一个人,从他诞生的那刻起,他所面临的那些风俗便塑造了他的经验和行为。到了孩子能说话的时候,他已成了他所从属的那种文化的小小造物了。待等孩子长大成人,能参与各种活动时,该社会的习惯就成了他的习惯,该社会的信仰就成了他的信仰,该社会的禁忌就成了他的禁忌。"②坎托则明确认为:文化化了的"个体便习成了种种行为特性,这些特性使他在一些方面同某些人相类似,而有别于其他人"③。

个人的群体性还表现了个人总是一定区域的存在。个人总是定居在某一个具体的时间和空间条件之中的,个人总是有个人的住所、职业等因素的相对稳定性。某一地理区域中的特定的自然、经济、政治、文化等综合因素在个人身上造就出一种既不是理性也不是本能的,不需要理智而又控制着人的心理一行为的特性。个人的区域性是国家社会中某一特定区域空间的聚集着的多数人显示出的一种共同的比较稳定的心理一行为倾向。有人对我国汉、壮、维、白四族的青年价值取向作了调查,结果发现,文化一经济发达地区青年的价值取向偏向个人本位,不发达地区偏向社会本位。这说明,个人的群体性表现为个人是一种职业一利益群体存在。从个人与社会的关系上来看,个人的本质在其现实性上是一切社会关系的总和。生产关系的本质就是利益关系,包括满足人的生存、发展需要的方式,人的"生产方式即保证自己生活的方式",随着这种方式的改变,"人们也就会改变自己的一切社会关系"④。个人的群体性表现,由性别、年龄等生理因素和与年龄生

---

① 鲁迅:《热风》"随感录三十八",人民文学出版社1973年版,第19页。
② 鲁思·本尼迪克特:《文化模式》,浙江人民出版社1987年版,第2页。
③ [美]J·R·坎托:《文化心理学》,云南人民出版社1991年版,第249页。
④ [德]马克思:《政治经济学的形而上学》,《马克思恩格斯选集》第1卷,人民出版社1972年版,第108页。

理变化相关的生活经历制约的群体性。中日学者在"关于青年心理特征与发展的中日比较研究"的调查中发现:关于"独立性"的身份,无论是中国的大学生,还是日本的大学生,男子得分高于女子,男女的差别显著,表明男子的"独立性"明显高于女子。青年人与中老年人有不同的生理特点和生活经历,代际之间的价值观念、兴趣、爱好、生活方式等之间的差异是十分明显的。例如老年人感官的灵敏性下降,体力逐步衰退,因而他们喜欢安静,行动迟缓,愿意过节奏慢的生活,而年轻人正处于走向成熟之际,他们体力充沛,精力旺盛,于是他们不甘寂寞,喜欢热闹、喜欢运动、爱冒险,等等。

个人与社会,尽管具有广泛的社会性联系,并且只有在与社会的广泛联系中才得以存在,但个人毕竟是一种个体性的存在。这种个体性首先表现在个人生命的一次性和短暂性,即现实生命对于个人来说只有一次。死亡使个人意识到生命的价值,生命的短暂促使个人思考自己应当怎样度过这短暂的一生。个人的个体性表现为不可重复性、唯一性。

从纵向上说,个人的活动无论在形式上还是在内容上都处于过去、现在和将来的不断变动之中,连接个人生命的起点和终点的每一个环节都是各不相同的。沉湎过去无疑是放弃现在和将来,不可能有所发展;仅抓住现在,无疑会鼠目寸光,失去方向;仅着眼将来,无疑会失去现在,好高骛远,志大才疏。所以个人只有在过去的基础上,立足现在,放眼将来,才能不断超越自己。每个人的过去、现在和将来,都是他人不可重复和取代的,从而表现了人的个体性。

我们从个人所处的环境来看,是不可重复和唯一的。兄妹之间从小生活在相同的家庭、学校的环境之中,而踏上社会后所处的环境是各不相同的。即使在相同家庭、学校之中,他们所处的个人环境(如有不同的伙伴)也是各不相同的。即使在旁人看来某两个人所处的环境是相同的,但因遗传的差别会使其顺应他们的遗传差别去追求不同的生活而接受不同的影响。个体的内部因素(个人已有的科学文化、思想道德等)与外部环境的相互作用的结果也是不可重复和唯一的。俄罗斯心理学家鲁宾斯坦认为,个人的"没有任何一种东西是与外界无关,仅仅从内部单纯地发展起来的,也没有任何一种东西是没有各种内部条件,仅仅从外界就投入发展过程的"[①]。个人的内部因素与外部因素都参与个人的发展,但个人的发展不是两者的机械相加,而是互为中介的相互作用过程。

---

① 李孝忠:《能力心理学》,陕西人民教育出版社 1986 年版,第 57 页。

总之，个体与社会的相互作用，共同融合成人的特殊性。这是因为，在社会中有历史积淀和现实表现，环境中的物质产品、精神产品、制度规范、行为方式、思维方式等作为人类文明和群体活动的产物，无不打上社会的烙印，个人在掌握、使用它们的过程就是将其内化自身特性的过程。在这一过程中，个人的内部因素经这些外部因素的折射而获得超越，这些外部因素也因个人内部因素的折射而变形（即不是简单地原封不动地输入）。这种超越和变形的统一就使个人获得了特殊性。人的同一性特点，在一种情况下，它们可以是无关紧要的，在另一些情况下，同样是这些特点，则可能成为重要的个体特征。

第二节　和谐共存与和而不同

一、"狠斗私心一闪念"与"君子之交淡如水"

在讨论"交往"原理时，笔者深感交往在其形成和逐步规范化的过程中，又与各种文化观念相结合，从而形成一整套严密而又完整的习俗制度，它较早地超越了自发性的散漫行为阶段，从而升华为一种比较精致、有序的民俗行为，严密的伦理逻辑与鲜明的文化符号特征，强化了人际交往习俗中保存的古老权威意义。

交往习俗是一个隐形的、由无数具体的个人的交感行为契合起来的结构系统，它有相对稳定而清晰的运行规律，相互联系，彼此制约。交往礼俗反映出中国社会和渗透在这个社会的所有生活层面中的一种独特的文化气息，这种气息影响着人们的生活行为，影响着社会的结构平衡，甚至还影响了中国的文明史。交往习俗的背后，蕴含着的是沉甸甸的价值观和往昔的文化积淀。

在上个世纪那场史无前例的运动中，曾经风行一个口号，叫"灵魂深处闹革命，狠斗私心一闪念"，尽管是那个时代的一句套话，但可以窥见那个时代个体与群体交往时的严酷性。平心而论，在一个正常的社会中，每个个人确实应该有一种超越这种自我本能的心态，也有必要设身处地地为他人着想，为社会的公平正义考虑。如果每个人都只知道眼前的一点蝇头微利，时时处处考虑一己私利，那么，这个社会也会呈现出非常可怕的情景，所谓"丛林法则"，所谓"弱肉强食"，就是建立在这种个体无限放大基础之上的。一个文明社会，不是仅仅有私人的利益，也应该有"公义"，这就要求社会成员要有一种超越每个人"私利"的"公义"考量,而这个"公义"和每个人的"私利"也是紧密相关的。儒家文化倡导"义"也许就是这个道理。而为了"义"的实现,每个人必须"克己",按照精神分析心理学的术语是用超我抑制本我,也就是不完全按照自己的自私的欲望行动。但在那场运动中,将这种个体与群体的关系完全推向极端,"本我"没有了,也不能有,它一出现就要"狠狠批斗",而后在"灵魂深处爆发革命",就是个体的人对自己,对本我采取一种几乎残酷的严格要求,而对那时流行的价值充满虔诚的信仰:绝对的集体价值对个人的无限支配;极端的道德理想对个人的全面控制。那些永无休止的对"私"心的忏悔和自省,让今人看起来难以理解,但却是那个时代的真实。我们这个年纪的人,都亲历了那段难忘的岁月,它体现在青年"成长"的文化人格模式中,反映的却是一个时代的悲剧,是那个时代群体的缩影,也是今天我们民俗文化的一个前车之鉴。

中国人还有一个历久弥新的个体与群体的交往观,也浓缩在一句影响极为深远的话语中,叫"君子之交淡如水,小人之交甘如醴"。有人说这句话是孔子所说,也有人认为出自庄子。不论这句话出自何人之口,它总是浸透了中国文化精神。"君子之交"在中国蔚为传统,特别是中国知识界历来清高,鄙视市井之"俗"的"小人之交"。知识界或者文人之间的交往,在理论上应是一个中介的、过渡的层次,而在实际上它是一个承上启下层次。所谓"承上",是它最熟悉和接近古代文化传统。知识分子曾一度是掌管天命与先祖全部奥秘与智慧的特殊职业人员,后来则是对传统礼节文化与伦理秩序最熟悉的特殊社会阶层;所谓"启下",又是因为知识分子与民间生活有相当的联系,尤其是封建社会中后期主要活跃在民间的知识分子群,对民俗有极大的改造力。

历史上,人们有意无意地将文人文化吸收到民俗文化之中,这一文化对流现象不应忽视,原来只存在于文人之间的诗词文化,后来演化成民间春联、寿联、挽联,这也不是一个偶然的现象。"君子之交"的习俗价值观,可以理解为对整个社会交往伦理的社会调节机制的一部分。其根本精神在古老的人际交往习俗的行为规范中有所体现。在这些行为规范中,具体的等级制度、行为模式是一部分,观念上的约束规定也是一部分。"君子之交"的观念实际上是对"礼尚往来"习俗的一种制约力量,而古代礼俗伦理的妙处,就在于将这两种表面上互相矛盾的行为统一在"合"礼的前提之下,从而实际形成人际交往习俗整体上的一种调节机制,使得人与人之间热烈、隆重的交往习俗始终伴随着一种清逸、超脱的身影作为对照。

将交往行为累积和升华为哲学的"观念—行为—观念"系统,使交往成为一种借助社会性的调节机制来对人的意识、观念产生影响的社会文化形态。中国的人际交往习俗,在漫长的古代文明发育的过程中,它从个人的、偶然的、不确定的单独行为而渐渐积聚、成型和丰富,并成为以完备的、多层次的伦理行为为动力的成熟的民俗文化,要弘扬其于现代社会人际关系有价值的东西,同时也要批判那种陈腐的、过时的和落后的习俗。

二、"和而不同"的独立人格观

交往的历史形式和历史发展的生产力,始终反映着人类在交往中的自觉意识。由个体与个体、个体与群体、群体之间相互交往与互动,以及由这种互动所衍生的各种民俗事象,其中的一条主线也具体地反映了人类自我发展、自我解放的意识。每逢四时八节或是喜庆时刻,人们习惯于持一份自制的果实点心互相赠予邻里;电梯里、楼道上,人们相互致意问候,正是一种纯朴古风的遗存。劳动和创造之后的相互交往,这是远古文明的习俗最终成为现代文明的一种标志。

步入近代社会以后,人际交往关系的多样化乃是近代社会的一个重要特点。在传统社会中,人际交往是一种传统的格局,亲缘关系不外乎家庭、宗族,地缘关系不外乎同乡、邻里,业缘关系也不过同业、师徒而已。清末民初,人际关系大为拓展。亲缘中类血缘的结拜干亲现象增多,不仅下层,甚至上层社会也屡见不鲜。地缘关系随着这一时期在外求学、经商、做事、当兵的流动人群大为增加而扩大。最为突出的是业缘关系极大地扩充。由于产业发展,社会分工愈益细致,国家机器逐步扩充,业缘的种类增多。与此同时,人际关系的外向化也是一个不断增强的趋势。

传统社会中,社会分层森严,士农工商,依序由尊而卑,各阶层之间的流动和交往也是较少的。封建制度也有种种规定加以限制。如科举就不允许倡优隶皂之子弟参加。广东的疍户子弟,要上岸居住从事农商三代以后方准应试。工商业者或地主,即使家大业大,财大气粗,其社会地位也比不上士绅。所谓诗书之家不屑与富商巨贾往来。在亲属圈内,长幼尊卑顺序更是壁垒森严。随着社会的开放,等级观念逐渐在人们意识中趋于淡化。社会成员的交往中,过去森严的戒律已不起多大作用。工商业者地位大大提高。对一些世代承袭的低下职业,也很少有制度加以强迫了。社会在人们的升迁和跻身途径中,消除了许多封建式的等级限制。亲属中,家长与家属之间,父子、男女、夫妇间单方依附的关系开始有了一些变化。如妇女的离婚与受教育、放足运动等都反映了家长权、父权、夫权的削弱。

交往中的这些变化体现在社会的称谓和礼仪上,则更为明显,传统的称谓和社交礼仪处处浸透着等级观念。晚清时,在官僚称谓中,百姓称官吏为老爷,自称为小人,以示官民之分。下级对上级称大人,自称则带有贬义,如卑职、卑府,以示地位的低下。在亲属称谓中,内外有别,亲疏有别,长幼有序,男女有别。女子自称妾以自贬,而男子对人称妻也为贱内。祖父母与外祖父母不能混同,父子、兄弟、舅甥、叔侄之间辈分森严。民间称谓中,以年龄为高,年长者自称老夫,年幼者自称晚生。这些等级观念运用到社交礼仪中,那便是官大者为尊,辈大者为尊,年长者为尊,男性为尊。平常相见首先叙官,按尊卑落座;年幼、位卑者见上司、前辈,百姓见官,都要折膝下跪,叩头行拜。而上司、前辈、官吏至多回揖为礼。社会交往中礼仪繁多,越显赫越讲究,社会称谓也越繁琐。到清末民初以后,情况有了变化。称谓和礼仪借用了一些西方形式。例如废止称官吏为老爷、大人,改称职名。一般人们之间提倡称呼先生、太太、女士、小姐等称谓。礼仪也日趋简化。民国初立,即废止跪拜、作揖,颁定新礼仪,规定在正式场合,男子脱帽致意为礼,女子鞠躬为礼,握手礼渐渐实行。这些变化反映了人们在交往中等级因素的相对淡化和称谓礼仪的简化。

从人类"相濡以沫"式的原始简单行为开始,到系统的、明确的交往行为规范的形成,是一种文明发育和成熟的历史过程,也是整个社会文明发育和成熟的一种标志。现代社会应倡导"和而不同"的独立人格观。孔子说:"君子和而不同,小人同而不和。"(《论语·子路》)在春秋时代,"和"与"同"是一对哲学概念。"和"是指不同事物之间的有机结合或统一,犹如五味相调才有佳肴,五音相协才有妙曲,山水相间才有美景。"同"是指同类事物之间的简单相加,是无差别的同一。"若以水济水,谁能食之?若琴瑟之专一,谁能听之?'同'之不可也如是。"(《左传》昭公二十年)孔子在这里讲的"和"与"同",特指君子和小人在对待不同意见上的区别。君子有原则性,不盲从附和,既能坚持自己的正确主张,又能恰到好处地协调各种不同意见。小人则围着自己的私利转,哪边风大就往哪边跑,一味盲从附和,从不表明自己的不同意见。孔子主张有差别的统一,反对绝对的同一,强调保持个人的独立性,通过交流、协商、协调,达到人际关系的和谐。尽管人类交往的自觉意识对大多数人来说只存在于潜意识之中,人们往往只是习惯地遵守它。但"和而不同"与独立人格观,由于它来自五千年民俗积淀的历史,不见经传的民族本体文化正是这样由许许多多深层文化意识指导下的日常民俗生活行为传承的。

三、馈赠礼俗在交往中的流变

人们互相之间的交往,"来而不往非礼也"。在"礼尚往来"的交往过程中,不同的历史阶段,交往习俗又表现出不同的特征。其中一个总的发展趋势,就是交往中总是"人、物、事"这三个因素精神性追求的增长。所谓精神性追求的增长,指的是在形成社会交往习俗中,"人"是人格的追求,"物"是完美的追求,"事"是意境的追求,三者合一,汇成一个时代交往习俗和文明的标志。

在这其中,人际交往中你来我往,总是离不开一定的"物",这就是所谓的"馈赠行为",也是俗话说的"送礼"。"物"也叫"礼品",首先应当符合人文精神为前提的理念追求,其次则是从物质功利向精神价值转化的追求,即"美"的精神内涵的追求,然后才是"完美"的外在形式的追求。其中尤以符合人文精神为前提的追求,具有划分时代的分水岭的意义。古代馈赠礼俗的伦理逻辑虽然严密而且不失其伦理价值意义,但恰恰是在这一点上笼统模糊,没有明确的划分,而使其产生严重缺陷和畸形,构成中国古代文明中的又一种双重人格现象。

所谓符合人文精神的前提,集中体现在对馈赠物的支配权的观念上。馈赠行为的前提,必须是倾"己"之有才能施惠于人,将他人之物未经许可私授予人则成掠夺。因此,中国古代虽然有"私惠不归德,君子不自留"的规劝,但由于对"私"或"公"的界限,亦即对个人所有权与支配权的法律认识是建筑在封建文明的基础上的,因此而产生了馈赠行为的诸多怪现象。如果说,对一般物件的馈赠还有道可循的话,那么在国土、国宝、家妓、女乐的馈赠上,皇上可以为所欲为,君子可以熟视无睹。因此,近现代馈赠文明的第一个标志,应当是馈赠物的所有权意识和支配权意识。因为这种起码的法律意识是作为一个当代人所必备的文明标志。但这并不意味着人类文明的这一常识问题已完全解决,当众多的贪污和受贿仍然如阵阵潮水一般冲击着社会公德的堤岸时,那就是历史在提醒人们:尽管时人的一只脚已经跨向光明和高尚的新世界,另一只脚却还未完全走出贪婪和愚昧的阴影,人类文明的进步就是如此的步履艰辛。

在生产力低下,物质条件极为贫乏的古老岁月里,每一个个体为了生存而必需的外部环境条件,决不是凭借个人的努力就充分具备的,人们必须依赖群体的力量,必须相依为命,同舟共济,以他人和群体的生存为自身生存的前提,在这种条件下的馈赠周济往往带有生死与共的意味。人类所特有的这种物质上相互周济、精神上相互慰藉的行为,对于人类自身的生存有着至关重要的意义。

在漫长的封建社会里,历代封建政府都有类似编户方式,延续着古老的人情交往。据《周礼》记载,当时国都之外的郊区居民,按五家为比,五比为间,五间为族,五族为党,五党为州,五州为乡编制起来。"乡党"就是指同乡同党的人。乡邻之间不仅有自己共同的价值观念和共同的信仰,如反映群体观念的象征物——誓碑、乡约碑、贞节牌坊之类;还有当地约定俗成的惯例和岁时节令,举行各种民俗活动,如办社火、开灯会、互赠食品和纪念品等;还有在各家家庆或家难之际,开展共庆和互助活动,例如办红白喜事、修建房屋、收割入仓等,乡民共同参与、互相协助,并再次确认彼此的关系。"守望相助"绝好地概括了乡民互赠互助的关系。人们正是怀着这样的情感,一代一代地传承着同舟共济的交往行为。

这样的传承决定了存在于馈赠习俗中的一种基本的、朴素的价值取向,即在清贫的生活中真诚相助的纯朴精神,它构成人们世代相传的交往习俗的基本出发点。馈赠与交往紧密相连,已经是千百万民众的日常生活行为,世世代代的社会生活,形形色色的交往与馈赠几乎每天都在进行。人们遵照古老的生活习惯和礼俗一代代地延续这种交往与馈赠,久而久之便形成了一种伦理观念和行为习俗,这便是后人所依据的行为规范的基础。

交往与馈赠礼俗的规范化、精致化和纳入礼教文化的轨道,从民俗学的角度来看,至少有如下几方面的意义:

第一,对于一般民众来说,它是将馈赠往来这样一种日常生活行为与文化传统的权威意义相连接,使合理的馈赠行为具有一种文化传承的意味,在个人的社会心理要求获得满足的同时,也使馈赠礼俗获得一种为社会承认和保护的驱动力,从而摆脱自生自灭的原始状态。从文化人类学家对史前人类,甚至是一百多万年之前的原始人已有将"食物分送给同伴"这种行为习俗的研究结论看,它似乎应该产生于社会文明形成之前或至少是形成过程之中,出于生存的本能需要,这一更直接的人性愿望,由此而逐渐演变为一种"关心和爱护他人是一种社会美德"这样的伦理观念和"群体依赖"的心理要求。

第二,馈赠礼俗纳入"礼"的范畴,虽然并未完全因此而改变所有馈赠往来的行为模式,但以礼为解释依据的馈赠伦理毕竟由此而获得一种强大推动力。尤其是在民俗中,上层文化和民俗文化的社会地位"落差",使得庶民们愿意奉其为行为楷模,以作为"贫而知礼"的品德显示。因而,尽管馈赠礼俗中所包含的伦理约束力对于权贵们来说基本上只是象征性的,但它终究作为一种常规生活中的行为规范而被世代传承了下来。

第三，古代馈赠礼俗尽管烦琐，但作为中国古代生活礼俗的一个重要组成部分，它是人类历史并不多见的以有意识地、系统地组织社会成员有序的生活行为的方式，促使人的个性社会化这项庞大的"社会工程"中的一项实验。从另一方面看，由于民俗文化传承自身的运动规律，礼俗中过于烦琐的具体细节，已基本为历史所筛除，剩下的是抽象化了的、近于哲学精神一般的行为准则，它形成一种积聚了文化史信息的传统道德观而被嵌入现代生活五光十色的画幅之中。这种近乎"透明的"文化传统，具有一种穿透时代限制的生命力，以这种升华和哲学化之后的文明观所支撑的馈赠礼俗，最终将复归为一种最基本的、最善良的人性要求的表达方式，成为一种和平、尊重、理解和沟通的精神象征，就像一束从远古的地坪射来的文明之光，一直越过悠久的历史空间最终射入当代和未来的文明殿堂。

四、人际交往的颠覆效应

社会是人们之间通过交往活动而形成的，这种社会交往是人类在与自然进行物质变换即生产劳动的同时所必须进行的活动。人与自然之间的交换活动是主客体之间的交往，而人类个体之间的社会交往则是主体间或主体际交往，亦可称人际交往。那么，这种社会交往或主体间交往有什么本质特征呢？这种构成社会关系的人际交往在本质上不同于构成单纯自然关系的动物交往活动，从理论上说，它的本质特征可归结为自觉性、中介性和客观性三个方面。

人们之间的交往是自觉地、有意识地进行的。这就是说，人知道他所从事的活动，而且他的活动也总是在某种目的支配下进行的。也就是说，人类能够与自己的活动方式保持一种自由的关系，他能够在保持自身存在的同时，改变自己的活动方式，或者说能够改变自己的活动方式以保持自身的存在，而不像动物与其活动方式的直接同一。由于这种活动的自觉性，人类的交往方式便能够适应不同的生产力状况而作相应的改变，并由这种变化而构成交往方式变化的历史。

以中介为凭借而进行交流活动，是人类所独有的。动物个体之间的交往活动是直接的、无中介的。人际交往的中介性密切地相关于人与自然交往的中介性、工具性，并以此为基础。生产工具作为人与自然之间交往的最基本的中介，同时也就是人与人之间交往的最基本的中介。工具是人类活动方式与物质凝结，因而借助于工具，人们之间得以传递活动的信息。在此基础上，人类还创造出了一系列的中介用以从事交往活动，其中最为普遍、最为有效的就是语言符号这种中介体系，因而它成了贯通于人类社会交往的各个领域的普遍性中介。

近年来网络传播的快速发展，极大地颠覆了以往人际交往中的中介特质，迅速改变了人际交往方式。2003 年之后，由于互联网的应用与逐渐普及，给中国传统人际交往的习俗带来前所未有的颠覆效应。国家广电总局透露，全国网络视听用户数已达 2.2 亿，超过三分之二的网民应用这项服务。[①] Web2.0 整合了文字、图片、音频、视频、动漫等多媒体形式，运用了直播、连线、调查、访谈、论坛、博客、短信、手机报等传播渠道，信息传输直观、生动、丰富、独特、互动，达到全方位、立体化的传播效果。

交往工具普遍性发展，颠覆着传统的人际关系效应，这些当代社会展现来的新特点值得我们思考：

第一，快速集聚的能量和影响力。Web2.0 时代的创新媒介，能够在较短的时间内，推动普通人的行为和认知向某个焦点集中，传统媒体存在传播时间特定化、传播工具固定化和缺乏立体反馈的劣势迅速凸显，而网络媒体间隔、影响者间隔和行动间隔都很小，链接、转载反应不断放大并加强，无形中形成跨媒体整合传播的态势。手机视频、电视媒体的跟进，这种社会化过程及力量已经强大到足以影响现实权力格局和利益结构，形成虚拟世界向第二社会转化，在最广泛程度上实现传播信息的覆盖和议题的扩散。博客、微博、微信等俨然成为当今社会生活文化的一道新景观。这种态势挑战并改写了主流媒介议程，相较于将受众作为一个整体而产生的规模性的议程设置效果而言，它显然会缩小议程设置的作用。

第二，颠覆了传统媒介的议程设置模式。由于网络媒体具有多层次散点传播的特点，没有中心，没有权威，每个用户都是对等的信息收发点，每个信息收发点理论上都可以参与议程设置，都可能设置议程，公民主动设置议题的空间大大拓展。这种散点结构使得社会权力机构很难形成对议题的有效控制和引导。也正因为这样，可以使议题的来源和内容更具广泛性、民意性和草根性。近年来，网络舆论作用使得相关的立法、司法、执法受到明显影响。引发舆论的事件皆由网民发现、传播并引发全国性的关注和热议，继而主流媒体跟进报道，引发更多人关注，最后回到网络上形成更大的民意浪潮，尤其是对司法独立公正的拷问，对社会公平正义的质疑，会将事件推到

---

① 北京大学文化产业研究院文化产业大事记：http://www.ici.pku.edu.cn/academic/view/Ici-view/5495.html。

舆论的风口浪尖。这种互动式的舆论形成过程已成近期常态。

第三,更容易突出或淡化议题属性。议程设置理论研究者塞尔玛·甘耐姆(Salma Ghanem)引入了关于"引人注目的论点"的概念①。用来说明新闻中一个主题的某些属性对于这个主题的显著性的贡献甚至比关于这个主题的所有新闻报道都大,其重点在于强调受众以及哪些属性能与受众产生特别的共鸣。在网络议程设置过程中,公众,一个对公共事务兴趣浓厚的公民群体,更容易将传统主流媒体没有注意到的、有意忽略的、故意遮蔽的议题属性突出为"引人注目的论点"。我们只要考察近年来网络上一系列公众关注的热点事件,不难发现,传统媒体在事件的前半阶段完全处于一种失语的状态之下。相反,网络媒体(在这一事件中主要表现为网络论坛)在这一事件中是议题属性的发现者并设置了公共议题,从而引发了网上的讨论以及社会的关注,并最终将这一议题纳入了政府的政策议程之中。

人在本质上是一切社会关系的总和。人的精神文化生活与社会公共活动、广泛的交际密切相关,精神文化的娱乐与享受的实质在于社会性与公共性。孤芳自赏者固然存在,但是人们互相之间需要沟通感情,产生对情境的共同感受。因此,人活在世上,需要社会公共活动,需要广泛而普遍的社会联系和交往。用这个观点来观察我们传统的交往习俗,就会发现中国传统的交往习俗始终存在着这样一种悖论,即整体上礼俗的单调、贫乏和苍白,同时在特定的岁时风俗中,在一些祭礼或庆典仪礼活动中,礼节又显得繁琐和复杂,呈现出某种畸形的状态。

如今,随着智能手机的普及,越来越多的人无论在走路、等车、坐车、吃饭等何种场合,只要有空闲,都会习惯性地掏出手机,双眼紧盯屏幕,低头刷微博、玩游戏、发微信,时刻关注手机上的动态,走到哪儿都低头摆弄手机的"低头族"已经成为街头一景,很多人已经不自觉地"被"加入了"低头族"②。这是对整个社会的一种撕裂与伤害,在中国封建社会,由于社会结构所决定,以血缘为基础的宗法社会,家族、家庭都是自成体系的封闭系统。在家里人们因为紧张的生产,为生存而奔波,繁重的家务劳动及夫妻间建立在不平等基础上的互爱,家族内部成员能填饱肚子、自给自足就很满足了。家庭成员之间情感的交流比较欠缺。如今"低头族"的出现,也造成家庭与家庭之间缺少思想感情的流通,共同的社会交往活动极少,个体之间交往呈稀疏状,社会普遍联系松散,会妨碍人性中最活跃因素的充分发挥。当下的世象

---

① 蔡雯等:《议程设置研究的历史、现状与未来》,《国际新闻界》2006 年第 2 期。
② 彭娜、刘泽瑞:《"低头族"请你抬起头》,2013 年 10 月 22 日《天津日报》。

是:"低头"成为一种生活方式,无论在拥挤的地铁车厢里,还是人流摩肩接踵的街市上,可以说"低头族"的身影无处不在,候车的乘客,匆匆赶路的上班族,开车等红灯的司机……低头玩手机像是陪伴人们每天的精神调剂品。吃饭发微博、微信,已经成为很多人的一大爱好。打开微信朋友圈,各种美食映入眼帘,都是朋友们吃饭前发的照片。如今,大家都有一种习惯,就是待服务员将菜摆上桌后,不是先动筷子,而是拿手机对着菜拍照,然后发微博。智能手机的普及,带给人们便利的同时,也无形中带来了很多疾病。据专业人员证实,经常低头玩手机对颈椎、眼睛的危害是最大的,特别是晚上关灯睡觉前玩手机对眼睛的伤害更是惊人。更有网友调侃道:"世界上最遥远的距离,不是生与死,而是我就在你身边,你却在玩手机。"①没时间亲近孩子,没时间陪爱人,没时间尽孝道,却花大把的时间捧着手机傻笑。到饭店吃饭,点好菜之后,菜上桌之前,大部分人都埋头看手机,似乎没有话题,似乎总是很忙,似乎离了手机就与世隔绝,越来越多的人被手机"绑架"。这种社会生活中的交往畸形状态,不利于社会的和谐,任其发展,会加剧人与人之间的冲突、冷漠和妒忌,是不能不引起深刻关注的。

第三节　乡缘地理与交感网络

一、"五缘"与民俗传承

个体为了生存和发展,为了满足自身生理、安全、情感和进取等基本需要,就要与其他的社会成员以一定方式进行大量的、直接的个人的接触。通过这些活动,社会成员在自身周围组成了人际交往圈,并通过这个交往圈与社会发生联系。传统社会有"五缘"(即血缘、亲缘、地缘、学缘、业缘)关系之说,借助这"五缘",人们延伸和拓展了自身的能力,并组成了各自的微观社会。对于大多数社会成员来说,这些身边的小社会才是真实的和现实的,社会个体成员的主要活动正是在这小小的微观社会中进行的。也正是由于无数个微观世界,才组成了整个社会的繁盛。

血缘关系,是家庭得以存在的基础。正如恩格斯在论述家庭制度的本质关系时所说的:"父亲、子女、兄弟、姊妹等称谓,并不是简单的荣誉称号,

---

① 彭娜、刘泽瑞:《"低头族"请你抬起头》,2013年10月22日《天津日报》。

而是一种负有完全确定的、异常郑重的相互义务的称呼,这些义务的总和便构成这些民族的社会制度的实质部分。"①民俗中的产育、婚恋、寿诞、成年、丧葬等诸多习俗,不仅反映了家庭血缘生活对于人们伦理价值的潜在影响,而且再进一步地说,这些影响并不是孤立的,它影响着家庭的经济关系、亲睦关系与日常生活处理等一系列现实问题。人在发展过程中为了摆脱动物状态,需要"群"的联合力量和集体行动来弥补个体自己能力的不足,而高等动物的"群"和家庭并不是相互补充,而是互相对立的。人类为了发展群、集体和社会,就必须不断缩小家庭的规模,发展个体的力量,以个体的独立性的联合重新结合为社会。从"家庭本位制"向"社会本位制"发展。血缘家庭是这种裂变的第一步,母系血缘家庭是第二步,即恩格斯所称的"普那路亚家庭",在这种家庭的基础上形成了氏族,而对偶家庭则是从氏族中再裂变出来的第三步,它确立了父亲血缘,并将家庭缩小为一夫一妻制的最小单位,这对于社会无疑是有益的。从这个意义上说,母系血缘的权威性,仍是一种"小团体"的象征,它时时要把家庭关系拉回到母系血缘家庭中,以减弱对偶家庭的独立性。这种"小团体"的消极影响至今仍然是清晰可辨的。有学者称中国传统文化中严重存在的"小圈子文化"倾向,也许与这种"小团体"家族关系的基因有关。

亲缘关系其实是涵盖血缘关系的一种最基本的人际关系。它在社会生活中发挥着重要的影响,每一个社会成员靠着亲缘这条纽带,维系着各自的亲属网络。网络的层次和亲缘关系的层次是依照人伦的差序渐次由内向外推延的。人们之间关系的密切和稳定程度也是由人伦的差序决定的。亲属网内部,血亲重于姻亲,内亲重于外亲,五服以内重于五服以外的宗亲。对外而言,人际关系中很看重亲缘关系,亲情重于一切,血浓于水。由于亲情关系的浓重,以至于出现一种现象,即人们之间的交往如有某种需要和必要,则要借助亲缘关系来加强和维系。没有亲也要结上干亲,所以结拜干亲是亲缘关系在社会关系中的衍生物。它主要有结拜与认亲两类。结拜即结拜兄弟或姐妹,这一般需要由换帖、拜天地等仪式固定下来。《三国演义》中的"桃园三结义"对后世民俗生活影响极大,结的是兄弟,讲的是义气,实质上是相互承担互助义务。当人们外出经商或投奔他乡,举目无亲,结拜就可以使之摆脱孤立无援的境地。认亲,即认干爹干娘、干女儿、干儿子之类,这类认亲同样出于社会成员的各种需要,借助亲缘关系来加强相互间的联系

---

① [德]恩格斯:《家庭、私有制和国家的起源》,《马克思恩格斯选集》第4卷,人民出版社1972年版,第24页。

及承担的义务。由亲缘关系还衍生出诸如长幼有序、男女有别、亲疏有间的特点,生动地反映了宗法等级制的尊卑、贵贱、亲疏的观念,体现了复杂而浓厚的血缘亲子的文化心理。

如果说血缘、亲缘是人际关系中的"近缘性交往",那么地缘、学缘、业缘关系则是一种"非近缘性交往"。

地缘关系,是指因居住地关系而建立起来的人际交往。在古代"聚族而居"的社会形态中,人们的一生和一块土地,也和自己的首属群体紧密地结合在一起,地缘关系无可选择,几乎就等于血缘、亲缘关系。地缘关系主要又分为同乡关系和邻里关系两大类。同乡关系是地缘关系的外层,其中又有小同乡(一镇一村)大同乡(一县一府)的区分。同乡关系在社会的人际交往中显得十分重要,因而逐渐产生出一些适于同乡交往和联系的场所和组织,明清以来在全国各地(主要是城镇中)存在的各种会馆,主要就是一种地缘组织。清末民初,由于新型教育的推广和工商业的发展,社会流动大大增强,人际交往也日益发达,于是产生了一种新的地缘组织——同乡会。邻里关系是地缘关系的内层,它是以相邻居住为基础形成的人际关系。尤其是在传统的农业社会里,安土重迁观念牢固存在,人们祖祖辈辈聚居一地,所以一乡一镇,一村一里,许多情况下甚至是一族一姓。即使杂姓聚居,也是世代为邻。邻里观念强调一个"睦"字。封闭式的小社会与外界无涉,内部自然要求和睦共济,止息争斗。"邻有丧,舂不相,里有殡,不巷歌。"邻里之间的交往既有感情的需要,更有相互帮助的实际功能。每个社会成员在日常生活中,除了有感情交流的欲望之外,七灾八难,生老病死,都难免需要他人的帮助。因此,邻里之间除了寒暄聊天之外,日常交往都是循着互利的原则进行的。在社会生活中,近代从行会组织、商业会馆和早期的公所,直到国家政权,都与这种地缘关系有关。

学缘关系,是指个人在从家庭走向社会之际所经历的从师受教阶段(一般不包括职业训练教育)中建立的师生、学友之间的往来关系。在我国一个相当长的时期内,学缘关系显示不出其独立意义。因为古代社会中能获得学缘联系的机会只在极少数人中存在,而且在学校或其他形式的从师教育制度形成之前,学缘也几乎等同于血缘。只有在从师受教对社会所有成员都开放时,学缘才能成为一种有独立意义的人际关系模式,并成为影响社会结构的一种重要因素活跃在人们的社会生活中。学缘关系一是指同学、同窗之谊(义),二是指师生师徒之情。在旧式科举制度中,极重同窗和同年,同年登第,意味着一同踏入仕途,所以更重年谊。师生之谊,则是"天地君亲师"的伦理纲常,有"一日为师,终身为父"之说。某些社会影响重大的学缘集团甚至会成为一种政治势力而参与国家政治生活。

业缘关系，指人们在社会中所从事的职业而形成的关系。它包括上下级之间，同僚之间，同行之间，业主与主顾之间的各种业务性往来和在此基础上形成的友好交往。人们业缘交往的需要促进了业缘组织的发展，而业缘组织的发展又为业缘交往提供了团体的支持。会馆和公所以及晚近出现的公会和商会、同学会、俱乐部等，都与业缘有关。由于同操一业而形成的人际关系，在旧时代，这种同业关系带有浓重的封建色彩。在主要限于商业和手工业各行内部，由于封建性的垄断所造成同业之间的排斥现象，反映在交往中，呈现出明显的封闭性。一地的某一行业长期保持原有格局，缺乏流动和发展。同僚是一种特殊职业——官吏之间的关系，这主要是指同一职署、同一衙门内的同僚、僚属关系。日常应酬是交往的主要内容。节日邀宴，送往迎来，丧婚祭礼等，都要有一番来往。而同僚关系一旦离开某职、某衙后即不易维持下去。在中国业缘民俗中，还有一类以志趣、理想为纽带联系起来的人际关系，中国自古信奉"独学无友，孤陋寡闻"的说法，可见朋友之交的重要。朋友间讲义气，守信用，重许诺，尚气节，朋友之交一旦结成，双方互相承担很多义务，有不少情况下进而结拜为兄弟。"在家靠父母，出门靠朋友"、"为朋友两肋插刀"，这些俗话折射出朋友之间互相交往的观念。朋友之间平时志趣相投，过从甚密，有事互相帮助；倘若朋友间背志他交，则交情断绝。如食言不诚，甚至有不利朋友之言行，则更视为自绝友道，为世人所不齿。

血缘、亲缘、地缘、学缘、业缘，其中核心是血缘。在中国漫长的历史发展过程中，如果说个体的物质生活主要以家庭为舞台，那么精神文化生活则主要是以家族为单位。《白虎通》对"族"的分析是："族者，凑也，聚也，谓恩爱相流，凑也，生相亲爱，死相哀痛，有会聚之道，故谓之族。"不论历史上家族组织的具体形式有多少变迁和差异，也不论具体的家族组织历经了多少荣衰和兴灭，它总是处于"五缘"之核心层，作为一个完整的社会文化实体的性质却是共同的，相对稳定的，对于中国民俗的影响力是难以估量的。

二、"认老乡"的文化意义

倘若我们在国外遇到中国人，在省外遇到同省人，县外见到同县的人……尽管素不相识或交情不深，这时一种莫名的亲切感却油然而生，极易将关系处理得分外融洽。这完全是由于乡缘地理造成的一种文化现象。如果朝夕相处，"抬头不见低头见"，每个人都习以为常，互相之间也就缺乏认同的心理,"认老乡"的观念自然也就无从谈起。

中国自古以来就是农业社会,以农为生的人世代定居,迁移是一件痛苦的事,民间有"人离乡贱,物离乡贵"的说法。当人们背井离乡,面对一个个陌生的面孔时,就极力寻找——哪怕只是一点点——与自己有相同之处的人。在中国,地缘是稳定社会中的血缘的缩影,迁离故土,彼此没有血缘关系的人,在长期接触中形成地缘关系的群体。这时血、地两缘分离,血缘纽带松懈,地缘(地域概念随空间变化而扩散或收缩)成为最主要形成凝聚力的条件。于是"老乡见老乡,两眼泪汪汪"、"乡亲遇乡亲,说话也好听"、"老乡找老乡,心里喜洋洋"、"官大一品,不压乡党"……"认老乡"成为一种普遍的跨越地理,民族的民俗现象。对于"认老乡"来说,地域是有严格制约性的条件,地缘不变迁,"认老乡"现象也就成为无源之水,无本之木。

"谁家玉笛暗飞声,散入春风满洛城。此夜曲中闻折柳,何人不起故园情。"乡情,是中国民俗中最有人情味的一种民俗现象。但是这种民俗现象与我们民族传统为什么会如此紧密地联系在一起呢?这是值得细细探究的。

同乡,又叫乡党,《论语》里专门有"乡党"篇。至今北方人认老乡时,还有呼"乡党"的习惯。乡党其实是一种乡社组织,它的由来既和西周时代的编户制度有关,更由于地缘关系作为纽带。我们知道家庭是一种以血缘关系为纽带的组织,起初,同一氏族家庭里的人们在一个区域内谋生,既是家族,又是在同一地缘劳作,自然谈不上乡党。后来,生产发展,人口迁徙,在同一村落里聚居的人,不一定属同一个宗族;或同一宗族的不同宗支的世代繁衍,超过了五服的范围,同姓而不同族,由扩展家族转化为村落乡社,或由不同家族相联姻而组成,或由一二本地家族加上杂姓移民组成。人们常年生活在同一地域之中,彼此的交往自然十分密切。据《周礼》记载,当时国都之外的民众,按五家为比,五比为闾,五闾为族,五族为党,五党为州,五州为乡编制起来,乡党就是指同乡同党的人。这以后,历代封建政府都有类似编户制度和方式,当然具体名称有所损益,但"乡党"这个词却一直流传下来了。

乡里人虽然都过着自然经济条件下自给自足的生活,但乡亲们之间要劳动,就会发生交流和沟通,彼此见面打招呼,互相观摩议论等,进行着各种形式的交流,且不说日常语言(土语、俗语、俚语)之丰富,就是脸色、声气、举手投足之间都可以很确切地传达情感和思想;其次是依住地远近,辈分长幼建立了一套特殊的称谓系统,如习惯上也用家庭内的爷奶叔伯婶嫂兄弟等来称呼左邻右舍;乡邻里有自己共同的价值观念和共同的信仰。如反映群体观念的象征物——誓碑、乡约碑等。

中国历史上还存在过"乡社"一类的组织。乡社不同于人们出于事业和爱好而自觉组织起来的社团，它实际上就是乡土社区，有自己特殊的祭礼信仰和习俗活动，也有自己完整的组织结构和习惯法规。乡社一方面培植了人们乡土崇拜的信仰；另一方面也加强了乡邻人情世故的观念。乡土，把人们直接连接在一起，从而发生了人际关系问题。为了协调这种关系，人们制定了乡规民约，建立乡的协调组织，开展互助互惠和多种形式的民俗礼节活动。培养亲密的人情，构筑起乡亲关系网络。对于乡土的自然崇拜和对于乡亲的人情依恋，最终互相谐和，成为古代乡社精神的凝聚形态，化为中华民族特有的"认老乡"或"认同乡"的文化心理。

当人们脱离了原先生活的环境和群体，失去了原先相互信任的生活圈，被迫与陌生人打交道，而又对这些人缺乏信任和相互帮助的心理基础，一种"今不如昔"的失落感，撕裂着人们平静的心扉。内心怀念原来那种人与人之间相处和睦、话语投机、相互认同的生活氛围。在这种情况下，"断根"感压抑着相关的个体，接踵而来的便是极力摆脱这种精神困惑的愿望。现实的"我"要变成超越的"我"，仿佛在无垠的沙漠中寻找稀疏的绿洲，力图跨越情感的荒漠。最恰当的方式莫过于在人际关系中"寻根"。所谓"认老乡"或是"认同乡"的观念，正是基于对群体的归属和认同感。

古老民俗中对于土地崇拜的活动，例如通过立社坛、社树、社石等，供人祭祀；以"社祭"为中心，开展种种丰富多彩的民俗活动（鲁迅在《社戏》一文中，描绘了绍兴乡间这种民俗活动的盛况）。实际上，它是乡民共同的节日。这些民俗活动的特点在于，它既向乡民们灌输自然崇拜与祖先崇拜，又不断地向每个个体成员暗示他们生命根基的存在，使他们感受到，各自都是扎在本乡本土的一个根上所生发出来的枝杈，他们之间的亲情、互谐和认同是天经地义的。人们从小就受到这种亲情和乡情的认同和被认同的熏陶，一直对自己的行为产生影响，而又并未被自己意识到，既是主体又是客体，一方面，作为主体在消灭别人的主体性；另一方面，作为客体又被别人消灭自身的主体性，人人都可能参与认同并被别人认同。当地缘条件尚未形成时，这种行为就难于也无必要付诸实践，一旦地缘这种外部条件发育成熟，人就迫切地要进行灵魂孤独的自我拯救与超越，人的归属与认同的内因就做出相应反应，并付诸实践，而且离开故乡越远，归属与认同的愿望与行为也就越强烈。世界上许多文化现象都是由一定的根据和条件产生，并长期联系而成的，"认老乡"文化现象的观念，可划归文化结构的深层范畴，它既是每个"认老乡"个体长期实际生活积累的心理，又是人类群体世代传承的积淀，这种积淀在人们精神世界形成了一定的观念态势,于是人们总是不自觉地沿着这条轨迹行进。

三、姓名文化与谱牒之学

姓名是人的一种符号。当一个新生命来到人世时,做父母的总要给他取个名字。在社会人际交往中,人们首次见面总是从互通姓名开始的。然而,姓名这种符号与诸如商品等代号有着截然不同的区别:通过人的姓名,我们可以了解到一个社会,一个民族所具有的民俗文化的某些方面。

我们先从"姓"说起。"姓"是一种代表同一血统关系的特种徽号。姓字从女从生,可能是远古母系社会的遗留。《说文》说:"姓,人所生也,古之神圣,母感天而生子。故称天子,从女从生,生亦声。"我们去掉其中所包含的"君权神授"的荒谬论点,至少可知姓产生于知其母而不知其父的母系社会。因此,姓字从女。当时可能很多强有力的、由同一血统所形成的宗族集团,每一集团各有一个"姓"。后来同姓的人越来越多,再以"氏"来区别流派分支,但这已经是父系社会的事了。从民俗文化的角度谈论"姓氏",可以追溯到原始人的群居生活。

我国古代传说中的有巢氏、燧人氏和伏羲氏就生活在群居时代。当时人类征服自然的能力还十分低下,他们必须合群而居,集体劳动谋生,共同抵御大自然和其他野兽可能造成的伤害。在原始群居生活中,男女关系处于"乱交"状态,既无婚姻可言,也不存在父母、子女、兄弟、姐妹等关系。随着生产力的发展,原始人群内部开始出现自然性分工,并建立起必要的生活秩序和组织原则,这就要求人们限制乱伦性交,由此使杂婚向内婚制过渡。

内婚制的特点是按班辈结合的血缘群婚,就其实质而言,仍然是杂婚制。但是它是以有限的杂婚形式来取代无限的杂婚形式。在这种婚姻形式下,所有的祖父和祖母互为夫妻,所有的父亲和母亲也互为夫妻,同样所有的同胞兄弟姊妹或从表兄姊妹,即同一辈分的男人和女人都互为夫妻。至于前辈与后辈之间则禁止通婚,这样就形成一个以始祖母(女性家长)为中心的血缘氏族公社。杂婚制会导致后代体质衰败,影响整个人群的健康发展。血缘家庭的内婚制排除了父母与子女、祖父母与孙子女的血亲婚配,对两性关系开始有了某种制度上的约束,这是人类婚姻关系的一大进步。但原始人的生活主要取决于自然的"恩赐",为了获得必要的食物,血缘家族的规模受到一定的限制。血缘家庭过大,人数过多,食物的取给和组织调度都难以维持,势必导致不正常的频繁迁移;反之,血缘家庭人数太少,在严酷的自然条件面前又难以存在。原始生活条件决定着血缘家庭的存在规模。因此，当一个血缘家族经过几代繁衍之后，由于人口增加，都必须分裂成两个或两个以上的族团，形成新的血缘家庭。

这些由原来一个血缘家庭分裂而成的几个族团之间，由于血缘上的关联，仍然保持着密切的联系。男女之间的通婚，是其联系的重要内容。最初，这种族外婚是偶然的，但人们不久发现，族外婚的后代无论在体力上还是智力上都要比近亲婚配的后代更加强健。正如《左传》上说："男女同姓，其生不蕃。"于是，为了有利于种族繁衍，原始人开始进一步排除血缘家庭中同辈间的通婚，族内群婚开始向族外群婚过渡。当然，这是一个漫长的过程。起初，只排除血缘最近的同胞兄弟姐妹间的婚姻关系，以后又排除血缘较近的旁系兄弟姊妹间的婚姻关系。最后，凡在一个族团内的男女之间，不管是否同辈均不许有婚姻关系。这样，一个确定的、彼此不能结婚的血缘亲属集团——氏族就产生了。

对一个氏族中的妇女来说、她们的丈夫已经不再是本氏族中她们的兄弟，而是另一个氏族中的一群兄弟，这些兄弟是她们共同的丈夫，反之亦然。这种族外群婚的遗迹，我们在春秋战国时期还可以看到。春秋时期在周天子和诸侯婚配上盛行的媵妾制度，就是群婚制度的遗留。但不论怎么看，内婚制转变为外婚制，是人类关系史上又一个伟大的进步，比起内婚制取代杂婚制而言，更能增强人类的体质。

无论是族内婚还是族外婚，依然是群婚，子女只能认识生育和抚养他们的母亲，不知道父亲是谁。在母系制下，子女属于母亲所在的氏族，子女的血统世系是按照母系计算的。母系氏族社会的部落是若干个近亲氏族的结合体。各个氏族都有着表示同其他氏族相区别的自己的名称。居于首要地位的那个氏族的"姓"，也就可能成为整个部落的标记，而其他氏族的名称则成为姓的分支。由此看来，姓原是母系血缘关系。但是当发展到父系氏族社会以后，按照父系计算血缘关系，姓也就转变为父系血缘关系了。由于人口的增多，也由于活动地域的不断扩展，父系社会姓氏的分支就更多了。《国语》上说，黄帝的姬姓部落原有二十五个氏族，后来有十二个发展成为部落，拥有了自己的姓。因此，"三代之前，姓氏分而为二，男子称氏，妇人称姓，氏所以别贵贱，贵者有氏，贱者有名无氏"[①]。既表明了三代以后，男性已获得支配地位，又说明了氏的等级分化。

---

① 郑樵：《通志·氏族略序》，中华书局1987年版，第488页。

我国古代的姓氏与名字要比今人复杂。先秦时期,同一个人有时会有好几种不同的称呼,战国之后才逐渐趋于固定,一直到汉代才同现在基本一致。姓作为一种共同血统的徽号,它不是个别人或个别家庭的称号,而是整个氏族和部落的称号。从许多古姓如姜、姬、姚、嬴、姒等都有女字偏旁,可以推测到这一点。姓与氏相比,前者是不变的,而后者的变化可以很大,所以顾炎武说:"氏一再传而可变,姓千万年而不变。"战国之后,人们往往以氏为名,姓氏于是逐渐合而为一,到了汉代则全都叫姓,并且从当朝皇上到一般平民都可以有姓。这种习俗一直延续到现在。

"姓氏"的源流,从文化心理的意识层面上,它显然是一种感情,但从深层来分析,又总是与中国人"祖先崇拜"、"祖灵崇拜"的意识紧密相连。老祖宗及其故土是"根",而每个活生生的人,都是随风飘动的片片落叶,落叶不能回复到"根"那里,是很可悲的事。从原点出发,漂泊生涯,最后还回到原点。这带有浓重的封闭意识,是受自然经济的小农生活的准则所影响,它来源于血缘和宗法的姓名文化。

正是出于敬祖和崇祖的意识,在中国民俗中,又有两个特有的风俗:一是避讳的繁琐,二是谱牒成为一门学问。什么叫谱牒,它是古代记述家族世系的书籍,俗称"家谱"、"族谱"。修谱作为一门学问的兴起,是从周朝开始的。为了维系宗法制度和姓名文化,也就是别亲疏,示以系统,以明亲以合族之义,首先确立了"宗"的地位,为了从制度上固定下来,就必须有讲述家世的谱牒,这是家族情况的"大全",每一个家族都少不了这样一本大全。因为家族是不断发展的,所以家谱要不断续修、补充。家谱的主要内容是记载全族的世系源流、户口、婚配、血缘关系、祖宗故墓地点方位、族户及公田数目、范围、方位等等。可以说它是家族的百科全书。其主要功能是防止血缘关系混乱,以便族人了解、掌握本族情况,为族人敬仰祖宗、相互团结创造条件——"收族于谱而子孙秩",修编家谱"乃可敬宗而收族",也可以防止异姓他宗乱宗和本族成员发生混乱,有助于族长全面了解,胸中有数,统一管理和调配使役族人。

谱牒固然是中国封建宗法制度的产物,但关于风俗方面的记载则当为信史,实为珍贵的民俗资料。如民俗文化中的出生礼、丧礼、祭礼、婚礼、民居建筑、村落布局乃至时尚产物等,许多谱牒都有详细记载。从谱牒所记的婚姻关系、亲戚关系、邻里关系,乃至经济关系等方面着手,还可从社会大背景观察地方风尚,如江南的"文风"其背后是文人世家通婚、重礼仪、教化、慈善等特点;福建的"武风",其背后则是宗族或宗法制度的支持,拥有军事据点土堡、械斗时不以姻亲为限,重纪律、信义的特点;广东、徽州等地的"商风",其背后也有商人多联姻,商务等由族人经办等特点。各地"迥异"的风光,从谱牒中可以找到多方面的佐证。

四、家族·家教·家风·家义

在中国传统社会中,家族不是一个虚幻的集合概念,它是由同姓同宗的许多个家庭集合而成的。其纽带是血缘宗法关系,其组织原则是由父系单亲世系。它的存在意味着家庭与家庭之间在一定条件和范围内有某种横向联系。家族在中国社会是一个完整的社会文化系统的缩影,它是作为一个实体而存在的。其特点是:

(1)聚族而居。同一家族居于一个共同的地域范围内,其俗尤重聚居,"无异姓杂处,以故千百年犹一日之亲,千百世犹一父之子"。(2)统一的祠堂。每一家庭都有自己的祠堂,大家族有统一的宗祠和许多支祠,设有置放祖先牌位的小祠堂和供桌。家中一切事务,凡成人冠礼、嫁娶婚姻、生养后代以至远离家乡,都要在祠堂告祖,同时它还是处罚族人罪过的法庭和刑场。(3)有宗谱和家谱。(4)有本族的族田,也叫公田,一般分为"祭田"、"义田"和"学田",收入分别用于祭祖、赈济孤寡和预防灾荒、资助族学和供族人读书应试等。(5)以族长为主体的组织管理机构。(6)系统的制度规范体系。此外,有的家族还拥有"宗部"、"宗伍"、"家兵"等特定的武装力量。

这样一个部门齐全、结构完整而复杂的宗法组织,它一方面延伸了社会制度文化的功能,另一方面也发挥着社会他种文化无能为力的特殊功能。家族是缩小了的国家,而国家也正是这种放大了的家族,以至形成家国一体的模式。家族是支撑封建国家大厦的强有力的基石。父亲在家中君临一切,族长在全族中说一不二,君主则是全国的"严父",一言即是圣旨。这种社会结构给宗法制度的迁延,宗法思想的流衍提供了丰厚的土壤。

正是由于家族制度的顽强存在,孕育了中国社会独特的家族民俗的积淀,也养育了代表这种民俗的基本精神,而且在不同程度上塑造着人格,深刻影响了中国人的国民性格和几千年的文化。以与家族制度密切相关的民俗事象而言,首先是尊祖敬宗,即对祖先的崇拜祭祀,确立了族长制、家长制、嫡长制等一系列原则,对个体具有很强的聚合力,用血缘关系,从生物本能上联系着每一个个体,利用人的自然属性;通过祭祀等一系列祭祖活动,又把族众的心理、精神维系在一起;通过族田以及在此基础上的公共设施,加强了族众之间的联系,强化了个体对家族组织的依赖性;通过祖训、家礼、家范、家教、族规、宗法等制度规范体系,即家族给个体规定了行为模式。如果谁违背了这些原则、行为,就算越轨违例,有损家庭的利益和荣誉,那么家族就加以惩罚。如此等等的禁锢和桎梏,使"睦"的面纱更加楚楚动人。让我们撩开面纱,从民俗表象的背后来看一看"家族"究竟具有什么内涵:

第一,它表现在族人同居的规模越大越好。所谓"三世同堂"、"四世同堂"、"五代同居",被传为美谈。如源于北宋的郑氏家族一直过着毋分财异灶的聚族而居的生活,从宋代一直到民国,近二十代。历代君王对郑氏的孝义家风都大加褒奖,有"忠孝世家"、"浙东第一家"、"江南第一家"的美誉。

第二,剥夺了女性对财产的占有权和支配权。

第三,"会餐"与"合食"的习俗,得到了流传和巩固,一族人在一起用餐,称为"会餐"或"合食"。

第四,"共财"与"散财"的习俗。

以上四端,具体而又形象地表明宗法制度下的家族的特征:第一,等级观念深入人心,在要求男尊女卑、夫为妻纲、父为子纲、嫡庶长幼有序的基础上,又要求男女有别、夫妇有义、父子有亲、兄弟有和。第二,家庭生活自给自足。"生于斯,养于斯,葬于斯。"个体完全被封闭在家族之中。第三,人们对家庭的依赖很大,在家庭与个人、社会的关系意识上,把家族视为关键,修身服从齐家,齐家又为治国平天下之本,己、家、国三位一体。家既是自己的依托和归属,又是国之根本,因而具有一定血缘宗法关系的家庭人员往往抱成一团,形成一种比较稳固的群体。这就是垂两千年而不改的家族精神的基本特征。

为了保证家庭精神的延续并得以弘扬传承,其基本的方式就是家教。所谓"家教",并不是一般意义上的知识传授,而是以家族精神对一代又一代的人进行个体人格的塑造。个体离不开家族,唯恐被家族抛弃,每个个体自觉地纳入家族,力求成为其中合格的一分子,而不敢有任何"出格"的举动。为此,必须"克己"、"修身",以牺牲自己的需求、欲念、意愿和利益,来服从家庭意志。履行家族规定的义务和责任。说到底,"家教"就是教育族中子弟实践家礼、族规、宗约、祖训。见之于行动,就是完成人生的义务和责任,如成家立业,生儿育女,读书做官,做个孝子、顺民、忠臣。扬名显亲、光宗耀祖就是实现了自我价值,达到了社会对自己的要求。这种家族、家教对人格精神的塑造,磨灭了人的创造精神,不敢为天下先。当然,中国传统的"家教"也不乏积极的因素,中国文化中也生长着一代又一代的志士能人,他们为了国家和民族的利益,不惜牺牲身家性命,做官不贪钱,打仗不怕死,持身谨慎,律己爱人,以此作为人生的境界,他们的行为给后人留下了榜样。他们对子弟、对儿女所作的家教、家训,口授书载,不胜其读,这些言辞都是从心底里流出来的,成为掷地有声、千古传诵的名句。如诸葛亮的"淡泊以明志,宁静以致远",陶渊明的"开卷有得,便欣然忘食",反映了一种淡泊高尚的情怀,而又非避世。"死去原知万事空,但悲不见九州同,王师北定中原日,家祭无忘告乃翁。"这是陆放翁的遗嘱,也是其家教诲;至于明末朱柏庐的《治家格言》,几乎家喻户晓。"一粥一饭,当思来之不易;半丝半缕,恒念物力维艰","莫念意外之财,莫饮过量之酒。与肩挑贸易,毋占便宜;见贫苦亲邻,当加温恤",看来都是俗言凡语,却包含着做人的哲理。正是这些人生的哲理、处世的德行,成为我们民族珍贵的文化遗产和优良习俗。

"家风",又称"门风",它是传统农业社会及其家族、家庭的产物。家庭既是人口生产、农业生产、手工业生产和商业活动的基本实体,也是养老、育幼、教育青少年的场所,推行传统伦理道德、风俗习惯等行为规范,传统时代的家族、家庭对传统"家风"非常注重,要求人们"笃学修行,不坠门风"[①],比如强调子孙"耕读传家",明晰家规,承担家义,制订执行族规家法等各种习俗。族规家法亦以传统伦理道德为指导思想,家庭通过长期的生产生活实践形成并传承着为其成员共有的风尚习俗,就是传统家风。有的家庭还特别制定了人们在家庭内外的行为的具体规范,如力戒游惰、酗酒、斗殴、赌博、嫖妓、好淫,不做违法之事,不许观看"有伤风化"的戏剧、小说等,有的家庭为严整家风醇正,不惜动用家法,对于违犯者有轻重不同的惩罚,从责打到逐出家族,有的甚至"沉塘"处死。

家风,是家庭、家族的事情,关乎每一个家庭成员的品行,同时家风也是整个社会的事情,封建社会的家风有一定的毒素,但也存在积极意义,许多优良家风传承着中国传统文化中的精华和核心价值。如果每一个家庭都告诉、要求自己的子孙后代"诚实守信",而后人又严格履行,那么,它将给社会带来潜移默化的影响,每一个人的言行最终也将成为他人评价整个社会的文明程度的标尺之一。

---

① 《颜氏家训》卷二,"风操"第六。

第九章
民俗行为与核心价值

第一节 民俗行为与人格塑造

一、外圆内方的处世信条

  人类行为模式形成的原因,有着生物的、心理的、政治的、宗教的诸种因素,然而民俗的塑造,可以说是行为模式的主要原因。与此同时,行为又总是与一定的价值观念,特别是一个民族的核心价值联系在一起。法国哲学家泰纳在《艺术哲学》中称文化是"自然界的结构留在民族精神上的印记"。民俗的文化功能之一,是塑造整个民族的精神人格和精神品位。这一点在平静的生活中或许一时难以察觉,但一旦社会发生大的波折,如发生外敌入侵,或在强权政治面前,人格的差异马上就会显现出来,有的人在风雨如磐的黑暗岁月里,用生命点燃正义的烛光,以呐喊抗争人间的邪恶;也有的人随浊流而上下沉浮,在屈辱中苟且偷生;也有的人徘徊在这两种人之间,他们在人格的天平上为把握正义和生存的平衡而艰难地度量着,而最大的困惑和痛苦就是将现实中分裂的人格在心理层上暂时的弥合。

  民俗之于人格的塑造,既提供了外在的文化氛围,又从心灵深处为人格塑造奠定了遗传的密码。中国儒道两大文化传统,缺乏近代人文意义上的自由意识以及对自由的热忱追求,也没有西方宗教中那种超脱世俗的精神需求。儒道的人格设计都带有各自的片面性,或重道德或重智慧,唯独忽略了人的意志和品格。当面临现实挫折和挑战时,它们不是通过意志的高扬战而胜之,在超越现实中实现自我的精神超越,而是更多地采取一种实用理性的态度,调动内心的智慧或道德力量,冷静地分析个中的利害关系,寻求避害趋利的现实途径。

"天人合一"意味着"合",是中国哲学的最高境界,不仅是自然界与人类的和谐,而且也是社会与个人的和谐。和谐即是不争。几千年来,"和为贵","君子和而不争"这类经典箴言深深地积淀在中国人,尤其是中国传统知识分子的心态中,使他们对外界的行为态度不是着意布新的改造,而是立足守成的适应。即使是那些开拓者,也大多持避免直接对抗的温和立场,在适应中徐图改造。

中国传统民俗关于心态上的这种深重积淀,结果是只能保持"和合",一旦有分歧,就会闹得不可开交。在这人生的十字街头,一些人决然扯断对生命的执著,以追求灵魂的永恒价值,那是正气浩然的特立独行之士;另一些人则在滴血的屠刀下佝偻着身体,匆匆交出了一颗惹是生非的灵魂,那是屈从于专制的依附人格。然而,还有一群人,可能为数并不少,他们掂量的最后结论是,灵魂与肉体这双重价值目标在人生天平是等值的,最明智的抉择是在冲突中求得妥协。在张力中求得平衡,即在维系个体或事业生存的前提下保持人格的独立性。所谓"外圆内方"的处世信条,正是这种人格的深刻写照。

人们一旦认定了"外圆内方"的选择,作为人格主体的知识分子就会发现自己的形象发生了裂变。受到理想和环境双重制约的现实人格,一是从思维中感知到内在的形象,碍于环境与形势,又力图使自己适应环境(历史上,我国许多中间层知识分子都有随势而变的特点)。二是个体或事业生存的安全线。在一般情形下,尚可以把握,但在历史的抉择关头,要求得到某种"外圆内方"的平衡,实在是一件相当艰难的事情。对于"外圆内方"的人格追求,与其说是追求,不如说是一种平衡,一种人性的煎熬,良心与生存的双重需求者。他们不得不在内心深处忍受两重灵魂的冲突戕杀。所有这一切都在他们的心理上产生了一种十分痛苦的情绪体验——焦虑。

中华民族是世界上最富有智慧颖悟的民族之一,然而其社会精英的才华很大一部分不是用来征服自然和改造社会,而是耗费在征服自我、压抑自我乃至残杀自我上。这一切都与中国文化的基本特征相联系。正像李泽厚指出的,如果可以将西方文化称为"罪感文化"的话,那么中国文化则是一种"乐感文化"。它不是如前者(指西方文化)那样强调灵与肉的对立,强调在此对立中人对自我的超越,而是表现为灵肉合一,情理合一;它极力避免那种悲壮崇高的命运冲突,避免以生命为代价的灵魂超越,宁可让一切惨烈的对立冲突都消融在主观心理的平静安宁之中,消融在肯定现实人生的达观愉快之中。在这种"乐感文化"的熏陶下,中国知识分子不是没有良心对"自我"进行严峻审判,但审判的结局却与西方知识分子的情况迥异,他们的灵魂不是在拷问后得到洗涤、净化和升华,而是开脱、安慰和谅解。中国知识分子擅长在险恶的政治环境下保护自己,不仅是肉体的保护,更重要的是心理保护。

二、整体统合与个性内敛

中国民俗所表现出来的心结的情结,正是人类古代社会那种朴素的辩证思维方式的反映。这种思维方式的特点是把世界上万事万物都看作相互联系的总体,但因其建立在直观的基础之上,没有科学论证的依据,因而具有猜测性和笼统性,这种思维方式之所以一变而为一种情结,是因为中国文化非但没有超越这一思维方式,而且还长期以其为自己的哲学基础,以至于使之成为一种具有恒常性的文化基质和文化定势。

由于民俗的"心结"是一种软体性的深层基质,我们无法凭肉眼观察,只能诉诸理性思维,只能就其各种表现来作分析,概括起来,有些特点直接影响到人的社会行为:如内敛模式。《易经》上说:"古者包羲氏之王天下也,仰则观象于天,俯则观法于地,观鸟兽之文与地之宜,近取诸身,远取诸物,于是始作八卦。"①其所谓"近取诸身",即是指男女两性的差别;"远取诸物",是指人类以外的昼夜、寒暑、牝牡、生死等自然现象和社会现象。这种把外物同己身统一起来的做法即是一种内合模式。其特点是用人自己来解释说明自然社会外物,在宇宙观上是阴阳对立统一的"天人合一"论。"天无私复也,地无私载也,日月无私烛也,四时无私行也,行其德而万物得遂长焉。"②盛行于两汉时期的"天人感应说",则更集中地反映了这一内化统合模式。如汉儒董仲舒说:"春,爱志也;夏,乐志也;秋,严志也;冬,哀志也。故爱而有严,乐而有哀,四时之则也。"③天具有人的属性和品格,人有情感,天亦有情感。天的情感通过阴阳五行和四季的变化表现出来,正是靠人对物的"内化"(人化)把外物同人统合起来了。

这种以统合为旨归的内化模式还从社会结构上反映出来。内化模式表

---

① 《周易·系辞下》,世界书局1936年版,第64页。
② 《吕氏春秋·去私》,《二十二子》,上海古籍出版社1986年版,第631页。
③ 董仲舒:《春秋繁露·天辨在人》,《二十二子》,上海古籍出版社1986年版,第795页。

现在思维模式、价值标准和人格塑造上则是道德中心主义、道德终极价值尺度和人格的道德化要求，其内容都是强调做人，儒家要做圣人、仁人；道家要做真人、至人。这样，道德目标越来越成为人的发展的主导价值目标，人的发展尺度被异化为道德完善的尺度，个人和社会的发展只是一种手段，而道德的完善才是目的。总之，一切都道德化了，道德成了自然和社会的本体。

从"以人统天"的宇宙观、"国在家中"的社会结构，一直到思想、价值、人格的道德化和"心性化"、"内敛化"，足可以反映出内化模式的一些基本特点。

追求"整体统合"的文化心结还表现在中国民俗的互补机制上。互补机制其实也是一种补偿机制、规避逃遁机制，它通过补偿、逃避来化解矛盾，使对立双方达到平均、协调、和谐、统一，因而这种机制也是"整体统合"情结的表现。天人互补、家国互补、内圣外王互补、儒道互补、理想现实互补。

儒家与道家，这两个中国文化的主干，表面上看似对立，其实则是入与出、人际与人格、现实与理想、社会与自然、为与不为之间的补充与协调。如孔子的"敬鬼神而远之，可谓知矣"的怀疑论，荀子"制天命而用之"的乐观进取的无神论，同庄周"神鬼神帝，生天生地"的泛神论；孔子的"三军可夺帅也，匹夫不可夺志也"的对人格的尊重，孟子的"富贵不能淫，贫贱不能移，威武不能屈"的伟大人格理想，同庄子的"天地与我并生，万物与我为一"、"独与天地精神往来"的遗世超俗的独立人格理想，不是根本上如出一辙吗？正因为两者本质上的协调与互补，才可能产生将两者统一于炽热执著的情感操守之中的屈骚文化和以老庄释《易》的魏晋玄学，中国的士大夫官宦才可找到一条"穷则独善其身，达则兼济天下"的互补互通的人生途径。

在长期的封建专制政权的严酷统治下，人们在现实生活中承受着难以克服的社会重压。"官逼民反"成为中国历史上一个经常性的社会现象，但以注重整体性统合为特点的中国民俗则力图为解决现实矛盾找到一个补偿调节机制，这便是服务于心理防卫、维持身心平衡的阿Q式精神胜利法。这种理想模式只是一种脱离实际的无法实现的空想。因此，要么"法先王"，追慕原始氏族社会的风习、规范，做"后倾型"的精神复归；要么在个体心理内部做"自欺性"的"心远地自偏"的精神超脱。但是，尽管空则空矣，心理补偿调节则是实在的。一个"桃花源仙境"，一个"小国寡民"，不知给中国人的心绪上带来几多安慰。"衰而不愁"、"乐而不淫"、"怨而不言"的中和思想构成了中国民俗中的诸多特色，在人格塑造上则要求"文质彬彬"、"温文尔雅"。

在人类文明史上，古代社会许多文明机体早被毁灭并消失得踪影全无，只留下谜一般的些许荒凉古迹,而中华民族的古代文明却一直流传至今,中国文化(包括民俗)源远流长而不曾断绝,这与"整体统合"的情结有着不可分割的内在联系,可以肯定,这是"整体统合"情结的伟大历史功勋,正是靠着这一情结内在的伟大的文化凝聚力,中华民族才求生舍死,在协调、包容的文化环境中生生不息,遂有今天民族统一、人丁兴旺、幅员辽阔的大国之局面,此外,中国文化才形成了诸如"天人合一"、"知行合一"、"情景合一"等以"统合"为形式特征的东方文化,在整个人类文化中独树一帜,放射出独特的文明之光。但是,也正是这个情结,又造成了中国民俗文化的许多重大缺陷,直到今天还存活在人间。

三、和谐对称的造物象证

人们进行物质和精神生产的根本目的,是为了满足自身生活、生产的需要。这种实用价值的满足与人的生命原则和生命价值相联系。人类初期的一切活动,包括造物活动,都是直接维系生命的活动,都是以此为出发点和终极目标的。我们从原始人类遗留的大量生活工艺品、劳动工具中,可以看到人为了维持生命所作的各种努力。

民俗工艺生产的实用价值观、实用原则从根本上来说与人的生命价值和生命原则直接相联系,实用原则产生使用价值,是与人类的生命原则同值的,从而具有主体性地位,其他的诸如精神需要和价值则是第二位的。如果说人的生命原则决定了工艺造物的实用原则,那么人的需要的丰富性、人的本质则决定了工艺生产实用与审美、物质与精神一体的基本性质。

民间工艺和民间美术一样,是忠实于这一基本原则的。劳动者把生命维系过程与造物直接沟通,并作为联系生活的主要方式。它的生产从而遍及生活的每一个角落,从日常生活用品、劳动工具,到养生送终、四时八节的节令风物应有尽有。如衣饰器用方面,中国五十多个不同民族的服装、服饰,不同个性的挑花、绣花、补花;不同风格的蓝印花布、彩印花布、蜡染、织锦;各种童帽童鞋、绣花小帽;少数民族的银首饰。日用品方面,如各地的陶瓷器、青花鱼盘、砂器、粗瓷碗、陶壶;木制竹制家具,各种材料的编织物,筐、篮、篓、笠、席、垫等。作为节令风物的,从正月初一到当年除夕,年画、春联、斗方、门笺;泥塑、泥玩;各种灯彩、彩粽艾人、五色丝缕;瑞饼果模、重阳旗;民间灶王纸马。用于抒情纪念表达心意的绣球、刺绣荷包、香包;绣花鞋垫、少数民族的织花背带等等;为儿童制作的各类玩具,布鸡布象布老虎布娃娃,各类泥木玩具,面塑、陶塑、纸玩具,编织玩具,各类哨子。为人生礼仪的、喜字剪纸花、喜联、喜饰、喜帖,各种诞生、婚嫁用品,送终用具。还有各类文体用品,如戏剧假面、木偶、皮影、龙船、风筝;各种环境点缀品,木版年画、灶头画、农民画、窗花;各种劳动工具,木工具、铁工具、扁担、舟船装饰、铃铛造型等等,举不胜举,丰富多彩,它是生活的使者,人们表达传达感情的媒介,在某种意义上说,它们又是民俗的种种象征物。

历史告诉我们:美在民间。如果说宫廷工艺追求的是一种华贵雍容之美,文人士大夫工艺表现的是闲适淡雅之美,那么民间工艺和民间造物便是一种自然流露的纯真质朴之美,浓郁乡情,风情万种,是劳动者淳朴之美的心声。古人说:"礼为情貌者也,文为质饰者也。……物不足以饰之。夫物之待饰而后行者,其质不美也。"①事物的本质是美的,它自然不需修"饰"。为人们称道的民间工艺的美正是这样一种无需修饰,无需借助材料的高贵增益的本质美,一种自然展示给人的纯洁之美,质朴之美。

在民间造物的过程中,当艺人们的劳动心理透过工艺品而传达给使用者时,就实现了社会心理功能,通过这种心理交换,使用者感受到的是制作者的技巧、匠心、劳动的热情等。自然纯朴的农业经济和手工业经济不仅为民间工艺的社会心理功能实现提供了精神基础——社会的审美观、价值观,同时也提供了与心理活动相适应的社会环境。在中国,家庭、氏族、村落、城镇组成的社会组织序列,以宗法思想为中枢,以农业经济为纽带,将人们长久地固定在一块有限的土地上,物质和精神的空间都囿于其中了。固定的宗法关系、人际交往,奠定了人们自我实现意识的心理基础。于是,便在民俗工艺造物的技艺交流中争巧、斗智、比新,间或夹杂着少许时髦心理。人与土地生死攸关的联系,对大自然的依赖,导致了一系列民俗节令活动,这些活动成为民俗工艺蓬勃发育的土壤。信仰的热望、创造的激情、技艺的自豪、生活的冲击,合成民间工艺造物的一个又一个灿烂夺目的巅峰。在社会心理层面上,民间工艺的活动还没有完全脱离精神的功利目的,例如民俗工艺品中的"天佑平安"意识、"富贵荣华"意识等。在文化历史的层面上,则可能实现对功利性目的的全面超越,尽管它在整体上、宏观上还带有人类文明的目的性,但对于个体的民俗活动来说,则完全可能进入文化的、审美的境界。以人们一再论述的民族感情而言,民族感情不是抽象的,它经由各种媒介作用而萌发,如历史教育、民族自卫、地理作用、经济活动等等,民俗艺术的陶冶也是其中重要的一类。山西省临汾地区农民表演的"威风锣鼓",那

---

① 《韩非子·解老》,《二十二子》,上海古籍出版社1986年版,第1136—1137页。

成百人上下挥舞的手臂,雄壮的步伐,震耳欲聋的鼓声合着气势恢宏的节奏和鼓手们豪迈雄壮的呼声,你会不由自主地受到感染,热血沸腾,并在心头油然升起民族自豪感与时代责任感。民族感情中蕴含了一种自史前人类社会组织就珍重的集体意识——认同心理。如果说,这种心理在早期社会中主要含有求生的功利性目的,那么现在就更多的是求得一种感情的需要和心理的需要了。在民俗活动和民间工艺的熏陶中,"依从—认同—内化"的心理活动过程,强化了民族感情,并成为心理上与外界条件的频繁更换,求得平衡和获得安全感、连续感的重要动力。

文化积淀的主要形式和途径并非全然是通过经典文化实现的。因为经典文化在封建社会中实际上只有极少数人能够接触和掌握。大量的却是通过俗文化——如衣、食、住、行等民俗事象来实现的。但是,中国又曾经是一个王权中心的国家,天子无上的权势将它的威严投射到社会心理的每一个角落,长期封建文化的陶冶铸成了底层社会自卑、守命、顺从、攀附的奴性心理。"富贵荣华"、"福禄双全"、"五子登科"等心理痕迹仍然历历在目。封建统治的高压和奴化教育,把人们追求幸福的愿望扭曲成一种因为不敢把握自己的命运,而只有祈望"富贵在天"的畸形心理。人们安于天命,不求进取,惯于接受一种统一的意志和秩序。封建文化的浸染,铸成了中国国民性中对自身以外的境遇持一种"实用主义"的态度。这是民俗工艺造物活动中一个需要甄别的特点。

四、道法自然的色彩喜好

人类各个民族几乎对色彩各有偏爱,不是喜爱这种颜色,就是喜爱那种颜色,对色彩的喜好,具有全人类性。于是,也就与民俗结下了难解之缘。

从民俗学的意义上看色彩,它只是一种社会符号。在这符号的背后,隐含着人的心理和民族习俗。大自然在一年四季之中的色彩变化,不仅能使人们联想到季候的寒暖,而且会因之感到兴奋、活跃或觉得沉静、安定。春天,万木吐绿,百花盛开,到处是一派淡红嫩绿的轻快色彩,万物充满生机,给人以欣欣向荣的印象;夏天,千山万壑郁郁葱葱,骄阳似火,这深绿和火红的色彩,给人以强烈和浓郁的印象;秋天,田野一片金黄,春华秋实,硕果累累,给人的印象是成熟和丰收;冬天,花木枝枯叶落,远山白雪皑皑,给人一种宁静和安谧的印象。这一切是自然生活中的色彩符号。但是民俗学家眼中的色彩符号,更注重它对社会生活和民众心理的影响。

自从人类步入文明社会的门槛之后,作为社会符号的色彩,就一直体现着人们的思想意识以及森严的等级。在中国漫长的封建社会中,色彩尤其成为不平等观念的物化象征。我国历史上最尊贵的色彩莫过于黄色。我们就先从尊黄谈起。据说英国女王伊丽莎白二世来华访问,因知道中国人有尊黄的习俗,特地做了一身黄色的服饰。其实,以黄色为尊,是到汉代时才开始形成的,其依据就是五德终始说。按这种学说,金、木、水、火、土五行相生相克,每一个朝代都代表五行中的一德。按五德之说,有商尚白、周尚赤的说法,这有古实物和文献记载两方面的证明,但主要表现在祭祀礼器和牺牲等物品的颜色上,是否真正形成流行的服色,还没有充分的资料可供判断。《太平御览》卷八一四引挚虞《决疑》说:"古者男子皆衣彩,有故乃素服,秦汉以来服色转变,今唯朝廷五服用彩。"我以为这段话比较合乎史实。由封建中央政府明令某种颜色以及平民百姓的服色规定,这种情况是从秦汉时代才开始的。秦始皇自认为是水德建国,所以尚黑,"衣服旄旌节旗皆上(尚)黑"①,称老百姓叫"黔首"。待到汉高祖刘邦灭秦平楚而统一天下,又自认为是代火德兴邦,当时还流传着赤帝斩白蛇的神话传说以附会。因此,汉初曾规定尚赤,即以红色为尊。凡祭服、军衣等一律都用红色。不过那会儿的"尚",似乎主要体现在祭祀活动中,"立春,京师百官衣青;立夏衣赤;先立秋十八日衣黄;立秋衣白,立冬衣皂;冬至衣绛,名为五时服"②。看来所谓"尚赤",不过是停留在祭祀上,百官服装色彩齐备,只是因季节而替换。

到汉武帝时代,汉家尚赤的传统来了个大变更。当时正受皇上信任的董仲舒认为,土能克水,所以取代秦朝的汉朝,应属土德而尚黄,于是在太初元年(公元前 104 年),朝廷作出了"改历,以正月为岁首,而色上黄"③的决定。东汉时,董仲舒的学说借助于政治力量而趋向经典化,在白虎观会上,原为五行之一的"土"被提高到五行之首,所谓"土居中央",而与土德相适应,尚黄的观念也就被进一步牢固化了。以后的历朝各代,也有信五行说而占某一行并称尚某色的,也有不相信的,但不论情况怎样变化,共同的一点就是相继以黄色为尊。不过,真正将黄色完全垄断为皇帝专用服色,则是唐朝时开始的。既然黄色如此尊贵,禁限又多,且又出于五德之说和帝王倡导,当然不可能成为老百姓乃至一般官吏喜欢的服色。然而,就民族一般心态而言,所喜为何色呢?就是红色,这可以叫做"尚红"。据考古学家考证,

---

① 《史记·秦始皇本纪》,中华书局 1982 年版,第 237 页。
② 《渊鉴类函》卷十三引《汉书·礼仪志》。
③ 《史记·孝武本纪》,中华书局 1982 年版,第 483 页。

早在原始社会,山顶洞人就已经有了尚红的喜好,他们在装饰物品上钻出圆孔,孔的周围几乎都一律染上红色,同伴死了,也要在其尸体的周围撒上矿物质的红粉,这不仅在于红色能对人的感觉起到某种刺激作用,更主要的还因为它已经具有某种象征意义。

五、崇尚和顺的辟邪图腾

图腾来源于人们对自然力的畏惧或者崇敬。避害趋利是人类各民族的本能。中国人的图腾虽不甚明显,但辟邪与纳福,却构成了一个很重要的特色。

在中国人的传统意识中,"福"是有其既定内涵的,《尚书》"洪范八政"中对福的解释是:"一曰寿,二曰富,三曰康宁,四曰修好德,五曰考终命。"民间习俗中惯于将其归纳为"福禄寿喜",色括了健康长寿、富庶幸福以及子孙繁衍诸方面,总的期望是一个"顺"字;而"福"的对立则是"灾",或曰"邪"。因此,对人前途的祝颂不外乎正反两个方面:纳福顺遂和消灾辟邪,求吉祥平安,与辟邪避害构成了一个问题的两面。

"辟邪"之"辟",包含了驱逐、防避、消除的意思,尽管其并不直接与鬼蜮冲突,却能逢凶化吉,化险为夷。这也是中国古代原始的图腾观念的产物。在古代传说中,有多种能驱鬼辟邪的物质,植物中的桃、苇、艾、菖蒲等,动物中有虎,金属物中则有金、铜等。因为传说神荼、郁垒二兄弟在度朔山上的桃树下执苇索捕捉恶鬼以饲食神虎,所以桃木便成为驱邪避祟的异物。汉代人用桃木做成"刚卯"佩在身上辟邪,用桃木做成桃符钉于门户以驱鬼,桃符后来发展成春联、门画,成为人们年节辟邪纳福的吉祥物之一。

佛道文化的兴盛,给辟邪观念增加了新的来源,民间习俗中许多辟邪行事便是来自"释氏羽流"。如《吴中岁时记》载:"五月,修善月斋。释氏羽流,先期印送文疏于檀越,填注姓氏,至朔日,焚化殿庭,谓之修善斋。是风俗又称为毒月,百事多禁忌。贻天师符。朔日,人家以道院所贻天师符贴厅事以镇恶,肃拜烧香。至六月朔,始焚而送之。有贻自梵氏者,亦多以红黄白纸,用朱墨画韦陀镇凶,则非天师符矣。"

民间往来习俗中的祝福主题则又比辟邪需要广泛得多。人们赠长者的寿面、寿桃,是祝福老人"福如东海,寿比南山";赠赴考书生以糕粽,是祝其"金榜高中";赠新婚夫妇以枣、栗、桂圆、花生,是祝福新人"早生贵子"。很多地方还有"送灯"习俗,据说是因为"灯"与"丁"音近,"送灯"便有人口"添丁"的祝福之意。于是便有各种"麒麟送子灯"、"送子娘娘灯"。广州习俗,要想添丁的人家去庙里预定一盏灯,上书"某宅敬请"四字,元宵节中便由庙中司祝将灯送上门来,谓之"送灯";江苏旧俗,正月初八日,有闺女出阁者,送各式灯至婿家,其中最重要的便是明角麒麟送子灯;江苏淮安旧俗,是在元宵节后的十数日中,或以一小红灯送至久盼而无子人家,或者以取自城东麒麟桥堍的方砖一块代替;江苏兴化则送以泥制孩儿灯一盏,俗云此灯系送子观音迎亲。与送灯习俗相近的,又有一种送"袋"习俗,如江苏一些地方婚俗,以布袋为新娘铺路则称之为"传代";南京旧时婚俗,男方聘金到女家后,女方以翁姑新郎针线回礼,另要"回三代":腰带、钞袋、袜带。后又变为只送"二袋",谓女家自留"一代",等等。凡此种种,都不外乎一种子孙繁衍的祝福之礼。且不论祝福礼仪中包含的种种愚谬如何,祝福的含义还是明确的。从这些风俗各异的祝福礼仪中,不难看出其解释依据的变异。尽管总的说来,是统一在祝福的统一规则之下,但各地的形式、说法、依据都很不一致,有明确的因地而异的现象。

"吉物"的概念则更有意思。一般祝福、贺喜、辟邪、驱祟之物都应为吉物,属于"吉物"范畴的,似乎就有一种特许的优等权利,可以百无禁忌。《钟馗捉鬼图》中画了阴曹和地府的事,也不忌讳,高悬于正堂之上。蛇、蜈蚣、蝎子、蟾蜍、蜥蜴等都为毒物,但人们不仅不忌讳,而且喜欢以这些形象附于衣物佩饰之上,尤其是在端午等岁时节日时作为辟邪的馈赠。不但衣物上绘有这些五毒形象,而且还用布头缝缀成一只只小布袋"五毒"的形象,用细铁丝缠结于小莲花帽圈上,让小儿佩戴。在这种情况下,似乎毒虫不毒了,人们对其无所禁忌。这些张牙舞爪的形象之所以能安稳地在人们的喜庆活动中有一席之地,则大概也与这些辟邪之物本身为"吉物"有关,似乎是借"吉"之正气镇住那些作恶的邪孽,使它们"改邪归正",从更深的层次则认为"以毒攻毒"、"以邪制邪"。

我国少数民族的图腾种类,多得难以叙述。如苗族的图腾种类很多,既有平常用具,也有动物、植物等,在这些图腾中,它们各自都有一个关于起源的传说,例如鸭图腾形成的传说是,有一位年轻的母亲,由于初次生育,爱子心切,杀了一只鸭,炖好之后立即给孩子吃,不慎热汤将婴儿烫死。后来人们就不吃鸭子了,而是将它奉为神灵,以供祭祀并寄托人们对死去婴儿的怀念。再如麻雀图腾,有一家人很穷,但逢年过节必须用肉祭祀祖先,这家人连饭都吃不饱,更不屑说杀猪、鸡祭祖。于是,只好上山打麻雀祭祖,果然得到了祖宗在天之灵的保佑,全家慢慢富发起来。于是,麻雀成了崇拜的对象。

吉祥的图腾,是人类文明精神的表现,尽管其中或多或少地带有或遗留着某种巫觋文化的遗迹,但由于它逐步程式化、固定化,并不胫而走,广为流传,成为一种习惯的辟邪和祝福方式。所以,后人并不会认真计较其是否具有某种神秘的机能。

第二节　民俗行为的心理基础

一、群体感染与群体暗示

所谓民俗,并不是单个人的习惯,而是整个社会的风习,是许许多多人的行为方式的综合展现。这里涉及民俗产生和发展的心理基础。感染与模仿是重要的心理基础。感染是群众性的模仿。例如,儿童在幼年时期模仿他们的长辈,在成熟过程中,他们的大部分行为是受周围人行为的影响。再如,在公众场合,我们看见别人站着,我们也就站着,人家鼓掌,我们也跟着鼓掌,甚至在一起的人打哈欠也会传染。明代哲学家李卓吾曾经用"侏儒看戏"的笑话抨击那些没有思想、一味盲从的人们;他站在戏台下,压根儿没有看清戏台的情景,只是因为别人在笑,他也跟着笑;别人伤心落泪,他也跟着流泪。这就好比今日大街上排队购买消费品,有的人对某一种商品不见得有确切的需求,只是看到别人在排队,自己也站到了队伍中跟着买了起来。这就是感染的作用。中国有句古话"群居相染谓之俗",说的就是这个意思。

感染又可分为情绪性感染和行为性感染,而民俗比较多的则偏重于行为性感染。所谓"耳濡目染,不学而能",就是指耳朵经常听到,眼睛经常看到,不用专门学习也不知不觉地会了。套用一句心理学的语言,就是指通过感觉和知觉来获得关于周围世界的知识与信息。

感觉只能反映事物的个别属性,而知觉则是反映事物的总体属性以及各个属性之间的相互联系。知觉以感觉为前提。又同感觉相互联系,不可分割。人们只是在科学研究时,由于人对现实的反映,才将感觉与知觉分开。例如对人生礼仪的各种民俗事象,人们对各种贺仪的反映,首先依靠感觉去反映它的个别属性,如诞生、满月、百日、抓周、冠礼、成亲等等,眼睛看到的只是这些贺仪的程式和具体的情景,舌头尝到的是各种贺仪上的食物,手能触摸到具体的礼品等等。知觉就把这些"个别属性"概括成为整个贺仪的整体。再如小儿满周岁生日时的"抓周",身临其中的人们,只是感觉到这种气氛的各个具体属性,而只有知觉才能深刻理解,这是一种社会的保护和关注,在各个层次的长者的簇拥之下,他(她)在生命的每一个阶梯中,获得了被别人关怀和保护的资格。到了人生的一定阶段,于是一变而获得给别人以关怀和保护的资格。他基本上中止了"接受",开始不断地"付出",开始不断地给自己的子女、同辈人的子女、自己的长辈和他们的同辈交叉关系的长辈以各种贺仪馈赠,直至晚年。在那时他又重新获得关注和保护。在他给予小辈爱护的同时,接受后辈的尊敬关心,直至进入另一个"世界"。这一切井然有序地运行,明确显示了在这一切的背后所蕴藏的一个层次分明的群体结构。

在群体感染的过程中,对知觉的对象能否把握它的全部属性及各个属性之间的联系,这是一个至关重要的问题。有许多东西,我们看得见、摸得着,但不懂它是什么。感觉了的东西,我们不能立刻理解它,只有理解了的东西,才更深刻地感觉它。理解性在人群相互感染中,又必须借助于两个媒介:一是言语的指导作用。有些问题我们不理解,只好登门求师请教他人,人家用生动的语言一讲解。你就会茅塞顿开,因此,言语的指导最能帮助人。二是经验的作用。接触新的事物,总是从自己已有的知识经验出发的,学习就是运用旧有知识经验去理解新的知识经验。如果我们缺乏某些方面的起码的常识,那么,对这些方面的问题就很难理解。

在感知某个事物时,特别是某一项具体的民俗传承,不可能只感受其中的一个点。事实上,人们在感知一个事物时,总是把它作为具有一定结构的统一整体去认知。这就好像我们看社戏,不可能说"这是几个打扮古怪的人在台上舞蹈",而总是要说这些形象在展示怎样的矛盾。同样,我们看一幅画,一部文学作品,总是力图了解它的全貌,而不是把它肢解得七零八落。知觉的对象在一定范围内改变了,知觉的反映仍然保持相对不变。例如对于小时候生长的地方,不论经历了多少人世间的沧桑,也不管时过境迁,那种当初的印象总会留在人们的记忆中,许多远离故土的游子,不论他在事业上如何轰轰烈烈,当夜深人静之际,经常会有一缕愁云飘动,他可能思念故乡小河的潺潺流水,可能思念家乡春色中的袅袅炊烟,会产生无尽的惆怅与思念。

知觉的感染力就是这样的强烈,它既是人际感染行为方式的驱动力,又是群体感染的心理基础之一。

二、从众效应与时尚流行

民俗是一个多功能的复合系统,它是一个不断扩展的积淀过程。在行为方式中,从众效应是一个异常突出的心理基础。

所谓从众效应,从大的文化背景看,与上述传统文化的主流与趋向是一致的。它的前身是家族意识,它的过程是个人对于社群的不可分离,它们的指向则是集体主义。从众效应从根本上说,是感到自己个体的孤单,势单力薄,只有依靠别人的存在而存在,全然没有独立的人格意识。"从众"的众,当然是其他人或者众人,那么"众人"又去"从"谁呢?那就只有从"圣人"了,或者从"英雄豪杰",所以,在中国传统文化(包括传说、故事、戏曲、评书等作品)中,那种救民于水火的青天大老爷,那种救世主式的"英雄",总是受到人们的青睐。

"圣人"的"圣",为通,为睿,是说"圣"具有很高的思维能力以及超常的智慧,能通达事理,知末达本,知往测来。这是在中国历史过程中对"圣"的初始含义所作的引申和发展。在这个历史积淀的过程中,它的最初含义所表示的睿智因素被充分放大和强化。孔子乃一介布衣,一生不得志,在治国平天下的事功方面可以说是黯淡无光,但却被弟子和后人尊为圣人,这不能不与他的多能(多智)有关。而中国人所理解的智不同于古希腊智者的逻辑意义上的雄辩,而是指对天地人的整个宇宙人生的充分觉解。"上知天,能用其时;下知地,能用其财;中知人,能安乐人。"①在先秦思想家中,把圣人与道相连接,对中国传统文化的特质和类型发生了巨大影响。

其次将"圣"神秘化,认为圣人具有知往测来,料事必中的神秘能力。"圣人者,后天地而生而知天地之始,先天地而亡而知天地之终。"②把圣与神(鬼神之神、神妙之神)相联结,认为圣即神,这就使圣具备了不同凡响的灵光。随着中国封建"大一统"政权的确立,圣的神秘化被进一步加强。

再次是圣与王的结合,按照儒家思想的传统看法,中国历史的标准圣人是尧、舜、禹、汤、文、武、周公、孔子等,这些被尊为标准圣人的历史人物,其中大多数都是王者。尽管中国历史上一直是霸道政治不断,暴君辈出,但中国人在观念上情感上都是排斥这些东西的,他们的愿望是由圣明的君主施行仁道,泽被天下,恩加四海。在这点上,典型地反映了中国人从众效应,最终乃是"从圣"和"从王"结合的特点。

不同的社会和民族在选择真理标准时,反映了不同的文化观念和思维方式。中国人自然不会像基督教徒那样把上帝作为绝对真理的化身,中国人所选择的真理标准,乃是圣人,包括圣人的言行、圣人所通达的王道和人道,以及用以制约大众的规范和方式。由于圣人观念最初发轫于初民社会,

---

① 《韩诗外传》卷一。
② 《鹖冠子·能天》,四部精要本,上海古籍出版社1993年版,第673页。

后人认为那时的伏羲、神农、黄帝、尧、舜就是伟大的圣人,这种对远古时代所赋予的浪漫色彩以及所寄托的怀古情调,极大地冲淡了理应具备的理性精神。因而圣人具有超凡的智慧和品德,后人所应做的就是如何赞美圣人的功德并按照圣人的言行去生活,思想家的使命就是用理论来说明怎样以圣人为标准,而不是论证圣人究竟是否具有这种资格。

从众效应说到底是"从圣人效应",对中国民俗产生了深远而巨大的影响。好像中国几千年来,是由几个"圣人"引导着人民走过漫漫长夜的。

三、东施效颦与盲目模仿

东施效颦最早出典于《庄子·天运》:"故西施病心而矉其里,其里之丑人见而美之,归亦捧心而矉其里。其里之富人见之,坚闭门而不出;贫人见之,挈妻子而去之走。彼知矉美,而不知矉之所以美。"《太平寰宇记》卷九六载越州诸暨县有西施家、东施家,后人乃确指丑女为东施。后以"东施效颦"比喻胡乱模仿,效果适得其反。

如果我们去掉东施效颦中的贬义,反观民俗之行为方式,确实存在着大量的模仿心理现象。显然,这种现象与中国传统社会严酷的等级秩序和农耕经济结构基础上建立起来的社会生活模式是相适应的。没有模仿,就没有创造;没有模仿,也就失去了民俗传承。在一种相对静态化的社会结构中,人们的交往空间受到很大的限制,古代社会中的劳作者们,往往是一辈子只蜷缩于一小块固定的耕作面积内,这里既是他们的生产空间,也是他们的生活空间和人际空间。呆板的生活,内循环式的人际交往,它带来的弊病之一,便是使人们日益平庸化,不需要刻意求新。另一方面,原始初民在生活中也较早地接触了摹拟、模仿的本领,他们已懂得用舞蹈,用动作,用表演以及装饰来表达他们如何学着野兽的模样去捕捉、猎获野兽的过程。模仿,是他们生产和生活的重要内容之一。

根据有关学者研究的成果,民俗模仿生成的路径主要有:首先惢惠民俗模仿,要数原始时代的图腾信仰。这在人类早期的文身习俗中已有集中的体现。《汉书·地理志》应劭注:"(越人)常在水中,故断其发,文其身,以象龙子。"所谓"象",即图腾意味的艺术摹拟。越人怀着虔诚心情,把自己装饰成龙子龙孙的样子,祈求图腾护佑。正如德国艾伦莱赫根据自己的观察,在《巴西恒河第二次探险记》中说的:"始祖是保护自己的子孙的,因此将其图形刻在身上,这无异于是带着抵御各种危害的护符。"

其次是生产、劳动推动着模仿。民众的创作活动,基本上是无意识或下意识的。这并不是说民间作品中没有理性内容,而是说民众在创作俗文学作品时,并不把它当作艺术创作来对待。民间创作活动,常常是伴随着物质生产劳动或生活一道进行的。创作主体的情感冲动、直觉感受,很少受传统意识思想体系的干扰。民间文学是"我口唱我心","心之忧矣,我歌且谣","饥者歌其食,劳动歌其事"。与其说它是一种客观写照,倒不如说它是一种情感的主观抒发。其创作的冲动,并不在于反映的愿望,而在于抒发的需求。除图腾信仰之外,原始时代的习俗模仿则更多地与生产、劳动、娱乐有关,把它理解为一种生活的欢歌、文化的调节与劳动的旋律,也未曾不可。

其三,民俗模仿的生成,也不排除现实事物对人的文化意识的刺激,以及刺激之下的有意学习和仿效。《采兰杂志》载:甄后在魏宫常见一绿蛇,口中吐珠,不伤人。后来,甄后仿其形状转成发式,竟然奇巧天成,雅致新颖。宫中称为"灵蛇髻"。甄后从蛇所盘曲的形态中得到了启发,模仿创制出一种新的髻式。事物的天然形态成了民俗模仿的具体动因与客观对象。

此外,一个民族历史生活中值得骄傲、纪念、回忆的重要事件、生活形式也可能诱导民俗模仿的产生。如台湾高山族阿美人追忆先祖的船祭,带有沉湎往古的历史情怀,参加祭祀的人都在内心中体验属于整个民族的骄傲与自豪。当然还有审美心理诱发的民俗模仿,如姑娘们的发饰、衣饰等的流行。

民俗模仿的基点是不脱离生活。装饰习俗的造型和施色植根于对生活对自然的模仿。原始民族文身行为的本质是模拟自然,在自然中找形象。生活中没有的东西,民俗模仿无从做起。《虞书·益稷》记载,古代的圣贤是看到了日月星辰的光辉灿烂,色彩迷人,受到启发,把各种色调用于服饰。据史书载,圣哲们发现雉鸟的羽毛五彩流光,色泽富艳,于是效仿着浸染丝帛;又由于鸟兽的模样有冠、有角,故而琢磨着创制了各种各样冠、髻及系冠的缨蕤;特别是南方有一种老水牛,颈部拖着垂弧形的松弛的皮,摇头昂首非常自如,所以人们在做衣服的时候就效法着发明了阔大的垂袖。

当然,民俗的模仿也不单纯是现实事物的反映或映画,民俗模仿对生活中的事物以及事物的形式总是要进行修整、装饰、变化和剪辑的,于是乎,生活中引起不快情感的东西,经过艺术家的民俗模仿,转化成了激起喜悦的东西;生活中粗野、恐惧的东西,通过民俗模仿,也就化为威猛雄壮、鼓舞人心的东西了。

说到底,民俗模仿还是在于拨动和敲击人们情感的音弦。由模仿创造的民俗形象、审美情趣、俗事场景,要影响、激发人们的情感生活,否则就失去了模仿的本来意义。《妆台记》说汉武帝因随手用了李夫人的玉钗搔头,玉钗便成了宫女们的追慕对象。蔡邕《独断》记,汉元帝额头上长有"壮发"(即发际外生发),很不雅观,为了遮盖,他用巾帻包头,臣子们不知怎的就以为这是美,一个个都戴上了巾帻,这些现象真比东施效颦还荒唐。不同气质的人可以有不同的美的追求,都对一种发饰,或一种款式趋之若鹜,不一定给人以美感。因为这种模仿,不是"美"的树干上必然生出的枝叶,而是一种略带畸形的审美心理,其中多少夹杂着一点虚荣的成分。康德曾鄙视地说过:这种模仿动机里没有内在的价值。

四、美学理想的自然流露

民俗背景之下的民众的审美观念,是一个不断发展变化的过程,它的根本特质就在于它是一个封闭的宗法群体控制下的历史产物,这个历史产物是审美意识范畴之内的,所以它实际上是这一群体机制保护下的意趣表现。换句话说,民俗中的美学理想,在传统社会里,它主要表现的是宗法观念中所允许、所体现的那种人与人之间的伦理关系,人与自然之间的依赖关系,而绝不含有现代文化概念中的人的个性自由发展之后的"社会关系"。因此,我们所看到的民俗美术,总是带有浓郁的"人情世俗情调"。

民俗中的美学理想,它表达的总是某一群体的审美意识,而不是单个人的审美情调。正如一位外来客人不但是主人家的客人,也是整个村子的客人一样,一户人家喜事或丧事,也就是全体居民的喜悦或悲伤,任何一个家庭值得庆贺纪念的事情,都能很快地激发大家的热情。民间的审美意识是一种复杂的精神现象,它既是杂多的、模糊的、偶然的,又是单一的、确定的、必然的。民俗中的美学理想,既有与主体民族审美意识相似的本质特征,又有与主体民族审美意识相异的民族特征。

由于受民族经济文化生活的影响,由于民族民俗文化潜移默化地长期作用,由于地理环境与自然气候等条件的影响,审美意识也具有自己独特的民族特点。例如,茫茫旷野中的狼,维吾尔族人见了,审美注意与审美直觉立刻发生。因为,在维吾尔族人心中,狼是勇敢与力量的化身;而汉族人见了,要么想将狼杀死,要么就溜之大吉,审美变成了审丑。因为在汉族人心中,狼是邪恶与凶残的化身,早在春秋战国时代,就有善良的东郭先生与残暴伪善的狼的寓言故事。这就是用审美对象的善恶来说明审美直觉与审美注意的差异性,实际上,审美对象的造型与结构的新颖合理、色彩搭配的和谐、节奏感与韵律感等等,都可以显示出审美注意与直觉的民族性特点。

审美过程中审美者各人由一事物想到另一事物的心理过程,即心象的转换递变过程。钱锺书说："在日常经验里,视觉、听觉、触觉、嗅觉、味觉往往可以彼此打通或交通,眼、耳、舌、鼻、身各个官能的领域可以不分界限。颜色似乎会有温度,声音似乎会有形象,冷暖似乎会有重量,气味似乎会有体质!"①如果我们将民俗中的审美联想稍加分类,可以发现,相似联想、接近联想、对比联想在民俗审美活动中比较突出。例如蒙古族常常以骏马的彪悍敏捷联想到小伙子勇敢的品质。无论是民族神话、传说、故事,还是英雄史诗,审美者常常运用两个事物之间的性质、形态等作鲜明生动的对比,使善者更善、恶者更恶、美者更美、丑者更丑、真者更真、假者更假,突出了审美对象不同的品质。总之,审美联想丰富了民俗的审美意识。

任何一个人,在对审美对象进行审美观照的过程中,总表现出他的好恶态度,或者不好不恶的漠然态度。而审美态度的产生,又与审美者本人所受的教育程度、善恶美丑的伦理观念、宗教信仰、生活方式等有关。例如,对骏马,蒙古族与汉族的审美者,共同表现出喜爱,都喜欢骏马彪悍的个性、驰骋千里的能力与健壮的体形。但对同一个审美对象龙,汉族审美者由于受汉文化关于龙的图腾的影响,往往将龙的雕刻与绘画等作为至善至美的对象加以崇拜。但在蒙古族的日常生活与宗教活动中,极少有龙的形象。因此,他们对龙的审美态度大多是漠然的。

"人是类的存在物,他懂得按照美的规律来塑造;既塑造自然,也塑造自己。劳动者虽然并不一定知道美学,但他们却实实在在是美的世界的创造者。无论现实世界多么丑恶,统治他们的人多么腐败堕落,劳动大众总会用自己'内在固有的尺度'去塑造自己,去规范社会。人们在各式各样的生活故事里,去实现自己的道德理想;在机智幽默的笑话中,展现庄严的人格精神;在精警无比的谚语中,求得对人生哲理的领悟与升华!劳动者,就是在这种无限追求的过程中,不断地促进自己的主观目的性与客观规律性的统一。"②由审美的发生到实践,进入审美判断和欣赏阶段,实际上,这两个阶段是不可分离的。审美者在欣赏民俗文化对象形成美(包括色彩、运动、线条、动律、平衡、对称、节奏、构图等等)的同时,也在欣赏对象的内容美(包括实用、结构合理、符合美与善的目的)。审美判断的结果,直接影响审美欣赏的效果,当然也就影响审美意象的生成和发展,影响欣赏者所获得的美感的强弱程度,最终是影响审美快乐和审美理想。

按照中国古典美学思想来考察审美意象,审美意象则是"情"与"景"辩

---

① 钱锺书:《七缀集》,三联书店2002年版,第64页。
② 李惠芳:《民间文学的艺术美》,武汉大学出版社1986年版,第3—4页。

证统一的结果。如果将审美意象分类,还可以发现它的一些突出特征。一类是引申性意象,即从审美对象的某一点出发,按照可能有的位置与秩序,把其他形象细节想象出来,欣赏者可以通过引申性意象举一反三,"一叶知秋",开拓新的审美境界;二类是综合性意象,即把许多分散的形象细节按可能有的逻辑结构加以综合,用一个形象的比喻,就是"百川归海",由于受注意优势规律的制约,审美欣赏者在想象中把分解出来的形象与细节综合创造成为完整意象,在某种程度上来说,更能反映审美对象的本质特征。三类是错觉性意象,即在心理错觉影响下产生的特殊形象,用句通俗的话来说,"情人眼里出西施"就是一种错觉性意象,错觉性审美意象尽管从对象的客观物理形态上看似失真,但从主观心理上看却更真实,是本质的真实。

第三节　中国民俗与核心价值评说

一、经典价值观对民俗的影响

从文化发生学的角度来看,人之所以能够从动物界分化出来,既不是大自然对人类的偏爱,也不是因为外在于人的神秘力量(纯粹的自然必然性或上帝的意志),人与动物的分野是由于两者对待自然界的活动方式的不同,而分野的标志又是活动过程中价值因素的原始发生。

人类的祖先在与自然界的残酷斗争中,经历了漫长而艰难的岁月。当原始先民在天然需要的满足受到阻碍的情况下要生存下去,就不能不改变原有的自然需要,这样,就产生了一些凭自然界的直接供给已经无法满足的新的需要。如从素食到杂食,从采集到狩猎,使用天然工具(木棒、石块等),直立行走的手脚分工等等的需要。这种需要以朦胧的形态反映在头脑中,就是最初始形态的以非现存的"应当怎样"的东西为对象的"理想的需要"。既然这种需要的满足不能依靠大自然的直接供给,那就只能通过自身的创造活动即劳动来提供。这样,对非现存对象的"理想的需要"就必然转化为对创造活动即劳动的需要。但创造活动是有意识、有目的的活动,因而在实现创造活动之前就需要有一个思想准备过程,即"认识"过程。在这种情况下,这批猿类要生存下去,就必须满足这些新的需要;而要满足这些新的需要,就必须改变原有的活动方式,采取新的活动方式。因此可以说,行动产生了生存的需要,"思想产生了行动的需要"。

在人类起源时期(由古猿向原始人转化时期),"前人"对"应当怎样"的

"理想需要"的认识和"对个别有实际效益的条件的意识",就是价值性意识的胚芽演变与创造活动和认识活动及其条件的初始的认识,结合起来就是实践性意识的胚芽。与这些意识相适应的使用天然木石工具进行的"能产生预期效果的"、"有益的劳动"[1],就是人类实践活动的最初萌芽。价值性意识的萌生和有益劳动的出现,标志着由猿向人转化的开始,也是由事实向价值转化,即价值的原始发生的历史标志。当"前人"在原始的价值意识的支配下进行第一项有益劳动的活动时,就表明了人类要摆脱单纯受动于自然状态,"通过他所作出的改变来使自然界为自己的目的服务,来支配自然界"[2]的企图,宣告了人类向自然界进军的开始。

工具的创造和劳动的出现标志着人类的事实性意识和价值性意识相统一的实践性认识已经开始形成,人类的活动及人与外部世界之间的关系也具有事实和价值的双重性质,世界也开始二重化,区分为自然界与社会。人造工具的创造充分地展现了人类的本质力量。当第一件石器在"猿人"的手里制造成功时,就已经说明人类是不可战胜的。到大约距今十万年的人类"智人"期,"智人"已能制作复合工具如弓、箭,学会了人工取火,创造最初的人类语言、原始宗教和原始艺术,形成了原始的人类社会组织即氏族社会。至此,一个包括社会存在和社会意识在内的比较完整的社会价值体系已经形成了。无论从当时人类的物质生产活动的状况来看,还是从当时人类的宗教艺术活动的情形来看,其价值因素已占据了中心地位。原始人对与他们没有价值关系(利害关系)的东西是漠不关心的,但对于与他们的生存利害攸关的自然物和自然力,则当作神而加以崇拜。可见,原始人称之为神的某些东西,不过是那些与自己利害攸关的价值物。他们对某些神灵的崇拜,实质是对某些被歪曲地反映了的、神秘化了的价值的追求。原始人对事物的看法是泛神论的。因而,他们对各种自然物(力)也主要是从价值(神)的角度而不是从事实(物)的角度加以区别的。他们根据诸神灵对自己的不同性质的价值(利害)关系,把诸神区分为善神、恶神和无常神,这说明他们已能够区分价值的不同的性质(如肯定性价值——善神,否定性价值——恶神,不定性价值——无常神)了;后来又根据诸神对自身需要的影响程度,把它们区分为高级神和低级神。这说明他们已经能够区分各种价值的不同等级了。随着生产力的发展和物质财富的增长,私有制出现了,阶级也随之产生了。争夺土地、人口、财产等价值的价值性冲突,又导致了国家的产生,从

---

[1] [德]马克思:《哥达纲领批判》,《马克思恩格斯选集》第3卷,人民出版社1972年版,第6页。
[2] [德]恩格斯:《自然辩证法》,《马克思恩格斯选集》第3卷,人民出版社1972年版,第517页。

而,各阶级的斗争也由以争夺经济价值为主的斗争转向以争夺国家权力为主的政治斗争。在此基础上,又进而形成了代表各个阶级不同利益的各种意识形态,发生了各种意识形态之间的冲突。随着诸多城邦向统一国家的过渡,各神教也开始逐渐演化为统一的民族宗教。至此,一个具有一定的经济、政治、文化和意识形态的文明社会也就形成了。

从上面的分析可以看出,人类在对待原初需要与所需对象的矛盾中,把原初的需要转变成理想的需要,又把理想的需要转变为行动的需要。行动的直接目标是生产自己所需的生活资料,而生产这些东西又需要物质资料、精神文化和有一定劳动能力的人,需要结成社会关系、对社会生产进行管理等等。这样,就从原初的需要出发,经过一次又一次的扬弃,产生了一个长长需要的系列。同时,人的需要是多种多样的,多种多样的需要又会形成一个横向的结构,形成一个复杂的需要体系。人为了满足需要必须与外界发生关系,而外界也是一个复杂的功能结构。人们在对待复杂的需要体系、外界功能系统及两者之间的关系活动中,产生了一个复杂的价值体系。随着人类活动的发展,需要系列的增多,价值体系也必然不断日益完善和发展。而人要实现自身的价值,满足自身的需要,必须处理好与外界的关系。

人根据自己所追求的价值来决定自己的活动,又通过创造使自己由具有自然个性的自然存在物转变成其有社会个性的社会存在物,把没有价值存在的环境改变成了充满价值因素的社会环境。从这个意义上说,是人自己创造自己,自己创造自己的历史。这就是我们的原始价值观。

二、中国民俗的核心价值内涵

在民俗研究中,其实不能仅仅看表象,也要特别关注文化学上的价值观念、思维方式和心理结构等问题。价值观是中国传统哲学的核心问题,也是中国民俗学的核心问题。中国民俗处于文化结构的核心层面,但又是最难触动的一个系统层面。优良的民俗是各族人民千百年来智慧的结晶,是每一个民族兴旺发达的希望所在;不健康的陋俗也是民俗的一部分,它们往往形成相互交叉、彼此影响、互为制约的相互矛盾之中,使民俗心理积淀成为一种超稳定的心理素质和价值观念,恰如一张无形的网,在很大程度上制约着广大民众,有必要着重地将中国民俗中的价值内涵作一番梳理。

历史的进步与发展是有其连续性的。新中国建立前夕,我国许多少数民族或"一步跨越千年",或"一步跨越万年",过渡到现代社会。社会制度变了,社会关系变了,但是以价值观念为核心的民俗却出现了"滞后"状态,由于自然经济观念的长期影响,生产力发展的水平问题,由相对后进的社会形态和文化传统等凝结、沉淀下来并潜藏在社会结构深层的,以人们价值观念为核心的旧有意识和传统观念,并未因生产关系的变革而完全消散,它们顽固地以社会习俗、生活习惯和国民心理等潜意识的方式,渗透到人们的生产、生活和人际交往中。

中西方不同的地理、历史及人文环境形成了各自独特的文化价值观。有西方学者概括出五种各包括三种类型的价值取向:(1)对人类本性内部特征的概念(坏的、善恶混合的、可变的);(2)对人与自然及超自然关系的概念(人类服从自然、人与自然和谐相处、人统治自然);(3)人类生命的时间取向(以过去为中心、以现在为中心、以未来为中心);(4)对自我性质的看法(强调存在、强调顺其自然、强调行为);(5)对人际关系的看法(独处、合作、个人主义)。① 其实,这种分类虽然有点不着边际,它没有说明核心价值观是什么,但这个提纲可以作为导引人们认识和研究核心价值观的路径。价值观是文化中最深层的部分,它是人们在社会化的过程中、在特定的社会环境中逐渐获得的,"任何语言文化都会折射出一定的价值观念,其传统价值观念是文化的核心"②。想来也很好笑,在高唱"和谐"的年代,诸多学者反复论述"和谐"、"天人合一"是中国文化的核心价值观;现在这股大谈和谐的文章不见了,转向新的研究方向了。我看社会和谐、民族和谐的文章还得继续做下去,因为它毕竟涉及中国文化的核心价值观的研究课题。中华民族在数千年的历史长河中所形成的仁爱、道义、诚信、忠恕、廉洁、正直,是中国文化的主流特点,这些特点对于中国文化的传统价值观有相当大的影响力,对于中华民族的民族精神的建构起着重要作用,要将百年来积贫积弱的中国人追求自由、民主、平等,以及新中国建立以来,中国人追求科技进步与创新发展、谋求改革与冲破思想藩篱,所表现出前无古人的民族精神也能提炼概括到中国文化的核心价值观中去。因为概括中国文化的核心价值观不是本书的任务,这里仅就中国民俗的核心价值梳理几点看法:

一是耻于商贾观念。"视商为奸,视艺为贱"的价值观念仍然盛行。有关资料表明,地处我国腹地的一些少数民族,像弹棉花、配钥匙、补锅瓢以及修伞补鞋等行业劳动者大多是江、浙、川、湘等地人员,至于工艺、美术、建筑等技术性较强的行业,本地人员则更少。商品、市场、效益观念比较淡薄。

---

① 崔海英、罗翠丽、王静:《全球化背景下中国文化核心价值观的传承与发展》,《前沿》2011年第2期。

② 胡文仲:《跨文化交际研究学选读》,湖南教育出版社1990年版,第17页。

"物物交换"的原始交换方式仍在不少地区盛行,甚至还处于"买东西时买主有多少钱就给多少钱,卖东西时买主给多少钱就拿多少钱"的原始交换阶段,一些偏僻山乡的农民至今没有赶集的习惯,"养牛为耕田,养猪为过年",家里悬挂猪肉和储存粮食等食物的多寡是衡量富裕程度的标志。这种状况,显然与现代社会的经济运行格格不入。

二是"人情大于王法"的重人情礼节观念。繁重而琐碎的礼节至今仍然在一些地区产生难以估量的困扰和遏制作用。长者的旨意犹如圣旨,无论正确与否,小辈都得听从,否则视为大逆不道。在这"尊老"礼节下不知强化着多少传统观念,泯灭了多少开拓进取之心。人情礼节往往也由过去的生、死、嫁、娶等发展到子女升学、参军、小孩满月、老人生日、家庭造屋、乔迁等方面,可谓五花八门。人情负担已使一些群众不堪忍受。

三是"多子多福"、"重男轻女"的婚姻生育观念。由于受社会习俗、宗教信仰、生活方式等因素的制约和影响,"近亲结婚"、"多子多福"、"重男轻女"等落后的婚姻生育观念仍然比较流行。如鄂西地区历史上形成的"姑家女,舅家娶","舅家要,隔河叫"的通婚习俗仍然流行,难以认识到近亲婚配的危害性,停留在所谓"亲上加亲"、"踩不断的铁板桥"等原始血缘宗族婚姻观念阶段。在生育目的意向方面,"传宗接代"、"多子多福"、"儿女双全"等观念还有很大市场。这种观念往往极大地促使人们早婚多育,导致人口素质低下和生活质量不尽如人意。

四是"不信苍生信鬼神"的鬼神旨意观念。在一些贫困的民族地区,鬼神观念仍然是农民的主要精神支柱之一。他们往往大病小治,小病不治,因为生死离别都是鬼神的旨意。对幼儿忽视疾病的预防和诊治,而热衷于"画符"、"套线"等迷信作法。

五是"出头橡子先烂"的安于现状观念。农村习惯于一种自给自足、自娱自乐、不需要竞争、互帮互助的生活方式,在内心深处存在求稳怕变、不愿竞争、封闭自守、节奏缓慢、安于现状的观念,价值观念的变迁较物质层面的变迁则要缓慢得多。美国社会学家威廉·奥格本(W. F. Ogburn)的"文化堕距理论"认为,由相互依赖的各个部分所组成的文化在发生变迁时,各部分变迁的速度是不一样的。一般来说,总是物质文化先于非物质文化发生变迁,价值观念的变迁是最难的。①

当一个民族的民俗失去了其充满创造精神的"核心"内容时,这个民族

---

① [美]威廉·奥格本:《社会变迁:关于文化和先天的本质》,王晓毅译,浙江人民出版社1989年版,第106—107页。

将会面临危机,或者说人文精神濒临枯竭。在长期的历史发展过程中,民俗文化经历了历代经济生活和文化生活的严格选择和淘汰,汇集、沉淀了历史上不同时期、不同背景、不同类型的文化,并将它们凝聚在自己的复杂形式中,这些几经洗礼,历尽沧桑才汇聚到中国文化的汪洋大海之中,蕴藏着丰富的内涵。

三、易经术数中的价值学说

近年来出现了一股"易经热"、"术数热",这两项都与民俗学有着这样或那样的联系,易经术数之学成为文化研究的课题,是历史发展的必然。《易经》中确实储藏着中国民俗文化的许多古老"基因",神秘的术数之中也构成了一个文化网络。生动的现象世界被归结为几个抽象的数字,普通的数字上升为贯穿于天地自然人伦的普遍精神,从而形成了富有特色的中国术数文化,从一个侧面体现了中国民俗研究领域的拓展。但是,也有一些江湖术士打着所谓"预测学"的旗号,标之以"民俗研究"的标签,停留在连自己都不知其所以然的术数推演数术的重复和因袭之上,而缺乏对其内部文化机制和文化功能的科学剖析。读者不读则已,读之则更加迷惑。对此有必要做廓清迷雾、正本清源的工作。

所谓术数,指的是推演之术,推往测来,预言个人命运之顺逆,未来之祸福,家族之兴衰,军政之吉凶,社稷之安危,昭示当事人在各自的天、地、人三者动态关系发展的最佳制约中,做出最有利于自身利益的决策,从而达到趋利避凶的目的。文化悠久的民族几乎都有一套与自己传统文化相契合的术数文化。中国术数文化也有着久远的历史,虽然术数的名称出于后人对春秋以来易卦、阴阳五行说这类支派旁流的概括,但术数的许多样式则可追溯到上古社会。

数,作为理性的抽象符号,它根源于人类实践的原始操作,数首先不是对外在事物的归纳,而是对主体感情活动的抽绎。《左传·僖公十五年》记韩简子云:"物生而后有象,象而后有滋,滋而后有数。"这段话正确地阐述了象与数的关系及数的发生。其中包含了这样一个逻辑程序;物(物质的客观状态)——象(感情世界的表层)——滋(认识世界的繁富)——数(理性的抽象和归纳),生动活跃的现象世界最初是混沌地呈现在人类面前的,随着人类对自然对社会认识的加深,现象世界变得越来越复杂,在客观上就要求对复杂的世界进行清楚的数与量的说明,因为缺乏数与量的规定的事物只能表现出朦胧的特征。

原始人最初对数的认识是相当拙朴的。列维·布留尔在《原始思维》中说："在非常多的原始民族中间（例如在澳大利亚、南美等地），用于数的单独的名称只有一和二，间或也有三。超过这几个数时，土人们就说：'许多，很多，太多'。要不然他们就说三是二、一；四是二、二；五是二、二、一。"①数的概念的贫乏使原始人在相当一段时间里对人或物总是以群体特征来划分的。个体的印象在他们头脑里是相当模糊的。阿比朋人"当他们猎捕野马或者屠宰家马回来，没有一个阿比朋人这样问他们：'你带回来多少马？'而是问：'你赶回家来的一群马要占多大地方？'"②，虽然他们也以记忆个体的明显特征弥补数的知识的贫乏，但是无限的物质世界是不可能通过极其有限的记忆来识别的。因此当人类逐渐学会屈指而算（数的起源与手有关），表象世界呈现出秩序与和谐的时候，数对原始人的影响是深刻的，由此数被赋予神圣的意义。

中国术数文化是建立在原始社会末期的自然崇拜、神灵崇拜观念上的占梦术，春秋后经易卦、阴阳五行说的改造，便成了地道的术数别类。数与命相之术相联系，又衍生出复杂的术数文化。中国命相之术的源流十分复杂，确切地说，相术产生于奴隶制分崩离析，个人命运意识萌发的春秋时期，它吸取了上古相牛相马之类的农学思想，但严格意义的命学模式则成型于汉代。阴阳五行说的崛起，使一些方术找到了理论支持，从而上升为一种术数样式。据有关专家考证，它肇端于春秋的鲁哀公时，流行于秦汉，其系统学说则为晋时的郭璞所创。秦汉以来，随"匹夫起事，角群雄而定一尊"的社会人事巨变的出现，"望候"中又分出"望气"一支，即通过察看人的气色，推断其今后品位的方术。由人及事，又派生出"望兵气"的别类，即通过看军营、兵阵的气色，推算战事的方术，此术在兵法中举足轻重，十分流行。总之，先秦两汉，中国最基本的术数类型均已出现。

中国术数文化"其要旨，不出乎阴阳五行，生克制化，实皆《易》之支派，傅以杂说耳。物生有象，象生有数，乘除推阐，务究造化之源者，是为数学"③。此说入木三分地揭露了术数文化深邃的内部机制和它们与经学之间的深层文化联结，即"理"、"气"、"象"、"数"这四个重要的文化元素。理即天地未开之前形而上地决定万物生化的总原理。气即万物所以生成的生命元素。理和气作用的结果便生化出具体的物质形态。理的基本要义为阴

---

① 列维·布留尔：《原始思维》，商务印书馆1985年版，第175页。
② 同上书，第177页。
③ 《四库全书总目·术数类总序》，中华书局1965年版，第914页。

阳、动静、气化万物的基本规律。阴阳之气有规律的循环运动反映到自然、人事，便是通过阴阳五行消长生胜的原理生化万物，而这从无到有，又从有到无的呈现过程便为"象"。气在不同时空中因其阴阳配合的比重、动静、交错的不同而产生一系列精微的质量差别，这是"数"。数实为万物造化的质量数值，禀气厚薄、顺逆的数据。它决定着万物各自的生存质量形态和有序循环运动的必然轨迹，能包孕理、气、象、数四元素的即"太极"，也就是被视为宇宙总规律的"道"。可以毫不夸张地说，术数信仰乃为中国特有的、不是宗教但又几乎超越宗教的一种朝野共同的民族信仰。对于中国民俗文化产生了深远的影响。

在百姓的世俗生活中，术数无论是在农桑商贾、讼狱科举，还是生老病死、衣食住行，都不是从当时社会大格局和各人主客观条件的内在联系来讨论问题，而是从"一定不移"的天道对人道的绝对限制来推算结果，将个人生活的幸福与否，事业功名的成败得失全归之为风水的好坏、时运的顺逆、禀气的厚薄、命数的盈亏，完全掩盖了旧时社会制度的不合理，窒息了人的灵性才气，尤其是术数配合在易卦、阴阳五行宇宙图式中与三纲五常的封建伦理内容融合，并将后者高扬为宇宙精神的天道，对世人的毒害尤深。更严重的是术数命相，实质上是一种"命定论"，这种思想经术数文化对世人的潜移默化，对铸成中华民族中那种安分守己、逆来顺受、不敢抗争的奴性人格起了极坏的作用。

从价值观来看，易经术数文化强调的是轻视个体的价值，重视天、地、人和谐统一的价值；轻视个人存在形式的价值，重视人格精神的价值；轻视社会功利价值，重视个人生存价值。它们以为，个体价值的实现不能超越天道、人事的制约。必须遵循尊卑贵贱的等级原则，服从、顺应三者之间所构成的整体利益，若与天争衡，与人争胜，只会适得其反，导致自我的毁灭和对社会的破坏。所以人的价值不在于在自由创造的实践中发展自己的本质力量，而在于能否恪守自己被天道所决定了的天数，不被超越天数的社会功利所诱惑，在世俗生活中自然地把握自己，不使自己成为利欲的奴隶，安分守己，无条件地顺应命运的安排。中国古代称之为"豁达"的人生最高境界，其实正是这种牺牲自己的合理的物质和精神追求。对外界所强加给自己的命运安排既无可奈何，不敢抗争，又想自欺欺人，蜷居于自我封闭的虚构的心灵绿洲的一种表现。这种病态的价值观在国民文化心态中的集中反映，就是我们民族中那种怯卑柔顺，却又能处之泰然，达到精神上超脱自慰的文化个性。这一特有的民俗心态阴暗面的塑成，是中国古代强权政治对个体生命绝对规范的结果。

四、中和方圆的价值解析

前述民俗文化特征时,已初步涉及这个问题,现结合民俗价值在当代社会生活中的展现,再做一些阐释。

"中和方圆说"的根本特点在于和同,而不是分异。这个特点可以说是贯穿了整个民俗学始终的一种根本精神。和为美的思想大概可以追溯到殷商时代。春秋时期,诸家蜂起,曾引发过一场和同之辩,"以他平他"的杂多或对立的统一是为"和",单一的抽象统一是为"同"。五味相调之为美味,五色相杂之为文采。五声谐和之为音乐。所以"声一无听"、"物一无文"。美不是同,而是多种不同的因素之有机的谐和。孔子和儒家把这一思想引向伦理、政治,所谓"礼之用,和为贵,先王之道,斯为美"。主张在礼的节制下,心理和伦理、个体与社会的和谐。表现在艺术和美学上就是儒家提倡的贯穿整个古代社会的"温柔敦厚"的诗教和乐教。其实,"中和方圆"的核心是"中和",它的内容和意义远远超出美学,它是儒家的世界观和方法论,也是整个中国古代人文传统的价值观念、心理模式和思维模式。不但美是由它来陶铸的,而且一切观念、一切范畴、一切理论框架,都是由它来规范、陶铸的。

从哲学认识论看,"和"也是真。中国古代的哲人强调观察、认识事物要看到两个方面,"允执厥中"才算全面,才算把握到"真"。只见一面,谓之"偏伤之患",所以,"兼听则明,偏听则暗"。从思维形式说,强调理性又不脱离感性,一方面表现为经验的直观,另一方面表现为顿悟的理性,是一种对混沌总体的直观把握,而缺乏分解和分析。

总之,"中和方圆说"是一个大概念,是中国文化的根本精神,它几乎涵盖一切,贯穿一切。"中和"也是一种古代人的心理结构和思维模式,它规范一切,陶铸一切,中国民俗文化也由它陶铸而成。"中和方圆说"强调用平衡、和解的方式解决事物矛盾,不强调矛盾的激化和转化。正因为具有平衡、和解的思维模式和行为模式,使中国民族有很强的内聚力和向心力。古代的人们也曾主动地吸取外来文化(如汉、唐盛世),也曾数次为其他民族所统辖(如元、清),但世界其他古代文明都相继衰落了,唯独中华民族的文化经久不衰,延续下来,还将继续延续下去。这与中国古代人的同化、和解精神分不开,它有很强的稳定性,有很强的同化力,它把外来文化同化为汉文化(如佛教文化之禅宗化),而汉文化却始终保持自己的独立地位,而不被其他文化所同化。这是它的优点,也是它的弱点,因为强调稳定,安于现状,因循守旧,不思变革,不求进取,是这种文化观念中极有害的杂质。

当然,"中和方圆"也在说发展,但这种发展是平面的循环的圆圈,而不是否定之否定的螺旋。古代先哲在混沌中把握着未分解的事物的总体。看到这个总体在永恒的运动中,看到万事万物"生生不息",主张发展、变异。这种运动观、发展观是中国古代文化思想的精华。但这种运动和发展,缺乏历史的指向,而且运动的轨迹是一个封闭的圆圈,或者说圆形的循环。《周易》说:"无往不复。"《老子》说:"大曰逝,逝曰远,远曰反(返)。"龚自珍说:"初异中,中异终,终不异始。"王夫之说:"静无端"、"治乱循环"。"分久必合,合久必分"也曾作为《三国演义》的历史循环论。封闭的圆形似乎是中国人最喜欢的图形之一。戏剧结尾的大团圆,走梅花桩,打太极拳,都是在不断地划圆。这种循环的封闭性,又限制了古代中国人的创造精神和革新精神。

"中和方圆"强调量变,不强调质变;强调相对静止中的运动,而不强调爆发式的突变,强调静中之动,而不强调动中之静。古希腊文化是世界文化的第一个高峰,成为世界奴隶制文化顶峰的代表。中国古代文化是世界文化的第二个高峰,是世界封建文化的顶峰和代表。世界各国封建文化,没有一个可以与中国封建文化相媲美的。这是它的长处,也是它的短处。与世界文化的第三个高峰,即欧美的近代文化相比,它又显得简单而不复杂,静穆而不动荡,浑一而不分解,又有逊色于近代文化的一面。

认识"中和方圆"的人文精神,对我们认识中国民俗大有裨益。仅举一例,在我国福建省南靖县有一"怀远楼"的民居建筑。它是一幢圆筒式土石建筑,从外观看像一座炮楼,下层甚至置有若干射击孔,很明显地具有防范外族入侵的意味。整座楼只有一个小门出入,院中心是一个圆形空间,半为天井,半为祖堂,四周则是上中下三层建筑,一层为猪羊圈及杂物间,二、三层全部为住房,全部住房一律向中心开门。假如说这是一种"中和方圆"的人际空间的象征的话,那么在该地类似"怀远楼"的圆筒形家族宅院并不在少数,这些建筑大都选在空旷无邻的野地,本身便具有一种隔绝和自身防范的含义。在这种背景下,人际交往、文化观念,往往是内循环式的。它的功能和目的,仅限于稳定既存的亲缘关系,而非开拓新的人际空间。或许,这种颇具特色的民居建筑,正是民俗中的"中和方圆说"的一个象征。

图书在版编目(CIP)数据

中国民俗学通论.第1卷,民俗文化论/仲富兰著.—上海:复旦大学出版社,2015.4
ISBN 978-7-309-10480-6

Ⅰ.中… Ⅱ.仲… Ⅲ.民俗学-研究-中国 Ⅳ.K892

中国版本图书馆 CIP 数据核字(2014)第 059445 号

中国民俗学通论.第1卷 民俗文化论
仲富兰 著
责任编辑/杜怡顺

复旦大学出版社有限公司出版发行
上海市国权路 579 号 邮编:200433
网址:fupnet@fudanpress.com http://www.fudanpress.com
门市零售:86-21-65642857 团体订购:86-21-65118853
外埠邮购:86-21-65109143
上海春秋印刷厂

开本 787×960 1/16 印张 18 字数 311 千
2015 年 4 月第 1 版第 1 次印刷

ISBN 978-7-309-10480-6/K·471
定价:58.00 元

如有印装质量问题,请向复旦大学出版社有限公司发行部调换。
版权所有 侵权必究